THINKr
新思

新 一 代 人 的 思 想

辽夏金元史

冲突与交融的时代

新编中国史

张帆　陈晓伟　邱靖嘉　林鹄　周思成 ◎ 著

中信出版集团 | 北京

图书在版编目（CIP）数据

辽夏金元史：冲突与交融的时代 / 张帆等著 . --
北京：中信出版社，2023.7（2025.9 重印）
ISBN 978-7-5217-5095-9

I. ①辽… II. ①张… III. ①中国历史－辽宋金元时
代 IV. ① K24

中国版本图书馆 CIP 数据核字（2022）第 251905 号

辽夏金元史——冲突与交融的时代
著者：　　张帆　陈晓伟　邱靖嘉　林鹄　周思成
出版发行：中信出版集团股份有限公司
　　　　　（北京市朝阳区东三环北路 27 号嘉铭中心　邮编　100020）
承印者：　河北鹏润印刷有限公司

开本：880mm×1230mm 1/32　　印张：14.5　　　字数：335 千字
版次：2023 年 7 月第 1 版　　　印次：2025 年 9 月第 4 次印刷
书号：ISBN 978-7-5217-5095-9　审图号：GS（2023）1630 号（此书中插图系原文插图）
定价：88.00 元

目 录

附录

序

　　《辽夏金元史》一书付梓在即，出版方嘱我撰序，略述写作缘起。本书为"新编中国史"之一种，撰著动议约始于本世纪初，具体年代不复记忆，只记得我似为这套系列作者中最年轻者。当时将我推荐给出版社编辑的同系刘华祝老师，已于六年前病逝；同为系列作者的前系主任王天有老师，辞世更近十年。迁延至今，本卷终于完稿，然殊无欣喜之情，唯觉感慨惭愧，不能自已。

　　从研究生阶段开始，我就选定元史作为专业研究方向，后来也多次在北大历史学系开设元史课程。20世纪末，在元史前辈、内蒙古大学周清澍教授指导下，负责高等教育出版社《中国历史·元明清卷》元代部分的撰著，是我第一次系统编写元史教材。于是我以为承既有之基础，增辽夏金之史事，写作一部辽夏金元史，似乎尚有把握，遂与三民书局冒昧签约。岂料由于工作繁忙等各种原因，迟迟未能动笔。拖延既久，乃至产生畏惧情绪，感觉自己对这段历史其实缺乏新见，如强行写作，无非重复自己旧观点，或是综合他人之说无所发明，未免贻笑大方。犹豫之中，几欲退约。承蒙三民书局不弃庸才，谬寄重托，反复催促，乃聘请几位青年学者代为撰写辽夏金历史，我仅负责元代历史。又历数年，全稿终成。其间曲折，实可为力小谋大者之镜鉴。

全书提纲由我拟定。具体分工为：中国历史研究院古代史研究所副研究员林鹄撰写第一章及第二章第一节；清华大学历史系副教授周思成撰写第三章；中国人民大学历史学院副教授邱靖嘉撰写第五、六章；复旦大学历史学系青年研究员陈晓伟撰写第二章后二节、第四章、第七章；我撰写第八至十三章。林、周、邱、陈四位晚我十岁至十数岁不等，年富力强，成果丰硕，已为学术界中坚，施以援手，助成全书，感愧之情，难以缕述。尤须言者，四位学者受我之聘后均早早完稿，唯我一拖再拖，迁延不已，实应再致歉意。

当然，我最应向三民书局表达感谢并致歉。感谢其容忍与耐心，为我之漫长拖延致歉。如将来再有机会补充修订，或可稍减愧疚之情。是为序。

张　帆

二〇二二年六月廿六日于北京暑热之中

第一篇

辽朝

第一章

辽朝的兴衰

　　辽是契丹人建立的王朝，据有北方草原和华北农耕地区的北缘，五代之初由太祖耶律阿保机建国，历史早于北宋。辽朝从太祖朝开始，即致力于效仿汉地王朝，并一意南下。太宗耶律德光时，取得燕云十六州，甚而攻破汴京，灭亡后晋。但由于德光意外死亡，未能在中原扎稳脚跟。其后至穆宗耶律璟，又因后周、北宋相继崛起及个人疾患，契丹扩张之势被遏制。圣宗耶律隆绪时，与北宋签订澶渊之盟，辽朝迎来了鼎盛期。其后兴宗、道宗两朝，因宫廷斗争困扰，逐渐走向衰落。至末帝天祚之时，女真崛起，建立金朝，灭亡了曾盛极一时的契丹王朝。辽朝共历九帝，二百一十年。

第一节　辽朝的建立与向中原的扩张

一、契丹人的源流

辽朝的统治民族契丹历史十分悠久，早在北魏前期就出现在史籍中。传说最初有一男子乘白马沿土河（今辽河上游的老哈河）下行，一女子乘小车驾青牛沿潢水（今辽河上游的西拉木伦河）下行，至二水合流的木叶山相遇，结为配偶，生八子，就是契丹八部的祖先。但这一传说的产生，恐怕要晚至唐代中叶。因为契丹大贺氏八部部落联盟形成在唐初，所谓"古八部"是后起的说法，并不可信。而契丹人迁至潢水与土河流域，则大概要到开元、天宝间。

据《魏书·契丹传》记载，契丹与库莫奚皆为宇文鲜卑的别部，源出于东胡。晋康帝建元二年（344），前燕慕容皝政权大举讨伐宇文鲜卑，获得全胜，宇文部由是散亡，从其残部中逐渐分化出了契丹与库莫奚。北魏太武帝、文成帝时，契丹均曾遣使向北魏朝贡。献文帝拓跋弘在位期间，契丹遣莫弗纥何辰入贡，北魏朝廷设宴，在朝贡的诸部中何辰只能忝陪末座，可见其时契丹尚很弱小。孝文帝太和三年（479），由于受到高句丽与柔然之威胁，契丹在莫弗贺勿于率领下，共计万余口，要求内附，被北魏安置在白狼水（今大凌河上游）一带游牧。附塞的契丹暂时获得了安宁，人口日渐增长，其对中原财富之觊觎迅速膨胀，开始频繁地入塞骚扰与掠夺。战争使契丹壮大起来，分散的诸部走向联合，又有语言、风俗相近的游牧民不断加入其中，增添新鲜血液。北齐天保四年（553），契丹曾发动一场大规模入塞侵扰，文宣帝高洋被迫亲率大军出征，在激战中大破契丹。虽然契丹惨败，但由此亦可看出，其势力已不容小觑。北朝末年，中原风云变幻，北方游牧各族之盛衰更替亦极为迅速频繁。突厥崛起，取代柔然，对契丹造成更大的威胁。而契丹虽已成长壮大，但尚不稳固，在突厥的压力下沦为其附庸，其别部则归属高句丽。

隋朝建立后，契丹诸部又纷纷尝试脱离突厥、高句丽，摇摆于诸势力之间。唐初，契丹形成部落联盟，以大贺氏为联盟长，称可汗，下分八部，各部酋长称俟斤。平日各部之间较为松散，畜牧、渔猎由各部独立组织。若遇战争，则在可汗主持下八部聚议，共同出兵。唐太宗贞观二年（628），契丹可汗大贺摩会叛离突厥，率部降唐。突厥颉利可汗为求重新控制契丹，提出以隋末大乱中僭称皇帝并归附突厥、屡屡侵扰唐朝的梁师都，换取契丹的统治权，遭唐太宗严词拒绝。贞观十八年（644），唐朝大军讨伐高句丽，契丹出兵相助。贞观二十二年（648），大贺氏举部内附，唐置松漠都督府（松漠乃老哈河、西拉木伦河流域之古称），以大贺氏可汗窟哥为都督，封无极男，并赐国姓李，八部居地为羁縻州，各部首领为刺史。

武则天时，松漠都督李尽忠与其妻兄孙万荣皆居于唐营州（今辽宁朝阳）城侧。万岁通天元年（696），由于营州都督赵文翙处置失当，李尽忠叛唐，自称"无上可汗"，以孙万荣为前锋，攻城略地，所向无前。震怒之下，武则天贬号李尽忠为"李尽灭"，孙万荣为"孙万斩"，并调遣大军讨伐。然唐军屡败，契丹一度挺进至河北赵州（今河北赵县）。无奈之下，武则天求助于突厥，借其力量始于次年平定了这次叛乱。其后，契丹附于突厥。

玄宗开元二年（714），时为契丹可汗的李尽忠族弟李失活率各部脱离突厥，复归唐，唐朝重设松漠都督府。开元六年（718），李失活卒，其弟（一说从父弟）娑固袭封。不久，娑固为权臣可突于所逐，奔营州，旋即战死。可突于遂立娑固从父弟郁于为主。郁于病死后，弟吐于代统其众，与可突于复相猜阻。开元十三年（725），吐于奔唐，可突于立李尽忠弟邵固为主（一说邵固乃吐于弟，为国人所立）。开元十八年（730），可突于杀邵固，另立屈烈，并率众投奔突厥。开元二十二年（734），与可突于分掌兵马而有所冲突的李过折，夜发兵斩可突于、屈烈，重新归附唐朝，受封为松漠都督。然次年过折即为可突于余党泥礼所杀，契丹的大贺氏时代遂告结束。唐朝虽对泥礼杀害李过折不满，但担心泥礼倒向突厥，一度封其为松漠都督。泥礼即日后辽朝皇室之祖先，其时势力尚不稳固，遂奉迪辇祖里为阻午可汗。从此，契丹进入了遥辇氏部落联盟的时代，势力日盛。

天宝时期，范阳节度使安禄山为迎合好大喜功的唐玄宗，频频出兵征讨契丹。而此时回鹘崛起于漠北，取代了昔日强大不可一世的突厥。契丹遂依赖回鹘，与唐朝抗衡。安史之乱后，唐王朝日薄西山，为藩镇割据所困扰，再无暇顾及远居东北边境的契丹。而回鹘亦因内乱，于会昌二年（842）为唐朝大军所败，可汗嗢没斯被迫降唐。中原的纷乱与漠北的真空，给契丹的发展提供了一个千年不遇的绝佳契机。

二、耶律阿保机建国

泥礼虽未自立为可汗，但在遥辇氏联盟中举足轻重，其后人耶律氏家族世代担任联盟军事首长夷离堇，势力不断壮大。唐末中原战乱频仍，漠北亦无主，契丹乘时而动，时有入寇幽燕之举。但在阿保机崛起之前，由于没有一位强人领袖，契丹南下侵扰在军事上并不成功。唐天复元年（901），阿保机担任夷离堇后，局面迅速有了重大改观。自天复二年（902）始，契丹铁蹄开始频繁深入践踏燕云地区。

在阿保机的领导下，契丹对中原政局的介入，不仅表现在南侵，更重要的是，阿保机开始与中原武装势力接触，周旋于唐末最强大的两支藩镇势力晋王李克用和梁王朱全忠之间。阿保机虽是偏处一隅的契丹人，但他不仅对唐王朝的覆灭有所预期，而且对唐末中原的混乱局势颇有了解。可能是因为看出，无论是李克用还是朱温，在这场较量中都不具备绝对优势，他选择了依违二者之间。而李克用和朱温，则竞相笼络阿保机。907 年，阿保机取遥辇痕德堇而代之，登上了契丹可汗之位。他之所以能代痕德堇为汗，关键就在于其在中原声威的增长。

阿保机即汗位，乃其计划中建立帝国大业之前奏。此时其称帝的时机还未成熟，契丹政权内部挑战其权威的还大有人在，其可汗之位并不稳固。911 年至 913 年，阿保机诸弟三次叛乱，他的政治前途险象环生。913 年诸弟之乱平息后，次年阿保机又对异己势力进行了整顿。916 年，阿保机终于迈出了关键的一步，正式称帝，国号契丹，建元神册。同时，他在草原上（今内蒙古巴林左旗）兴建"皇都"，后称上京临潢府，又创制文字，制定法律，立长子耶律倍为太子。对于称帝时机的选择，固然与内乱平定有关，但也是因为 912 年以来朱梁政权与河东李氏相持不下，中原局势异常混乱，让阿保机清楚地看到了实现自己抱负的机会。

在阿保机的心目中，他所建立的大契丹国究竟是个什么样的国家呢？称帝建元，是在统治者称号和政权纪年方式这样关键性的礼仪方面模仿汉制。立太子，是在礼仪和统治者继承人的制度性安排两方面采用汉制。契丹国书的创制，也应与王朝政治的影响有关。而皇都之兴建，并非出于实际功能考虑，与称帝一样，是阿保机采用中原王朝体制下的礼仪模式，来塑造君主权力合法性的一种手段。神册三年（918），阿保机"诏建孔子庙、佛寺、道观"[1]。孔庙列在佛寺和道观之前，含有深意。据《辽史》记载，在这份诏书背后的决策过程中，阿保机提到"佛非中国教"[2]，说明其心目中的模仿对象正是中原王朝。次年，阿保机"谒孔子庙，命皇后、皇太子分谒寺观"[3]。他亲自去孔庙祭奠，同样表明了其态度。

正因为阿保机的目标是建立一个汉式王朝，916年也见证了契丹对汉地政策的一个重大转变——变掳掠为占领并统治汉地。但是年攻下山北（燕山以北、太行山以西，大致相当于今山西北部）诸州后，辽军并未能据守。翌年又围幽州（今北京），经历了长达四个月的攻坚战，幽州在李克用之子李存勖的援军到来后得以解围。因此，神册初年契丹在汉地的军事进展并不顺利。可能是因为这个缘故，阿保机转而将视线投向了辽东地区，先经营辽阳。需要指出的是，阿保机对辽东的经营是其在针对汉地的军事行动不顺利的情况下做出的选择，但同样意味着他对农耕地区的重视，也应当在汉化的大背景下理解。

神册六年（921），阿保机再度针对中原采取了一次大型军事行动。其时镇州张文礼和定州王处直受到河东李存勖的军事威胁，遂引契丹入援。阿保机南下之初，进展顺利，攻破涿州，挺进至定州，这时李存勖已亲率大军赶至，双方在定州附近大战。李存勖一度被围，形势十分危急，最终血战突围，契丹被迫撤退，反胜为败。

定州之败给了阿保机一个很深的教训，让他冷静下来，重新思考南下的策略。深思熟虑之后，他转变主攻方向，在天赞三年（924）六月乙酉下诏，将大契丹国的短期发展战略概括为"两事"[4]，定下先平漠北和渤海之策。当日阿保机亲率大军出征漠北，十月即平之。

讨平漠北草原上的室韦（亦称鞑靼）诸部后，天赞四年（925），阿保机决意平定深受唐朝影响、号称"海东盛国"的靺鞨政权渤海国。是年十二月，阿保机倾国亲征渤海，皇后述律氏、皇太子耶律倍及次子大元帅耶律德光皆随同出征。渤海一役，显然阿保机认为要比平定漠北更为艰巨，在策略上也更为谨慎。不仅天赞三年先有偏师试探，漠北一役留守的皇后和皇太子亦均从征，而且为了确保取胜，出兵前阿保机还假意与后唐修好。

天显元年（926），渤海在契丹铁蹄下覆亡，改设立东丹国。此时的契丹帝国雄踞北方，已经发展成为一个"东自海，西至于流沙，北绝大漠"[5]的强大政权。但阿保机的雄心远不止此，灭渤海后他已决意南下，其最终目标是问鼎中原。可惜的是，阿保机在征服渤海后暴卒（庙号太祖），此志终成未竟之业。

纵观耶律阿保机之建国，其崛起之初，不仅中原板荡，漠北也不存在统一强大的游牧政权。也就是说，在契丹建国初，太祖面前有两条发展道路可供选择，要么南下中原，要么进据漠北。而阿保机似乎从未考虑过后者。虽然其志未竟，但他的继承人辽太宗耶律德光却真的在开封登上了皇帝的宝座。

三、取燕云十六州与灭后晋

由于阿保机志在中原，所以亲手为皇太子耶律倍及次子德光设计了汉式教育。阿保机死后，由于皇后述律氏干政，德光即位，是为辽太宗。

德光继承了阿保机的南下策略。太祖时代，契丹针对山南（燕山以南的河北平原）地区的两次大型军事行动都以失败告终，而在山北方向则相对较为顺利，曾一度据有山北诸州。可能参考了太祖时代的经验，太宗在即位初有过一次南下河北的尝试之后，认识到幽州难以突破，遂改变策略，把目光投向云州（今大同），试图在山西寻找突破口。

转变主攻方向后，耶律德光稳扎稳打，非常谨慎。天显四年（929，后唐天成四年），他派遣皇弟李胡出征云州，但战果并不显著。此后辽太宗在不断骚扰云州、保持军事压力的同时，主要致力于肃清外围的隐患，征讨散处山北一带的党项人。天显八年（933，后唐长兴四年）十二月，唐明宗辞世，作为五代痼疾的继承问题再次主导了后唐政治局势的发展。面对唐廷内乱提供的机会，辽太宗终于挥师南下。不过，由于明宗在世时的安排，皇位争夺并未影响到山北的防御，石敬瑭坐镇太原，击败了契丹。次年，辽太宗并没有马上组织新一轮的全面进攻，只是采取了骚扰性的行动。耐心的德光仍在等待机会。也许他没有想到，机会来临得如此之快。

天显十一年（936，后唐清泰三年），石敬瑭与唐末帝的关系迅速恶化，后唐出动大军，将石敬瑭包围在太原。在这种情况下，石敬瑭向契丹求援。九月，辽朝援军到来后，太原围解。十一月，耶律德光封石敬瑭为大晋皇帝，后晋许割燕云十六州。闰十一月，晋军入洛，唐末帝自焚，后唐亡。辽太宗终于迈出了其父终生孜孜以求的重要一步。

后晋建立后，高祖石敬瑭在位七年间，辽晋一度享有蜜月般的亲密关系。但在友好的表象背后，是石敬瑭的奴颜婢膝，对契丹百般顺从。而耶律德光之所以支持石敬瑭，本就是权宜之计，是为日后入主中原所预先设下的一个跳板。石敬瑭死后，其养子石重贵继位。石重贵不满尊卑分明的辽晋关系，终于引爆了辽晋冲突，迫使辽太宗提前实施再度南下的计划。

会同七年（944，后晋天福九年）正月，契丹大军南侵，进抵元城（今河北大名）。三月，戚城（今河南濮阳）决战，辽晋双方伤亡都非常惨重，德光遂于四月引军北归。七月，"晋遣张晖奉表乞和，留晖不遣"[6]，同年底再度南伐。在南征已然付出惨痛代价的情况下，仍拒绝后晋的求和，只能说明太宗志不在和。次年三月，在白团卫村（在今河北清苑）发生大战，契丹大败，德光孤身鼠窜得免，似乎形势对契丹极为不利。即便如此，在后晋再度遣使"奉表称臣"时，辽太宗仍提出了"割河北诸州"这个极其苛刻的议和条件。如此强硬的表现，说明后晋最初的挑衅只是诱因，太宗所想要的并非回到此前的局面，而是不得河北绝不罢休。会同九年（946，后晋开运三年）八月，辽太宗再度自将南伐，这一次终于灭亡了后晋。

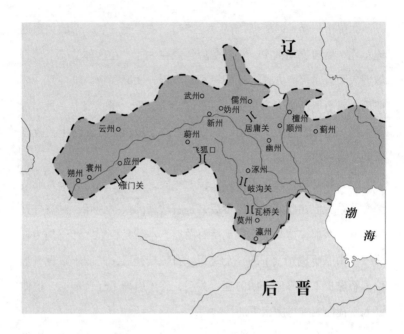

图 1-1　燕云十六州示意图

会同十年（947）正月，耶律德光进入汴梁（今河南开封），"御崇元殿受百官贺"。二月丁巳，"建国号大辽，大赦，改元大同"[7]。这个大辽国是承继后晋的汉地新朝，乃大契丹国的附属国。契丹征服渤海之初，因其与契丹旧制差异过大，故设立国中之国东丹以为过渡时期之权宜。德光建立大辽，与乃父太祖阿保机立东丹是出于同样的政治动机。

太宗入汴之初，形势相当不错。中原藩镇对契丹灭晋的反应，与梁唐及唐晋之交并无二致，"争上表称臣，被召者无不奔驰而至"[8]。与此同时，耶律德光也派遣契丹人及信任的汉人出掌藩镇，以稳固统治。据有后晋故土后，耶律德光似乎摆出了天下共主的架势，甚至将目光投向了南方，册封割据湖南的楚王马希范为尚父。不过，因为契丹横征暴敛、倒行逆施，民间烽火四起。但德光应对得当，局面很快得到了控制。

是年四月，因为游牧民族的生活习惯，太宗北归以避暑。意外的是，途中德光得疾身故，局势陡变。德光之弟李胡与耶律倍之子耶律阮为争夺皇位，兵戎相见，一场内战迫在眉睫。这一内讧的直接后果之一，就是中原的契丹守将纷纷弃镇北归，将中原拱手让给了后汉王朝。

作为一个国中之国，大辽存在时间仅一年余，堪称短命。不过，中原丢失后，"大辽"作为国号并没有被废止。可能契丹君主并不愿承认现实，主动放弃大辽皇帝的称号，在面对燕云汉人时，仍自称大辽皇帝。久而久之，大辽遂演变为契丹专用于汉地的国号。

四、"睡王"穆宗的悲剧

太宗死后，在争夺皇位的较量中，耶律阮取得胜利，登上了宝座，是为辽世宗。世宗即位之初，致力于降伏异己，无暇他顾。待到权力巩固，准备再度大举南侵时，却因轻信奸人而在一场宫廷阴谋中丧命。继位的耶律璟乃德光之子，庙号穆宗。

耶律阮在位时间很短，不足五年，在开疆拓土方面，完全无法与乃祖乃叔相比。但在制度建设层面，世宗为契丹打开了一个全新局面。辽朝政治中最独特同时又是最重要的制度，是北南枢密院分掌部族与州县，即南北面官二元体制。而二元体制之发轫，即在世宗朝，是耶律阮为加强中央集权、控制契丹部族及燕云藩镇所创。这是辽初仿效汉地王朝塑造皇权极其关键的一步。

耶律璟即位后，制度层面，辽朝的汉化较世宗朝更有所推进，对汉地的控制也更为深入。就契丹部族而言，穆宗时代其农业化也到达了高峰。在对外关系上，耶律璟也继承了阿保机以来的一贯立场。

951 年，后汉权臣郭威篡位，建立后周，而出掌太原的后汉宗室刘崇遂称帝自立，延续后汉的法统，史称北汉。是年九月，辽世宗遇弑之时，正准备出兵协同北汉攻周。十月，刚刚即位的耶律璟便按照世宗的既定方针，出兵助刘崇攻周。尽管应历（穆宗年号）初契丹政局持续动荡，耶律璟仍连年出兵助汉，与北汉关系异常紧密。不仅如此，穆宗还积极联络南唐，试图建立辽汉唐三方同盟，共谋后周。不过，应历四年（954），高平一战，后周世宗柴荣御驾亲征，辽汉联军先胜后败，狼狈而逃，遂使辽朝南下政策发生了转变。一方面，北汉受到重创，其势渐颓；另一方面，穆宗领教了柴荣之英武后，自此不敢小觑后周，遂转趋稳健，不再轻易出兵。

应历七年（957），柴荣加紧了消灭南唐的步伐。为缓解南唐的军事压力，辽汉再度联军侵周。与此同时，后周第二次遣使契丹，试图改善关系，再次遭到耶律璟拒绝。可见应历四年后穆宗虽转趋稳健，但其战略方向仍坚定不变，始终以后周为对手。

但这次，契丹为支援南唐付出了惨痛代价。柴荣乃一代雄主，屈尊求好而不见纳，胡萝卜既不见效，当然要祭起大棒了。为免除攻打南唐的后顾之忧，柴荣决定先讨幽州。应历九年（959），柴荣再度亲征。由于辽朝幽州守将乃"以密戚预政"的庸才萧思温，而柴荣兵行险着，一度离开主力，轻军奔袭，让契丹措手不及。周师呈摧枯拉朽之势，夺回了后晋献于契丹的雄、霸、莫、瀛四州（今河北雄县、霸州、任丘、河间，史称"关南"，即瓦桥关以南地区），兵临幽州城下。形势如此危急，耶律璟调集大军，亲临幽州坐镇指挥，并遣使北汉求援。因此，虽然前期进展之顺利超乎所有人想象，但后周军中对继续进攻幽州，反对声音极其强烈。柴荣固执己见，欲与契丹决战，若非遇疾而退，幽州一战结果如何，实未可知。

柴荣死后，陈桥兵变，赵匡胤建立了大宋王朝，时在辽应历十年（960）。此后至应历十九年（969）穆宗被弑，辽宋边境除偶有小冲突外，相当平静。赵宋的策略，是先取北汉。而在辽朝这一方面，则始终尽力保护北汉政权不被宋朝吞并，辽汉同盟极其稳固。

纵观穆宗一朝，虽然耶律璟继位之初颇为进取，但契丹扩张中止、转攻为守的确是不争之事实。其主要原因，当是中原形势之变化。周世宗柴荣乃一代雄主，这是周宋以降的共识，亦是现代史家的定评。五代之纷乱至此渐趋平息，中原重新开始统一。承柴荣之基，赵匡胤之大宋王朝亦蒸蒸日上。契丹遇此二劲敌，徒唤奈何，惟叹天不助辽也！其次，穆宗之保守也与其本人有关。与辽初三帝不同，耶律璟即位前，似乎并没有多少军事经验。面对柴荣、赵匡胤这样的对手时，其取防御姿态也在情理之中。更何况，应历后期耶律璟为隐疾困扰，势难有进取雄心。

穆宗的这一隐疾，便是性无能。应历十三年（963）始，耶律璟因久病不愈心理失衡，昼寝夜饮，滥杀近侍，史不绝书，几无月无之。中原文献遂冠以"睡王"[9]之称。表面上看，这似乎是赵宋收复燕云的黄金时机。但穆宗醉中施暴，"上不及大臣，下不及百姓"，醒时亦常悔之；可见其宣泄亦能理性选择对象，并未丧失自制。固然，耶律璟之状态使其难有进取之心；但应历十三年以来，辽朝对北汉之援助始终如一，这说明穆宗并未放松对宋朝之警惕，仍能保持防御积极性。更何况，耶律璟之失态并没有影响到整体国力，终穆宗一朝，契丹之实力有增无减。因此，赵匡胤若贸然北伐，耶律璟当不会坐视不理，北伐实无胜算。宋太祖坚持"先南后北"，避免与辽朝发生正面冲突，这与辽穆宗的策略不谋而合，可谓英雄所见略同。

五、前期皇位继承之无序及走向正轨

应历十九年，穆宗因过于残暴，为近侍所杀。继位的是世宗之子耶律贤，庙号景宗。太宗以降，辽朝皇位继承全都伴随着血雨腥风，且均非父死子继，直到景宗朝后，这种情况才有所改变。

契丹部族有兄终弟及的传统，阿保机从遥辇氏手中抢得可汗宝座后，其同母诸弟三次叛乱，试图取而代之，究其所以，是因为阿保机有意改变这一传统。平定叛乱后，阿保机称帝建国，作为一个强人领袖，成功降伏了诸弟，使其接受父子（嫡长子）相袭体制，不再谋求兄终弟及。

然人算不如天算，太祖十几年的努力，却被有所偏私的应天太后毁于一旦。阿保机死后，继承皇位的本应是太子耶律倍，但太子生母应天钟爱幼子李胡，欲废太子而立之。为此她大行杀戮，铲除了支持太子的寅底石等人。即便如此，应天仍未能如愿，最终在帝位空悬一年零四个月后，不得已进行妥协，改立次子德光，条件是德光以李胡为皇太子。应天此举，使契丹权力传承重新回到了兄终弟及。

太宗意外死于中原时，皇太子李胡留守监国，远在契丹腹地，军中无主，德光倚重的汉人赵延寿欲乘机自立，人心惶惶。在此千钧一发之际，随军的耶律倍之子耶律阮设计擒拿赵延寿，取得军中实力派北南大王的支持，利用这一稍纵即逝的良机篡取了帝位，并向草原进军，欲与李胡决一死战。在全面内战迫在眉睫之际，重臣耶律屋质出面调停，迫使李胡低头。耶律阮之所以能取代皇太子李胡，除了时机之外，其父无辜被废，其人本有望成为皇储这一因素亦不可小视。此外，应天废太子之恶例，也对皇太子制度造成负面影响。

辽初两次皇位更替都极不正常，皇太子均未能继位，无论传子还是传弟都没能实现，这使辽朝皇位继承陷于混乱，由此开启了宗室权贵觊觎之心。世宗即位两年多后，已大体有效地控制住了宗室，不料大意失荆州，被从叔察割蒙蔽，在位不足五年即为其所弑。契丹政局本已转入正轨，至此又面临危机。其时世宗嫡长子耶律贤尚幼，屋质遂拥立太宗嫡长子耶律璟，平定了察割之乱。这一风波使辽朝政局再度动荡。与世宗朝极其相似，穆宗初年宗室谋逆频仍，耶律璟同样花费了数年时间巩固其统治，其后朝局基本趋于稳定。但天不佑契丹，辽朝并未由此摆脱宗室纷争的阴影。穆宗因性无能无子，遇弑后皇位归属再度引发争斗。在击败耶律璟同母弟罨撒葛后，耶律贤登上了宝座。

概言之，契丹汗位旧有兄终弟及传统，经过阿保机之努力，这一传统本已渐趋式微，父子相承在很大程度上已为契丹权贵所接受。但由于应天太后私心所向，废长立次，更以少子为次子之继承人，推倒了骨牌中的第一张。而太宗、世宗、穆宗三帝均属意外死亡，且后二人未立皇储。这一系列政治事件，是导致辽朝前期皇位纷争频仍的最主要原因。事实上，不论兄终弟及旧传统，还是嫡长子继承新制度，在辽初四次皇位传承中竟没有一次实现过，皇位继承在很大程度上处于失序状态。论其始作俑者，应天太后难辞其咎。景宗即位后，宗室谋逆亦间有发生，但大体而言，耶律贤始终具备把握政局的能力，终得以顺利传位嫡长子隆绪。

在内政上，景宗朝延续了辽初以来一以贯之的官僚化、集权化、汉化的大方向，进一步加以深化，意义重大。辽朝鼎盛时期政治体制的基本架构，初步形成于此时。同样在景宗朝，宋辽一度达成了雄州和议（详见下节）。可以说，作为辽朝鼎盛时期的圣宗朝，不论就制度还是对外关系而言，都是对景宗朝的继承。换言之，正是景宗为辽朝走向鼎盛铺平了道路。

事实上，景宗朝与圣宗前期（承天太后萧氏称制，圣宗亲政前）应当看作一个整体。不仅承天皇后在景宗朝就已经积极参与朝政，是耶律贤之贤内助，且圣宗前期的三重臣韩德让、耶律斜轸与室昉，都是景宗朝的老班底，其他大臣也多是先朝旧人。因此，景圣交替对于中枢方针几乎没有任何重大影响。诚然，耶律贤以三十五岁之壮年而卒，殊为憾事。但他传位嫡长子隆绪，托孤承天，终赖妻、子成其洪业，为后世开太平，其知人之明值得称道。可以说，在辽朝历史上，耶律贤之地位实堪与太祖太宗比肩。

第二节　辽宋关系

一、对宋作战

　　穆宗遇弑之际，正值宋太祖赵匡胤亲征北汉。不过，辽朝皇位更替并没有影响其对北汉的救援。保宁元年（969，宋开宝二年）三月，赵匡胤亲至太原，率军围攻北汉都城。而耶律贤则继承了穆宗的政策，连续派遣三批援军，坚决维护北汉之存在，以对抗大宋。整体上看，保宁初辽汉宋三方形势依然延续了穆宗后期的局面。

　　保宁六年（974，宋开宝七年），长期的胶着状态终于有了变化，宋辽间达成雄州和议。和议之达成，应当是周宋以来南北局势变化的结果。周世宗北伐，想来对契丹震动不小。而宋初逐次削平割据小政权，似乎无往不利，一改五代颓势，已有天下一统之迹象，对辽朝恐怕也有威慑作用。虽然宋辽迄未发生大规模正面冲突，但契丹自丢失关南后大体处于守势。因此，辽廷可能担心中原政权再度北伐。在这种情况下，接受和局在情理之中。而宋朝则因为要对江南用兵，需解除后顾之忧。

　　议和翌年，宋师入金陵，南唐亡。保宁八年（976，宋开宝九年）八月，即议和的第三年，赵匡胤出师伐北汉。十月，宋太祖崩，太宗继位，遂罢河东之师。不过，大宋欲灭北汉之意图，已暴露无遗。因此，北汉连连向契丹求救，而辽朝屡如所请。契丹虽与宋朝保持正常邦交，但在北汉战场上，景宗绝不惮与宋军兵戎相见，一决高下。保宁十一年（979，宋太平兴国四年），宋太宗赵光义下诏亲征北汉。此番辽朝虽同样出动大军，力挺北汉，但对大宋灭汉之决心估计不足。在契丹援军受挫后，北汉国主刘继元降宋，北汉亡。宋太宗得陇望蜀，进军幽州，七月与辽军于城外的高粱河大战，宋师大败，赵光义仅以身免。

高粱河一战，是柴荣北伐以来，契丹与中原王朝第一次大规模正面冲突。后周北伐后，辽朝慑于中原兵威，一直取守势。而高粱河战后，景宗改变保守策略，频频出动大军南下。是年九月，以重臣燕王韩匡嗣为都统，分道南伐。然匡嗣非帅才，指挥失误，辽军大败于满城（今河北满城）。翌年十月，耶律贤亲统大军南下，赵光义亦一度亲征。瓦桥关（在今河北雄县）一战，虽然辽军取得胜利，但宋军的抵抗非常顽强，契丹伤亡不小，因此景宗宣布班师。此时宋太宗已挺进至大名，闻讯亦罢兵。乾亨四年（982，宋太平兴国七年）四月，耶律贤再度亲征，辽军又至满城，战仍不利，五月班师。九月，景宗崩。

圣宗之继位，是辽朝开国以来第一次和平的皇位更替，也是首次实现嫡长子继承。但因"母寡子弱，族属雄强，边防未靖"[10]，契丹主动对宋息兵。契丹丢失中原后，在燕云汉地仍以"大辽"为国号，以彰显其对中原的合法"主权"。统和元年（983，宋太平兴国八年），承天太后将燕云汉地所使用的国号由"大辽"改回"大契丹"，委婉地向宋人暗示不再谋求入侵中原。

由于误判形势，宋太宗最终还是选择了再度北伐，又一次吞下了苦果。统和四年（986，宋雍熙三年）五月，宋军大败于岐沟关（在今河北涿州）。是年冬辽朝南征，取得了君子馆（在今河北河间）大捷。尽管在宋辽战争中辽方往往占优势，但并无力获得决定性的胜利。这固然是宋辽双方军事实力大体相当之反映，但也与宋辽边境地理环境密切相关。

宋辽河北边界，虽无名山大川之险可恃，但关南地区"沮泽碛堁"，遍地沼泽，塘水弥漫，是契丹骑兵行动的巨大阻碍。所以辽朝入侵，一般总是避开关南，由靠近太行山脉、没有沼泽的狭窄地段南下。正是针对这一形势，宋朝的防线设置是以重兵驻守镇州、定州与高阳关这三镇（今河北正定、定县、高阳），定州为其核心，威虏、静戎二军（俱在今河北徐水）为其主要屏障，其防守策略大体是主力坚守不出，伺机发动小规模突袭。辽军虽能深入宋境，但不仅对镇州、定州、高阳关三镇毫无办法，连威虏、静戎二军亦无力攻取，因此总是扫荡一番，然后北归。遭遇宋人二度北伐后的这次南征，虽大捷于君子馆，并连下深、祁二州（今河北深州、安国），似乎战果不小，但并没有真正威胁到镇州、定州、高阳关三镇及威虏、静戎二军构成的防御体系；而继续南下太过冒险，深、祁二州亦不能据而有之，北返在情理之中。

统和六年（988，宋端拱元年），辽军再度南侵，虽然攻下了涿、易二州（今河北涿州、易县），并从此据而有之，但同样没能撼动三镇二军。次年，宋镇州、定州大军护送粮草赴威虏军，耶律休哥欲逆击之，大败于徐河（今河北徐水）。此后契丹又一次改变策略，十年不再南牧。

统和七年（989，宋端拱二年）冬起，宋辽间进入了长达十年的休战期。统和十二年（994，宋淳化五年），宋两度遣使求和，但均遭拒绝。统和十五年（997，宋至道三年），宋太宗驾崩，真宗继位，指示边将何承矩"贻书契丹，谕以怀来之旨"[11]，也没有得到响应。在这长达十年的休战期中，辽朝一方面选拔贤才，括田括户，整顿部族，积极劝农，大行仁政，内政蒸蒸日上；另一方面，东伐高丽，北征阻卜，周边隐患亦得以肃清。在这种情况下，契丹得以再度向南用兵。

二、澶渊之盟

统和十七年（999，宋咸平二年），契丹大军再度南下。但由于攻不下威虏军，辽军剽掠一番后仍然只能主动撤退。面对契丹来犯，宋真宗御驾亲征，曾督促前线主动出击。镇州、定州、高阳关行营都部署傅潜畏懦不战，事后被削夺官爵，流房州。统和十九年（1001，宋咸平四年）十月，契丹再次入侵，但旋即因雨水班师。事实上，早在是年七月，宋方就得到情报，辽人将谋入寇，因此做好了部署，拟驻大军于威虏。但谍报有误，契丹南犯时宋师主力尚在定州，真宗为此"甚叹息焉"[12]。

统和二十一年（1003，宋咸平六年），辽朝又一次入寇，与宋军战于望都（今河北望都），虏真宗藩邸旧人、深受宠信的王继忠。望都之败让宋真宗恼怒异常，一度欲亲临前线，指挥防秋[13]，但在群臣劝阻下作罢。契丹连岁南侵，宋人败多胜少。更何况，战争在宋朝境内进行，兵锋所及，生灵涂炭，其损失又非单单胜负所能衡量。由于无险可守，宋军完全陷入被动。而每年的防秋，对宋廷又是极大的负担。统和十九年由于情报错误，大军未能及时北上。而错误谍报之所以会发生作用，正是因为后勤供应迫使宋方不能提前出动。在这种完全被动的局面下，真宗内心之恼怒可想而知。亲征计划虽然取消，但在朝臣协助下，真宗设计了一个以防御为主，然不失进取的大阵。其策略是，大军屯于定州，若契丹攻定州，先坚守不战，待辽兵疲敝，再诱之与战，三路偏师则攻其后路。若契丹不攻定州，径自南下，则在辽军撤退时，断其后路，前后夹击。这一计划考虑到了辽军可能越过定州南下，但对此并不十分重视，完全没有料到辽军主力可能冒险南下至大名、澶州（黄河北岸，今河南濮阳）一带。而这并非真宗一人之失策，乃是澶渊之盟前宋朝君臣之共识。

统和二十二年（1004，宋景德元年），辽朝进行了最后一次南侵。是年八月，宋边臣得到契丹谋入寇的消息，上报朝廷。真宗决定亲征，以抗击入侵之辽军。毕士安等以为不必亲行，又建议驻跸澶州，不过应持重缓行。王继英等赞同毕士安的后一意见。只有寇准一人，建议真宗即刻出发赴澶州，然未被采纳。需要特别指出的是，此时契丹尚未南侵，真宗之亲征，是他几年来一直策划之事，并非情况危急下的仓促决定。

闰九月，萧太后与圣宗母子率军大举南下，陆续攻击了威虏军、保州（今河北保定）等地。由于定州宋军主力按照既定计划，坚守不战，辽军遂越过定州南下。虽然契丹的动向出乎宋朝君臣的意料，但宋廷此时并未认知到事态之严重性，仍然相当乐观。契丹南下之时，真宗收到了之前以为阵亡的王继忠代表契丹求和的书信。但对契丹求和之诚意，真宗有所怀疑，同时他担心辽朝乘机索要关南，因此拒绝遣使，依旧为亲征做准备。

不过，由于误信瀛洲失陷的谣言，宋廷不久就做出了一次重大战略调整，召定州主力入援，且在接到王继忠第二封求和信后，派出了使者。大敌当前，真宗并未惊慌失措，而是有条不紊地备战。

对于议和，真宗也显得颇为沉着，倒是辽人有些急不可耐。

亲征车驾行至韦城（今河南滑县）时，出现了一场小波折。是时执政王钦若出守大名，陈尧叟则为亲征车驾之先遣队指挥，两人发现辽军完全超出了宋人之前的预想，大军冒险深入宋朝腹地，而定州主力迁延不至，契丹已逼近黄河。如果继续澶州之行，真宗本人可能直接面对辽军主力，而澶州城防工事很不完善，并不安全，此其一。其二，一旦契丹渡河，东京开封就直接暴露在辽军面前，后果不堪设想，稍一不慎，宋朝会有亡国的危险。在这种情况下，为谨慎起见，两人建议皇帝暂时南巡，避敌锋芒。但在寇准等人劝说下，真宗最终打消顾虑，不仅没有南奔避敌，甚至没有选择回师东京这一持重之策，而是毅然决定维持原计划，北上澶州，亲临风险极大的战争第一线。

在澶州，真宗见到了契丹议和使节，宋辽双方签订了"澶渊之盟"。其主要内容包括：两国约为兄弟，各守疆界，取消敌对行动，包括互不招纳降附，不在边境创筑城堡及改易河道。辽圣宗尊宋真宗为兄，宋真宗尊辽萧太后为叔母。北宋每年向辽支付"岁币"银十万两、绢二十万匹。

澶渊之盟是辽、宋双方实力均势的反映。北宋军事"积弱"，无法战胜辽军，但毕竟国势尚未衰颓，辽也不能占据绝对上风。此役契丹主力冒险深入至黄河，太后、圣宗及权臣韩德让均在军中。若果大战，契丹并无必胜之把握。而一旦战败，不仅主力有被全歼之危险，太后等均有成为阶下囚之可能，换言之，亡国并非过甚其词。辽朝下出这着险棋，是因为王继忠已将宋军的防线布置及作战计划告知契丹。也就是说，契丹人完全清楚宋朝腹地防御的空虚，宋人对辽人可能冒险深入南下缺乏准备。而面对契丹大军，宋朝同样没有必胜之把握。一旦出现意外，辽军攻破澶州，俘虏真宗，或渡过黄河，挺进开封，同样意味着亡国的危险。因此，长期因缺乏互信无法媾和的双方，在剑拔弩张的澶渊，却神奇地走到了一起。

澶渊之盟后，宋辽两国彼此以南、北朝平等相待，频繁互遣使节。遣使主要有三种情况。第一种是每年定期遣使，向对方祝贺新年以及皇帝（或皇太后）的生日。第二种与皇位更迭有关。一方皇帝（或皇太后）去世，向对方遣使告哀，并赠送死者的遗物，对方也要随即遣使祭奠，并表示慰问。新皇帝即位，同样要向对方遣使通报，对方则遣使祝贺。第三种是因其他事项临时遣使交涉，以及对方遣使回复。经济方面，两国都在沿边州县开设榷场，听任双方商民互市，各自设官监督，征收商税。辽的输出商品以牲畜为主，宋则输出绢帛、瓷器、漆器、茶叶等物。为逃避税收，民间也有不少人从事走私贸易。

三、庆历增币

澶渊之役，真宗表现可圈可点，相当果敢。澶州城下，当时的主动权在宋而不在辽，宋方可战可和，形势对契丹一方更为不利。是真宗主动选择了求和，是双方都有意求和，而非宋人在辽武力威胁下不情不愿地签订屈辱和约。即便和约已定，契丹仍不无惶恐，生怕退兵之际被宋军围堵。当时也的确有武臣请求阻截辽兵，但真宗没有采纳其建议。此举并非出于懦弱畏敌，而是为了顾全大局。事实上，对于退兵之际劫掠宋人的契丹部队，真宗下令予以痛击，并与辽方交涉，要求放回所掠宋人。契丹因此约束部队，规规矩矩退出了大宋疆土。总而言之，宋人在战场上表现并不差，完全谈不上屈辱。

至于盟约的内容，虽然宋方的确做出了巨大让步，但在时人看来，亦是虽屈而不辱。与北狄兄弟相称，以岁币换和平，固然不是荣耀，然征诸历史，中原王朝称臣外夷亦不乏其例，大宋与契丹兄弟相称算不了什么。而澶渊之盟规定北宋需付的岁币，在其财政支出中仅占很微小的份额，用宋人的话来说，"虽每岁赠遗，较于用兵之费，不及百分之一"[14]。因此，澶渊之盟后，宋朝君臣普遍相信，安史之乱引发的混乱局面此时才真正终结，可与开元之治媲美的盛世已经到来，真宗朝荒唐的天书封祀就是为此而设计的盛大庆典。

但宋人的太平美梦只做了不足四十年。辽兴宗重熙七年（1038，宋宝元元年），原本臣服宋朝的西夏李元昊叛宋称帝，宋军屡战屡败。重熙十一年（1042，宋庆历二年），辽趁西夏崛起、北宋困于宋夏战争之机，屯兵境上，遣使南下，强硬地向宋朝索要关南之地，让宋廷大为震惊，上下人心惶惶。富弼临危受命，赴辽进行交涉。

虽然这场风波最后和平收场，但宋人之惶恐并不能简单地视为虚惊一场。契丹绝非虚张声势，宋人若不妥协，富弼等人曾担忧的辽夏合谋侵宋必定会变成现实。妥协的结果，是宋人将岁币从三十万增加到五十万（其中十万是求助契丹压服西夏纳款的谢礼），且卑辞称"纳"。与澶渊之盟不同，庆历增币不仅让宋人对盟约丧失信心，且真正让宋人感到了屈辱。

盟约复定后，是年十月，宋廷即遣梁适出使契丹，催促辽朝向西夏施压。在契丹斡旋下，元昊主动纳款，虽去帝号称"兀卒"（西夏语，天子），但称男不称臣。不过，宋廷臣僚对此番西夏求和，尤其是契丹居间斡旋，议论纷纷。名臣余靖、欧阳修等人均对此忧心忡忡，认为"我之和好，权在敌国"，"契丹许我而有功"[15]，后患无穷。重熙十二年（1043，宋庆历三年），夏使再至，带来了正式开出的议和条件。元昊不仅没有退让，称男不称臣如故，且改"兀卒"为"吾祖"，又多所要请，凡十一事。是时宋朝宰执多欲姑息，独韩琦以为不可。在韩琦看来，原本可以妥善解决的西夏问题，正是因为求助契丹，宋廷反而陷入了进退失据的困境。

元昊无故改"兀卒"为"吾祖"，甚为蹊跷。谏官蔡襄以为，西夏并"无欲和之意"，只是愚弄宋朝。蔡氏所言不差，就在议和使者到达宋廷的同时，夏人亦抵达辽廷，请求与契丹联兵伐宋。辽夏本合谋侵宋，宋朝如此乖顺地增加岁币，卑辞称纳，可能出乎兴宗意料。契丹不费吹灰之力，在取得了巨大利益的情况下与宋媾和，反过来向西夏施加压力，李元昊显然非常不满。此人凶狡异常，对辽朝尚有期望，所以表面上服从契丹，遣使议和，但开出苛刻条件，并恶意地改"兀卒"为"吾祖"，试图将谈判破裂的责任推到宋朝头上。

辽朝不仅没有答应夏人侵宋之请，且出兵伐夏，宋朝反而置身事外。事情最终的发展，似乎证明欧阳修等人的忧虑纯属多余。实则不然。辽兴宗并不满足于澶渊体制，意欲独尊天下。联夏制宋，无疑是契丹彻底突破澶渊体制，凌驾于宋朝之上的最佳途径。兴宗即便顾忌出兵代价太大，也完全可以对宋朝阳奉阴违，与元昊合谋进一步敲诈宋朝。这也正是宋朝有识之士极为担心，同时也认为极有可能出现之事。而辽夏交兵，鹬蚌相争，渔翁得利，宋朝反而成了唯一的受益者。兴宗为何出此下策？

一矢未发，一兵未交，宋人就"纳"岁币二十万，澶渊之平等体制隐然已被突破，辽朝取得了高于宋朝的地位。更有甚者，宋人自降身份，主动向契丹求助，等于承认了契丹在宋辽夏三角关系中的霸主地位。大军未动，仅靠折冲樽俎，辽朝就取得了太宗入汴以来最辉煌的成就，兴宗焉得不忘乎所以，信心极度膨胀？只要元昊乖顺地与宋朝议和，辽朝就可以彻底压倒宋朝，明确霸主地位。但夏人阳奉阴违，迁延不就，惹恼了兴宗，终至双方关系破裂，兵戎相见。

自大轻敌不仅让契丹输掉了辽夏战争，也输掉了自增币以来暴涨的对宋优势。从西夏叛宋、庆历增币到辽夏战争，虽然险象环生、如履薄冰，除了付出四十五万岁币（与西夏议和付二十五万），宋人有惊无险地发现，经过一番激烈的震荡，国际格局终于还是回归原有的框架。

至辽道宗朝，宋辽两国的和平关系又出现了一场波折。大康元年（1075，宋熙宁八年），辽就与北宋河东路（今山西境内）接壤的边界提出异议。沈括奉命前往谈判，临行在枢密院查阅档案，查出以前宋、辽划境以古长城为界的事实。到达辽廷后，沈括据理力争，反复辩论，本已挫败辽朝占地的企图。但宋神宗有意退让，最后在韩缜与辽人于河东边界举行的谈判中割让了大片土地。澶渊之盟后宋辽维持了一百多年的和平，是以宋朝屡屡妥协让步为代价的。

两朝的和平关系终结于辽末，北宋背弃盟约，与金朝夹攻辽朝，最终唇亡齿寒，相继覆灭。

第三节　从鼎盛到衰亡

一、鼎盛时期

辽圣宗在位近五十年，政局稳定，是辽朝的鼎盛时期。这一阶段，辽确立了与北宋南北对峙的地位，国家制度亦渐趋完备。

辽朝建国后，阿保机经过十几年的努力，已经使契丹传统部族体制发生了很大变化，但走向中央集权的官僚制之路还只是刚刚开始。终太祖一朝，契丹政权的部族色彩仍非常浓重。阿保机不意辞世，不仅将开疆拓土的使命留给了后人，在制度建设、改造契丹政权方面，后人面临的任务也相当艰巨。

太宗时期，与燕云十六州入辽同步，此前作为附庸国存在的东丹国被废除，设东京于辽阳，辽朝对其控制区域实施直接统治。这是大契丹国建国道路上的一个里程碑。燕云十六州和渤海故地纳入辽朝版图，占了其国土不小比重，这标志着契丹已不再是局限于草原一隅的小政权，而变成了横跨草原与农耕地区的庞大帝国。与此同时，中央权力亦更为深入地渗透到部族中。但另一方面，东京地区还存在一定程度的自治色彩，而在燕云十六州，原有藩镇体制仍然对中央控制构成巨大的挑战。

天禄元年（947），为了加强中央对契丹部族及燕云藩镇的军事控制，辽世宗创置北、南枢密院。天禄四年（950），世宗置政事省，进一步从藩镇手中夺权。在财政、军事、人事这三个对藩镇来说最重要的方面，其权力都被大大削弱。对唐末以来藩镇问题的解决，契丹大体与中原同步。北、南枢密院及政事省之出现，代表了辽朝北南分治体制之形成。至此，契丹中央才得以真正深入有效地控制燕云十六州。

继世宗朝之后，景宗朝是辽朝枢密院发展的另一个关键时期。南枢密院由"总汉军事"转变为不掌兵而专理民政的中枢机构，北枢密院全面接管南面防务。辽朝北枢密院独掌兵政，兼领部族民，南院不掌兵，惟理州县民的基本格局，初步形成于此时。北南分治的局面，得到进一步深化。此外，东京地区大体褪尽自治色彩，军政归北院，民事归南院，也发生在景宗朝。

圣宗朝则代表了辽朝从部族体制向中央集权官僚制转变的完成。太平五年（1025），"禁天下服用明金及金线绮；国亲当服者，奏而后用"[16]。皇权独尊，表露无遗。

部族首领不再只从本部选授，有告身，有俸禄，有明确任期，完成了向官僚的转变。中央对部族首领的控制与监督空前加强，其职权相应大为削弱，部民亦转变为编户。与此同时，契丹部族的农业化也在持续深入发展。统和十五年，"诏品部旷地令民耕种"[17]，可见其时契丹部族已有部分由传统的游牧转为农耕。为防备西北边疆草原地带的阻卜诸部，辽朝以契丹诸部屯戍西北，这些部族在草原上的生计，以屯田为主，刍牧为辅。圣宗甚至还鼓励部族发展商业。

王朝对州县的控制，亦趋于全面深入。中央频繁派遣专使，巡行地方，"分决诸道滞狱"[18]，"按察诸道守令能否而黜陟之"[19]。开泰元年（1012），"诏诸镇建宣敕楼"[20]。八年，"诏诸道，事无巨细，已断者，每三月一次条奏"[21]。凡此种种，说明州县已被中央牢牢控制在手中。

圣宗朝，契丹汉化也有明显的深入发展，迎来了第一个高峰。萧太后、圣宗均好诗。契丹人中，也出现了一批文学之士。北宋陕州草泽之民魏野，屡辞征召，不求闻达，"为诗精苦，有唐人风"。对于这样一位不算太出名的诗人，居然有契丹使者"言本国得其《草堂集》半帙，愿求全部"[22]。

太后与圣宗的政治理念，也深深打上了儒家的烙印。统和十五年，圣宗出猎，皇太后谆谆告诫曰："前圣有言：欲不可纵。吾儿为天下主，驰骋田猎，万一有衔橛之变，适遗予忧。其深戒之！"[23]这哪里像在劝诫一位游牧契丹人的君主啊！

在王朝的政令赏罚中，儒家的影响有多方面的体现。孝行得到表彰，妇女被要求恪守儒家伦理。又，五代以降，中原谱牒衰落，嫡庶之分渐趋淡化。而在契丹，却出现了反向的潮流，强调嫡庶之辨。

统和二十七年（1009），太后崩。次年，圣宗伐高丽，萧敌烈谏止，理由有二。其一曰圣宗尚在服丧之期；其二曰国家连年征讨，士卒疲敝，加之年谷不登，疮痍未复。值得注意的是，以丧服未除为由反对出兵的，是一位契丹人。

圣宗时，辽朝疆域"尽有大漠，浸包长城之境"[24]，既拥有广阔的草原，也占领了燕云十六州等一部分定居农业区，开创了北方民族政权一种新的类型。北宋皇帝就感慨说：辽"势所以难制者，有城国，有行国"。与只有"行国"的"古之夷狄"相比，它已经"兼中国之所有"，因此"最为强盛"[25]。

二、宫廷斗争

辽圣宗之后，其子兴宗耶律宗真、孙道宗耶律洪基依次嗣位，两位皇帝在位时间合计长达七十年。其间，辽朝上层统治集团内部斗争又趋激烈。长期的宫廷纷争，一再演变为皇族你死我活的残酷杀戮，严重动摇了辽朝的统治。

圣宗齐天皇后萧氏无子，兴宗乃宫女萧耨斤生，自幼为皇后所养，与齐天感情很好。宗真长大后，对皇后亦侍奉唯谨，萧耨斤对此妒意横生，极为不满。太平十一年（1031），圣宗病故，年仅十六岁的兴宗即位，野心勃勃的萧耨斤凭借生母身份，立即制造了一场从齐天皇后手中夺权的政治阴谋，诬陷皇后与其弟萧浞卜、萧匹敌谋逆，欲废宗真而改立他人。在进行了一系列血淋淋的残酷杀戮之后，齐天被囚禁，萧耨斤则自立为"法天皇太后"，临朝称制，掌握了统治大权。

变故发生之时，兴宗在生母面前为齐天力辩其诬，并强调齐天侍奉圣宗、养育他本人，功在社稷。奈何年幼无助，政权已为法天太后把持，未能挽狂澜于既倒。齐天虽被囚禁，法天仍放心不下，认为有此人在，恐为后患，必欲除之而后快。兴宗苦苦哀求，表示齐天"无子而老，虽在，无能为也"[26]，亦未能阻止生母下毒手。齐天终于次年被杀。

法天猜忌心极重，满朝蕃汉臣僚均信不过，专用自家兄弟出掌要职，甚至连其娘家萧氏的家奴也备受重用。她宠爱幼子耶律重元，企图废黜兴宗，立重元为帝。但重元与其兄感情甚笃，反将法天之密谋告知兴宗。重熙三年（1034），兴宗采取果断措施，先下手为强，发动政变囚禁法天太后，并将其势力一网打尽。

兴宗难以忘怀齐天的养育之恩，亲政后一次出猎，路过齐天坟冢，见其孤处空山，荒秽无比，无影堂（悬挂遗像之灵堂）与洒扫人，极为难过，在坟前哭诉说："吾早同今日，汝不至于此也。"[27]并下令以皇太后礼改葬齐天。重熙八年（1039），兴宗在国人劝说下，将法天从囚禁处接回，但母子二人始终存在嫌隙。

对于重元，兴宗恩宠有加，立其为皇太弟，许诺"千秋万岁"后传位于他。重元从此日渐骄纵不法。兴宗常与重元以"双陆"（始于三国，盛于唐宋元明的一种棋）博戏，以居民城邑为赌注。兴宗屡屡败北，前前后后已输掉了好几座城。由于惧怕重元，满朝文武都不敢谏诤。一日兴宗、重元再开赌局，一位诙谐机智的伶官罗衣轻上前指着棋局说："双陆休痴，和你都输去也！"[28]兴宗才恍然大悟，从此不再进行这一荒唐的游戏。

兴宗晚年，极力提高和加强其子耶律洪基的地位，任命其为天下兵马大元帅。临终时，遂传位于洪基，并未令重元嗣位。道宗即位甫两日，即下诏复尊重元为皇太叔，免拜不名，后又加天下兵马大元帅，并赐金券。即便如此，重元仍怏怏不乐，图谋叛乱。清宁九年（1063），道宗要到太子山行猎，重元及其子涅鲁古得知这一消息，当即进行了谋反的部署。不料，阴谋尚未付诸实施，即为大臣耶律良发现，告知道宗。由于提早防范，进犯行宫的叛军未能得逞。前后仅一天多时间，叛乱即被平定，涅鲁古死于阵前，重元自杀。

重元死后，道宗立子濬为皇太子。大康元年（1075），道宗诏十八岁的太子总领朝政。这一本为巩固太子地位的举措却意外地造成了权臣耶律乙辛与太子的矛盾，促成了太子之死。

乙辛虽与皇族有疏远的亲缘关系，但出身贫寒。此人自幼狡黠，善于伪装。乙辛在平定重元之乱中有功，深受道宗信任，自此势震朝野，专横跋扈。太子耶律濬奉诏总领朝政，整饬法令制度，处事公正，乙辛的权势受到了威胁和限制。乙辛虽欲中伤太子，苦于一时无机可乘，遂指使太子生母宣懿皇后萧观音的奴婢单登和教坊伶人朱顶鹤诬陷皇后与伶人赵惟一私通。道宗使乙辛及其同党张孝杰共同审理此案，遂以所诬为实，逼迫皇后自杀。然后乙辛又盛称其党萧霞抹的侄女美丽、贤惠，使道宗纳为皇后，为自己的党援。

皇后既死，太子濬忧形于色，乙辛又将打击陷害的矛头指向了太子。大康三年（1077）五月，乙辛指使同党诬告大臣耶律撒刺、萧速撒等八人谋立太子为帝。道宗查无实据，但还是将撒刺、速撒外放，分别出任始平军节度使、上京留守，并将其余六人流放边地。事隔一月，乙辛又指使其同党萧讹都斡出首，诬称："耶律撒刺等谋害乙辛，欲立皇太子事，臣亦预谋。今不自言，恐事泄连坐。"[29]道宗又使耶律乙辛、张孝杰审理此案，于是囚太子，杀速撒、撒刺等数十人。不久，太子被废为庶人。十一月，乙辛同党杀耶律濬于囚所，以病死上奏。

太子死后，乙辛担心太子之子耶律延禧被立为储嗣，千方百计要加害皇孙。大康五年（1079），道宗出猎，乙辛建议留下延禧，不带其同往。在大臣萧兀纳的一再提醒下，道宗才开始怀疑乙辛，命皇孙同行，后又为其配备了专门护卫。次年，乙辛外放，出知兴中府（今辽宁朝阳）。大康七年（1081），乙辛因向辽朝境外私贩禁物事发，被囚禁。九年（1083），乙辛企图逃往北宋，被发觉，同时又查出他私藏甲兵，遂被处死。

道宗为人"不明无断"[30]，不辨忠奸，使乙辛擅权达十几年之久，皇后、太子先后被诬致死，造成了导致辽朝国势衰颓的一大悲剧。

三、辽朝的灭亡

辽朝疆域极为辽阔，东至日本海，西至阿尔泰山脉，北近贝加尔湖，南据华北北部，其统治重心则在版图东南部的辽河流域。辽虽疆域广阔，然以草原、荒漠为主，农耕区域主要在辽境东部和南部。农耕区域的居民，主要是汉人及渤海遗民靺鞨人，漠北则生活着诸多游牧部族。此外，东北广大的森林地区，为亦农亦猎的部族所占据。

漠北、东北少数民族部落虽然很早就臣服于辽，但辽对它们的统治并不稳固，仍属羁縻性质，"朝贡无常，有事则遣使征兵，或下诏专征，不从者讨之。助军众寡，各从其便，无常额"[31]。道宗时，漠北诸部辖戛斯在磨古斯领导下起兵反辽，辽调集重兵竭尽全力围剿，历时九年才将其镇压。而东北的女真以完颜部为首形成部落联盟，逐渐壮大，也对辽形成威胁。

道宗死后，其孙延禧即位，群臣上尊号曰"天祚皇帝"。此时辽的统治危机已十分严重，统治集团内部继续争斗，政治日益腐

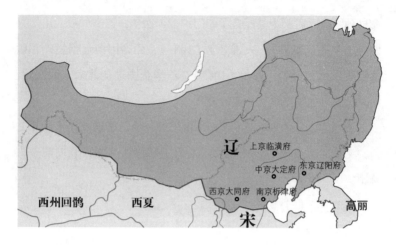

图 1-2　辽朝形势图

败，汉人、渤海人聚居地区都出现动乱。而女真崛起后与辽朝冲突
的尖锐化，最终导致了辽朝的覆亡。

辽朝实行四时捺钵制度（详见第二章第一节），每年初春，辽
主往往至东北凿冰钓鱼，纵鹰鹘搏击天鹅，以此取乐。届时，女真
诸部酋长尽来贡献方物，辽廷设宴犒劳，席间例使诸酋歌舞助兴。
天庆二年（1112），天祚帝在宁江州（今吉林扶余）境内的混同江
（今松花江）钓鱼，来的女真酋长中有一位完颜阿骨打。此人桀骜不
驯，不愿为辽主献舞，"端立正视，辞以不能"[32]。天祚欲杀之以
除后患，为大臣谏止。

天庆三年（1113），阿骨打接替病故的兄长乌雅束出任女真诸
部联盟长一职，次年即起兵反辽，攻陷了疏于防范的宁江州。宁江
州失陷后，辽朝调遣兵马，驻扎在与宁江州一水之隔的出河店，主
帅萧嗣先却依然麻痹大意，被阿骨打偷袭成功，遂率先逃遁，辽朝

部队溃不成军。由于萧嗣先乃当朝重臣萧奉先之弟，为替嗣先开脱，奉先奏请天祚肆赦；理由是东征溃军四散，若不肆赦，恐啸聚山林，图谋不轨。天祚听从其计，赦免了边军将领，嗣先仅免官而已。此举使辽军官兵认识到"战则有死而无功，退则有生而无罪"[33]，从此军无斗志，遇敌辄溃逃。

宁江州、出河店二战告捷后，阿骨打于天庆五年（1115）元旦称帝，国号大金。建国后，阿骨打率军直指东北重镇黄龙府。而天祚则依旧盲目自大，迟至是年八月才"罢猎"，赶赴军中，重新部署对女真的战争。但在契丹援军到来之前，金军在阿骨打带领下已于九月攻陷了黄龙府。至此，天祚方如梦初醒，极为震惊，调集了号称七十万之众亲征。就在辽金即将展开历史性决战之前，辽朝前线总指挥之一耶律章奴从前线诱胁将卒三百余人返回上京，散布谣言，称天祚大军为女真所败，试图废黜天祚，改立兴宗之孙、天祚帝之堂叔耶律淳。不过，耶律淳拒绝与章奴合作，天祚亦拥军西还，在这种情况下，章奴独自起事，很快就失败了。天祚虽镇压了耶律章奴之叛乱，但却因此给了阿骨打可乘之机。辽朝七十万大军西还时，两万金军紧紧追赶，最终击溃了辽军。天祚虽得以逃命，但此后辽朝的局面一发不可收拾。

天庆六年（1116），东京亦被金人占据，整个东北落入女真之手。次年，正当辽朝节节败退之际，由于辽朝屡屡征召其统治的华北境内的农民征讨女真，以致民不聊生，又爆发了汉族农民起事的动乱。正当危机日益加深之时，辽廷又爆发了一次严重的自相残杀，导致重要将领耶律余睹降金。

耶律余睹是辽朝宗室，又是天祚帝文妃的妹夫。文妃生晋王敖卢斡，在天祚诸子中最贤，朝廷内外威望最高。天祚另有元妃，生秦王。萧奉先乃元妃之兄，深恐秦王不得立为太子，视晋王及余睹为眼中钉。保大元年（1121），萧奉先授意其下属诬告耶律余睹与驸马萧昱谋立晋王为帝。天祚不辨青红皂白，相信所谓废立阴谋实有其事，立即下令处死萧昱，赐文妃自尽，只是未忍加诛亲生儿子晋王。事变发生时，余睹正在抗金前线，听闻此事，惧不能自明，遂投降了金朝。

保大二年（1122），金军攻占辽中京大定府（今内蒙古宁城），天祚帝仓皇出逃，最终在金军步步紧逼下，仅带着少数随从遁入夹山（在今内蒙古土默特右旗西北）。至此，除华北北部外，辽朝统治的核心地区都落入了金人之手。

天祚出逃时，镇守南京析津府（今北京）的是耶律淳。是年三月，南京的蕃汉臣僚遂共立耶律淳为帝，试图重振辽朝。耶律淳的处境极为艰难，不仅需要抵御女真在北边的不断侵逼，同时还要对付南边宋人的进攻。此外，天祚尚在夹山，听闻耶律淳自立后，亦扬言要召集人马，攻打南京。处于如此险象环生的境地，耶律淳无奈之中决意"称藩南朝"，向宋朝求和。耶律淳手下的大将萧干与耶律大石坚决反对向宋朝称臣，求和并无结果。是年六月，耶律淳在内外交困中病死。耶律淳死后，小朝廷分崩离析，南京很快为金军攻占，耶律淳之妻德妃萧氏与耶律大石等出逃，投奔天祚。

天祚在走投无路之时，遇耶律大石率兵来归，加之又得阴山鞑靼支持，自谓天助，不自量力，谋出兵收复燕云。大石苦谏不听，遂于保大四年（1124）脱离天祚，自立为王。次年二月，众叛亲离的辽朝末代皇帝天祚帝被金军俘获，辽亡。

四、西辽始末

耶律大石是辽太祖阿保机的八世孙，通汉文及契丹文字，善骑射，是文武全才。脱离天祚之后，由于抵挡不住金人的进攻，大石步步向漠北退却。在抵达位于草原腹地的镇州可敦城（在今蒙古国布尔干省）后，终于站稳脚跟，得到了大黄室韦、敌剌等十八部和威武、崇德等七州的支持，得精兵万余、战马万匹，苦撑待变。

保大五年（1125），天祚被俘，三年后死去。此后大石受到金军的驱赶，即便在漠北也愈来愈难以立足，不得已只好远征中亚，越过阿尔泰山，进入额尔齐斯河流域，在叶密立（今新疆额敏）修筑城池，招抚当地部族。1132 年，他在叶密立城正式称帝，建元"延庆"，采用突厥汗号称"葛儿罕"（亦作古儿汗，意为众汗之汗），又用汉尊号称"天祐皇帝"，重建辽政权，史称"西辽"，又称"哈剌契丹"。1134 年，改元康国，定都虎思斡耳朵（今吉尔吉斯斯坦托克马克）。虽然在中亚建立政权，但耶律大石仍念念不忘收复故地。改元定都后，大石即遣七万精兵东征，以青牛白马祭天，建旗誓师。这次东征，是复兴辽朝的一次搏击，终因西辽与金朝相距过远，兵出无功。

从耶律大石的双重称号来看，西辽虽然是辽朝国统的延续，其制度则是辽制与中亚当地制度的合流。首都虎思斡耳朵地区为西辽皇帝直接管辖的地区，有丰美的水草、完善的灌溉系统和肥沃的农田，宜农宜牧，居民有契丹人、汉人、回鹘人和其他突厥语族部落。耶律大石对朝廷直接管辖地区不再实行分封，官僚、将领们享受朝廷的俸禄和赏赐，不再建有头下军州（参第二章第一节）。军队由皇帝直接控制，不再有部族军和诸王大臣的私甲。这是耶律大石吸取中亚东、西黑汗王朝分裂的历史教训，在总结辽朝统治经验的基础上确立的中央集权制，它对中亚的社会发展起了推动作用。西辽的税制也承袭辽朝，它向居民征收户税和土地税。户税主要按财产数量征收，土地税则大体按收获量的十分之一缴纳。

西辽统治范围内，除皇帝直接治理的地区外，还有高昌回鹘，东、西黑汗国，花剌子模和葛逻禄等附庸。这些附庸都是在大石西征中投附或征服的。西辽保留了各地上层的统治地位，只派少数代表常驻或临时巡视各地，实行监督和收纳贡赋。朝廷在附属地区不派驻军队，但常应当地统治者的要求，支持他们向外扩张或帮助他们平定内乱。

康国十年（1143），耶律大石死，因子夷列年幼，遗命皇后塔不烟权掌国政，改元咸清。七年后，夷列亲政，改元绍兴。夷列在位十三年，死时同样因子幼，遗命妹普速完权掌国事，称承天太后，改元崇福。普速完统治时期，西辽统治集团内部发生动乱。普速完与丈夫萧朵鲁不之弟通奸，罗织罪名将萧朵鲁不处死，萧朵鲁不之父斡里剌发动政变，又杀掉了普速完。1178年，夷列次子直鲁古继位，为西辽末帝。西辽政权开始衰落。

直鲁古统治时期，一反其父祖的做法，开始作威作福，他的征求和需索，令属国难以容忍。他的傲慢无礼，也激怒了各地的统治者。其统治后期，在西黑汗国爆发了桑贾尔领导的反抗。

自12世纪下半叶，花剌子模实力逐渐增强，积极向外发展势力，并力图摆脱西辽的控制。他们连续三年不向西辽缴纳贡赋，并杀死前来征收贡赋的使者。与此同时，漠北地区的形势也发生了变化，成吉思汗兼并乃蛮等部，统一了蒙古草原。乃蛮太阳汗之子屈出律逃往西辽，得到直鲁古的信任。屈出律利用直鲁古的信任，积极发展自己的势力，阴谋夺取西辽统治权。1211 年，西辽政权为屈出律篡夺。1218 年，蒙古军击败屈出律，西辽政权终结。

西辽统治中亚地区长达八十七年。它将契丹和汉族的文化、辽朝的制度带到中亚，是中亚历史上的一个重要朝代，在中亚地区产生了重要和深远影响。西辽统治时期，中亚地区的经济文化得到了很大发展，所以在西辽灭亡后，人们仍对它怀念不已。

西辽的建立，结束了中亚地区纷争的局面，使社会秩序得到稳定，在契丹、汉人和中亚各族人民的共同开发下，中亚城市发展迅速，经济繁荣，同时契丹人又把高度发达的汉文化带到中亚，使吉尔吉斯斯坦出现汉文化浪潮。在西辽境内，汉语在商业来往中是官方语言。西辽不但继承和发展了辽朝的政治与文化，而且对中亚的社会发展和汉文化的传播起了重要作用，它在中亚史、契丹民族发展史上都占有重要地位。

第二章

辽朝制度、经济与文化

第一节 辽朝国家制度

一、南北面官体制

辽朝是一个半游牧半农耕国家，与匈奴、突厥一类草原游牧帝国不尽相同。另一方面，它的制度与前代中原王朝也有较大差别。尽管如此，其政治制度的基本构架在最根本层面仍依赖于汉制。

辽朝臣僚有北面官、南面官之分。契丹之俗崇拜太阳，皇帝御帐朝东，随驾官员分列南北，两面官各司其职，双轨理政，"北面治宫帐、部族、属国之政，南面治汉人州县"[1]。北、南面官的最高机构均称为枢密院。北枢密院以下北面中央官僚机构，较重要者有北宰相府、宣徽北院、夷离毕院（掌狱讼）及北翰林院（又称大林牙院），其间大量保存契丹部落旧制，兼采突厥、回鹘等族政权职名。北宰相设两员，称北府宰相、南府宰相，将诸部族一分为二，各自统领。南枢密院以下南面中央官僚机构，较重要者有中书省（南宰相府）、宣徽南院、御史台、大理寺、南翰林院等汉地传统机构，与北面一一对应（夷离毕院对应御史台及大理寺）。南枢密院下设吏、兵、刑、户、工五房，中书省兼礼部。南宰相设两员，亦称北府宰相、南府宰相，又有参知政事为其副贰。

在地方，契丹、奚等民族居住地区实行部族制，按地区划分为数十部，设节度使，归北枢密院管理。汉人和渤海人居住地区则按照汉制设置州县，由南枢密院管理民政，其军政则仍由北院掌管。

地方高层政区的设置，辽朝颇为复杂。辽朝建有五京，除开国时建立的上京临潢府外，后来还设立了中京大定府、东京辽阳府、南京析津府、西京大同府（今山西大同）。以五京为中心，辽朝设有五京道，它们既是行政区，又是监察区。五京道之外，辽朝还设置了八个财政路（上京路、中京路、东京路、长春路、辽西路、南京路、平州路、西京路）与十二个军事路（东京路、东北路、黄龙府路、咸州路、南路、保州路、南京路、平州路、西京路、西北路、西南路、乌古敌烈路）。

五京道的辖区不能涵盖辽之全境，只是大致包括了辽朝农业人口聚居、农业经济最发达、州县集中建制的区域。以部族为主的一大部领土，其民政由西北、西南、乌古敌烈三个军区的长官兼领。此外，南京东面的平州（今河北卢龙）地区设有财政与军事路，其民政不隶于南京留守，而由本路军事主管机构兼领。不仅五京道作为行政区，不成其为完整的区划体系，财政与军事区划，亦不完整。财政路与五京道一样，并未设置于部族集中的草原地带，即西北、西南、乌古敌烈三个军区。而军事区划中，则留下核心地区的上京道大部（靠近东北的泰州与长春州归属东北路，两州均位于今吉林白城境内）及中京道全部，其军事直隶于中央机构枢密院，不存在地方性质的军事区。

辽的三个分区体系，不仅民政之五京道与军事路不相重合，且五京道与财政路、财政路与军事路亦不重合。然相对而言，五京道与财政路的关系较为密切，这两个体系均集中于辽朝疆域的东南部分。南京、西京两道辖区，即是南京、西京两财政路之辖区。上京道除去归属长春路的泰州与长春州外，即是上京路的管辖范围。中京道则分为中京路与辽西路，后者以兴中府为中心，但还包括东京道的乾州、显州（俱在今辽宁北镇）。东京道的主体则分割为东京路与长春路。更重要的是，五京道与八财政路，归南枢密院管辖，而十二军事路，则隶属于北枢密院。

需要特别指出的是，南北面官这一二元体制并不能理解为草原与中原体制的简单相加或平等融合。辽朝固然保留了部族组织，但其首领向官僚转化，部民向编户转化，至少到圣宗朝这一过程已经完成。更重要的是，中枢机构枢密院本身就取法自五代制度，掌管部族之北枢密院，恰恰是契丹君主为加强中央集权、改造部族体制而设立的。尽管北、南枢密院分工不同，地位亦稍有差异，但作为皇帝身边的左右执政大臣，两枢密使所担负的治理国家的重任，几乎是不分轩轾的。因此，北南二院本来就是一个整体，是同一最高机构的两个组成部分。北、南面官并非两个各自封闭的系统，而是可以相互迁转；而且，北、南枢密使除了是北、南枢密院长官之外，一般情况下还是宰辅。枢密院只是政务执行机构，中枢决策权属于皇帝及包括北南二院枢密使、北南二府宰相、夷离毕、参知政事等在内的宰执群体，而这一决策群体显然是超越北南的。因此，辽朝中枢之二元体制在根本精神上是汉化的产物，是在中原君主官僚制的架构下对草原部族组织的容纳。不仅如此，有辽一代北面官整体上不断汉化，至辽后期，北南二枢密院甚至出现了合一之趋势。

另一方面，辽朝后期，八财政路的地位愈加突出，甚至超过了五京道。辽末重财政路，显然是对八路的岁入愈来愈倚重之故。辽朝作为一个控制广袤地域的大帝国，维系自身存在的必需前提之一是稳定充足的财政收入。而游牧经济非常脆弱、不稳定，甚至无法自足，农业才是辽朝的财政支柱，才是支持政权运转的经济命脉。就政治制度而言，辽朝的发展变迁史无疑是一部逐渐远离游牧政权、走向中原王朝的历史。

二、斡鲁朵与头下军州

辽的部族和州县并不完全由国家直接管辖，有一些隶于斡鲁朵或头下。斡鲁朵出自突厥语，意为宫帐，下有直属的军队、民户、奴隶，构成独立的经济军事单位，为统治者个人私有。辽朝先后创建了十三个斡鲁朵，分别归属太祖至天祚九帝、应天及承天两位辽朝历史上最有权势的太后、圣宗朝皇太弟耶律隆庆（赤实得本斡鲁朵，汉名敦睦宫，原属太宗朝皇太子李胡）和圣宗朝权臣、承天太后改嫁的韩德让（称文忠王府）。

斡鲁朵制创于辽初，固然与北方游牧传统有关，但同时也是借鉴中原制度的结果。后梁朱温称帝后，以其潜龙旧宅为"宫"，并别置"宫使"领其称帝前所辖四镇兵车、税赋、诸色课利。或许是受到朱温之启发，耶律阿保机即位后，为了防范曾对其构成巨大威胁的诸弟及宗室近亲，以侍卫军腹心部为核心，建立算斡鲁朵（汉名弘义宫），作为直接受皇帝个人掌控的军事及经济力量。此后各斡鲁朵均以"分州县，析部族，设官府，籍户口，备兵马"[2]的方式建立。在皇帝驾崩后，斡鲁朵会由继位君主继承。

斡鲁朵制较其他游牧族政权以核心部落来压服、震慑其他部落的体制更进一步，它直接从属于首领个人而非部落力量。建立这支力量，很大程度上正是为了防备核心部落内部反对首领的势力。而宫卫的组成人员，也自不同部落抽取。宫卫制度的出发点，似乎与中原政权的禁卫军制度异曲同工，并且对于数百年后蒙古人以组建"千户"的方式彻底打破原来的部落结构，或有相当大的启发。或许可以说，宫卫制度不但不是契丹部落时代的遗存物，反而是为了将较为松散的部族政权改建为中央集权国家的强力手段；虽然因涉及部族，而成为契丹的特殊制度，却更多地体现出中原制度的影响。

斡鲁朵的管理机构为都部署司，长官称都部署，也称宫使。宫使掌本斡鲁朵的户口、钱帛和刑狱，同时统领宫分军，既是本斡鲁朵的行政长官，也是军事统帅。斡鲁朵所辖民户称宫分户，既有隶宫州县及提辖司所辖定居农耕者，也有石烈等部落组织所辖游牧部落民。前一类民户以汉人、渤海人为主，由诸宫分汉儿渤海都部署进行管理；后一类以契丹人为主，由诸宫分契丹都部署进行管理。总领皇帝所统各斡鲁朵军政事务的是契丹诸行宫都部署和汉儿渤海诸行宫都部署。

就身份而言，宫分户可分三类：正户、蕃汉转户、著帐户。正户相当于平民，蕃汉转户近于农奴，而著帐户则由犯罪的宗室、外戚和大臣家属组成，乃皇室家奴，承担仆役、侍从等非生产性的祗从之役。斡鲁朵属户"入则居守，出则扈从，葬则因以守陵"[3]，"有调发，则丁壮从戎事，老弱居守"[4]。其职责，首要是随从皇帝四时捺钵（详见下文），组成宫卫骑军，保卫皇帝的安全，并为迁徙中的行宫承担徭役，提供后勤保障及财政支持。此外，宫分户还是紧急时可由皇帝直接调用的一支庞大军事和经济力量。

枢密院是政府中枢，但斡鲁朵掌管皇帝私产，是枢密院之外的一个独立系统，诸宫都部署的地位，在一定程度上可与枢密使平分秋色。这是辽朝政治体制的一大特点。不过，另一方面，辽朝皇室私产与政府公产界线并不明晰，宫官人选及人事权之归属都与政府官员没有明显差别，且宫官常兼政府官。此外，隶宫州县之税收分属斡鲁朵及政府财政机构，而非由前者独享。这说明，斡鲁朵与以枢密院为中枢的政府并不能截然分开。

头下亦作投下，是宗室诸王、公主、外戚、大臣等贵族的领地。贵族将战争中所掠或皇帝赏赐的人口自置城堡管理，即为头下，又称"私城"。诸王、公主、国舅可创立州城，其余则为军、县或堡，州、县名额由朝廷赐予。头下州的官员，节度使由朝廷任命，刺史以下官员则由头下主以其部曲充任。

头下制度起源颇早，至迟到遥辇氏时代的后期，契丹军事贵族们大多已拥有一支被称为头下兵的私甲，而他们所拥有的私奴（部曲）则被称为头下户。唐朝末年，日益强大的契丹人屡屡南下侵扰汉地，并以俘掠的汉人建置城寨，这些早期的城寨大都隶属于各级军事贵族们，这就是头下城。太祖阿保机伯父于越王释鲁在祖州（在今内蒙古巴林左旗）附近建置的越王城，是见于文献记载最早的一个头下城，其时约为 9 世纪末叶。

以头下置军州，则始于阿保机。契丹建国后，宗室、外戚所拥有的头下城，凡由朝廷赐给州、军称号者，便成为头下军州。头下军州制度的设置，一方面代表了朝廷对宗亲勋戚及部族首领特权的承认，但另一方面也是太祖为将私属头下纳入国家管理体系所采取的策略。私城的头下军州化，是伴随着中央集权的加强，为了将过去权贵们纯封建领主制的权力收回到中央而采取的一种策略，头下军州实际上是从贵族的私城发展到国家州县制的一个中间过渡阶段。

史料中可考的头下军州有四十多个，但有辽一代先后建立的头下军州肯定不止这些，至于没有获得军州称号的头下私城则无从统计，其数量应当颇为庞大。辽朝的州城一般规模都很小，土城数里，民居百家而已。头下州城通常规模更小，如中原士人胡峤所见卫州，仅有"居人三十余家"⁵。迄今已发现的辽朝头下州城有十来个，其城址长、宽多在三五百米；那些不见于记载的头下城、寨就可想而知了。

辽朝的头下军州均分布在上京道、中京道和东京道境内，尤以潢水流域最为集中。从考古文物工作者的调查结果来看，这些头下州基本上是沿着草原的边缘地带建立起来的。这是因为构成头下户的汉人们不能脱离农耕区域，而这些头下州的契丹领主们又不可能把他们的私城建在远离草原的汉地，所以就选择这样一个农耕和游牧的接合部来建立他们的头下私城。

辽朝前期的头下军州几乎全是以战争中的俘掠人口建立起来的，但自澶渊之盟以后，依靠战争获取的头下人户大大减少，而且辽朝政府对头下部曲也开始加以限制。圣宗时期建置的公主头下军州，其头下户的来源与传统的头下私城截然不同，都是皇帝赐予的媵臣（从嫁户）。自圣宗以后，我们在文献和考古材料中就再也找不到任何一个新建的头下军州。这一方面与头下部曲的来源减少有关，另一方面也说明辽朝对头下军州的政策可能发生了一个重要的转变，不再允许私城出现。

三、四时捺钵

辽朝另一项极有特色的制度是四时捺钵。捺钵，契丹语，意为行营。尽管建立了汉族模式的王朝，但辽朝皇帝始终保持着先人的游牧生活传统，居处无常，四时转徙，称为捺钵。四时捺钵又分别有"春水""秋山""坐冬""坐夏"等称，主要活动为春捕鹅、钓鱼，夏放鹰，秋射鹿，冬猎虎，皆有大致固定的地点。春捺钵多在鱼儿泺（在今吉林白城），夏捺钵多在永安山、炭山（大兴安岭东南余脉）一带，秋捺钵多在庆州西部诸山（在今内蒙古巴林右旗），冬捺钵多在潢河、土河交汇处的广平淀（在今内蒙古翁牛特旗）。

春捺钵的主要活动是钓鱼和捕鹅。正月上旬起牙帐离开冬捺钵，三月上旬到达春捺钵。江河尚未解冻，鹅雁未至时，皇帝率众凿冰钓鱼；冰雪融化，鹅雁北归后，放鹰鹘猎捕天鹅。钓得第一尾鱼，捕得第一只鹅后，便举行头鱼宴和头鹅宴，众人互相庆贺。春捺钵活动期间，捺钵周围千里之内的属国、属部首领要到捺钵朝见辽帝，以示臣服。所以，春捺钵活动也包括了安抚、控制、考察各属国、属部的政治内容。

四月中旬，皇帝离开春捺钵进山避暑、赏花。皇帝与北南面臣僚共议国事，决定重要人事任命，这是捺钵中的第一次大政会议，闲暇时间则从事游猎。七月中旬，皇帝入山射鹿，转入秋捺钵。天冷后皇帝到冬捺钵避寒，再与北南面臣僚举行第二次大政会议，共议大政方针，同时接见宋及诸国使臣，闲暇时校猎、讲武。

大部分贵族和高级官员皆随从皇帝而行，组成了一个庞大的行宫集团。中央的北面官全部随行，南面官则部分随行。捺钵是国家政治中心之一，又称"行朝"，禁卫森严。辽朝中后期，宣徽南院所属百司官员全部随行，南"枢密院、中书省唯摘宰相一员，枢密院都副承旨二员，令史十人，中书令史一人，御史台、大理寺选摘一人扈从"[6]。其他南面官留守中京，处理州县事务。留守官有权任命县令、录事以下文官，县令以上文官只能以堂帖（宰相所发指令）权差，待捺钵大政会议后取旨，方可给敕正式任命；武官则必须奏准。

有趣的是，捺钵虽源于北方游牧民族传统，但也受到了汉文化的影响。捺钵中虽以毡庐为主，但帝、后所居，则为固定宫殿建筑，且专门立有太庙。

强调捺钵是国家行政中心，并不意味着辽朝不存在一个固定的首都。这与辽朝既保留游牧传统，又深受中原影响这一特点有关。辽朝前期的上京、中后期的中京，尤其是后者，显然具有首都的性质。这两京之修建，均模仿中原王朝帝都。中京建有皇家宗庙等最为重要的祭祀场所，且是与政治关涉最密切的礼仪集中举行的场所，也是外交中心。虽然其性质与作用与中原政权的首都确有差异，但不可因此否认其为首都。

四、世选与科举

辽朝在任官制度上，也保留了传统的世选制。所谓世选，是指一些契丹显贵家族的子孙享有特权，自然成为某些职官的候选人，史料中往往称为"世预某（职官）选"。向世选开放的职官，仅限于北面的北、南府宰相及各部族之节度使。换言之，都是契丹建国前即存在的部族官（契丹各部族酋长原称夷离堇，后改称节度使。两府宰相遥辇时代可能亦不称宰相）。而有资格获得世选资格的，亦均出自契丹部族。比如宗室世预南府宰相之选，后族世预北府宰相之选。

世选并不意味某一特定职官的人选只能在某一家族中选择，相反，如世预宰相选就远不只限于一家，且预选之人亦有非出自世选之家者。所谓世预宰相选，仅仅意味着其子孙享有特权，可以与其他世预宰相选的大臣子孙，及其他重要人选竞争这一职位。也就是说，职官世选既不意味着该职为某一家族垄断，甚至也不意味着其为享有世选特权的诸家族垄断。权贵子孙可以参加世选，但在契丹建国后，最终人选的决定权则归于君主或中央的铨选机构。世选之选，即铨选。

针对汉人、渤海人，辽朝设有科举。其制始于太宗会同年间，南京首开贡举。耶律德光想利用科举培植忠于中央的官僚，逐步瓦解藩镇势力，对燕云进行渗透，并依赖汉族士人改造契丹政权。但由于藩镇势力之阻挠，科举不久便停开。穆宗朝曾重开贡举，亦为昙花一现。景宗保宁八年，诏复南京礼部贡院，科举制度才稳定下来。圣宗统和六年，诏开贡举，科举在辽朝进一步扩展，从南京地区扩大至疆域内主要农耕地区。统和二十七年，"御前引试刘二宜等三人"[7]，这是辽朝殿试的开端。太平十年（1030）秋七月，"诏来岁行贡举法"[8]，科举制度以法的形式固定下来。道宗咸雍十年（1074），皇帝甚至亲出题试进士。从圣宗朝至辽末，辽朝科举取士数量持续增长，科举制度不断走向完善与成熟，于国家政治社会生活中之地位亦愈加凸显。

辽代举行科举考试的时间，前后不同。圣宗统和六年至开泰二年（1013），每年举行一次。开泰三年（1014）起，大抵二至五年举行一次。辽代科举前期受唐制影响较大，后期则吸收了宋朝科举取士之法。常举考试科目主要有进士科、明经科和律学科。前两者从辽朝科举制度肇始即已设立，律学科的设置则出现于辽朝中期。进士科乃重中之重，明经科不如进士科彰显，然亦受朝廷高度重视，律学则为杂科。常举之外，亦开设制举科目，如举才行、贡明经、茂材异、举才能、举贤良等。

辽朝科举考试程序，分乡、府、省、殿四级，"乡中曰乡荐，府中曰府解，省中曰及第"[9]。省试由礼部贡院主持，按成绩分甲、乙、丙三科取士，合格者以"喜帖"书其姓名。殿试非常设，考试内容以五经传疏为主，亦有《日射三十六熊赋》等即兴题目与时政题。

辽代的科举最初专为选汉官、取汉士之用，只有汉人、渤海人可以应试，禁止契丹等北族参加。但随着汉化渐深，契丹士人开始冲破辽朝禁令，私自参加汉族士人引以为豪的科举考试。兴宗重熙间，宗室耶律蒲鲁举进士第，其父庶箴因擅令子就科目，被鞭二百。虽然兴宗对此事进行了严厉处罚，但爱好汉文化的兴宗同时对蒲鲁之才华大加赞赏，委以官职，并诏其赋诗。至兴宗统治后期，禁令终被取消，契丹等北族士人亦可参加科举。建立西辽的耶律大石，即是天庆五年的进士。

通过科举入仕者，甚至可担任原本唯有契丹人才能担任的北面官，亦可升迁至官僚机构之上层，成为参与决策的宰执。辽朝中后期，宰执群体中的大部分人，均由科举入仕。因此，辽朝出现了一大批世代取得功名的科举家族。

在实行科举的同时，辽朝也设立学校培养人才。上京、中京置国子监，南京有太学。道宗清宁元年（1055），"诏设学养士，并颁五经传疏，置博士、助教各一员"[10]，五京州县普遍设置学校。

科举与学校的推行与发展，极大地改变了辽朝原有的北方游牧民族文化。儒家思想文化意识之渗透从帝王贵族延及普通民众，慕华向学成为生活时尚。辽道宗曾作有一首《君臣同志华夷同风诗》，即其明证。

第二节　辽朝的经济

一、畜牧与狩猎

辽朝的契丹各部及其所辖属国部落，主要从事游牧狩猎，"顺寒暑，逐水草畜牧"[11]。这源于传统的生活方式，据记载："契丹旧俗，其富以马，其强以兵。纵马于野，弛兵于民。有事而战，驭骑介夫，卯命辰集。马逐水草，人仰湩酪，挽强射生，以给日用，糗粮刍茭，道在是矣。"[12]畜牧业是辽朝社会经济的重要组成部分。

结合历史文献与辽墓壁画，契丹等游牧民族牧养的牲畜种类十分丰富，主要有马、牛、羊、骆驼等等。羊为人们提供日常的食品、饮料、皮革、毡子等，与生活密切相关，故在诸种牲畜中数量最多，所占比重最大。骆驼又称橐驼，有双峰骆驼和单峰骆驼，主要用于驾车和驮运物品，由于体型高大，能够忍耐饥渴，抗寒和抵御高温，载重致远，远远胜于马牛，其毛可用于编织，还可以提供肉、乳等食品。

由于马、牛、羊、骆驼等食草动物是人类从野生状态下驯养成家畜的，所以对人的依赖性很强，严酷的自然环境和人们的生活需要，使得在牧养的时候必须进行组织和管理。辽朝对牲畜的组织和管理主要采取两种措施：一是组群方式放牧，即把牲畜组成不同的群进行放养。二是烙上印记，标明牲畜的所有权。

契丹人的牲畜组群放牧方式，是把牲畜按畜种不同分别组群，或将多种牲畜放在一起组群。宋朝使节苏颂抵达辽朝境内，亲眼看到契丹放牧的情况，谓"羊以千百为群，纵其自就水草，无复栏栅，而生息极繁"[13]。苏颂还提到，"契丹马群动以千数，每群牧者才二三人而已，纵其逐水草，不复羁绊。有役则旋驱策而用，终日驰骤而力不困乏。彼谚云：'一分喂，十分骑。'蕃汉人户亦以牧养多少为高下。视马之形，皆不中相法。相蹄毛俱不剪剔，云马遂性则滋生益繁，此养马法也"[14]。由此可见，辽代畜牧业非常发达，积累了丰富的生产经验和管理方法。

用烙印来标记牲畜的所有权，就是将金属制成的印文图案烧热后烙在牲畜的特殊部位，如马臀部，以标明牲畜的主人。这种做法不仅仅被契丹人采用，整个北亚古代游牧民族大抵如此。这种做法实际是游牧社会保护部族和个人切身利益，及维护社会经济秩序的一种社会准则，目的是明确分割草原财产，避免混淆；同时也是保护牲畜，促进畜牧业发展的一项有利措施。在《辽史》中，关于契丹实行这种做法的记载有以下三条。一是圣宗太平六年（1026）六月辛丑，"诏凡官畜并印其左以识之"[15]。二是重熙年间，耶律喜孙的儿子涅哥担任近侍，坐事伏诛，辽兴宗"以喜孙有翼戴功，且悼其子罪死，欲世其官，喜孙无所出之部，因见马印文有品部号，使隶其部"[16]。三是兴宗时期，"时有群牧人窃易官印以马与人者，法当死，帝曰：'一马杀二人，不亦甚乎？'减死论"[17]。这样牲畜身上有了印文，不论跑到何处，或组群放养，都能够确知其主人，有效防止偷盗、丢失、藏匿牲畜现象的发生，对于维护社会安定和促进经济发展具重要作用。[18]

捕鱼和狩猎业，是契丹很早就存在的重要生产部门，《隋书·契丹传》载契丹祝词曰："冬月时，向阳食。若我射猎时，使我多得猪鹿。"[19]人们祈祷神明庇佑其获得更多的猎物。契丹建国以后，随着畜牧业和农业的发展，这种收获不太稳定的渔猎生产便退居次要地位；但渔猎生活并没有被放弃，反而成为一项政治生活特色。据记载："辽国尽有大漠，浸包长城之境，因宜为治。秋冬违寒，春夏避暑，随水草就畋渔，岁以为常。四时各有行在之所，

图 2-1 契丹贵族出猎图

谓之'捺钵'。"[20] 捺钵既是辽朝的政治制度，同时也是契丹人的一种生活方式。

二、农业

契丹社会的农业，大概出现在耶律阿保机的祖父匀德实时期，"始教民稼穑，善畜牧，国以殷富，是为玄祖"[21]，或有谓"初，皇祖匀德实为大迭烈府夷离堇，喜稼穑，善畜牧，相地利以教民耕"[22]。大概是一种粗放的农业耕作。辽朝农业的发展和作用凸显，始于吞并渤海和燕云十六州。通过对外征服掠夺大量人口及获得农业土地，发达的农业提供了丰富的粮食和其他农产品，由此成为牧业经济的必要补充。

契丹统治者虽游牧出身，仍然比较重视农业。据《辽史·食货志》记载："太祖平诸弟之乱，弭兵轻赋，专意于农。"从辽太宗时期起，政府不断颁布保护农业生产的诏令，会同初，"将东猎，三克奏减辎重，疾趋北山取物，以备国用，无害农务。寻诏有司劝农桑，教纺绩"[23]。还曾以乌古之地水草丰美，命瓯昆石烈居住，将海勒水善地辟为农田，允许其耕种。此外，将谐里河、胪朐河流域的土地，赐给南院欧堇突吕、乙斯勃，北院温纳河剌人，让他们从事耕种。会同八年（945），太宗驻跸赤山，"宴从臣，问军国要务。左右对曰：'军国之务，爱民为本。民富则兵足，兵足则国强。'上深然之。是年，诏征诸道兵，仍戒敢有伤禾稼者以军法论"[24]。这是辽朝初期一道解决军事行动与农业生产矛盾的重要诏令，从中不难看出契丹君臣对发展农业的支持态度。

辽世宗时期，经过一段休养生息，朝廷大力发展农业。据《辽史·耶律挞烈传》载，应历初，挞烈升为南院大王，"均赋役，劝耕稼，部人化之，户口丰殖"。辽圣宗时期则是辽朝农业发展的高峰时期，辽圣宗颁布很多保护农业的政策，为了与宋朝争夺劳动力，奖励垦荒，使北方地区由纯粹的畜牧业转向半农半牧的产业结构。

汉人是辽朝从事农耕生产的主力军，除此之外，契丹北部的室韦人中，也有以农业为生的部落，只是其地气候多寒冷，收成比较单薄。近年来，考古工作者发现了内蒙古呼伦贝尔市海拉尔附近的浩特陶海古城，它有土筑的城墙和护城壕，出土了辽代篦纹陶片，这里当有从事农耕的居民。黑龙江泰来县塔子城，应为辽朝上京道泰州遗址，这里发现了辽大安七年（1091）石刻，记录有四十余位汉人姓名，说明这一带最晚到辽道宗时期已经有汉人居住，有可能在此屯垦。[25]

辽中京大定府地区是奚人故土，该民族除了放牧、狩猎外，也从事农耕。早在唐朝时期，一些部落就开始经营农业，种植各类作物，并且以此作为食物来源。据《新五代史》记载，奚人"其族至数千帐，始分为东、西奚。去诸之族，颇知耕种，岁借边民荒地种穄，秋熟则来获，窖之山下，人莫知其处。爨以平底瓦鼎，煮穄为粥，以寒水解之而饮"[26]。宋朝使节多称奚人善于耕种，苏颂、苏辙将此情景写入诗中加以颂扬，由此说明，中京地区的农业从业者为奚人。

此外，东京、西京和南京地区都是辽朝主要的农业区。东京辽阳地区土地肥沃，有木铁盐渔之利，天显三年（928），迁渤海人至此，圣宗时期，又迁入大批熟女真。良好的自然条件和轻徭薄赋，奠定了东京地区农业发展的基础，使其成为辽东地区的经济命脉。南京道和西京道的燕云地区农业基础雄厚，在辽朝重视农业的政策下，劳动人口得到恢复，农业经济获得高速发展。

辽朝境内农作物的品类比较齐全，既有粟、麦、稻、穄等粮食作物，也有蔬菜瓜果。他们借鉴和学习中原先进的农业技术，引进作物品种，还从回鹘引进西瓜、回鹘豆（豌豆）等果蔬品种，同时结合北方气候特点，形成一套独特的作物栽培技术。从辽墓出土情况看，辽朝农业生产工具种类丰富，犁、铧、锄、镰、锹、镐、镢、刀、叉等应有尽有，这极大地促进了农业经济的发展。

图2-2　张匡正墓壁画《备茶图》

三、工商业

辽朝有矿冶、铸造、食盐、纺织、陶瓷等多种手工业，尤其擅长车马具的制造。辽太祖时期，把征服掠夺人口中的手工业者安排在临潢等地，并将手工业生产技术传授给契丹人。渤海并入辽朝，特别是辽太宗占领燕云地区以后，农业与副业生产逐渐兴盛，促进了手工业各个部门的发展。

辽代矿冶业的创始年代，据《辽史·太祖纪》载，阿保机父亲撒刺的"仁民爱物，始置铁冶，教民鼓铸"[27]。阿保机继任可汗，命人冶炼金属。后来渤海的冶炼技术传播到辽朝，推动冶铁业的进一步发展。1981年，在内蒙古察右前旗豪欠营子发现一契丹墓，

图 2-3 辽仁宗年号钱——续兴元宝

墓葬中发掘出一具女尸。对契丹女尸葬具铜丝网络和出土铁器的分析，证明辽朝的冶炼铜铁技术已经非常发达。研究者指出，当时既可以冶炼黄铜，也可以冶炼纯铜，而且冶炼方式比较稳定，技艺相当精湛。[28]

辽朝建国以前，过着游牧生活的契丹人已经初步掌握一些比较简单的织造技术。而辽朝纺织业的迅速发展，有赖于大批汉人入迁草原地带。据史料记载，在上京、中京、祖州等地区都有官营的手工业作坊，称作"绫锦院"，主要为契丹贵族提供日用的丝织品。在农牧交错地带，中京道的宜州、川州、锦州、霸州和东京道的显州，农业用地盛产桑麻，除向绫锦院提供原料外，当地百姓也大多以纺织为副业，借由生产大量的丝织品满足日常需要，他们甚至以丝织品交纳贡赋，供契丹皇帝赏赐群臣、赠送或赐予外国之用。庆州白塔（位于今内蒙古巴林右旗索博日嘎苏木，建成于辽重熙十八年）出土的丝织品种类丰富，绞经织物罗、单色提花织物绫和多彩织物锦等是当时丝绸生产技艺最高水平的代表。[29]

辽代陶瓷也很有特点，出土文物较多，主要表现在制造工艺方面继承和学习了唐宋的手工技术，器物造型上具有浓郁的游牧生活特色。这些瓷器类型中，鸡冠壶、长颈瓶、牛腿瓶、凤首瓶和辽三彩、仿定白瓷，都是辽瓷器及其工艺的代表作。辽瓷与契丹游牧生活习惯息息相关，实用性较强。其中以鸡冠壶最为典型，其上部都有穿系和环梁，是由便于在马上系带的皮囊演化而来。近几十年陆续从各地发掘出大批辽墓和遗址，都出土有鸡冠壶等瓷器，可见辽代瓷器业分布很广，如上京、中京、南京及东京，都是重要的陶瓷业中心。

虽然契丹人本以车马为家过着游牧生活，但辽代也很重视城市建设，在一定程度上促进了建筑业的出现和繁荣。辽太祖阿保机在潢水之南建龙化州，筑开教寺。神册三年二月癸亥，"城皇都，以礼部尚书康默记充版筑使"[30]。所谓"皇都"即后来的上京临潢府，周围二十七里，由南、北两座城组成。北城为皇城，皇城北为大内，建有宫殿和东、西、南三门。大内外南北有大街，直通皇城南门，街道两旁为官署、庙宇、寺观和契丹贵族住宅。"南城谓之汉城，南当横街，各有楼对峙，下列井肆。"[31]辽宋缔结澶渊之盟后，辽圣宗择燕、蓟汉人工匠，"郛郭、宫掖、楼阁、府库、市肆、廊庑、拟神都之制"[32]，在土河之滨建造了中京城。中京城由外城、内城、皇城构成，外城四面环绕内城，两者组成一个"回"字形

图 2-4 中京大明塔　　　　　　　　图 2-5 庆州白塔

建筑群，皇城在内城北部中央，其北墙即内城北墙。中京城布局整齐，东西对称，井然有序。[33]此外，辽代建筑物留存至今的，有中京大明塔、庆州白塔、上京南北二塔、蓟州独乐寺观音阁、义县奉国寺大雄宝殿、应县木塔等等，这些代表着辽代建筑的风格和最高水平。

伴随着农业、牧业、手工业的发展，商品交换日益频繁，商业活动也日益活跃，辽朝五京逐渐发展成为本地区的商业中心。辽上京的修建不仅是政治宣传的需要，也是为了安置战争过程中俘获的农业人口及各色人士，上京"所谓西楼也。西楼有邑屋市肆，交易无钱而用布。有绫锦诸工作、宦者、翰林、伎术、教坊、角抵、秀才、僧尼、道士等，皆中国人，而并、汾、幽、蓟之人尤多"[34]。南城"各有楼对峙，下列井肆"，"南门之东回鹘营，回鹘商贩留居上京，置营居之"[35]。回鹘营是为了安置回鹘商贩而建立。东京城，"分南北市，中为看楼；晨集南市，夕集北市"[36]，是东京道的商业贸易中心。南京有着雄厚的经济基础，是五京中最为繁华富庶的，"西城巅有凉殿，东北隅有燕角楼。坊市、廨舍、寺观，盖不胜书"[37]，"大内壮丽，城北有市，陆海百货，聚于其中；僧居佛寺，冠于北方。锦绣组绮，精绝天下"[38]。由此可见一斑。中京城和西京城建成以后，同样也成为辽朝南部和西部的商业重镇。辽朝在上京、南京和西京设置都商税院，主持商税征收和市场管理。辽朝也与北宋、高丽、高昌回鹘等国都建立了广泛的贸易关系。

第三节 辽朝的文化

一、语言文字

契丹王朝建立后，辽太祖为了适应政治、经济、文化发展，满足交流的需要，先后命人创制了契丹大字、契丹小字两种文字体系。

神册五年（920）春正月乙丑，"始制契丹大字"[39]，以突吕不和鲁不古贡献最大。据《辽史》记载，突吕不"幼聪敏嗜学。事太祖见器重。及制契丹大字，突吕不赞成为多"[40]。"太祖制契丹国字，鲁不古以赞成功，授林牙、监修国史"[41]。契丹大字直接脱胎于汉字，带着很深的汉字痕迹，并且还保留了源于汉字的"方块"字形。有的直接借用汉字的字形、音、义，例如"皇帝""太后""大王"等；有的借用汉字的形和义，例如，"一""二""五""十"等，其读音则是契丹语；有的借用汉字的字形，例如"仁""住""弟""田""有""行""未""高""面""全""乃"。大部分契丹大字的字形虽与汉字不同，但也是改造汉字而成，例如，冚、光、肯、介、寺、乏。如果进一步将汉字与契丹大字加以比较，可以看出，契丹大字的创造者至少对汉字进行了减少笔画和减少字数这两方面的改造，通过这种改造而制成契丹大字。

由于契丹大字不便掌握，并且以单字记录多音节词汇，后来又创制了契丹小字。据《辽史·皇子表》记载，"回鹘使至，无能通其语者，太后谓太祖曰：'迭剌聪敏可使。'遣迓之。相从二旬，能习其言与书，因制契丹小字，数少而该贯。"[42]契丹小字由一至七个不等的基本拼写单位组成，这种基本的拼写单位，学界称为"原字"。原字是在进一步减少汉字和契丹大字的笔画，改造其字形的基础上制成的。其中，与汉字字形完全相同的也不少，例如：一、丁、木、市、十、天、而、丙、可、文、小、公、八、欠、乙、了、刀、又、火等等。这些字大都与汉字的音、义不同，因此不能按照汉字音套读，如契丹小字一，其义为"北"，而不是数词"一"。

契丹小字与契丹大字相比，具有如下特点：一曰"数少"，契丹小字最小的拼写单位原字，数量约有四百个，这些原字可以反复拼合；二曰"该贯"，这种契丹文字原字虽少，却能把契丹语全都贯通；三曰"简"，一是笔画简单，一是学习起来方便。契丹语属于阿尔泰语系，存在单词多音节和用黏着词尾表示语法的现象，具有元音和谐律。对于这种语言，用拼音文字表达比用表意文字表达简便得多。契丹小字比契丹大字在拼音化方面前进了一大步，契丹小字这种拼音文字便于黏着词尾，更符合契丹语的实际语音[43]。

两种契丹文字创制以后与汉字同时在辽朝境内通行。主要用途如下：一、刻写纪功碑；二、著诸部乡里之名；三、外交书函；四、旗帜用语；五、刻符牌；六、写诗；七、翻译书籍；八、科举考试；九、撰刻哀册和墓志。辽朝皇帝和契丹贵族，甚至汉人上层大多通晓契丹语，就连出使辽朝的宋人有些也能用契丹语作诗，辽兴宗时，余靖用契丹语作诗曰："夜筵设罢（侈盛也）臣拜洗（受赐也），两朝厥荷（通好也）情干勒（厚重也）。微臣稚鲁（拜舞也）祝苦统（福佑也），圣寿铁摆（嵩高也）俱可忒（无极也）。"[44]此诗深受契丹皇帝的喜爱。

图 2-6 契丹小字《郎君行记》

契丹文字沿用至金初，直到金章宗明昌二年（1191）下诏废罢。契丹文字通行时，曾出现过用契丹文字所写的书，以及翻译成契丹文字的汉文典籍。但由于契丹政权对书籍控制很严格，又连年兵燹，契丹文字文献流传下来的极少，至明初契丹文字就彻底失传，最终成为一种无人可识的死文字。

1923 年，比利时传教士梅岭蕊（L. Kervyn）首次在庆陵发现契丹文字哀册，迄今出土的契丹小字石刻已多达三十余种，契丹大字石刻也有十余种。20 世纪 70 年代以来，契丹文字解读取得了突破性进展，由内蒙古大学清格尔泰、中国社会科学院民族研究所刘凤翥等人组成的契丹小字研究小组，从解读金代契丹文碑刻《郎君行记》入手，通过寻找契丹小字中的汉语借词，采用释义与拟音相结

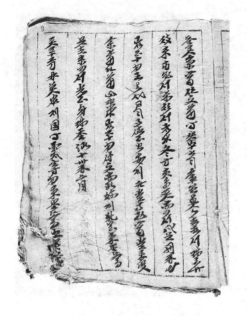

图 2-7 在吉尔吉斯斯坦出土的契
丹大字书

合的办法，逐步释读契丹小字。当契丹小字中的汉语借词解读到一
定数量之后，就能够解读契丹语固有的单词，进而通过这些解读成
果来探讨契丹语的语序和语法关系，名词的性、数、格等问题，还
可以利用元音和谐律来扩大释读范围。[45]

　　不过，契丹文字是中国民族古文字中最难破译的文字之一，除
了这种文字先天存在的问题之外，主要有三个原因。其一是缺乏活
的语言资料。契丹自 14 世纪以后就不再以单一的民族形态而存在，
它的语言早已消亡，今天的契丹语研究者在解读契丹文字时往往不
得不借助于阿尔泰语系中的某些亲属语言，如达斡尔语、蒙古语、
土族语、东乡语、保安语、东部裕固语（恩格尔语）甚至满语等等；
但大量的解读实践告诉我们，契丹语是一种独立的语言，在它与上

述诸语言中的任何一种语言之间都存在着相当程度的差异。

其二是缺乏对译的文字资料。虽然辽代墓葬中同时出土契丹小字（或大字）墓志与汉文墓志的情况并不少见，如《道宗哀册》《兴宗哀册》《仁懿哀册》《宣懿哀册》《皇太叔祖哀册》《耶律仁先墓志》《耶律智先墓志》《耶律宗教墓志》《宋魏国妃墓志》《耶律延宁墓志》《萧袍鲁墓志》《耶律习涅墓志》等等，但其内容都是各自独立的，迄今发现的契丹大、小字石刻，除了不足百字的《郎君行记》外，其他都不是与汉文对译的。其三是没有任何形式的工具书。如今，距离契丹文字的彻底解读仍很遥远。[46]

二、佛教的流行

辽朝数年间便亡于女真人，一百多年后，时在潜邸的元世祖忽必烈与汉人张德辉谈及此事，提到"辽以释废"[47]。元人把契丹亡国的原因全部归咎于佞佛，虽有些言过其实，不过有辽二百余年，佛教确曾对这个少数民族政权产生了极大的影响。

唐天复二年九月，耶律阿保机"城龙化州于潢河之南，始建开教寺"[48]，这成为辽朝兴置寺院的滥觞。随后契丹政权在对中原及渤海地区的军事征服中，俘获了为数众多的僧尼，临潢府"城南别作一城，以实汉人，名曰汉城，城中有佛寺三，僧尼千人"[49]。事实上，辽太祖与臣工们的一次谈话颇能说明问题，时太祖问侍臣曰："受命之君，当事天敬神。有大功德者，朕欲祀之，何先？"群臣皆认为应奉佛教。[50] 由此可见，虽在辽初，佛教就在社会上得到了普遍认可。

在辽立国之初，契丹皇帝为了确立和稳定其国家统治，势必

图 2-8　宝山辽墓壁画中的《颂经图》

要采取有效的措施来收服辖下各个民族，尤其是人口比重较大的汉人。因此，佛教作为各族共同的心理纽带，发挥了重要精神凝聚作用。迄至太祖之世，契丹统治者对于佛教只有利用而无信仰可言。辽太宗继承了太祖以来宽容的宗教政策，最重要的是将白衣观音尊为家神，从而突破了契丹原始宗教信仰，融入新的元素。而真正将佛教纳入国家信仰层面的是辽兴宗，他先拜"菩萨堂"，次"行拜山仪"之转变，彻底打破了契丹固有的宗教信仰模式，实实在在地将佛教提升到相当高的地位。而道宗皇帝更是亲力亲为，促使佛教达到全盛时期。而到天祚一朝，社会佛教化程度进一步加深。

　　宽松的佛教政策，为辽朝佛教传播和发展提供了绝佳沃壤。整个社会之中，上至契丹贵族，下到百姓黎民，总体上对于佛教加以尊奉。可以说，这种影响涵盖诸多层面：在政治上，僧人受到无比尊崇，具有很高的社会地位；在民间社会，大小寺院香火鼎盛；在文化方面，有《契丹藏》的雕刻及房山石经的继修。

佛教在辽代的影响首先表现为，契丹贵族上层对佛教异常尊崇，慷慨捐施寺院，经济上给予大力支持，皇帝敕赐寺院和僧人特权。其次表现为，契丹贵族专研佛学的人很多，其中以辽道宗最为典型。苏辙出使辽朝，归国后上《论北朝政事大略》曰："北朝皇帝好佛法，能自讲其书。每夏季，辄会诸京僧徒及群臣，执经亲讲。"[51] 在民间社会，佛事更是兴盛一时，有很多富裕官员以及寻常百姓出于对佛教的虔诚信仰，广延僧人，持经念佛。再次表现为，僧侣集团成为一特殊群体，得到社会的礼遇，地位很高。

至辽中后期，佛教已经在整个社会获得稳固的地位。进而佛教与社会发生了紧密的关系，使佛教因素深刻影响到人们日常生活诸层面。第一，僧俗同乐。在契丹的岁时杂仪中，四月八日为"佛诞节"，既是世俗社会的重要节庆，又是僧人纪念佛祖诞生的庆典，可谓热闹非凡。第二，僧俗互助。隋唐以来，百姓结社渐趋与寺院结合，至辽代，民间出现一种僧俗共建的组织，曰"千人邑"。第三，佛教对于人们的习俗，产生了极大的影响。契丹人命名习俗中的佛教因素日益明显，许多契丹皇族和后族的名字都与佛教有关，如"和尚""僧""观音"等字常出现其中，显然都是具有佛教意义的。佛教因素对于女性风尚浸染更为明显，影响到了辽代妇女的衣着服饰、生活饮食。其中最为典型的一例，就是在辽朝妇女中广泛流行的"佛妆"。

三、契丹人的汉化

契丹作为中国北方古代民族之一，从南北朝时期便与汉人有所接触，并且受到中原文化的浸润和熏陶。追至辽代，契丹人对于中原文化及儒家文化的吸收、继承，也臻于鼎盛，由此促进辽朝在政治、经济、文化各方面都有了长足的发展。

契丹人在接受汉文化之前，是一个地地道道的游牧民族。唐中叶的藩镇叛乱，则给契丹人的发展提供了一个契机，一方面是唐朝无力经营东北地区，使契丹人得以坐大，实力大增；另一方面是有很多不堪战乱骚扰的内地汉人纷纷离乡背井，越过长城，进入了契丹人世代居住的辽河流域，使契丹社会出现了农业生产。阿保机成为夷离堇后，乘唐朝内乱之际，盘马弯弓，频频南下。与此同时，阿保机对契丹随畜游牧的传统生活适时调整，开始学习农耕社会制度，大刀阔斧地进行了一系列改革。

第一，宣布成立汉儿司，以韩知古总知汉儿司事。据《辽史·韩知古传》记载："久之，信任益笃，总知汉儿司事，兼主诸国礼仪。时仪法疏阔，知古援据故典，参酌国俗，与汉仪杂就之，使国人易知而行。"[52]

第二，改变契丹传统的草原统治方式，建立城市制度和人口管理制度。辽初，韩延徽"乃请树城郭，分市里，以居汉人之降者。又为定配偶，教垦艺，以生养之。以故逃亡者少"[53]。

第三，仿效汉文化，施行姓氏制度。《辽史·后妃传》总叙记载："太祖慕汉高皇帝，故耶律兼称刘氏；以乙室、拔里比萧相国，遂为萧氏。"[54]2015 年 6 月至 12 月，在内蒙古多伦县小王力沟发掘了两座大型辽代贵族墓葬（编号为 M1、M2）。M2 出土大量精美随葬品，瓷器多用金银包饰，保存完整的墓志对研究辽代历史具有非常重要的价值。这块《大契丹故贵妃兰陵萧氏玄堂志铭》亦称："惟国家千龄，启运二姓，辨族系，尊耶律汉室之宗刘氏也，世娶兰陵周王之重姜姓也。"[55]

第四，大兴儒教和道教，推崇中原的伦理道德。神册三年五月乙亥，"诏建孔子庙、佛寺、道观"[56]。孔子庙的兴建过程，《辽史·宗室传》记述其原委："时太祖问侍臣曰：'受命之君，当事天敬神。有大功德者，朕欲祀之，何先？'皆以佛对。太祖曰：'佛非中国教。'倍曰：'孔子大圣，万世所尊，宜先。'太祖大悦，即建孔子庙，诏皇太子春秋释奠。"[57]力主修建孔子庙的耶律倍就是一位汉文化修养极高的契丹人，"初市书至万卷，藏于医巫闾绝顶之望海堂。通阴阳，知音律，精医药、砭焫之术。工辽、汉文章，尝译《阴符经》"[58]。

第五，延揽汉人知识分子。辽朝皇帝不仅倚重韩延徽、韩知古进行一系列汉化改革，而且其下令创制的契丹文字，也是借用汉字字形而成，并且里面吸收了大量的汉语借词。

辽太宗时期，辽朝征服中原地区，"既得燕、代十有六州，乃用唐制，复设南面三省、六部、台、院、寺、监、诸卫、东宫之官。诚有志帝王之盛制，亦以招徕中国之人也"[59]。太宗采用中原制度，由此确立南面官制。会同三年（940）十二月丙辰，"诏契丹人授汉官者从汉仪，听与汉人婚姻"[60]。自此，契丹人与汉人打破民族界限，开始逐步融合，也推动着汉化进程。

辽代契丹人对汉文化的吸收和继承，可以归纳为以下几个方面。第一，文学。契丹贵族上自帝王后妃，下至诸王大臣，能诗善赋者不乏其人。第二，科举和文化教育。辽代自圣宗时始开科取士，仅取进士二至三人，为数甚微，澶渊之盟以后，增为二十三人，道宗时更猛增为百余人，许多汉人由此跻入显宦行列，并且各地还建立了学校。第三，生活习俗。重阳节登高、饮菊花酒本为汉人习俗，契丹人后来也有了这一习俗，辽圣宗曾多次重九登高，赐群臣菊花酒，以后相沿不废。

四、契丹风俗

游牧的契丹人以畜牧业为生，生产生活方式与农耕定居民族有很大不同。契丹人以车帐为居所，是游牧民族一种较为传统和常见的居住形式，这是在长期游牧生活中形成的。游牧民族过着逐水草而迁徙的生活，车帐是方便他们不停地改变居住地、不停地进行转移的最佳工具，也是这些过程中最好的庇护和休息场所。辽朝皇帝的居所曰斡鲁朵，意为"穹庐""宫帐"。北宋大中祥符初年，路振出使契丹，提及中京城，"城中无馆舍，但于城外就车帐而居焉"[61]。苏辙有诗谓"契丹骈车依水泉，橐驼羊马散川谷，草枯水尽时一迁"[62]云云，讲述的就是契丹的真实生活状态。

契丹人的食物以乳肉为主，除牛羊肉外，野猪、狍子、鹿、兔、鹅、雁、鱼等猎获物也是食物的重要来源。肉类可煮成濡肉，也可制成腊肉。牛、羊乳和乳制品是他们的饮料和食物，即所谓"湩酪朝中百品珍"[63]。契丹人也食用少量谷物，如用米煮粥或制成炒米。经常食用的果品有桃、杏、李、葡萄等，有时候用蜜渍制

图2-9　辽墓壁画中契丹人烹饪图

成果脯，夏日有西瓜。1995年夏，考古人员在内蒙古敖汉旗羊山一号辽墓壁画中，发现了目前中国已知最早的"西瓜图"。该壁画中，在墓主人前方陈放一具供台，台面上有两个大果盘：一盘盛放石榴、杏、桃等五种水果，另一盘盛有三个碧绿色的长圆形西瓜。[64]冬天有风味果品"冻梨"。中京的酿酒业对后世有着深远的影响。辽朝境内的汉人、渤海人的饮食，除保留其固有的习惯外，也受到契丹习俗的某些影响。奚人的食物中，谷物的比例多于契丹。同时，汉人、渤海人的食品也传入契丹，辽朝皇帝过端午节时就食用渤海厨师制作的艾糕。

图2-10　宝山辽墓壁画中的《寄锦图》

　　辽朝各部族大多生活在北方苦寒之地，在相当长时间里，"食肉衣皮"是他们共同的衣食习俗。所谓"衣皮"，就是那些以游牧、狩猎为生的民族多利用动物的皮毛，制成既简单又可以遮体、御寒的衣服。随着社会的发展，经济条件的不断转变，民族融合速度愈来愈快，契丹内部等级尊卑划分明显，其服饰逐渐发生变化，有了蕃汉之分、朝常之别。辽朝人不仅懂得利用较好的原料制作衣服，还擅长运用色彩、图案和装饰品等使衣服更加漂亮、美观、华丽。

　　总体看来，辽朝服饰风俗发展变化有如下两大特点。第一，契丹穿着汉服的趋势发展迅速，这在辽朝皇帝及社会上层的服饰变化中尤其显著。第二，辽朝大部分地区依然保留了本民族服饰的特

图 2-11 《契丹人引马图》中契丹男子局部图

色，契丹服饰基本由冠帽、袍、裤、靴组成，具有明显的游牧民族特征，属于"胡服"。契丹男子多为髡发，着紧袖窄袍，腰间有束带，脚穿长靴。契丹女子的服饰以衫、裙、袍、带为主。[65]

辽朝时兴的岁时节日从时间、名目甚至具体内容等方面看，有许多沿袭汉唐以来的习俗，但也有很多节日与宗教、游牧生活息息相关，具有契丹特色。"放偷日"是辽金时期一种极具民族特色的节庆，时间主要集中在农历正月十三至正月十五之间，与中原地区元宵节的日子相近。据《契丹国志》记载，"正月十三日，放国人做贼三日，如盗及十贯以上，依法行遣。北呼为'鹘里咓'，汉人译云'鹘里'是'偷'，'咓'是'时'"[66]，即在三天允许国人偷盗，在规定数额内不予追责。在辽朝，佛教广为流传，并对其社会生活产生重要影响。笃信佛教的辽朝人在四月八日佛诞日举行拜佛诵经法会及浴佛等活动，以示庆祝。《辽史·礼志》记载："京府及诸州雕木为像，仪仗、百戏导从，循城为乐。"[67]《契丹国志》也记载说："京府及诸州，各用木雕悉达太子一尊，城上舁行，放僧尼、道士、庶民行城一日为乐。"[68] 由此可见当时的盛景。

契丹特色的习俗，还有再生仪。辽朝皇帝、执政的皇后和皇储可行此仪礼，于本命年前一年季冬之月择吉日举行。在仪式举行日之前，先于御帐禁门北设再生室、母后室、先帝神主舆，仪式当日，让童子和接生的老姆待在再生室内，老叟持箭囊立于门外。先从神舆中取出先帝神主，祭奠。皇帝入再生室，除去朝服，与童子一同模仿出生时的情况，然后拜先帝御容，宴饮群臣。

第二篇

西　夏

第三章

西夏的兴衰

9 世纪末，出自党项羌的拓跋氏在西北建立了夏州地方政权，并在宋初称帝建国，国号大夏，史称西夏。西夏政权"周旋五代，终始辽金"[1]，从元昊建国开始算，延续近二百年，统一并开发了西北的大片地区，先后与辽、宋、金相鼎峙，直至 13 世纪初方为新兴的蒙古所灭。

第一节　西夏的建立

一、党项族源流与拓跋氏政权

西夏的统治民族党项出自羌人，原居于今四川、青海、甘肃交界地区。20 世纪初黑水城（在今内蒙古额济纳旗南）遗址出土的西夏文献中有一首《夏圣根赞歌》，追忆党项的发源地："黑头石城漠水边，赤面父冢白河上，高弥药国在彼方。"黑头、赤面是形容党项人自己，"弥药"是吐蕃人对党项的称呼，石城、白河就是指今甘肃南部的白龙江上游地区。[2]党项"每姓别为部落，大者五千余骑，小者千余骑"[3]，不相统属，以牧养牦牛、猪、羊为生，不知稼穑，更无法令、赋税、文字、律法。著名部落有细封氏、费听氏、往利氏、颇超氏、野辞氏、房当氏、米擒氏、拓跋氏等八部，以拓跋氏"最为强族"[4]。这一拓跋氏起初有可能是迁徙到西部羌人地区的鲜卑人。不过，党项诸部并非纯粹的单一民族共同体，其中混杂有其他民族成分，汉文史书经常称之为"杂虏"。

党项诸部自北魏、北周之际就数度扰边，隋朝时一度附于吐谷浑，唐初陆续内附。为了管理内附的党项，唐朝在边地设置了一系列羁縻府州，封给诸部首领"都督""刺史"名号，并得世袭。界内虽立县名，但无城郭居处，而且"贡赋版籍，多不上户部"[5]。唐中后期，党项诸部不断受到青藏高原新兴的吐蕃所逼迫，一再迁徙，经由陇西辗转迁到陕北一带，逐渐形成了几大以地域命名的部落集团，如庆州（今甘肃庆阳）的东山部、夏州（今陕西靖边）的平夏部，绥（今陕西绥德）、延（今陕西延安）二州的六府部。拓跋氏就是平夏部中极有势力的大族。

唐末，平夏部拓跋氏首领拓跋思恭助平黄巢有功，被任命为夏州定难军节度使（治今陕西靖边白城子），封夏国公，赐姓李，成为名副其实的唐末藩镇之一。其辖区包括夏、银（今陕西榆林横山区东）、绥、宥（今内蒙古鄂托克旗南）、静五州之地，大体

图 3-1 西夏黑水城

位于今天陕西和内蒙古的交界地带。五代更迭迅速，对僻居西北一隅的夏州政权基本上无暇顾及，只能遥示羁縻。夏州政权也采取了保全实力的策略，先后名义上称臣于统治中原地区的梁、唐、晋、汉、周五个政权，并接受了梁和唐的封号"陇西王""朔方王"。实际上，直到宋初，夏州一直保持着半独立的地方割据，处于拓跋（李）氏家族控制之下。后唐长兴四年（933），夏州节度使李仁福卒，其子彝超被三军推举为节度"留后"。后唐明宗企图趁机兼并夏州，下令彝超和延州的彰武军节度使安从进对调，又派兵护送安从进至夏州赴镇。彝超集结党项及西北诸胡万余人抵抗，后唐军队围攻夏州百余日，师老兵疲，只好撤军媾和。经此一战，夏州政权进一步增强了实力，提高了在西北各族中的威望。

二、李继迁与李德明

北宋建国之初，夏州节度使李彝殷、李光睿、李继筠先后遣使奉表，归附北宋，还起兵协助北宋进攻北汉。宋太宗太平兴国五年（980），李继筠卒，弟李继捧袭职，夏州统治集团内部因继承问题发生矛盾，"诸父昆弟，多相怨怼"[6]，节度使李继捧被迫献地入朝。

继捧族弟李继迁时为定难军都知蕃落使，别居于银州。北宋派使节至夏州，要求发遣李氏族人赴京城，李继迁反对内附，扬言："吾祖宗服食兹土，逾三百年；父兄子弟，列居州郡，雄视一方，今诏宗族尽入京师，死生束缚之，李氏将不血食矣！"[7]李继迁与亲信出奔夏州东北三百余里的地斤泽（在今内蒙古鄂托克旗东北），以恢复祖业相号召，联络党项豪族，起兵对抗北宋，不断袭扰北宋边境。同时，李继迁称臣于辽，企图借助契丹的力量反宋。辽圣宗将宗室女封为义成公主嫁给李继迁，并封他为夏国王。

李继迁连年侵扰北宋西北沿边各地，北宋采取军事围剿、经济封锁等多种手段，都无法将李继迁消灭。真宗即位后，被迫妥协，仍授继迁为夏州节度使，复赐姓名赵保吉。此时李继迁羽翼已丰，不满足于旧有地盘，提出"西掠吐蕃健马，北收回鹘锐兵，然后长驱南牧"[8]的战略，于咸平五年（1002）从北宋手中夺取了夏州西侧的灵州（今宁夏灵武）。灵州在唐、五代时为朔方节度使治所，战略位置十分重要。继迁占领灵州，打开了向河西走廊扩张的通道。晚唐五代以来，河西走廊出现回鹘、吐蕃、汉等多民族杂居的状况，既不在中原王朝直接统治范围之内，又没有完全形成统一政权，因此它成为党项贵族的首要扩张目标。占领灵州后，李继迁迁都于此，改灵州为西平府，又兴建宫室、宗庙、官衙。不久，李继迁在与河西吐蕃潘罗支作战时中箭，不久伤重身亡，其子德明嗣位。

李德明"深沉有器度，多权谋"，又"精天文，通兵法"。[9]他嗣位之初，夏州政权由于连年与宋交战，陷入困境；宋、辽签订了"澶渊之盟"后，夏州暂时失去了联辽制宋的便利。此外，李继迁临终之际，也一再嘱咐德明拜表内属，"一表不听则再请，虽累百表，不得请勿止也"[10]。于是，李德明一面派遣使臣入宋，请求和好，接受册封，通过朝贡贸易获得优厚的物质利益；一面又主动向辽国讨封，接受辽的金册玉印和"大夏国王"封号，得到辽国的政治声援，以安境内各部反侧之心。

宋真宗对夏州政权采取"姑务羁縻，以缓争战"的招抚政策[11]，授李德明为定难军节度使，封西平王，颁赐银万两、绢万匹、钱三万贯、茶二万斤，并许党项人进入内地贸易往来，撤销禁止西夏将青盐贩入宋境的禁令。同时，北宋向李德明提出了七项媾和条件：（一）归还灵州；（二）止居平夏；（三）遣子弟入宿卫；（四）送还被俘宋朝官吏；（五）解散蕃汉军队；（六）释放被俘宋朝兵民；（七）边境纠纷须禀宋朝处理。德明坚拒归还灵州和送子弟入质，北宋也在允许党项人进入内地贸易和撤销青盐内输禁令两项上做了保留。双方终于景德三年（1006）九月正式订约。

缔约次年，李德明就请求在保安军（今陕西志丹）开设榷场，纵令蕃汉贸易。他派往北宋朝贡的使节川流不息，获得大量的银钱、锦帛、布匹和茶药等回赐。此外，李德明还通过私设榷场、走私贸易和劫掠西域商队，积累了雄厚的经济实力。李德明在位期间，基本保持了与北宋的和好关系，夏、宋之间出现了"塞垣之下，逾三十年，有耕无战，禾黍云合，甲胄尘委"[12]的局面。解除东顾之忧后，德明还得以专力西向，经过二十多年的战斗，击败吐蕃，夺取凉州，又击败甘州回鹘，基本占领了河西走廊。

夏州政权声势日盛，大大刺激了李德明的权力欲望。他虽告诫太子元昊："吾族三十年衣锦绮，此宋恩也，不可负！"[13]同时却大讲帝王排场，在延州西北"大起宫室，绵亘二十余里，颇极壮丽"[14]。在号令、仪卫、宫室、官制等方面，李德明也俨然比肩帝王。在接待北宋使者时，德明佯装恭顺，"撤宫殿题榜，置于庑下"，使者刚离开，就"鸣鞘鼓，吹导还，殊无畏避"[15]。李德明还修筑了新的统治中心兴州（今宁夏银川）。这一切都为其子元昊建国称帝、建立西夏王朝奠定了基础。

三、元昊建国

宋仁宗天圣九年（1031），李德明死，子元昊袭位。元昊民族意识较强，一向反对其父的附宋政策，认为"英雄之生，当王霸耳"[16]。袭位后，他首先宣布放弃唐、宋王朝赐予的李、赵二姓，改本家族姓氏为嵬名氏（但史书中仍多以李姓称之），自行创立开运、广运等年号。他随后又颁行"秃发令"，恢复本族的衣冠发式等旧俗。元昊先自秃发，下令国中百姓"三日不从，许众共杀之"[17]。元昊又命大臣野利仁荣创制党项族的文字（"国字"，史称"蕃书"），升兴州为兴庆府，广建宫殿，裁定官制、礼乐、设

图 3-2 西夏形势图

立左右厢、十八监军司统辖军队。

宋仁宗宝元元年（1038），元昊在兴庆府南郊筑坛，正式即皇帝位，国号大夏，史称西夏，又改元天授礼法延祚。元昊自己改名为"曩霄"，自称"兀卒"（青天子），是为夏景宗。继而，元昊大封群臣，追谥祖父李继迁为神武皇帝，庙号太祖，墓号裕陵，父李德明为光圣皇帝，庙号太宗，墓号嘉陵，封妻野利氏为宪成皇后，立子明为皇太子。

此时的西夏疆域，东临黄河，西尽玉门关（在今甘肃敦煌西），南抵萧关（在今甘肃环县北），北连大漠，有州十九，境土方二万余里。西夏以畜牧甲天下，"土坚腴，水清冽，风气广莫，民俗强梗尚气，重然诺，敢战斗"[18]，成为雄踞西北的强大政权。

第二节 西夏前期的统治：宋、辽时代

一、初期夏宋战争与和议

元昊称帝建国之后，上表宋仁宗，追述自己祖先历史，说明称帝建国的合法性，自诩"吐蕃、塔塔、张掖、交河，莫不从伏，称王则不喜，朝帝则是从"，希望北宋予以承认，"许以西郊之地，册为南面之君"。[19] 但宋廷驳回了这一要求，下令削夺元昊的原有官爵，并张榜于边境，购募其首级。元昊也不甘示弱，断绝与北宋的贡使往来，派人向北宋送去"嫚书"，指责宋朝背信弃义，扬言："为帝图皇，又何不可！"[20] 双方进入战争状态。

北宋在陕西地区的驻军数量远多于西夏攻宋兵力，但消极防御，兵分势弱，作战十分被动。元昊多次在北宋西北边境各州发动小规模袭击，试探虚实，最终选择了鄜延路（治延州，今延安市）作为突破点。天授礼法延祚三年至五年（1040—1042，宋康定元年至庆历二年）间，双方连续大战于三川口（在今陕西延安西北）、好水川（在今宁夏隆德东）、定川寨（在今宁夏固原西北），宋军皆以惨败告终。

天授礼法延祚三年初，元昊集结大军，先夺金明寨，乘胜进围延州。紧急驰援延州的宋军，在距离延州五里处的三川口陷入西夏军的埋伏，大将刘平、石元孙等被俘，延州城遭到西夏军围攻七日，适逢天降大雪，元昊才引兵退走。三川口惨败的消息传到北宋，震动朝野。

天授礼法延祚四年（1041，宋庆历元年），元昊又率大军声言进攻北宋渭州（今甘肃平凉），宋陕西都部署兼经略安抚使韩琦连

忙调集数万军队，由大将任福统率应战。西夏军佯装不敌后撤，任福轻敌冒进，在好水川陷入元昊十万主力军队的包围中。宋军遭到左右夹击，溃不成军，任福战死，宋军阵亡万余人。

天授礼法延祚五年，元昊在天都山集结兵马十万，分东西两路南下，进攻宋镇戎军（在今宁夏固原东北）。北宋大将葛怀敏又中了元昊诱敌深入、聚而歼之的战术。宋军在定川寨遭到重兵围困，向镇戎军转移过程中被西夏军四面猛攻，葛怀敏等十六名军官阵亡，余部九千余人，战马六百余匹，悉为西夏军队俘获。元昊乘胜直抵渭州城下，扬言要"亲临渭水，直据长安"[21]。北宋三度遭受重挫，宰相吕夷简甚至感叹："一战不及一战！"[22]

然而，西夏立国不久，根基不稳，长期的战争使国力有限的西夏疲惫不堪，"死亡创病者相半，人困于点集，财力不给，国中为'十不如'之谣以怨之"[23]；加上辽夏关系恶化，北宋也从惨痛的失败中及时汲取教训，调整了西北边境的防务；元昊遂通过宋俘向北宋朝廷表达了"休兵息民"之意。天授礼法延祚七年（1044），两国终于达成和议。宋册封元昊为"夏国主"，许其自置官属，元昊对宋称臣，奉行北宋历法。宋每年给予西夏"岁赐"绢十五万匹、银七万两、茶三万斤，重开沿边榷场贸易，恢复民间商贩往来。此后元昊"帝其国中自若"[24]。

二、西夏前期内政

元昊在位，对内巩固皇权，诛杀掌握实权的大臣酋豪，卫慕氏、野利氏等与西夏皇族累世通婚的外戚家族，均受元昊嫉刻，遭到残忍诛杀；外则奉行倚辽制宋之策，不断挑起大小战争。元昊还大肆兴建壮丽宫苑，骄奢淫逸，寻欢作乐。他见太子宁令哥之妻貌美，遂自纳为妃，称"新皇后"，又与重臣野利乞遇妻没藏氏私通，生下谅祚，养于没藏氏兄没藏讹庞之家。没藏氏兄妹图谋危害太子，唆使宁令哥刺杀元昊。天授礼法延祚十一年（1048），宁令哥刺伤元昊，元昊不久死去。自元昊死后，西夏几名皇帝都是年幼即位，因而连续出现后族干政现象。

元昊遗命从弟委哥宁令继位，谅祚母舅没藏讹庞以"夏自祖考以来，父死子及，国人乃服"为借口，扶立"先王嫡嗣"谅祚登基[25]，尊谅祚生母没藏氏为皇太后，摄政。没藏讹庞自任国相，与诺移赏都等三大将执掌兵权，专制国中。没藏太后死后，没藏讹庞又将女儿嫁予谅祚为后，由国舅升为国丈，继续总揽朝政。谅祚亲政后，不满没藏讹庞的跋扈，设计诛杀没藏氏，废没藏后，寻赐死。

没藏氏垮台之后，谅祚迎立没藏讹庞的儿媳梁氏为后，任用梁氏弟弟梁乙埋为家相，始亲理国政。谅祚奉行亲宋政策，遣使入宋朝贡，并求娶公主，又上书宋仁宗，表示打算推行废"蕃礼"行"汉仪"，希望恢复与宋互市。

谅祚死后，长子秉常继位，是为惠宗。秉常时年八岁，梁太后摄政，母舅梁乙埋出任国相，亲信都罗马尾执掌兵权，形成了新的母党专政集团。为了争取党项贵族的支持，梁氏母党集团一反谅祚改行"汉礼"的政策，在夏国恢复"蕃礼"。对外，梁太后与梁乙埋连年发动对宋战争，企图通过战争提高威信，并借此向北宋索取厚赐。夏大安七年（1081，宋元丰四年），夏将李清劝秉常交好宋朝，削夺梁氏集团的权力，梁太后杀害李清，囚禁秉常。宋神宗乘机发动大举进攻夏国的战争，夏国陷入重重危机，梁太后为了稳定人心，只好表面上让秉常复位。夏大安十一年（1085，宋元丰八年），国相梁乙埋死后，梁太后立梁乙埋之子梁乙逋为国相，继续把持朝政，并骚扰、攻掠北宋边境。短短十余年间，梁太后和梁乙逋对北宋发动大小战事达五十次以上。梁乙逋宣言，连年用兵是为了使"南朝惧吾"，还在朝中夸耀："嵬名家人有如此功否？中国曾如此畏否？"[26]

天安礼定元年（1086），秉常卒，乾顺即位，年仅三岁，是为崇宗。梁乙逋死后，梁太后亲自掌权，挟持年幼的乾顺继续对宋用兵。永安二年（1099），乾顺借助辽朝的干预，鸩杀梁太后。乾顺亲政后，在政治上削夺母党势力，大力提倡汉文化，宣扬儒学，设立"国学"，对外则采取亲辽和宋的策略。

三、夏宋战争的再起

夏宋议和之后，两国和平并不稳定。宋神宗推行"富国强兵"之策，任用王安石实施改革，对西夏转而采取积极进取的姿态。北宋在绥州以西兴筑啰兀城，谋取西夏左厢的横山地区，又任用王韶规取熙河湟鄯地区，设置熙河路，招抚当地的吐蕃部落。双方在边境常有大小冲突。

夏大安七年，西夏发生宫廷政变，惠宗秉常被梁太后囚禁。宋神宗认为有机可乘，对西夏发起了一次规模空前的军事进攻，兵分五路，攻入夏境。宦官李宪为五路统帅，出熙河路，种谔出鄜延路，高遵裕出环庆路，刘昌祚出泾原路，王中正出河东路，计划先取西夏灵州、夏州，再会师兴州。西夏采取一老将提出的"坚壁清野"之策[27]，诱敌深入，凭城坚守，袭扰敌军后方。宋军最终无功而返，损失惨重。

次年，神宗采用徐禧的建议，在宋夏边境修筑永乐城（在今陕西米脂西北），作为进攻西夏的军事基地。徐禧发汉、蕃兵筑城，竭力将其建成，西夏起倾国之师来攻，号称三十万。西夏军渡过无定河，围攻永乐城，并占据了水寨。城中水源涸乏，宋军士兵绞马粪汁为饮，渴死大半，加上后援和补给不继，终于在西夏军的猛攻之下沦陷。自徐禧以下，汉、蕃官阵亡二百三十人，宋军战死者万余人，辎重损失更是不计其数。短期内爆发的灵州、永乐两次大战，都以宋败告终，宋神宗"临朝痛悼"，而"夏人亦困弊"[28]。此后双方多次就横山疆界问题往复交涉，未发生大规模战事。

天祐民安四年（1093，宋元祐八年），宋哲宗亲政后，在变法派的支持下再度对西夏采取强硬政策，断绝岁赐，停止划分地界，并进筑堡寨，开疆拓土，史称"绍圣开边"。此后，双方小规模的战事仍然绵延不绝，互有胜负。永安元年（1098，宋元符元年）秋，梁太后调集四十万大军进攻宋平夏城（在今宁夏固原西北）。夏军连营百里，使用高车飞石猛攻，经过十三日的苦战，宋军仍坚守不下。西夏军粮草不继，又遭遇大风，遂大溃。平夏城之战后，北宋逐渐占据了天都山和横山一带的有利地形，劣势稍有挽回。

夏、宋和平不稳定的原因之一，是西夏经常挑衅。北宋末年大臣李纲说："夏人狡狯多诈而善谋，强则叛乱，弱则请和。叛则利于虏掠，侵犯边境；和则岁赐金缯，若固有之。以故数十年来，西鄙用师，叛服不常，莫能得其要领。"[29]而另一方面，北宋欺软怕硬，经常想用西夏检验"强兵"效果，也负有很大的责任。

四、夏辽关系

西夏建国前后，采取结辽抗宋政策。辽亦欲联夏制宋。李继迁从辽国接受了定难军节度使、都督夏州诸军事的称号，为了进一步争取辽的支持，李继迁请婚于辽圣宗。辽圣宗将宗室之女封为义平公主下嫁，并赐马三千匹。随着辽、宋对峙局面日趋紧张，辽主更是极力笼络西夏政权，先后封李继迁为夏国王、西平王。李德明时期，西夏、辽两国由于争夺西迁的党项羌部落和吐蕃假道朝贡的问题，关系一度紧张。辽开泰九年（1020），辽圣宗佯称狩猎，亲率大军逼近凉州（今甘肃武威）北境，李德明也发兵相抗。双方旋即修好，辽赐给李德明玉册金印，加封他为大夏国王。

元昊继位后，和辽兴宗的姐姐兴平公主结婚。夏宋交战期间，元昊特别注重争取辽的支持，不断向辽进献从北宋掳获的战利品。辽则借机讹诈，达到迫使北宋增加岁币的目的后，随即对西夏施加压力，要求结束战争。不久，居住在辽国边境的夹山岱尔族和山南党项羌投附西夏，辽兴宗遣使责问元昊，元昊态度傲慢，拒绝合作，还"自称西朝，谓契丹为北边"[30]。夏、辽矛盾因对宋关系、边界人口逃亡等问题逐渐激化。天授礼法延祚七年秋，辽兴宗亲率大军十万，渡过黄河，直驱夏境。元昊率军与辽军接战于贺兰山北，失利退却。元昊一面采取缓兵之计，表示"亲率党项诸部待罪"，一面率军后撤，坚壁清野，"凡三退将百里，每退必赭其地，契丹马无食，因许和"[31]。此时，元昊趁机发动猛攻，辽军大败，兴宗设在得胜寺南壁的大本营亦被攻陷，兴宗单骑逃脱，辽驸马萧胡靓和近臣数十人沦为西夏军俘虏。元昊旋即同辽讲和，交换俘虏，依旧向辽朝贡。

天授礼法延祚十一年，元昊死于内乱，幼子毅宗谅祚即位。辽兴宗因"南壁旧怨"耿耿于怀，以为有机可乘，遂扣留夏使，拒绝册封谅祚。延嗣宁国元年（1049），辽兴宗兵分三路再度伐夏。辽南路军受到没藏讹庞率领的夏军突袭，失利后撤。北路军在贺兰山击溃夏军，俘虏了没藏氏和夏国大臣家属。接下来数年，辽军又兵临西夏京城兴庆府，攻破贺兰山西北的摊粮城，而西夏的反击多未能取胜，西夏不得不主动请和，双方又渐归于盟好。辽末，夏崇宗乾顺借助辽道宗的干预，铲除了长年专政的梁太后，此后便依附于辽，两次遣使，以卑辞厚礼请求通婚。夏贞观五年（1105），天祚帝以宗室女封成安公主嫁与乾顺。在夏、宋战争中，辽也屡屡从中斡旋，或袒护西夏，甚至代夏向北宋要求返还侵地，帮助稳定了日趋衰落的西夏政权。

东北女真族兴起后，在辽、金战争中，西夏曾出兵援辽。乾顺得知天祚帝败逃阴山，派兵三万前往救援，又馈赠粮饷。天祚帝在阴山遭金兵突袭，西逃云内（今内蒙古土默特左旗），乾顺还请他到西夏避难。但不久，乾顺认清辽的覆亡已经无可挽回，西夏终非金之敌，转而向金奉表称臣。

第三节　西夏后期的统治：金、宋时代

一、西夏后期内政

大德五年（1139），乾顺卒，其子仁宗仁孝即位，时年十六岁，

并尊生母曹氏和庶母任氏为太后。太后任氏之父任得敬，原为北宋西安州（在今宁夏海原西）通判，夏军进攻时投降，献女于夏崇宗为妃，不久立为皇后，任得敬擢为静州都统军。

仁孝即位之初，夏州统军契丹人萧合达发动兵变，以复兴辽朝相号召。随后几年饥荒、地震频发，民不聊生，国内多次爆发党项人民的起事。这些反抗活动都被任得敬镇压。得敬威望日益上升，又贿赂重臣晋王察哥，得其援引入朝，累官中书令、尚书令、国相，进封楚王，出入仪从，比拟仁孝，亲族纷纷把持朝中要职。

乾祐元年（1170），任得敬胁迫仁孝"分国"，计划将仁孝安置于瓜州和沙州（治今甘肃敦煌）一带，自己窃据灵州、兴州等腹地，并大役民夫，营建宫殿。仁孝被迫接受任得敬的要求，准备划出西南路等大约占全国一半的地区由任得敬直接统治，同时上奏金国，代得敬请求册封。金世宗览奏不许，指出"有国之主，岂肯无故分国于人，此必权臣逼夺"，表示"若彼不能自正"，金国"则当以兵诛之"[32]。在金国支持下，仁孝捕杀任得敬及其族党，使西夏免于分裂。

仁孝仰慕中原儒家文化，恢复了与宋的通使往来，人庆元年（1144），仁孝下令在各州县设立学校，增加生员名额，在宫中设立"小学"，不久又设"太学"，讲求礼乐制度。天盛年间（1149—1169）还组织编纂了法典《天盛改旧新定律令》，规范了币制。仁孝发展文治、兴学崇儒的政策，使得西夏政权进一步汉化，但统治集团日趋文弱，昔日的勇猛和进取精神逐渐凋零。

乾祐二十四年（1193），仁孝卒，子纯祐继立，是为桓宗。纯祐大体尊奉仁孝旧政，对内息兵养民，崇尚文教，对外与金、宋和好，受金册封。纯祐叔父仁友参与平定任得敬"分国"阴谋有功，封越王。其子安全生性残暴阴毒，在仁友死后上表请求承袭越王爵位，遭到纯祐拒绝，降封镇夷郡王，遂暗中谋篡帝位。天庆十三年（1206），安全在纯祐母罗太后的支持下发动宫廷政变，废黜纯祐，自立为帝，是为襄宗。同年三月，纯祐暴卒于宫中。皇建二年（1211），安全亦被废黜而死，宗室齐王遵顼继位，是为神宗。

二、夏金的和平往来

女真勃兴，辽、北宋先后覆亡，根本上改变了西夏的地缘政治处境。长期以来向西夏输送文化影响和经济利益的宋，退出了黄河流域，偏安江南。西夏与原宗主国辽累世通婚，并在夏、宋战争中倚辽制宋，双方关系大抵保持亲善，初兴的女真政权却强悍好战，野心勃勃，又占据了原属辽、宋的黄河流域大片土地，对西夏国境形成了战略包围。

金国灭辽后，崇宗乾顺审时度势，向金国奉表，以事辽之礼称藩。不久，金、宋之间为履行"夹攻之约"的问题发生冲突，金主以原许归宋的山后诸州（今山西、河北两省内外长城之间的地区）为饵，诱夏与金协同攻宋。在金国灭亡北宋、进占中原的过程中，西夏乘乱又占领了北宋西北沿边的一些土地。因此，这一阶段，西夏版图颇有扩张。金国则取代北宋和辽，成为西夏新的宗主国，双方划疆而守，互相派遣贺正旦、生辰，贺即位、万春节，贺上尊号、谢横赐及奏告使节，设榷场进行贸易，当然也产生过一些纠纷与摩擦。

天盛十二年（1160），金海陵王南下侵宋，南宋四川宣抚使吴璘遣使请求夏国合兵共讨之。仁孝回书，应允联合出击，迫于金兵势盛未果。金世宗即位后，支持仁孝粉碎了任得敬的分国阴谋，仁孝进献"本国所造百头帐"以答谢金国厚恩。[33] 金章宗因"夏国臣属久，凡横赐、生日使，礼意颇倨"[34]，仁孝怒而发兵掳掠金边境州军，金章宗遣使问责。纯祐继立后，双方又恢复了和好。

安全废黜纯祐自立，得到了罗太后的支持。应天元年（1206），罗太后遣使至金，为安全求册封。金章宗使人诘问罗太后废立之故，罗太后上表多方辩解，不久纯祐死，章宗才正式册封安全为夏国王。

由于与南宋隔绝，在较长时间的夏、金和平交往中，西夏在经济上与金国形成了紧密的联系。除了允许西夏通过贡使来朝进行贸易，金国还在边境设置榷场，开放盐禁。后来，金国认为与西夏贸易是"以珠玉易我丝帛，是以无用易我有用"[35]，又顾虑边人勾结为乱，相继减罢了多处榷场，多年后才开放全部旧有榷场。

三、蒙古崛起后的夏、金、蒙三角关系

13 世纪初，蒙古崛起于北方，西夏真正遇到了致命威胁。在漠北统一之前的蒙古诸部中，西夏与克烈部往来密切。克烈部王族札阿绀孛幼长于西夏，在克烈部王族内部权力斗争中失势的古儿汗、王汗、王汗之子亦剌合桑昆等人，都有避难西夏的经历。成吉思汗统一蒙古高原后，以西夏纳其仇人桑昆为借口，着手征伐西夏，维持八十余年"未尝有兵革之事"的夏金关系也发生了剧变。

天庆十二年（1205），成吉思汗南征，攻下西夏力吉里寨，经过落思城，大掠当地居民及骆驼而去。纯祐不敢抗拒，只在蒙古军撤退后修复被破坏诸城，大赦境内，改都城兴庆府为中兴府，以示西夏中兴。

应天二年（1207），成吉思汗又以西夏拒绝纳贡称臣为由，再度挥师南下，攻下了西夏的边防要地兀剌海城（在今内蒙古阿拉善右旗）。后来，成吉思汗目睹西夏集结大军来战，加上天热粮乏，主动撤退。

应天四年（1209）春，为了避免攻打金国时受到西夏的牵掣，成吉思汗大举发兵侵入西夏。蒙古军先击败并俘获了西夏副元帅高令公（逸），继而攻克兀剌海城，俘虏西夏太傅西壁讹答，乘胜挺进克夷门（在今宁夏石嘴山北），诱擒西夏军统帅嵬名令公，突至中兴府城下。襄宗安全遣使向金国紧急求援。懦弱无能的金卫绍王拒绝听从臣僚联合西夏抵御蒙古的建议，认为"敌人相攻，吾国之福，何患焉！"[36]蒙古军引黄河水灌城失败，释放西壁讹答入城招谕，安全纳女求和。由于怨恨金国在危难之际不肯相助，次年，安全发兵攻掠金边境，金国也以削减对西夏使节的回赐加以报复。

与西夏订立城下之盟后，蒙古得以专力伐金和西征。继安全而立的神宗遵顼看到金国在成吉思汗连年攻袭下疆域日蹙，也抱有幸灾乐祸的态度，一面多次发兵侵略金国边境，一面与金通使如故。此外，遵顼还勾结金国叛臣，并遣使入川，表示希望与南宋夹攻金国。光定六年（1216）秋，遵顼与蒙古军连兵进攻金延安、代州（今山西代县），进破潼关。次年正月，遵顼又发兵三万从蒙古军侵金平阳府（今山西临汾），被金国击败。当年十二月，成吉思汗第四度进攻西夏，围中兴府，遵顼出奔西京（灵州），旋即请降。直至光定十三年（1223），西夏或独自袭扰金国边境，或从蒙古军进攻，均未取得显著战果，反而使得国内"民不聊生，耕织无时，财用并乏"，"败卒旁流，饥民四散"[37]。光定十三年四月，太子德任再三劝阻遵顼勿附蒙侵金，认为金国"兵势尚强，不若与之约和"[38]，遵顼反而幽囚德任，继续发兵攻金。光定十三年末，遵顼以蒙古屡次侵逼，不安于位，传位次子德旺，自号上皇，卒于乾定四年（1226）。

同时，金国也几次计划大举进攻西夏，均因力不从心而作罢。光定六年闰七月，金宣宗起兵两路攻夏，遵顼点集诸军，与金军对峙。同年十二月，宣宗再发兵进攻西夏盐（治今陕西定边）、宥、夏、灵诸州，遵顼分道出兵抵御，金兵无果而还。次年，宣宗又议大举伐夏，大臣胥鼎以北方蒙古战事方亟、南宋乘隙为由劝止。金、西夏交战十余年，"一胜一负，精锐皆尽，而两国俱弊"[39]。

四、西夏的灭亡

德旺即位后，一改遵顼附蒙侵金的国策。乾定二年（1224）春，德旺趁成吉思汗远征花剌子模未归，遣使联络漠北一些部落反抗蒙古。成吉思汗西征回师，闻知西夏阴怀异图，亲率大军进攻沙州，围城一月不下。成吉思汗又令蒙古大将孛鲁攻陷银州，西夏军战死数万，主将塔海被俘，辎重、牛羊损失不计其数。银州失守，沙州被蒙古军围困半年之久，德旺被迫遣使向蒙古乞和，并答应遣送质子，蒙古军才撤退。乾定三年（1225）春，成吉思汗又因德旺未如约遣送质子，派大臣到西夏问罪。

由于不堪蒙古诛求，德旺决心与金讲和，联合抗蒙。乾定三年八月，德旺派遣使臣前往金国，双方约定：金夏为兄弟之国，西夏兄事金国，两国各用本国年号，金国不向西夏赐岁币等。由此，双方重归于好，恢复了互市和节庆遣使。然而，此时金国也内外交困，面临崩溃，德旺联金抗蒙，已经无法挽救西夏的危亡。

乾定四年（1226）春，成吉思汗以西夏拒绝出兵助战、拒不遣送质子为由，亲率西征精锐，大举进攻西夏。蒙古军先攻占黑水城，五月，进围肃州（今甘肃酒泉），破城之后尽屠城中居民。六月，蒙古军攻破甘州（今甘肃张掖），又破西凉府（今甘肃武威）。西夏城邑不守，国境日蹙，德旺惊忧而卒，侄南平王睍继位，是为末帝。

蒙古军继续深入，围逼京城中兴府。十一月，蒙古军又攻陷灵州，守将前太子德任被俘，不屈而死。十二月，蒙古军又攻陷盐州，将富饶的西夏腹地化为"白骨蔽野，数千里几成赤地"的地狱。[40]

末帝宝义二年（1227），成吉思汗遣大将阿术鲁围攻中兴府，自己继续南下渡河攻金，攻陷临洮府等地。六月，西夏国内发生大地震，宫室房舍倒塌，疾疫横行。中兴府城遭受蒙古军长期围攻，粮尽援绝，军民病困。末帝睍被迫率领朝臣向蒙古军献上"图籍"，表示愿意投降，但请求宽限一月，"备贡物，迁民户"[41]，然后亲身入朝成吉思汗。此时，成吉思汗已经病重，驻跸清水县（今属甘肃）西江养病，七月病逝。蒙古军将领遵照成吉思汗遗命，秘不发丧，待末帝睍出降之后，以"不流血"的方式处死了末帝睍。西夏灭亡。

第四章

西夏制度、经济与文化

西夏是以党项为主体建立的一个多民族国家，建国以后进行了一系列国家政权建设，立官制、定服饰、造文字、制礼乐、办学校、建宫苑等等，极大地促进了西夏社会的发展。

第一节　西夏国家制度

一、官制

西夏立国之初，职司和官吏的设置作为国家最重要的政治制度，在一开始便受到西夏皇帝的高度重视。

李元昊仿效宋朝建立一整套职官体系，"其官分文武班，曰中书，曰枢密，曰三司，曰御史台，曰开封府，曰翊卫司，曰官计司，曰受纳司，曰农田司，曰群牧司，曰飞龙院，曰磨勘司，曰文思院，曰蕃学，曰汉学。自中书令、宰相、枢使、大夫、侍中、太尉已下，皆分命蕃汉人为之"[1]。其职掌情况是，中书、枢密、三司是国家政、军、财三大部门的最高主管机关；御史台负责监察弹劾；开封府本是宋朝首都区的地方政府，在这里是指管理首都区事务的兴庆府衙门；翊卫司掌管朝廷宿卫，保护安全，日值朝廷，扈从车驾；官计司负责官吏人事调动；受纳司职掌仓储及其收支；农田司职掌有关农田水利及粮食平粜事务；群牧司职掌马匹饲养、繁殖、调教、交换等事务；飞龙院职掌御马供应事宜；磨勘司职掌官吏考校铨选、升降罢黜；文思院职掌御仪物服饰的制造；蕃学和汉学，是学习文化、培养官僚的教育机构。

这些机构的长官，从中书令、宰相、枢密使、御史大夫、侍中、太尉以下，都由蕃人和汉人担任。还设有仅限于蕃人（主要是党项人）才能充任的"专授蕃职"，有宁令、谟宁令、丁庐、素赍、祖儒、吕则、枢铭等各种官称。从国家官僚机构中划分为蕃汉有别的两个系统，基本用意在于保持党项贵族在政府中的主导地位，同时又要适应汉人上层阶级建立功业的需要，对其加以笼络，政治优待。

在黑水城出土的西夏文文献中，有一种名为《天盛改旧新定律令》（以下简称《天盛律令》），是一部西夏王朝的综合性法典，原为二十卷，现存十九卷，有的卷目内容已不完整。其中很多卷涉及西夏职官问题，特别是第十卷全部五门都为行政法内容，为研究西夏职官制度提供了全新的、系统的材料。

从中可见，西夏的"官"区别于普通的百姓（庶人），以显其

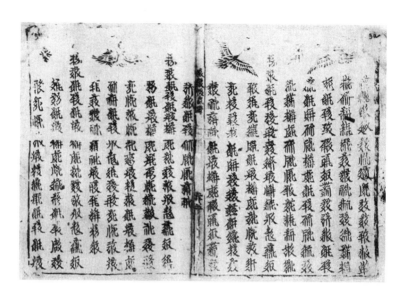

图 4-1 《天盛改旧新定律令》

尊贵，同时在"有官"人内部又以其品阶层次区分地位高低，它充分地展现一个人的身份和地位，是西夏职官制度中最基本的体系，起着主导作用。但西夏的"官"一般不表示担任何种实职性的职务，它不同于职事官，有些类似于中原王朝的"爵"。西夏职官制度中另一个重要的体系为"职"，即职事官，就是在职司（局分）中担任的职务。《天盛律令》卷一〇"司序行文门"在规定公文报奏呈送次序时，由高及低系统地列举了西夏的职司等级和名称。尽管这还不是全部职司，但绝大部分职司都已包括在内了。在《天盛律令》卷一〇还可以找到各职司设职事官的具体情况，各职司应派设大人、承旨、监军、习判等主要官员的数额。按《天盛律令》所列定员统计，西夏职事官总数在一千五百人以上，且基本上不包括军

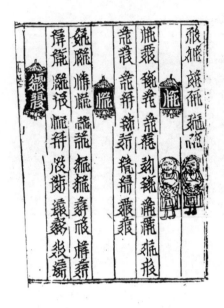

图 4-2 《杂字》

事系统的官员。

　　黑水城遗址所出西夏文献中，还有一种汉文本《杂字》，大致保存完好，大约撰成于仁宗时期。该书将当时西夏社会上的常用词语分部编辑，现存三十六面，共分二十部。其中第十七部"官位"，第十八部"司分"汇整了有关西夏职官的词语。卷子中央从横栏书皇帝称号和皇帝继承人，次书封号。分上品、次品、中品、下品、末品、第六品、第七品，还有皇后、公主和嫔妃封号；次为诸王封号（南、北、东、西院）、国师封号、大臣封号（如枢密、中书），又次统军等封号。

　　西夏官员在司中和朝廷内排列位次时，与其官和职都有重要关系。《天盛律令》卷一〇规定：任职人蕃、汉、羌、回鹘等共职时，位高下名事不同者，当依各自所定高下坐。此外，名事同，位相同者，不论官高低以蕃人为大。又规定：节亲主蕃人等职相当，名事同者，于司位次列朝班时，当以节亲主为大，二蕃人共职者，列座次及为手记（签名）时，当由官高大人为之。官相等而有文武官者，当以文官为大。有文武官同，则当视人况、年龄。可见西夏官员在司中、朝廷的座次位置以任职的高低为主要标准，职位同列以族属区分，党项人为上，同是党项人则以官阶高低区分。官阶相同再以文武官相区分，文武官相同再视个人具体情况和年龄而定高下。[2]

二、法制

西夏在建国以前，尚未制定成文的法典，党项部族内部若发生民间纠纷，则"依本俗法和断"[3]。据记载，"诉于官，官择舌辩气直之人为和断官，听其屈直。杀人者，纳命价钱百二十千"[4]。西夏景宗李元昊熟悉汉文兵书和法律，所以在西夏建国后十分重视本国法律制度的建设，参照中原制度制订过很多部法典。

现在的西夏法典，主要有崇宗贞观年间颁行的军事法典《贞观玉镜统》，仁宗天盛时期颁行的《天盛改旧新定律令》，神宗遵顼光定五年编纂的《亥年新法》。西夏时期曾多次制定和修改律令，使法律制度逐步系统和完备起来。

《天盛改旧新定律令》是一部用西夏文字书写的法典，部分内容虽有残缺但主体完好。整部律令一共二十卷，每卷下设门，全书共一百五十门，每门下具列条文，共一千四百六十三条。条文之下另以款项区分，纲目分明，层次清晰，从内容来看，这部律令可以说是当时西夏社会行用的一部综合性的法典。其内容涉及各方面，包括刑法、诉讼法、行政法、民法、经济法、军事法，与人们的生活密切相关。该法典在很大程度上吸收唐、宋法制的精髓，但在结构形式上则与唐、宋律令有所区别，有自己的独创，并且与本民族具体情况相结合，如传统法律中的注疏、律、令、格、式，在《天盛律令》中统归入律令条文中，避免律外生律的现象，使之成为一部更为系统、集中、比较完备的法典，在同时代的法典中是比较具有独创性的。[5]

论及这部法典的特点：首先，在法典的编纂形式上，《天盛律令》与唐、宋律有很大不同，西夏法典中的条文结构为"三要素"的形式，由假设、罪状和制裁三部分构成；其次，《天盛律令》在法律构成方面实行诸法合体的形式。《天盛律令》的编纂体例是一种合体法律形式，既有实体法，又有程序法；《天盛律令》的内容以刑法为主，民事法、军事法、宗教法也占有相当的比重。[6]

《天盛律令》统一格式的律令条目，规定的条文内容十分具体细致，似乎超越了法律条文而成为具体部门的管理法规。例如，第十卷的各门条文，大量篇幅详述对官员任职、续、转、赏的规定，对承袭官员、军职的资格方法、程序，不同级别的司印、用印制度，各司职局的等级与派遣方法等；又如第十七卷各门条文，分别规定了仓库管理的人员数额、职员名称，库藏物品的种类及名称，仓库管理、采买、供给等。

西夏有严密的诉讼法，也有其相应的司法机构和刑审制度。西夏法律制度的实施运行也是比较完备的，在政府机构中设立陈告司、审刑司、用刑司等等。西夏人骨勒茂才在《番汉合时掌中珠》

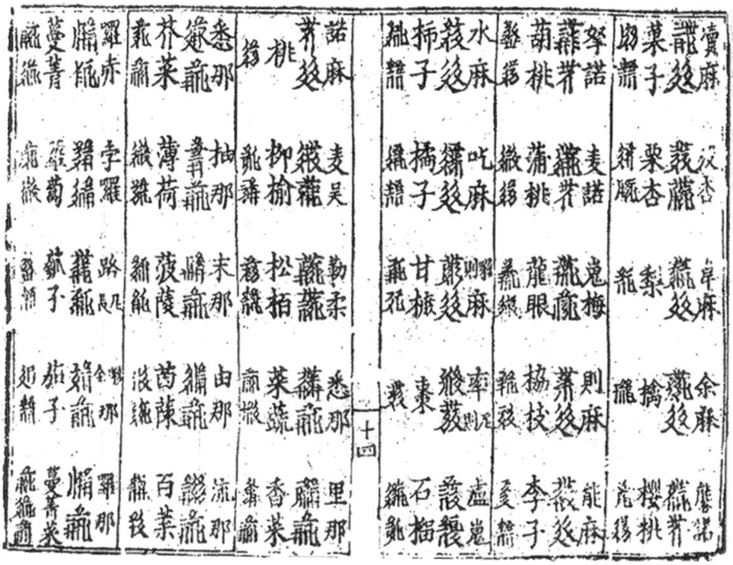

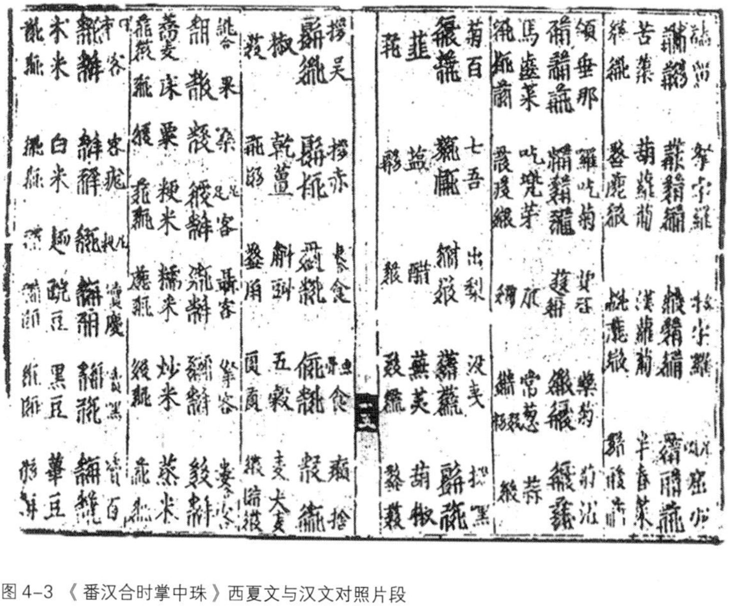

图 4-3 《番汉合时掌中珠》西夏文与汉文对照片段

一书中，描述西夏的刑事犯罪诉讼程序：官府在接到诉状后，将犯人枷在监狱中追查证据，对拒不招供者，使用严刑拷打，逼迫其"伏罪入状"。对西夏执法者则要求"休做人情，莫违法条，案检判凭、依法行遣"[7]。在《天盛律令》卷九中多为有关诉讼的内容，共有七门九十条，其中有关于审案时间、审理的办法、案件的类别和文案程序、审判检查、行狱杖和监禁、冤案和受贿等方面的规定。另一部分关于诉讼法的内容编入卷十三，有二门二十八卷，主要是关于举告的详细规定。

西夏的刑法比较苛刻，主要充分吸收中原王朝法典的成熟经验，与中原王朝情况相同或相近的，则直接利用现成的概念或者稍加变通，如西夏法典有与中原王朝相类似的"五刑"，西夏称为"五律"；西夏也有"十恶"之罪、"八议"之法，也实行请、减、赎、官当等措施；西夏也将犯罪划分为公罪和私罪，过失和故意，主犯和从犯，也有累犯加重，老、弱、废、疾减刑，同居相隐不为罪等规定，但与中原王朝情况有别时，也不墨守成规，而是制订出适合本族社会状况的法律规定。[8]

三、军制

党项人具有"俗尚武力"的传统，风气彪悍，能够耐寒暑、忍饥渴，善于战斗。西夏重视军队建设，设官分职，分别由中书、枢密掌管文武，即枢密主持军事。

据《天盛律令》记载，西夏各地的重要军事指挥机关为边中监军司，即边境和中部地区的各监军司，皆属中等司，与大恒历司、都转运司、陈告司、都磨勘司、审刑司、群牧司、农田司、受纳司等同级。在立国以前，李元昊对西夏全境的军队作过一次重大的整顿和规范，确定兵制，设置军名：

> 置十二监军司，委豪右分统其众。自河北至午腊蒻山七万人，以备契丹；河南洪州、白豹、安盐州、罗落、天都、惟精山等五万人，以备环、庆、镇戎、原州；左厢宥州路五万人，以备鄜、延、麟、府；右厢甘州路三万人，以备西蕃、回纥、贺兰驻兵五万、灵州五万人、兴州兴庆府七万人为镇守，总五十余万。而苦战倚山讹，山讹者，横山羌，平夏兵不及也。[9]
>
> 上述十二监军司的具体名称：曰左厢神勇、曰石州祥祐、曰宥州嘉宁、曰韦州静塞、曰西寿保泰、曰卓啰和南、曰右厢朝顺、曰甘州甘肃、曰瓜州西平、曰黑水镇燕、曰白马强镇、曰黑山威福。[10]

毅宗谅祚时对监军司又做了部分调整，将祥祐设于绥州，在灵州西平府设翔庆军总领。西夏如遇较大的军事行动，往往调动几个或所有监军司的兵马集中作战，后来监军司的数目又有所增加。

俄藏黑水城文献《贞观玉镜统》是一部军事方面的法典，刊刻于崇宗李乾顺贞观年间。颁布这部法典的原因有三：第一，推行"尚文重法"立国方针的要求；第二，与当时严峻的军事斗争形势有关；第三，旧有军事法规必须更新。《贞观玉镜统》全文除序言外，尚有一至四篇，从第一篇至第四篇现存的目录和正文看，该书的内容，大体上可以分为军政制度和军律制度。

该书第一篇谈及军政制度：首先，关于选将任职。选任诸如正副将军、正副行将、正副佐将等一类的军职，必须由上一级的统兵官共同研究决定，然后上报中央皇帝批准，颁布诏旨、印章、符牌，下达正式文书，才算完成整个流程。其次，关于军队人员的构成和军官等级，军队的人员构成，除正军、负赡外，还有私人。西夏军官有官、职、军和司位的差别。

西夏军律可分为赏赐律与罚罪律两大类。赏赐律设定了立大功、奇功的标准，其律令规定凡能"挫敌军锋"，大败敌军，俘获人、马、甲、胄等一千五百件以上者，算是立大功、奇功，可以得到一份相当丰厚的赏赐，对军官论功行赏，并制定具体的数额。罚罪律既有原则性的规定，也有具体规定，包括如何处罚败军之将，阵亡将领的随行人员，以及将军阵亡后子弟继承其职衔和赏赐。罚罪律的具体规定，主要概括为五个方面：第一，在战斗中不战而逃者，包括正副将军及其侍从都要受到严厉的惩处；第二，将军懈怠迟到，延误战机要受到责罚；第三，各级统军官在战斗中丧失物资，将官要罚马，亡失愈多，处罚愈重；第四，不得虚报战功、徇私舞弊；第五，规定察军在行军战斗时应当紧紧跟随将军，形影不离。

西夏立国以后，元昊制定兵制。"抄"是组成西夏军队最小的基层组织，是整个军队躯体的细胞，其作用十分重要。"抄"基本是针对党项人而设立。这种军事单位把军队和社会、家庭紧紧地联系在一起，形成全社会男子人人皆兵的态势。《宋史·夏国传》对基本最小军事单位"抄"的规定如下：

> 其民一家号一帐，男年登十五为丁，率二丁取正军一人。每负
> 赡一人为一抄。负赡者，随军杂役也，四丁为两抄，余号空丁，愿

隶正军者，得射他丁为负赡，无则许射正军之疲弱者为之。故壮者皆习战斗，而得正军为多。[11]

这样组成的军队，人人皆兵，不仅可保障军队的数量，还可优选熟悉战斗的勇壮者为士兵骨干，又保障了部队的素质，而且不乏随军杂役，又能顾及后勤保障。在一抄中士兵利害相关，荣辱与共，在很大程度上加强了兵士的战斗力。军抄强化了党项军队的组织，便于执行较长时期的作战任务，更能发挥他们善战的长处。

第二节　西夏的经济与文化

一、经济概况

西夏经济产业包括多种部门，主要涵盖农业、畜牧业、狩猎业、手工业和商业。畜牧业、狩猎业是党项人传统的生产部门，农业生产则较少。直到唐末、五代时期，党项羌人占据农耕地区以后，尤其是夏州党项政权建立后，才开始经营农业，手工业和商业也逐步兴起。

党项人主要从事畜牧业，牲畜是西夏农业生产力的主要来源，又是商业、交通运输动力，还是军事运输的主要装备，同时也是游牧者的肉食主要来源，是生活必需品。可以说，牲畜在西夏社会中既是生活资料，也是生产资料，因此西夏对于牲畜的畜养特别重视。

西夏所产牲畜很多，尽管没有全国统计数字，不过从宋夏战争中损失的数量之大，由此可以了解西夏畜牧业和肉类食品的情况。永安元年，宋将郭成、折可适率军大败夏军，一次便俘获牛羊十万余。畜牧业在西夏整个时期始终占有重要地位，分为官牧和私牧两种。官牧以国家牧场为主，诸牧场牧养四种官畜：马、骆驼、牛、羊，作为贡品或商品给其他政权。由于关涉到国家政治和经济利益，政府对官牧管理非常重视，规定许诺给予他国所用的骆驼、马等官畜，不许与私畜调换。官私牧场有明确地界，放牧官畜也以牧主户为单位，定期向政府交纳繁殖所获得的牲畜。

西夏政府机构中有群牧司，专门管理牲畜事宜，与农田司一样属于中等司。群牧司设六名正职，六名承旨、六名都案、十四名案头，掌管全国牲畜。此外，西夏对马的牧养尤为看重，政府还特设马院，专事官马的放牧和管理，在畜牧业中是特别重要的部门，属于下等司，设三名承旨、两名都案、四名案头。在西夏参与管理牧业的，还有各个地方的经略司、监军司。实际在地方管理牧场的有牧首领、末驱，其下还设任盈能管理，校验官畜。

狩猎业也是党项人一个传统的生产部门，与西夏饮食以及对外交换、贸易有很大关系。党项人原在南方居住时就以狩猎为主要谋生手段，北迁以后，新居住地有很多山林、沙漠，其中有多种野兽繁衍、生活。当时西夏地区的自然环境和现在有很大区别。据《圣立义海》记载，西夏的贺兰山中藏有虎、豹、鹿、獐，南边大山中树草丛生，野兽繁多。西夏党项贵族多善于狩猎。据记载，李继迁自幼善骑射，曾以猎虎出名。元昊亦如此，"每举兵，必率部长与猎，有获，则下马环坐饮，割鲜而食，各问所见，择取其长"[12]，由此可见，西夏首领将游猎与国家政治活动相结合，反映西夏狩猎的特殊意义。西夏时期皇帝都要按期行围狩猎，在十月和腊月都有狩猎活动。《圣立义海》"十月之名义"中的"御敌行猎"条曰："君依顺于天，率军行猎也。"又"腊月之名义"中的"年末腊月"条曰："君出射猎。"西夏皇帝率领军队行围打猎，当有很大规模，且形成定制。皇家狩猎活动，一直延续到西夏中晚期。[13]

西夏手工业相当发达，门类众多。元昊时期设置职官，分为文武班，其中有"文思院"，推测应是西夏早期掌管供用皇室手工产品的官僚机构。《天盛律令》中管理手工制作的政府机构主要是工院，京师工院与群牧司、农田司一样属于中等司，但其地位较为特殊。除中央政府的工院外，还有北院、南院、肃州三种工院，皆属于下等司，各设正副一名、承旨两名、都案两名。西夏工匠名目繁多，《天盛律令》"物离库门"就列有加工金、银、铜、铁、缲丝、织绢、染丝、纺丝线、染毛线、织毛锦、扣丝、造绳索、制毡等行业，当然也有相应的工匠种类。

党项人在隋唐时期并没有商品流通，当然也没有货币，只有简单的以物易物。大约北迁以后，随着自身经济的发展、社会的进步，并受到中原商业的影响，商品贸易逐渐发展起来。西夏地区最开始以宋朝货币作为商品交换的媒介。在西夏腹地，从陕北、宁夏、甘肃到新疆的东部，都有大量宋朝钱币被发现，说明西夏在宋朝时期流通宋钱。后来西夏立国，商业逐步繁荣，加之民族自尊和自信的增强，便铸造带有西夏年号的钱币，这也使得西夏商业进入一个新阶段。西夏社会已经有商业集中的街巷，全国比较大的城镇既是政治中心，也是经济中心。当时最大的城市是首都兴庆府，各种管理财政、商业的政府机构都设在京师。

二、语言文字

为了巩固自己的民族语言，并且作为民族自觉的象征，元昊在正式建立西夏政权之前的大庆元年（1140），就创制一种新文字，称为"国书"。党项人自称蕃族，称自己的语言为"弥"语，因为党项族自称"弥"。"弥"语一般译成汉文为"蕃语"或"蕃言"。它是西夏文化，特别是党项民族文化的重要组成部分。作为主体民族的语言，蕃语由于使用人口多，使用领域广，使用层级高，在西夏境内成为强势语言，人们便称这种语言为"西夏语"。实际上，在西夏境内，除了党项语言外，还通行汉语、藏语和回鹘语。

西夏语属汉藏语系藏缅语族，它除了具有汉藏语系各语言都具备的共同特征，如每个音节有固定的声调、单音节词根占大多数、词序和虚词是表达语法意义的主要方式等，还具有这一语系中藏缅语族的重要特点。至于西夏语在藏缅语族中属彝语支，还是属羌语支，或者是一个单独语支，目前尚不清楚。随着一些有价值的西夏文文献资料，特别是西夏文辞书的发现与整理，学界对西夏语的研究正在逐步深入，对西夏语的构拟取得较大进展。

西夏文共有六千多个字，其笔画繁多，结构复杂。从笔画上分析，西夏字大多在十画以上，常用字中六画以下的仅占总字数的百分之一左右。西夏文作为一种实用文字，文字构成有规律可循，大体分为单纯字和合体字两大类。

单纯字一般笔画较少，从音和义的角度上不宜再分解。若再分解成更小的单位，这些更小的单位都不能单独地表示与本字相关的音和义。单纯字构成新字的机会较多，是组成文字的基础。一种是

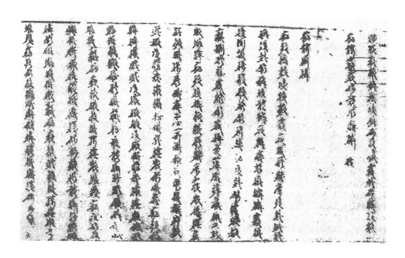

图4-4　西夏文翻译《孙子兵法》

表意单纯字，多记录常用词，有固有的字义，这些字构成新字的比例最大；一种是表音单纯字，通常为借词、地名、人名或佛经真言注音，它们也通常是构成新字的一种成分。

合体字包括合成字、互换字和对称字三类。第一，合成字是由两个字、三个字，甚至由四个字组成一个字。组字时一般只用一个字的一部分，如左部、右部、上部、下部、中部；有时也用一个字的大部分或全部。组合方式有六十多种。合成字又可分成会意合成、音意合成、音兼意合成、间接音意合成、反切合成、长音字合成数种。第二，互换字是将一个字中的两个部位交换位置组成新字。新组成的字和原来的字往往在字义上有密切的关系，它们常连起来共同组成一个词或词组。这类字在西夏文中占有相当的比重，也是西夏文构字中一个特殊的类别。第三，对称字是西夏文中另一种合体字，也很有特色，即一个字的左右部分相等。[14]

西夏文字创制以后，得到大力推广。元昊设立蕃字院和汉字院。蕃字院掌管西夏与吐蕃、回鹘等政权的往来文书，用西夏文书写，附以相应的民族文字。汉字院掌管西夏与宋朝的往来表奏，中间写汉字，旁边写西夏文。西夏还设立蕃学，由野利任荣主持，教授西夏文，培养官僚。至崇宗李乾顺时期，西夏由"蕃学"出身而做官的人，各州多达几百人。西夏还将许多汉文经典翻译成西夏文。从昊时代起，先后将大量的汉文佛经译成西夏文，使用西夏文的范围更为广泛。

首先，看西夏文的应用范围和主要用途。从目前出土和保存下来的文献看，西夏文使用类型非常多，有官署文书、法律条令、审案记录、买卖契约、文学著作、历史书籍、字典辞书、碑刻、印章、符牌、钱币以及汉文经典、佛教等。

其次，使用范围很大，地域广阔，不仅西夏的腹地宁夏和甘肃河西走廊出土大量的西夏文文献，西夏政权边境也发现有西夏文文献。

再次，使用时间之长，时间跨度大。整个西夏时期，西夏文的使用从未间断过。直到明朝中期，河北保定所刻西夏文经幢，应是目前所知有确切年代可考的最晚西夏文文献，距离创作西夏文的时间，已有四百六十余年。

从以上三点看，西夏文及文献对于西夏社会、政治和文化研究有巨大的学术价值。

三、宗教与儒学

西夏皇帝崇奉佛教，至迟从德明时期就已经开始，当时党项首

图4-5 《金光明经》

领、夏州节度使、西平王德明的母亲罔氏下葬时，德明要求宋朝北部佛教中心五台山修供十寺，并派致祭使送供物到五台山。此后，德明派遣使臣到宋朝，进献七十匹马为价，乞求宋朝赐佛教一藏，宋朝答应了该请求。由此说明，佛教已成为党项王室的重要信仰。

　　元昊也积极推动佛教的发展。他通晓"浮图学"，在即位后不久，便向宋朝求赐佛经一藏，次年印度僧人善称等一行九人，来到西夏管辖的夏州。立国以后，元昊为进一步扩大佛教的影响，广泛搜集舍利，并大兴土木，建造佛舍利塔。西夏文字创造不久，大规

图 4-6　承天寺塔

模翻译佛经的事业就开始了，这就为佛教在西夏境内的广泛流传及发展打下坚实基础。西夏刊行和抄写了大量的西夏文佛经，20世纪初俄国考古学家科兹洛夫（Pyotr Kozlov）自黑水城挖掘出的西夏文物中西夏文刊本和写本便多达八千种，而佛经就占了百分之八十。佛经译自汉、藏、梵文，其中有《金光明经》《千佛名经》《华严经》《妙法莲华经》《孔雀明王经》《般若波罗蜜多经》《宝雨经》《长阿含经》《阿毗达磨顺正理论》《弥勒上升经》《金刚经》《胜妙吉祥真实名经》等等。

总之，西夏前期由政府直接组织的佛教活动主要有：先后六次向宋朝求取《大藏经》；用本民族的文字西夏文有组织地翻译大量佛经；兴建高台寺、承天寺、凉州的护国寺感通塔、甘州的卧佛寺等重要佛教建筑，逐渐形成佛教传播中心。

佛教在西夏社会思想和社会生活中占有特别重要的地位，统治阶层对佛教施行特殊的优容政策，并设有专门机构进行管理，将佛教管理完全纳入政府手中。

《天盛律令》记载西夏政府机构，次等司中有两个佛教事务的机构，即僧人功德司、出家功德司。有时将上述两个功德司记作在家功德司和出家功德司，而管理道教的机构只有一个，即道士功德司。两种功德司负责管理全国的佛教事务，其地位十分重要。各设六位国师，两位合管。西夏国师在功德司中都担任正职，在家功德司各设两名都案，分别设六名、两名案头。两功德司由政府颁发司印，为铜上镀银十五两。

俄藏黑水城文献中的汉文本《杂字》官位部中，西夏设有僧官、僧正、僧副、僧判、僧录等官位名称。尽管未明确说明其具体为哪个层级的僧职，推测应该为西夏地方或寺院中的僧职。[15]

西夏虽崇佛，但对儒学也十分重视，惠宗时期西夏西南都统嵬名济给宋朝边将刘昌祚写信时说："中国者，礼乐之所存，恩信之所出，动止猷为，必适于正。"[16] 从此可以看出西夏人对中原礼乐文化的充分认可。西夏诸帝确立"以儒治国"的方针，元昊时期

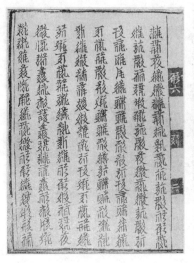

图4-7　西夏文翻译《论语》(左)、《孟子》(右)

自中原地区投降的张元、吴昊都深受儒家教育，后来成为西夏政权中颇有影响的重臣。毅宗对中原文化更是情有独钟，曾向宋朝求索《易经》《书经》《诗经》等九经。崇宗时进一步发展儒学，建立学校，设养贤务，采取了一系列发展文化、促进儒学的具体措施。仁宗朝更加注重以儒治国，推崇儒学力度加大，尊孔子为"文宣帝"，为古代诸王朝唯一为孔子加帝号者。

西夏翻译儒家经书，初期已经翻译《孝经》《尔雅》《四言杂字》，且从斡道冲的经历中，得知西夏还流行《尚书》《论语》等。斡道冲是西夏灵州人，字宗圣。八岁中童子举，及长，通五经。译《论语注》，撰《论语小义》二十卷，又作《周易卜筮断》，以西夏文写成，流行境内。黑水城文献中目前发现有西夏文《论语》《孟子》《孝经》《礼记》《贞观政要》《太宗择要文》《德行集》《新集慈孝传》等。

西夏设置蕃学，主要教授西夏官僚子弟西夏文，党项、汉人子弟皆可入学，学成后可量授官职。崇宗时特建"国学"，学生达三百人，以习儒学为主。后来又建有官学、太学，州县则普遍设立小学。西夏中后期开设科举，有童子科、进士科。宗室子亦可应科举，后期皇帝神宗遵顼早年即由科举出身，且是廷试第一。大臣斡道冲为童子举出身，精通五经，尝用西夏文写作《论语小义》《周易卜筮断》等书。到元朝，西夏人多以好文崇儒著称，对元朝发展文治起过重要作用。

除学校正规教育外，民间儒学教育也是重要补充。与学校教育相比，民间教育则在于学习实用文化，以求在社会实践中应用，所以多种初学文字的启蒙书籍应运而生。蒙书一般是在正规学校外学习文化知识的教材，具有知识浅显、篇幅短小、容易学习、便于记忆的特点，在民间广为流传，对提高西夏社会文化有着重要的推动作用。

四、艺术与科技

西夏立国以后，不仅注重发展本民族的特色文化，而且还大力吸收周边民族的优秀文化，多元文化的交融促进西夏社会出现文化繁荣的局面。尽管西夏文学作品存留至今的十分有限，而且大部分流失于国外，但从目前所见的部分作品中，可以窥见西夏文学具有很高水平。其中，汉文作品多受中原文学传统影响，而以西夏文创作的文学作品，则更多地表现了党项族固有的特点和风格，尤其是采用西夏文书写的诗歌，寓意深刻，哲理性比较强，凝聚着西夏文化的精华。西夏文《重修凉州感应塔碑》的对偶骈文、《新集金碎掌置文》及《新集锦合辞》的诗句，都具有非常典型的代表性。

党项人素有酷爱音乐的传统，他们使用的乐器有琵琶、笛、箫等，以击缶为节。据记载，唐僖宗曾赐给党项首领拓跋思恭全套的鼓吹，共有三驾，大驾用一千五百三十人，法驾用七百八十一人，小驾用八百一十六人。以金钲、节鼓、掆鼓、大鼓、小鼓、铙鼓、羽葆鼓、中鸣、大横吹、小横吹、觱篥、桃皮、筚笛为器[17]。由此可见，党项民族音乐含有中原元素。元昊即位后，认为中原音乐不足以效仿，指出"王者制礼作乐，道在宜民，蕃俗以忠实为先，战斗为务，若唐宋之缛节繁音，吾无取焉"[18]，随即下令改革礼乐制度。

西夏设有专门管理音乐的机构，为名"蕃汉乐人院"，在行政机构中占据第五类，亦可知西夏存在着蕃乐和汉乐两种音乐系统。《番汉合时掌中珠》记载有"乐人打诨"，其所记乐器种类颇多，其中提到三弦、六弦、琵琶、琴、筝、箜篌、管、笛、箫、笙、筚篥、七星、大鼓、丈鼓、拍板等。从乐器配置分析，蕃汉乐演奏所需的打击乐器已经齐全。[19]

西夏绘画技艺也很高超，艺术水平一流，且留下不少艺术珍品。西夏汉文本《杂字》诸匠部有"彩画"，当时绘画已是专门的职业，有相当多的从业人员。又，该书颜色部记述的颜料有很多种，颜色多达二十余种，有绯红、碧绿、淡黄、梅红、柿红、铜青、鹅黄、鸭绿、鸦青、阴褐、银泥、大青、大绿、大朱、石青、沙青、粉碧、缕金、贴金、黑绿、杏黄、铜绿，足可见当时所使用的颜色品类繁复，对颜色的分别也十分细致。

保存至今的西夏绘画作品主要分为三类：壁画、卷轴画和木版画。

敦煌莫高窟和安西榆林窟的西夏壁画数量最多，类型齐全，内容丰富，能够全面反映出西夏绘画水平和特色。两窟中的西夏壁画以佛像、说法图、经变图、菩萨像等为主，但内容和形式变化少。西夏早期壁画大多受到北宋的影响，中后期则逐渐形成本民族的风格，其明显的特点是人物形象逐渐接近党项人的面部特征和特质特点，衣冠服饰也发生很大变化，西夏服饰占据壁画的主流。到了西夏晚期，壁画所反映的民族风格和民族特性愈加突出。

西夏卷轴画大多出自黑水城遗址，20世纪初由俄国人科兹洛夫发现，现保存在俄罗斯圣彼得堡艾尔米塔什博物馆，共有三百余幅。这批精美的作品，有着多种艺术风格，其中有受宋朝绘画影响而创作的《阿弥陀佛来迎图》，还有大量具有藏传佛教风格的密宗画《金刚座上的佛陀图》《金刚座佛与五大塔图》等，这反映出中原地区和藏族地区宗教和绘画的巨大影响，也反映出西夏在吸收各民族绘画艺术成就的同时，逐渐形成了自己的绘画特点。

西夏有不少木版画，多以宗教艺术作品为主，主要是佛经卷首前的佛画。当时周边政权的宋朝和辽、金都有高超的木版画，西夏向中原地区学习并且熟练地掌握了雕刻绘画技术，制作出大量质量精美的艺术品，特别是结构繁复、人物众多的木刻版画令人印象深刻。

随着农业的发展，西夏对于天文知识逐渐重视，尤其是对于特殊天象都认真记录。西夏天象记载中，尽管夹杂着很多迷信成分，但也保存着若干具有重要价值的科学资料。西夏官僚机构中，分析和解释天文的人被称为"太史""司天""占者"等，由司天监主持天文观测。后来，西夏又设"大恒历院"，负责天文。《番汉合时掌中珠》的"天相"一节记载了西夏天文学知识，其中对日、月、星、辰的记载都比较详细。将天空的星象分为东、西、南、北四方，即青龙、白虎、朱雀、玄武。每方有七个可见星宿，共计二十八宿。又有黄道中的白羊、金牛等十二星座及其他星宿。该书对气象记载也很细致，例如，风有和风、清风、金风、朔风、黑风，雨有膏雨、谷雨、时雨、丝雨，云有烟云、鹤云、峰云、罗云、同云，等等。

五、党项风俗

西夏礼仪制度，始终伴随着所谓"蕃礼"与"汉礼"之争。蕃礼即党项传统的民族风俗，而汉礼则是中原唐宋的礼仪文化。两种礼仪同时并存，而在不同时期根据当时政治形势的需要和统治者的爱好而有所侧重。

元昊为了增强民族文化意识，特意突出党项民族性格，裁改中原制度的礼仪，革新党项沿袭的旧俗。于是在显道元年（1032）一改银州、夏州诸羌的旧俗，自己率先秃发，然后下令国中所有党项人都秃发，三日不从命者，让众人共同杀死。西夏由此普遍推行了秃发这种习俗。我们看到，西夏晚期壁画中的供养人依旧是秃发的形象。毅宗亲政以后，想与宋朝修好，请求宋朝和亲，迎娶汉人公主，并派遣使臣上表于宋，表示仰慕中原衣冠，下令不再行用蕃礼。惠宗朝主张蕃礼的梁太后与偏好汉礼的皇帝发生争执，影响到当时的政局，梁氏甚至把惠宗囚禁起来。崇宗、仁宗时期，蕃汉文化发展到新的阶段，特别是仁宗，他全面学习汉文化，使西夏成为一个文化高度杂糅的政权。

党项人的婚俗很有特色，并且有一个发展过程。据《旧唐书·党项传》记载说："妻其庶母及伯叔母、嫂、子弟之妇，淫秽烝亵，诸夷中最为甚，然不婚同姓。"[20] 这显然是中原史家对党项原始婚俗的偏见态度。实际情况则是，隋唐时期，党项社会发展到原始社会末期，婚姻制度上明显保留着群婚的残余。党项西迁以后，随着社会的不断发展，婚姻家庭关系也逐渐改变。特别是西夏政权形成以后，这种变化尤其明显。据《番汉合时掌中珠》记述，男女成人以后，要委托媒人说亲，诸亲友为证。《杂字》中也提到"送女索妇，来到家中"，也就是说，党项人像汉人一样明媒正娶。一般平民大多是一夫一妻的家庭，而富豪家庭有一夫多妻的现象。

党项人还重视盟誓，不仅民间有盟誓习俗，盟誓仪式还用于正规的军事作战。元昊称帝前想进攻宋朝的鄜延地区，于是召集党项各族的豪酋，聚合于贺兰山坡，举行盟誓仪式。他们每人刺臂出血，和酒置于骷髅之中，一齐饮用，立约进攻。可知这种风俗大至国家作战盟誓，小至家族复仇和解，都可以使用。西夏与辽朝结缘，辽朝军队压境，元昊与辽朝讲和，"折箭为誓"。可能是由于西夏重视盟誓的缘故，在法典中专设"誓言门"，其有关条文残缺，然而有卷前的条目名称可资参考，其中有"谓投诚来信词为誓""私语誓""逆盗为誓"，由此反映出西夏盟誓的某些特点。

党项人有着独特的风俗传统。他们先是崇拜天，后来信仰鬼神，崇尚诅咒，迷信占卜。这种风俗一直延续到西夏建国以后，并

图 4-8 《文海》

　　且与佛教、儒学相伴生，借用巫术这种超自然的力量对不利现象施加影响或进行控制。西夏对党项人原来的民族传统宗教信仰有所保留，负责主持原始宗教的是大大小小的巫。西夏文字典《文海》中有关于诅咒和巫术的条目，其中将"巫"解释为"驱灾害鬼者用是也"。巫术的职责之一是驱鬼、咒鬼，其专职人员是巫师。《文海》对驱鬼有更为具体的解释："咒者，诅咒声也，咒也，坑境上骂詈也。"即挖坑，把所谓"鬼"送入坑中，在坑边骂詈，以达到消灾祛祸的目的。

　　西夏政府设置"巫提点"一职，应是专门管理佛教、道教以外的民间宗教信仰仪式等事务，派遣一二名大人。西夏府任命的巫师称为"官巫"。西夏人还在战争中有所谓"杀鬼招魂"仪式，也是巫术的一种。文献记载，"昼则举烟、扬尘，夜则爇火为候。若获人马，射之，号曰'杀鬼招魂'，或射草缚人"[21]。西夏信仰神祇，并驯养所谓神兽以便祭祀，并有专门规定，进行管理。[22]

每一个民族在日常生活中都会有不少禁忌，西夏也不例外。西夏还把民间习俗提升到法律层面，在法典中固定下来。西夏的禁忌包括很多方面。

饮食方面，设宴饮食时不许将臀部尻骨全置，否则有相应的处罚。服饰方面，亲王不能穿花色衣服，这是只有皇帝及皇后能享受的特权。居室方面，官民的毡帐只允许上头盖青色，下面为白色，不允许全部为白色或青色。诸人装饰屋舍时不许用金饰。除佛殿、星宫、神庙、内宫以外民舍不许装饰大朱、大青、大绿。商贸方面，人、马、披、甲、牛、骆驼等，属于敕禁品，不允许卖给敌国。[23]

第三篇

金朝

第五章

金朝的建立与入主中原

金朝是由原居于东北的女真族建立的王朝。它在 12 世纪初建立后，相继攻灭辽和北宋，占领黄河流域，入主中原，与南宋形成南北对峙的局面。本章主要叙述金朝初期的建国历程和制度建设。

第一节　金朝的崛起

一、女真族的源流

女真族居住在黑龙江、松花江流域，历史悠久。唐朝以前，这一带的东北民族在中原史籍中有过肃慎、挹娄、勿吉等不同称谓。他们一直从事粗放的农业，过着半定居生活，不像草原游牧民族那样频繁进行较大范围的迁徙，也从事畜牧和狩猎。虽然养马，却

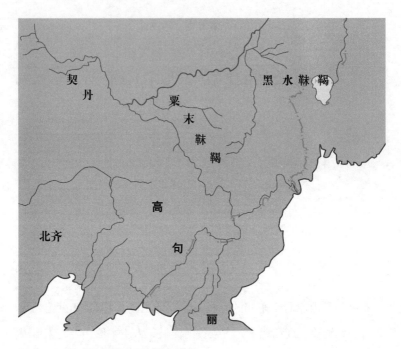

图 5-1　6 世纪末黑水靺鞨与粟末靺鞨形势图

"有马不乘，但以为财产而已"[1]。到唐朝，这里的民族以靺鞨之名
见于记载，分为黑水靺鞨和粟末靺鞨两大部分。位置偏南的粟末靺
鞨文化较为发达，建立了渤海国。黑水靺鞨位置偏北，其人勇悍善
射，能模仿鹿鸣以吸引群鹿而射杀之。他们食生肉，饮麇酒，出行
以牛驮物，居所以桦皮为屋，社会发展相对落后，女真就是黑水靺
鞨的后裔。

女真本名朱理真，又有虑真、朱里真等异译。一般认为，女真
之名始见于五代[2]，然据文献记载，辽太祖耶律阿保机于唐末吞并

东北三十六诸蕃，女真即其中之一[3]，又《辽史·太祖纪》明确称唐天复三年（903）伐女真，则或许女真之族名已见于唐末。辽时，女真为契丹所征服，后因避讳辽兴宗之名宗真，改称女直。与早期东北民族相比，女真人的生活状况出现了一个变化，那就是已经习惯骑马，"善骑，上下崖壁如飞"[4]。在恶劣的气候条件和生存环境下，他们本来就具有"耐寒忍饥，不惮辛苦"和"勇悍不畏死"的精神[5]，并且精于射猎。习惯骑马后，他们已经具备了草原游牧民族在军事上的长处，这成为女真族崛起并向外发展的重要条件。

女真在辽朝分为两部分。一部分被迁至辽东，编入户籍，称为"熟女真"或"曷苏馆女真"（意为篱笆之内）。另一部分未经迁徙，与辽朝保持着羁縻性质的朝贡关系，称为"生女真"。生女真"地方千余里，户口十余万，散居山谷间，依旧界外野处。自推雄豪为酋长，小者千户，大者数千户"[6]。除生熟之分外，辽代女真人还按其所分布的地域，称南女真、北女真、鸭绿江女真、回跋女真、长白山女真等。

二、建国与灭辽

金朝是以居于按出虎水（今黑龙江阿什河）的生女真完颜部为主体建立的。完颜部是女真的既有部族，据《金史·世纪》记载，后被推为女真始祖的函普，相传来自高丽，至完颜部年已六十余，居久之，其部人尝杀他族之人，由是两族交恶，哄斗不能解。完颜部人与函普相约："若能为部人解此怨，使两族不相杀，部有贤女，年六十而未嫁，当以相配，仍为同部。"[7]函普允诺，前往邻部劝

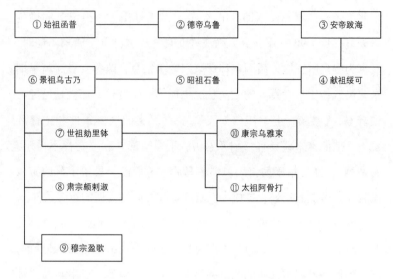

图 5-2　女真先祖谱系

和，成功化解两族矛盾，订立誓约，重归于好。完颜部众皆信服函普，赠以青牛相谢，并许嫁六十之妇，由是函普遂为完颜部人，被推为酋长。此后，完颜部逐渐发展壮大起来，约在辽朝中期，建立起小范围的部落联盟，由完颜部酋长担任联盟长，辽朝授以节度使官号。后完颜部联盟相继击败徒单、乌古论、蒲察等其他女真部落联盟，势力进一步增长。

　　契丹人一方面通过授官在政治上加强对女真部族的笼络和控制，另一方面又在经济上对女真人进行掠夺和剥削。女真需按时向辽朝贡纳良马和方物，据《辽史》记载，辽圣宗、道宗时女真皆曾进献良马达万匹之多。辽朝皇帝每于春秋出行渔猎，常令女真人跟随左右，为其呼鹿、射虎、搏熊。女真之地盛产北珠，辽朝皇帝为供己赏玩或与北宋贸易，经常向女真索取北珠，女真人为契丹凿冰捕蚌取珠，苦不堪言。女真每次来献方物，辽朝常强行与其进行不平等交易，"各以所产量轻重而打搏，谓之'打女真'"[8]，即以低价换取女真土产人参、生金、松实、蜜蜡、貂鼠等，后多强取，女真始怨。女真地区还出产一种短小俊健、擅击天鹅的名鹰"海东青"。契丹贵族酷爱以海东青捕鹅，每年向女真索要，女真不胜其扰。更有甚者，辽朝常派腰佩银牌的使者前往女真索取方物，称为"银牌天使"，他们每夜要由女真中下户人家未出嫁的姑娘轮流伴宿，谓之"荐枕"，后来使者为取海东青往来络绎不绝，只择漂亮的女真女子荐枕，不问婚嫁与否和门第高下，激起了女真人的强烈仇恨。辽朝对女真的种种暴行和掠夺压迫，最终招致女真人在首领完颜阿骨打的带领下起兵反抗。

始祖函普之后历任女真部落联盟首领，先是父死子继，至六世孙世祖劾里钵开始兄终弟及。劾里钵次子完颜阿骨打（汉名旻）生于辽道宗咸雍四年（1068），年幼时即随父亲四处征战，英勇有谋；劾里钵临终时，谓其弟穆宗盈歌曰"惟此子足了契丹事"[9]，将带领女真人摆脱契丹统治和压迫的希望寄托在阿骨打身上。面对契丹统治者的傲慢和欺凌，阿骨打也充满仇恨。辽道宗末年，阿骨打与完颜希尹前来朝觐，与契丹贵人玩双陆之戏，契丹贵人不守规则，妄行棋子，阿骨打非常气愤，拔刀欲刺，多亏希尹阻拦才未酿成大祸。道宗闻之大怒，近臣皆劝道宗杀死阿骨打，但道宗为示信怀远，将阿骨打放归。[10]后来辽天祚帝天庆二年春捺钵，生女真酋长按惯例前来参加朝会，在头鱼宴上，酒半酣，天祚帝使各部首领依次歌舞为乐，惟阿骨打"端立直视，辞以不

图 5-3 海东青

能"，再三谕旨强迫，终不从。天祚帝密谓枢密使萧奉先"阿骨打跋扈若此，可托以边事诛之"，不然恐贻后患，但为萧奉先谏止 [11]，阿骨打得以生还。至此，女真与契丹之间的矛盾达到顶点，阿骨打遂有起兵反辽之意。此前，女真纥石烈部人阿疏叛逃辽朝，女真曾多次向辽索要阿疏皆未果，阿骨打继任女真首领后，再次遣人索要阿疏，并借机侦察辽朝形势，得知辽主骄肆，军备废弛，认为时机已经成熟，遂于辽天庆四年（1114）正式起兵伐辽。九月进军宁江州，纠集二千五百人，举行反辽誓师大会，阿骨打历数辽朝罪状，激励将士，一举击溃辽军，攻克宁江州城。十一月，又于出河店（在今黑龙江肇源西南）大破辽都统萧纠里、副都统

图 5-4　完颜阿骨打

挞不野率领的十万之众，辽人尝言"女直兵若满万则不可敌，至是始满万云"[12]。

　　按照《金史》的记载，在赢得宁江州、出河店大捷之后，阿骨打身边的宗室贵族及近臣皆向其劝进称帝，阿骨打先犹豫推托，后转而顺从，遂于辽天庆五年正月即皇帝位，定国号大金，建元"收国"，是为金太祖。定都于会宁府（在今黑龙江哈尔滨市阿城南），后称上京。关于"大金"国号之由来主要有两种说法。一是《金太祖实录》所言"辽以镔铁为国号，镔铁虽坚刚，终有销坏，唯金一色，最为真宝，自今本国可号大金"[13]，即取以金胜辽之意。二是《金史·地理志》谓女真人言"金"曰"按出虎"，"以按出虎水源于此，故名金源，建国之号盖取诸此"，张汇《金虏节要》也说"阿骨打为帝，以本土阿禄阻为国号。阿禄阻，女真语'金'也，以其水生金而名之，犹辽以辽水名国也"[14]，"阿禄阻"即"按出虎"之异译，此说以"大金"国号取自女真原居地按出虎水。据学者研究，第二种说法较为可信，而前者疑出于金朝史官的杜撰。不仅如此，由《金太祖实录》辗转而来的《金史·太祖纪》有关建国年代的记载可能也值得怀疑：阿骨打于1114年起兵以后，虽首战告捷，但当时的实力仍较弱小，亦无灭辽之信心，次年即建国称帝的可能性不大。有学者研究推断，根据宋人的相关记载来看，阿骨打可能在1117年或1118年才真正建立国家，国号为"女真"，年号为"天辅"，至1122年方改国号为"大金"。[15]

收国元年，阿骨打率女真军攻克辽朝控制东北的军事重镇黄龙府。十一月，辽天祚帝亲率七十万大军来伐，而女真军只两万人，实力悬殊：阿骨打以刀剺面，仰天大哭，激励将士，采取集中兵力进攻敌人中军的战术，最终大败辽军，取得以少胜多的辉煌战绩。此后，女真军节节胜利，先后攻占辽上京、中京，并与北宋通过海路遣使交聘，缔结"海上之盟"，约定共同伐辽。在女真军的强劲攻势下，辽朝分崩离析，天祚帝播迁，逃往夹山。天辅六年（1122），女真军攻占辽西京、南京。次年，阿骨打在回军途中病卒，其弟吴乞买（汉名晟）承袭帝位，改元天会，是为金太宗。太宗即位后，以粘罕（汉名宗翰）和斡离不（汉名宗望）共掌军事，平定各地叛乱，追击辽主。天会三年（1125）二月，完颜娄室于余睹谷俘获辽天祚帝，八月金降封天祚帝为海滨王，辽朝至此灭亡。

三、早期国家制度

金初国家制度比较简单，在中央主要是勃极烈辅政体制，在地方则为猛安谋克管理体制。

勃极烈是女真社会中部落酋长"孛堇"（意为长官）的异译，此官名在女真建国之前早已有之。《金史·百官志》谓"金自景祖始建官属，统诸部以专征伐，嶷然自为一国。其官长，皆称曰勃极烈"，其中地位最高的部落联盟首领称"都勃极烈"。自女真景祖乌古乃之后，历任联盟长皆任都勃极烈，同时兼辽朝所封的生女真部节度使，辽人呼"节度使"为"太师"，女真则称"都太师"。[16]阿骨打袭位后起兵反辽，遂不称节度使，仅称都勃极烈。金人称帝建国后，建立了由皇帝和诸勃极烈组成的国家最高军政权力机构，凡军国大事皆由勃极烈辅政会议讨论决定，从而形成了独具特色的金初勃极烈辅政体制。勃极烈遂专用于中央辅政会议成员，兼有辅弼、审议、行政和司法等职能，皆以宗室贵族担任，人数不定，名目不同，有谙班勃极烈、国论忽鲁勃极烈、国论勃极烈、移赉勃极烈、阿买勃极烈、乙室勃极烈、札失哈勃极烈、昃勃极烈、迭勃极烈等。按《金史·国语解》的解释，这些名目表示诸勃极烈的不同职掌，但据学者研究，它们其实代表的是不同的位置次序。[17]

谙班勃极烈居于诸勃极烈之首，"谙班"乃尊大之意，"汉语云最尊官也"[18]。在金朝历史上，只有吴乞买、斜也（汉名杲）、完颜亶三人曾居此位，其中吴乞买、完颜亶二人皆以谙班勃极烈的身份承袭帝位，完颜杲也一度被选为储嗣，因此任谙班勃极烈者实际上就是皇位继承人。当皇帝出征时，谙班勃极烈一般留守京师，代掌国事。如金太宗吴乞买为谙班勃极烈，"太祖征伐，常居守"[19]，太宗即位后，杲为谙班勃极烈，"与宗幹俱治国政。天会三年伐宋，杲领都元帅，居京师"[20]。

谙班勃极烈之下为国论忽鲁勃极烈，"国论"是女真语"国"之义，作为勃极烈名号言其尊贵也，"忽鲁"意为总帅，有统军辅政之权。其后又有国论勃极烈，有时分左右置，相当于国相。再次，阿买勃极烈，意为第一；昃勃极烈，意为第二；移赉勃极烈，意为第三。其余如乙室勃极烈、札失哈勃极烈、迭勃极烈等盖大多为临时任命，非常设之位。乙室勃极烈为迎迓之官，掌外事礼宾；"札失哈勃极烈"又作"阿舍勃极烈"，与"迭勃极烈"皆有副贰之意，亦可统军。诸勃极烈在参议国政时，虽有所分工，但并不严格，保存着女真旧俗。后来随着金朝社会的发展及受中原政治制度的影响，金熙宗即位实行汉化改革，勃极烈辅政体制遂被废止。

猛安谋克原来是女真人因围猎、征伐等需要设置的军事单位。"猛安"和"谋克"为女真语，分别是千夫长和百夫长之意。《金史·兵志》云："其部长曰孛堇，行兵则称曰猛安、谋克，从其多寡以为号，猛安者千夫长也，谋克者百夫长也。谋克之副曰蒲里衍，士卒之副从曰阿里喜。"阿骨打起兵后将猛安谋克的组织形式制度化，命以三百户为谋克，十谋克为猛安，战时以之统军，平时用以实施行政管理，并对此后新征服或降附的女真部落，都采用猛安、谋克系统进行编制，授予各部首领以猛安、谋克之名，从而将其部人组织起来。金朝建立后，阿骨打在伐辽过程中，又逐渐将猛安谋克制推广到契丹、渤海和汉人等其他族群之中。

不过，所谓"以三百户为谋克，十谋克为猛安"只是一个原则性的规定，在金代实际执行中并不尽然。如天辅年间，阿骨打"尝用辽人讹里野以北部百三十户为一谋克，汉人王六儿以诸州汉人六十五户为一谋克，王伯龙及高从祐等并领所部为一猛安"[21]。海陵王正隆中，"山东路统军司选诸军八百人作十谋克"[22]，则一谋克仅八十人。世宗大定十五年（1175），遣使分行全国，重定猛安谋克户，"每谋克户不过三百，七谋克至十谋克置一猛安"。到了宣宗贞祐南迁之后，"乃至以二十五人为谋克，四谋克为猛安"[23]。可见猛安、谋克的编制人数会根据情况灵活变化。

猛安谋克组织的长官亦称猛安、谋克，其地位相当于州防御使和县令，惟级别略高。据《金史·百官志》，诸猛安，从四品，掌修理军务、训练武艺、劝课农桑，余同州防御使；诸谋克，从五品，掌抚辑军户、训练武艺，除不管常平仓外，余同县令。这一制度设置清楚反映出猛安、谋克兼具军事与行政的职能。金朝还以猛安、谋克作为对诸王和致仕重臣等的封号。

猛安谋克这种军政合一的制度，是女真的传统旧俗，但对渤海、契丹、汉人却并不适用，因此金初强行推行至他族的猛安谋克制后来陆续被罢废。太宗天会二年（1124）平定张觉之乱后，宗望在平州率先废止此制，改行汉制，令"诸部降人但置长吏，以下从汉官之号"[24]。熙宗时，又废除了渤海和辽东汉人的猛安谋克。世宗初，为加强对契丹人的控制，诏罢契丹猛安谋克，其户分隶女真猛安谋克。

金初实行猛安谋克管理体制，将女真人有效地编组起来进行对外征伐，展现出强大的战斗力。后来，猛安谋克逐渐成为女真人户的代称，是金朝统治所依赖的基本力量。

四、灭北宋

宋徽宗政和元年（1111），端明殿学士郑允中和宦者童贯出使辽朝，途中有燕人马植潜见童贯，阴谋归汉。于是童贯密使马植侦察辽国形势，约其归降宋朝。后马植多次向宋朝递送情报，宋徽宗赐其名李良嗣。政和五年（1115），马植如约归宋，又赐名赵良嗣，他向徽宗汇报辽朝的内忧外患，称辽天祚帝"耽酒嗜音，淫色俱荒，斥逐忠良，任用群小，远近生灵悉被苛政"，而女真阿骨打崛兴，用兵累年，攻陷州县，辽朝边患日深，万民罹苦，辽国必亡，并建议宋朝出兵伐辽，"复中国往昔之疆"[25]。宋朝久有收复燕云之心，在了解辽朝局势后，蔡京、童贯等当权派遂力主图取燕云。七年（1117），辽东汉儿高药师等人为避战乱，乘船浮海至宋登州（今山东蓬莱），使宋人意识到可以通过海上航路与女真联络。此后，宋朝以买马为名多次遣使渡海，与女真往来交涉，宋宣和二年（1120，金天辅四年）双方终于达成协议，相约共同夹击辽朝、收取燕云，灭辽后以长城为界，宋廷将过去输送给辽的"岁币"转付于金，史称"海上之盟"。

根据约定，金军很快连续攻取了辽上京、中京和西京，而北宋政治腐败，文恬武嬉，只想趁火打劫，不劳而获，并未认真备战，进攻燕京（即辽南京，今北京）遭到辽军痛击而大败，仍不得不求助于金朝。宣和四年（1122），金军攻克燕京。金以宋朝未如约与金夹攻辽西京和攻取燕京为由，就燕云接收交割问题与宋朝展开交涉，最终以宋岁输银绢二十万两、匹，并另输"燕京代税钱"一百万贯的代价，换回燕京空城，城中金银钱物及人户皆已被金人掳掠一空，而关于辽西京的交割则始终未果。

金朝在灭辽战争中经过与宋朝的接触，已知宋军虚弱无能，遂有筹划南下攻宋之意。金太宗天会元年（1123），张觉以平州叛金降宋，宗望取平州后，向宋索取叛亡人户，然宋不与，又听闻童贯、郭药师治军燕山，宗望遂奏请伐宋，谓"苟不先之，恐为后患"，宗翰也主张攻宋，"故伐宋之策，宗望实启之"[26]。次年，金又遣使向宋索要赵良嗣在燕云交涉中许粮二十万斛，但宋拒不给粮。这些争端遂成为金攻北宋的战争口实。

天会三年，金军擒获辽天祚帝，灭亡辽朝之后，金太宗于是年十月正式下诏伐宋，分东西两路。以谙班勃极烈杲兼领都元帅，居京师。西路：移赉勃极烈宗翰兼左副元帅先锋，经略使完颜希尹为元帅右监军，左金吾上将军耶律余睹为元帅右都监，自西京入太原。东路：以六部路军帅挞懒为六部路都统，斜也副之，宗望为南京路都统，阇母副之，知枢密院事刘彦宗兼领汉军都统，自南京入燕山。[27]十二月，宗翰率西路军攻取朔州、代州，进围太原；宗望率东路军入檀（今北京密云）、蓟，占领燕京，又连破宋军于真定（今河北正定），克信德府（今河北邢台），直逼北宋都城东京。宋徽宗惊慌失措，下"罪己诏"，令中外直言极谏，各地率师勤王；后又下诏内禅，宣布退位为太上皇，逃往东南避祸，由赵桓即位为帝，是为宋钦宗。钦宗嗣位后，在朝野官民激烈声讨下，贬逐蔡京、童贯等奸臣。大臣李纲受命负责京城防御，指挥军民击退金军进攻。太原宋军凭城坚守，拖住西路金军，陕西等处宋军也纷纷前来救驾。

天会四年（1126，宋靖康元年）正月，宗望与宋廷讲和，宋钦宗答应缴付巨额赔款，割让太原、河间、中山（今河北定州）三镇，以康王赵构、少宰张邦昌为质。金军于是北撤，徽宗亦返回东京。二月，宋将姚平仲率兵夜袭宗望营地，被金军击败，金兵再次围汴。宋徽宗为讨好金人，罢黜李纲，又派遣宇文虚中持国书赴金营，改以肃王赵枢为质，康王赵构归宋。宗望遂还师北撤。然而未逾数月，是年八月金太宗又诏令左副元帅宗翰、右副元帅宗望伐宋。宗翰从西京、宗望从保州分两路南下，长期坚守的太原终于被攻破。闰十一月，金军对东京发起进攻，占领外城，宋钦宗被迫亲赴青城金营投降，金许议和。十二月，宋钦宗回汴，金遣使勒索巨额金银钱帛。次年二月，金废宋钦宗为庶人。四月，金军俘虏宋徽宗、钦宗及后妃宗室，满载大批财物北归，北宋灭亡。北宋自初受金兵进攻至最后覆亡，竟不出二年，可谓一触即溃。宋徽宗、钦宗后来分别于天会十三年（1135，宋绍兴五年）和大定元年（1161，宋绍兴三十一年）死于五国城（在今黑龙江依兰）。

五、入主中原

金天会五年（1127，宋建炎元年）灭宋后，金人立宋太宰张邦昌为"大楚皇帝"，建立楚政权以统驭中原。张邦昌虽被册立为帝，但仍心系宋室，金军回师后，他决意还政于赵宋，尊宋哲宗元祐皇后为宋太后，垂帘听政，自己复为太宰，并向康王赵构劝进。五月，宋徽宗第九子赵构被臣下拥戴即位于南京（今河南商丘），改元建炎，是为南宋高宗。高宗此前曾赴金营为短期人质，又被任命为河北兵马大元帅，在外募兵勤王，得免于靖康之难。

宋高宗即位后应舆论要求，以抗战派大臣李纲为相，宗泽任东京留守。金人初入中原，立足未稳，两河反金民军蜂起，但缺乏统一领导，各自为战。高宗本人却慑于金军兵威，消极避战，未能利用这一机会收复失地，反而逃往扬州。李纲任相七十五日即被罢免，金朝逐步进占河南、陕西。

次年秋，金军继续南进，企图一举消灭南宋朝廷。宋高宗经镇江逃往杭州，金将完颜宗弼率军渡江追击，相继占领建康、杭州。高宗由明州（今宁波）泛海走温州，金军亦入海追之，不及。这是历史上北方民族军队第一次渡过长江天险，但并非有全面计划、准备的战略进攻，故未敢孤军深入，很快北返。宋将韩世忠在建康东北的黄天荡阻截金军四十日，金军用火攻始得脱身。宋军收复淮东，双方重新形成对峙。在西线，两军于天会八年（1130，宋建炎四年）会战于富平（今属陕西），宋军溃败，关中丧失。此役虽以宋败告终，但却是南宋方面第一次有组织地以大兵团主动出击，缓解了江淮战场的压力，使南宋朝廷有了喘息之机。金军企图乘胜入蜀，但连续被宋将吴玠、吴璘兄弟击败于和尚原（今陕西宝鸡附近、大散关以东）、仙人关（今甘肃徽县南），亦出现相持局面。

金朝既一时无力消灭南宋，遂于天会八年另立傀儡政权，册封宋降臣刘豫为齐帝，统治河南、陕西地区。此后一段时间，南宋的统治逐步稳定。一方面逐步消灭、收编了战乱当中形成的大量溃兵、盗匪集团，另一方面屡次挫败齐的南侵。至天会十五年（1137，宋绍兴七年），金廷废掉齐政权，直接统治中原地区，并对南宋进行诱降。宋高宗擢用秦桧为相，主持和议，反对者皆被斥逐。秦桧原为北宋御史中丞，本来主张抗战，被金人掳居北边，居数年放回，一变为专主议和。早在南宋绍兴二年（1132），秦桧初次任相，即提出"南人归南，北人归北"的投降主张，受到舆论指责，被免职，然数年后又东山再起。而高宗则一贯倾向于对金妥协，即位后忙于奔命，向南一逃再逃，满足于偏安局面，很早就已向金朝陈诉"以守则无人，以奔则无地"，乞求"愿去尊号"，"比于藩臣"。[28] 因秦桧倡导议和，故高宗誉之为"朴忠过人"，称"朕得之喜而不寐"，一意擢用。然因金朝逼迫过甚，遂不得不组织抵抗以求自保。至此时金人主动诱降，高宗大喜过望，秦桧复又力赞其事，君臣沆瀣一气，和议始定。高宗反战求和的动机主要出于两端：一惧获胜，一惧大败。"惧获胜"是因为胜则诸将领功高，尾大不掉，且一旦钦宗南返，不易措置；"惧大败"是因其本人有在金营为质及被金军穷追猛打的经历，形成心理恐惧，总是过高评价金朝实力，对大局估计悲观，无视双方强弱出现转变的事实。总之，不外乎维护一己皇位的目的，纵使苟且屈辱，也是在所不计。

天眷二年（1139，宋绍兴九年）初，和议成，南宋向金称臣纳贡，金朝将河南、陕西之地归还于南宋，并送回徽宗梓宫。金使持册封诏书至临安（今浙江杭州），要求高宗北面拜受。南宋方面以有损国体，议论纷纷，有人提出"列祖宗御容，而置金人诏于其中拜之"[29]，最终的处理办法是，由秦桧代高宗拜接诏书，和议始毕。但不久局势又发生重大变化，金廷中主持议和一派在内争中失势，主战派首领完颜宗弼掌权，遂于次年撕毁和约，大举南侵，欲重新夺回河南、陕西地。宋军奋起抵抗，刘锜败金军于顺昌（今安徽阜阳），岳飞败金军于郾城（今属河南）、颍昌（今河南许昌），形势对南宋十分有利。但高宗、秦桧却于此时强令宋军班师，以致河南之地得而复失，为金朝所占。

皇统元年（1141，宋绍兴十一年），宋高宗、秦桧与金朝重定和议。南宋仍称臣于金，保证"世世子孙谨守臣节"，同时每年仍输纳"岁贡"银绢各二十五万两、匹。两国以东起淮水中流、西至大散关（在今陕西宝鸡西南）一线划界。与上一次的和约相比，此次版图割让更多，称臣纳贡之屈辱条款则未变，史称"绍兴和议"。高宗、秦桧又以"莫须有"的罪名杀害主战派代表将领岳飞，宋、金南北对峙的局面至此基本奠定，金朝随之也确立了对淮河以北中原地区的统治地位。

第二节　从宗室共治到皇权独尊

一、宗室共治与内部冲突

金朝建国以前，完颜氏家族世代把持部落联盟首领职位，早已在联盟统治集团中形成了超过其他家族的明显优势。建国以后，这种优势继续扩大，最高议政机构勃极烈辅政会议完全为完颜氏宗室贵族所控制。金初勃极烈任职可考者共十二人，均系宗室成员，其中太祖、太宗兄弟及太祖从兄国相撒改三系子孙共占七人，且所任多为排位较高的勃极烈，可见宗室，尤其是宗室近属事实上成为金初贵族政治的主角。在金初对外作战的过程中，大批完颜家族成员统兵征伐，独当一面。灭辽前后，金廷在境内所设诸路都统、军帅等地方军区长官，半数以上皆出自完颜氏。撒改之子宗翰和太祖之子宗望分别以左、右副元帅的身份在云中（今山西大同）和燕京开设元帅府，附设枢密院，统领被征服地区事务，权力极大，时人呼为"西朝廷""东朝廷"。[30]清代学者赵翼也总结说："金初风气淳实，……开国之初，家庭间同心协力，皆以大门户启土宇为念，绝无自私自利之心，此其所以奋起一方，遂有天下也"[31]。

在王朝开国之初，主要依靠宗室成员建功立业本为常事，但金朝在这方面表现极其突出，灭辽覆宋，奄有中原，几乎所有重要战役都是由"兄弟子姓才皆良将"[32]的完颜氏家族成员指挥参与完成的。金初宗室势力之强盛可能与女真社会的家庭结构有很大关系。女真人建国前主要从事粗放式的农耕，活动范围相对狭小，个体家庭尚未完全独立，父系大家族作为社会和经济实体仍然普遍存在，即所谓"兄弟虽析，犹相聚种"[33]，这与北方草原游牧民族明显存有差异。这体现在政治上，即完颜氏家族团结一致，共同创业，具有极强的凝聚力。

有明确记载显示，女真社会原有军事民主制的传统。金太祖即位后赴臣下宴集，"主人拜，上亦答拜"[34]，"虽有君臣之称，而无尊卑之别，乐则同享，财则同用"[35]。而在金初宗室贵族势力不断膨胀的背景下，军事民主制传统实际上演变成为宗室内部的"民主"。皇权虽依赖家族力量而得以建立，但也因此淹没于完颜氏家族集体权力之中，金初君主个人权威尚未得到充分发展。据称金太祖入燕京，"与其臣数人皆握拳坐于殿之户限上，受燕人之降，且尚询黄盖有若干柄，意欲与其群臣皆张之，中国传以为笑"[36]。太宗私用国库财物过度，被诸勃极烈数以"违誓约之罪"，"群臣扶下殿，庭杖二十"[37]。史称太宗在位时，面对"桀黠难制"的宗室功臣，只能"拱默而已"[38]。宗室代表人物宗翰等人"专权，主不能令，至于命相亦取决焉"[39]。宗室贵族权力膨胀过度，逐渐与皇权形成矛盾，孕育着激烈的冲突。

建国以前，完颜氏部族酋长的继承曾经长期以兄终弟及的方式为主。这种方式保证了权力始终掌握在家族成年男性手中，对于维护完颜氏的统治地位乃至金朝的发展壮大起了重要作用。建国后，这一传统依然保持。金太祖任命其弟太宗吴乞买为谙班勃极烈，此职居于诸勃极烈之首席，实际上相当于皇储，故而太祖死后太宗即被拥戴即位。太宗复以其唯一的同母弟完颜杲为谙班勃极烈，杲病死，继位人选出现争执。太宗虽有多位子嗣，其长子宗磐也立有大功，但在宗翰、宗辅、宗幹、希尹等宗室贵族的压力下，仍然不得不参照兄终弟及制的传统做法，从太祖一系中选立皇储，遂以太祖嫡孙熙宗完颜亶为谙班勃极烈。兄终弟及的继承方式同样反映了宗室共治的背景，与中原模式的君主专制制度是不兼容的，最终酿成了剧烈的内部冲突。

二、皇权的加强

金熙宗即位后，宗室共治的局面开始向皇权独尊转变。在这一变革过程中，汉族社会尊君卑臣的传统政治观念发挥了关键作用。熙宗幼与儒士游处，汉化较深，已"失女真之本态"。左右的汉族儒士"日进诏谀，教以宫室之状、服御之美、妃嫔之盛、燕乐之侈、乘舆之贵、禁卫之严、礼义之尊、府库之限，以尽中国为君之道"。于是熙宗"出则清道警跸，入则端居九重"，与宗室贵族渐渐疏远。[40] 天会十三年，下诏废除勃极烈会议，仿照唐宋中央官制，以尚书、中书、门下三省为宰相机构。三省中以尚书省为主，下统六部。对于曾任勃极烈的一些宗室重臣，让他们以太师、太傅、太保的头衔"领三省事"。尽管如此，但三省毕竟是听命于皇帝的汉式政务机构，宗室共治色彩比勃极烈会议明显减弱。熙宗在与臣下谈论历史时说："后世疑周公杀其兄，以朕观之，为社稷大计，亦不当非也。"[41] 他利用宗室贵族争权夺利的矛盾，数次兴起大狱，宗室元老宗磐、宗隽、挞懒等人皆被处死，宗翰忧愤而卒。熙宗又企图改革皇位继承制度。皇子济安出生仅仅一个月，就被他册立为皇太子，但济安不久夭折，熙宗也在政变中死于非命，传位于子的计划未能实现。

以宗室身份发动政变篡位的海陵王完颜亮，对宗室贵族更为猜忌。即位仅数年，就先后诛杀太宗子孙七十余人，宗翰子孙三十余人，太宗弟杲子孙百余人，其余宗室又五十余人，连自己的弟弟完颜衮也没有放过。海陵王夙有"国家大事皆自我出"的抱负[42]，在诛杀宗室的同时，进一步改革官制，从制度上对皇权加以巩固。主要内容包括：撤销中书、门下二省，仅保留尚书一省，在皇帝领导下负责全国行政事务。废除位高权重的"领三省事"职务，改设尚书令，且不再以宗室担任此职。将金初的统兵机构都元帅府改为枢密院，枢密院长官负责军政管理，但并不统兵，保证兵权由皇帝控制。强化监察制度，由御史台监察尚书省行政系统，又由登闻检院、登闻鼓院监察御史台和尚书省，形成环环相扣的制约关系。经过海陵王的整顿，金朝各级机构"职有定位，员有常数，纪纲明，庶务举，是以终金之世守而不敢变焉"[43]。

作为北方少数民族政权，金朝带有浓重的家天下色彩。金初，"宗室皆谓之郎君，事无大小，必以郎君总之。虽卿相，尽拜于马前，郎君不为礼，役使如奴隶"[44]。政权被视为完颜氏家族的私产，只不过家族集体权力一度掩盖了皇帝的父家长权力。经过熙宗特别是海陵王对宗室近亲的血腥屠杀，皇帝的个人权威终于充分凸显出来。熙宗与海陵王打击宗室贵族时，均援用了中原传统的官僚制度，中原王朝官制在历史上本来就是与专制君主相伴而生的，它既有从属并服务于皇权的特征，同时也具备公共服务倾向和一定程度的自主性。而面对以父家长权力为基础的皇权，官僚制度作为专制工具的作用得到充分发挥，而其中自主性的因素却难以成长。史书评论金朝"鄙辽俭朴，袭宋繁缛之文，惩宋宽柔，加辽操切之政"[45]，说的就是这层含义。故金朝皇权之独尊，更胜于前代，如在君臣关系方面，皇帝对臣下往往滥施淫威，重则诛杀，轻则杖责。海陵王曾得意地说："古者大臣有罪，贬谪数千里外，往来疲于奔走，有死道路者。朕则不然，有过则杖之，已杖则任之如初。"又云"大臣决责，痛及尔体，如在朕躬，有不能已者"[46]。这种廷杖的传统由此一直影响到后来的元明清。《金史·刑志》对此总结称："原其立法初意，欲以同疏戚、壹小大，使之咸就绳约于律令之中，莫不齐手并足以听公上之所为，盖秦人强主威之意也。是以待宗室少恩，待大夫士少礼。终金之代，忍耻以就功名，虽一时名士有所不免。至于避辱远引，罕闻其人。"[47]

若从中国古代皇权的发展线索着眼，两宋、金元乃是孕育明清极端专制主义皇权政治的关键阶段。在宋朝，相对于晚唐、五代纲纪伦常废弛的混乱局面，统治者和士大夫集团致力于传统伦理道德的重建和加强，"忠"的观念尤其被提升到人生第一伦理原则的高度，其地位远超前代，忠君成为臣民绝对、无条件必须履行的准则。但宋朝同时也是士大夫政治的黄金时期，发达的官僚制度尚能将皇权尽量约束在合理的范围之内运行。然至金朝（以及后来的元朝），北方民族入主中原，"家天下"色彩明显增强，传统官僚制度对皇权的约束、限制机能大为削弱。这种"家天下"的政治模式，辅以宋代以来逐渐深入人心的忠君观念，导致皇权的显著强化，对后代历史的影响至为深远。

三、熙宗与海陵王的汉化改制

天会十三年金太宗卒，太祖之孙熙宗完颜亶嗣位。熙宗汉化较深，即位后实行了一系列改革措施。

（一）废除勃极烈会议，改行汉族模式官制，在中央建立起三省六部制度。天会十三年，熙宗即位不久即以国论右勃极烈、都元帅宗翰为太保，领三省事，又以国论忽鲁勃极烈宗磐为尚书令，以元帅左监军完颜希尹为尚书左丞相兼侍中，太子少保高庆裔为左丞，平阳尹萧庆为右丞。十四年（1136）三月，以太保宗翰、太师宗磐、太傅宗干并领三省事，标志着金初勃极烈辅政制已为三省制所取代。同时，又分别在尚书省左右丞相及左右丞之下增设平章政事和参知政事，作为宰相的副职和助手，以增强尚书省的权力。

（二）废黜齐政权。天会十五年十一月，废除在中原地区扶植的齐政权，降封齐帝刘豫为蜀王，在汴梁置行台尚书省，统治河南、陕西地。天眷元年（1138），又改燕京枢密院为行台尚书省。

（三）颁行新官制，定封国制度。天眷元年八月，颁行官制和换官格，全面改行汉官制度，将女真内外职官，按汉制换授相应的新职，制定勋封食邑制度，即按功勋等第授予封爵、勋级、食邑。十一月，又定封国制度，所授国王封号，形同勋爵，非就治其地，其实有些封国并不在金朝的疆域范围之内。

（四）制定汉式礼仪、服制。天眷二年三月，命百官详定仪制。四月，百官朝参，初用朝服。六月，初御冠服。

（五）修建都城。金朝建立后，定都于女真故地，但当时并无京师名号，而且初无城郭，星散而居，"其城邑、宫室，类中原之州县廨宇，制度极草创。居民往来或车马杂沓，皆自前朝门为出入之路，略无禁限"[48]，且无尊卑长幼之别，人们习称皇帝、宗室重臣及皇子居所为"皇帝寨""国相寨""太子庄"，其都城制度甚为朴野。至金熙宗即位后，开始设有内廷之禁，天眷元年四月，命少府监卢彦伦大规模营建京师宫室，八月正式以京师建号上京，曰会宁府，改原辽上京临潢府为北京。

（六）颁行历法。金初沿用辽历，太宗天会五年，司天杨级在北宋《纪元历》的基础上增损而成金《大明历》。[49]熙宗即位后，于十五年春正月朔，正式颁行这部新的历法。

以上各项举措使金朝逐渐改变了其制度简陋、诸事草创的面貌，在汉化进程中迈出了重要一步。其后海陵王嗣位，又进一步加强中央集权，推行汉制。

海陵王完颜亮在熙宗所颁行官制的基础上，进行了重要的整顿和改革。熙宗虽已废勃极烈，改行汉式的尚书、中书、门下三省制，但往往以三师领三省事，如十四年三月，以太保宗翰、太师宗磐、太傅宗幹并领三省事；皇统七年（1147）九月，以都元帅宗弼为太师、领三省事；十二月，以右丞相萧仲恭为太傅，领三省事。尚书左右丞相还往往分别兼任中书、门下省的长官，如天会十三年十一月以完颜希尹为尚书左丞相兼侍中，皇统九年（1149）三月以司空宗本为尚书右丞相兼中书令，这种情况在海陵王前期仍是如此，中书、门下二省形同虚设。于是正隆元年（1156），海陵诏令"罢中书、门下省"[50]，仅置尚书省作为全国最高行政机构，长官为尚书令，掌"总领纪纲，仪刑端揆"[51]，下设"尚书令、左右丞相、平章政事，是谓宰相；左右丞、参知政事，是谓执政"[52]。此前，海陵王于天德二年（1150）十二月废除设于汴梁和燕京的行台尚书省，政令统一归于朝廷，三年（1151）又废元帅府，改置枢密院。海陵王的官制改革大抵因唐宋制度而有所损益，自此之后，金朝的职官制度进一步规范化，基本趋于定型："自（尚书）省而下官司之别，曰院、曰台、曰府、曰司、曰寺、曰监、曰局、曰署、曰所，各统其属以修其职。职有定位，员有常数，纪纲明，庶务举，是以终金之世守而不敢变焉。"[53]

海陵王还对官员俸禄、印信、封爵等第做了相应规定。如天德二年，"以三师、宰臣以下有以一官而兼数职者，及有亲王食其禄而复领他事者，前此并给以俸，今宜从一高，其兼职之俸并不重给"[54]，即免除官员的兼职俸禄。正隆元年，"以内外官印新旧名及阶品大小不一，有用辽、宋旧印及契丹字者"，遂定制，命礼部更铸百官之印。正隆二年（1157），"改定亲王以下封爵等第，命置局追取存亡告身，存者二品以上，死者一品"[55]，参酌削降封爵。

海陵王在位时期的另一件重大举措是迁都燕京。金初定都于女真肇兴之地的上京会宁府，然随着金朝灭辽蹙宋，版图不断扩张，大批女真猛安谋克军也已进入中原，"方疆广于万里，以北则民清而事简，以南则地远而事繁"。但上京会宁府位置偏远，"州府申陈，或至半年而往复"，经济上则"供馈困于转输，使命苦于驿顿"[56]，十分不便。海陵王即位后，天德二年，朝廷围绕迁都问题展开激烈争论，海陵王不顾女真旧臣的反对，决意迁都。三年四月，海陵诏迁都燕京，命张浩、张通古等调集诸路夫役修筑燕京宫室。贞元元年（1153），以迁都诏中外，改燕京为中都，府曰大兴。正隆二年十月，又下令毁坏上京会宁府旧有宫殿、诸大族宅第及储庆寺，夷平其址而耕种之，将宗室贵族及其所属猛安谋克尽行迁入内地，太祖、太宗陵寝一并迁至中都近郊。此举标志着金朝统治重心的内移，也是北京在历史上第一次成为王朝首都。海陵王还确定了金朝五京之号，除上京会宁、中都大兴府之外，以汴梁为南京，中京大定府为北京，大同府为西京，并划定五京、十四总管府、十九路的行政区划。

海陵王的一系列改革措施，大大强化了金朝的中央集权统治，汉式政治制度臻于完善。

四、海陵南侵及其失败

完颜亮是金太祖阿骨打庶长子宗幹次子，天辅六年生，天眷三年（1140）以宗室子为奉国上将军，在梁王宗弼麾下为行军万户，迁骠骑上将军。皇统四年（1144），加龙虎卫上将军，为中京留守。完颜亮为人僄急残忍，性多猜忌，熙宗以太祖嫡孙嗣位，亮亦为太祖之孙，遂怀觊觎之心。任中京留守时，完颜亮开始结纳党羽。七年，被召为同判大宗正事，又拜尚书左丞，获熙宗器重，一路官至太保，领三省事。完颜亮趁机揽持权柄，扶植党羽，与右丞相完颜秉德、左丞唐括辩等谋废立，妄图篡夺皇位，遂于皇统九年十二月发动宫廷政变，弑杀熙宗，亮被拥立为帝，是为海陵王。

海陵王即位后，一方面为了稳定局势，巩固统治，大肆清除异己，大规模杀戮可能成为他敌对势力的宗室成员；另一方面又整顿吏治，力行官制改革，迁都燕京，从而建立了较为完善的政治制度，确立了自己的统治地位。于是，海陵王开始筹划南下攻宋。

正隆三年（1158）正月，海陵王令左宣徽使敬嗣晖诏谕宋贺正使孙道夫，以南宋接纳金朝叛亡者以及宋于沿边盗买鞍马、备战阵为由，责备南宋，挑起事端。[57]海陵王将南京汴梁作为金军南下攻宋的基地和跳板，三年十一月，命左丞相张浩、参知政事敬嗣晖营建南京宫室；十二月，召谏议大夫张仲轲等人议南伐之事。四年（1159）二月，造战船于通州（今北京通州）；四月，下令将全国旧贮军器运送至中都修缮铸造以备战，又征诸路工匠至京师；八月，"诏诸路调马，以户口为差，计五十六万余疋"。所有兴建南京宫室和铸造战船、军器的费用皆加赋于四方之民，官吏因而和买于市，给普通百姓带来了沉重的负担，以致"箭翎一尺至千钱，村落间往往椎牛以供筋革，至于乌鹊狗彘无不被害者"[58]。

六年，海陵王率百官由中都亲赴南京，准备大举南进伐宋，企图荡平江南，完成统一。五月，金朝遣使至临安，传达海陵王旨意，要求南宋让出淮河、长江之间土地，否则就要兵戎相见。金使还一再粗暴辱骂南宋君臣，挑衅意图极为明显。南宋朝野舆论大哗，宋高宗被迫下令备战。九月，海陵王兵分四路，亲率三十二总管兵伐宋，兵至寿春（今安徽寿县）；太原尹刘萼为汉南道行营兵马都统制，济南尹仆散乌者副之，自蔡州（今河南汝南）进发；河中尹徒单合喜为西蜀道行营兵马都统制，平阳尹张中彦副之，由凤翔取散关（在今陕西宝鸡西南），驻军以俟后命。武胜、武平、武捷三军为前锋，徒单贞别将兵二万入淮阴（今江苏淮安）。海陵王渡淮，两淮宋军防务混乱，一触即溃，金军长驱直抵江北，企图于采石（今安徽马鞍山）渡江。南宋文臣虞允文至前线犒师，临时组织江边溃军及民众进行防御。海陵王轻敌，命部下仓促渡江，为宋水军击败，不得不退回北岸。此时金军西路攻四川一支军队已败于吴璘，由海上进攻临安一路尚未出发，即被南宋水军突袭歼灭于胶西沿海。海陵王攻宋计划严重受挫。

正在此时，金朝后方又发生政变。海陵王在位期间荒淫无道，统治残暴，举国骚动，已成众叛亲离之势。宗室东京留守、曹国公乌禄于辽阳自立为帝，是为金世宗，改元大定，大赦天下，下诏暴扬海陵王罪恶数十事，进占中都，群臣拥戴。海陵王内外交困，欲孤注一掷，移师至瓜洲（今江苏扬州南），严令部下再次渡江。金军厌战，发生哗变，杀死海陵王后北归，这次不合时宜的南侵最终以失败告终。世宗大定二年（1162），完颜亮被降封为海陵郡王，谥曰炀。二十年（1180），又降为海陵庶人。

第六章

金朝的鼎盛与衰亡

金朝历经太祖、太宗的艰苦奋战，迅速崛兴，攻灭辽和北宋，又经过熙宗、海陵王时期的汉化改革和制度建设，使金朝的政治制度臻于完善。至世宗、章宗在位时期，金朝的社会发展进入鼎盛阶段。然而 13 世纪初，北方蒙古崛起，金朝自卫绍王以后逐渐势衰，宣宗被迫将国都南迁汴京（今河南开封），不久之后即灭亡。金朝共历十帝，享国一百二十年。本章主要叙述金中期的鼎盛局面和衰亡过程。

第一节　金朝的鼎盛

一、世宗与大定之治

金世宗本名乌禄，汉名初为褎，即位后改名为雍，是太祖阿骨

图 6-1 金朝形势图

打之孙，宗辅（世宗即位后更名为宗尧，追尊为睿宗）之子，与熙宗、海陵王皆为从兄弟。熙宗时封葛王，海陵中转任东京留守，进封赵王。海陵王杀戮宗室，完颜雍以为人恭谨、韬光养晦，得免于难。他曾长期在地方任职，熟悉民间疾苦，从而为其日后施政积累了统治经验。完颜雍为济南尹时，海陵王召其妻乌林荅氏赴中都，乌林荅氏为保全完颜雍，不受凌辱，于途中自尽。完颜雍既受海陵王疑忌，又有杀妻之恨，于是在任东京留守时加紧集结兵力，准备谋划政变。正隆六年（1161）海陵王大举伐宋，社会骚动，他趁机在东京辽阳府起兵称帝，改元大定。随后海陵王在军中被杀，世宗占据中都，受众人拥戴，顺利继承皇位。

此时金朝政局动荡，海陵王南伐新败，南宋发起反击，北方则有契丹人移剌窝斡等因抵抗海陵王征兵领导起义，称帝建元，形势十分危急。世宗即位之初，采取一系列政治军事举措，以巩固统治，结束混乱局面。世宗首先暴扬海陵王之过恶，历数其十七条罪状，并大力革除海陵暴政，笼络人心。但在用人方面，于任用新人之余，继续留用海陵王时期的部分上层官僚，对他们予以安抚，同时起用遭海陵王贬黜和曾反对世宗的官员，并录用各族人参政，这对稳定局势、保证统治机构的正常运转起到了积极的作用。军事上，世宗南败宋军，与南宋重订和议；北擒窝斡，加强对契丹人的控御统治；又与东西邻国高丽、西夏通好，从而使金朝转入和平发展的轨道。

世宗在任期间，重视整饬吏治，选贤任能，唯才是举。如大定六年（1166），世宗谓宰臣曰："朝官当慎选其人，庶可激励其余，若不当，则启觊觎之心。卿等必知人才优劣，举实才用之。"[1]世宗用人不拘资格，反对因循。他多次诏谕朝臣，"当选进士虽资叙未至而有政声者，擢用之"，"止限资级，安能得人。古有布衣入相者，闻宋亦多用山东、河南流寓疏远之人，皆不拘于贵近也"，"苟有贤能，当不次用之"[2]。这一原则在官员选任中得到充分体现，大定间涌现出一批有才能的名臣贤相，如纥石烈志宁、纥石烈良弼、完颜守道、石琚、唐括安礼、移剌道等。世宗还注重对各级官员政绩的考核，赏罚分明，尝诏令："随朝之官，自谓历一考则当得某职，两考则当得某职。第务因循，碌碌而已。自今以外路官与内除者，察其公勤则升用之，但苟简于事，不须任满，便以本品出之。赏罚不明，岂能劝勉。"[3]且鼓励大臣直言极谏，告诫朝臣"国家利便，治体遗阙，皆可直言。……凡政事所行，岂能皆当。自今直言得失，毋有所隐"[4]。

在社会经济方面，海陵王因营建两都及发动侵宋战争，大兴徭役，"缮治甲兵，调发军旅，赋役烦重，民人嗟怨"[5]，社会经济已濒临崩溃的边缘。世宗即位后，以海陵为殷鉴，省徭役，废赋敛，禁营建，重农桑，倡节俭，不扰民，裁减军兵，招抚流亡，采取一系列与民休息的措施，保证了社会稳定，促进了经济恢复和发展。

金世宗在位几三十年，始终勤勉政务，保持俭朴作风，注意拔擢人才，整顿吏治，减轻赋役，尊儒重教，故而政治清明，政局稳定，经济恢复并趋于繁荣。《金史·世宗纪》赞语称颂其"躬节俭，崇孝弟，信赏罚，重农桑，慎守令之选，严廉察之责，……孳孳为治，夜以继日，可谓得为君之道矣"。一时"群臣守职，上下相安，家给人足，仓廪有余，刑部岁断死罪或十七人或二十人"，颇有"盛世"景象。史载世宗即位之初，境内户数仅三百余万，至世宗去世前夕，户数比刚即位时增加了一倍有余，多至六百七十八万，经济恢复和发展的效果十分明显。后人评论世宗"天资仁厚，善于守成"[6]，"可谓得为君之道矣"，以至在当时被誉为"小尧舜"[7]，其"专行仁政"的美名还传播到了南宋[8]，史称"大定之治"，金朝统治达到鼎盛。不过，世宗为治标榜"中庸"，稳健保守有余，而开拓进取不足，对女真人土地、漠北游牧民族威胁等一些潜在的统治危机解决不甚得力，给后代留下了巨大隐患。

二、章宗的文治

金世宗本立次子允恭为皇太子，大定二十五年（1185）允恭卒，次年立允恭嫡子完颜璟为皇太孙。二十九年（1189），世宗崩，皇太孙璟即位，是为章宗。允恭被追尊为显宗。

章宗在位期间，承袭世宗余荫，基本维持升平景象，户数继续上升至七百六十八万有余，人口数约为四千五百八十一万。章宗本人深受汉文化的熏陶，工于书法、音律以及诗词创作，大力提倡文治，元人评价章宗"承世宗治平日久，宇内小康，乃正礼乐，修刑法，定官制，典章文物粲然成一代治规"[9]。史称金朝"一代制作，能自树立唐、宋之间"[10]，又云"金源氏有天下，典章法度几及汉、唐"[11]。这一系列效仿中原汉族王朝的制度建设，主要发源于熙宗，而完成于章宗。明昌六年（1195），修成《大金集礼》四十卷，对礼仪制度进行了系统的总结和规定。泰和元年（1201），颁行《泰和律义》三十卷、《泰和律令》二十卷、《新定敕条》三卷、《六部格式》三十卷，形成了一套完备的法律体系。其中《泰和律义》《泰和律令》分别以唐律和唐宋令为基础修改而成，在中国古代法制史上具有承前启后的重要地位。章宗时还对金朝在五德终始顺序中的"德运"进行了确定。当时有继唐土德为金德、继辽水德为木德和继宋火德为土德等几种不同方案，最终采取了后一种意见，定为土德。这表明金朝君臣已完全将自己视为"中华"正统的继承者。[12]

在国内政治方面，章宗针对社会上出现的一些矛盾和问题进行整顿和改革，尤其是整饬吏治，完善制度，加强中央集权统治。按金朝循资之法，从初除丞簿升至刺史需四十余年之久，人才上升途径淤滞，鉴于这一情况，章宗令"提刑司采访可用之才，减资考而用之，庶使可用者不至衰老"[13]。章宗还要求各级官员举荐贤能，规定官员到任之后，即可举荐自代者，并诏令内外五品以上官员每年限定所举之数，不举者"坐以蔽贤之罪"[14]。为防止荐举人徇私情，立赏罚条格，"所举碌碌无过人迹者，元举官依例治罪"[15]。制止对官员的频繁调动，明昌四年（1193）章宗诏谕"百官当使久于其职。彼方任理官，复改户曹，寻又除礼部，人才岂能兼之。若久于其职，但中材胜于新人，事既经练，亦必有济，后不可轻易改除"[16]。此外，章宗考核官吏注重德行，"使有才无行者不能觊觎"，又限制宰执百官收受馈赠，并裁汰冗官。这一系列整顿吏治的措施收到了一定的社会效果，出现了一批贤相、循吏。《金史·循吏传》序言谓"世宗承海陵凋敝之余，休养生息，迄于明昌、承安之间，民物滋殖，循吏迭出焉"。

总体而言，世宗一朝和章宗在位前期，是金朝统治的鼎盛时期。后来甚至有人写诗称颂说："大定明昌五十年，论功当出汉唐前。"[17]但另一方面，二人都是守成型的君主，稳健保守有余，而开拓进取不足。鼎盛当中孕育的潜在危机并没有得到及时解决，盛极而衰的趋势逐渐呈现。世宗时，已经出现女真人土地问题和草原游牧民族威胁等隐患。章宗即位后，天灾频仍，黄河三次决口，民生受到影响。统治者生活奢靡，官僚机构膨胀，宠妃干政，佞幸用事，政治腐败。财政上出现入不敷出局面，朝廷滥印交钞纸币以解燃眉之急，导致通货膨胀，经济秩序紊乱。面对种种危机，"上下皆无维持长世之策，安乐一时"[18]，终至贻患后世。章宗去世前夕，金朝击败了南宋权臣韩侂胄发起的北伐，但已经"举天下全力"[19]，国势实际上到了强弩之末。

三、金朝鼎盛时期的对宋关系

海陵王南侵失败后，大大激发了南宋朝野的主战气氛。在这样的背景下，宋高宗于绍兴三十二年（1162，金大定二年）宣布退位为太上皇，禅位于太子眘，太子即位，是为宋孝宗。孝宗本系宋太祖次子赵德芳之后。高宗无子，很早就将他收养在宫中，至此先立为太子，随即禅位。孝宗主张抗金，即位后，起用曾任宰相的抗战派大臣张浚为枢密使，主持军务，并且昭雪了岳飞的冤案，追复其官爵。

由于金海陵王毁约南侵，南宋朝廷已经停止履行绍兴和议。在收复淮南失地的同时，还乘胜进占淮河以北的一些州郡。金世宗在稳定国内局势后，一方面向南宋表示和好意愿，另一方面又以南宋不还旧疆、不奉岁贡为由，陈兵边境，以示恫吓。大定二年九月，金以元帅右都监完颜思敬为右副元帅，经略南边，元帅左都监徒单合喜大败宋将吴璘于德顺州（今宁夏隆德），河南统军使宗尹复取汝州。十一月，又诏尚书右丞相、都元帅仆散忠义伐宋，世宗指示仆散忠义谓"彼若归侵疆，贡礼如故，则可罢兵"。忠义至南京，检阅士卒，分屯要害，严加守备。使左副元帅纥石烈志宁移牒宋枢密使张浚："可还所侵本朝内地，各守自来画定疆界，凡事一依皇统以来旧约，帅府亦当解严。如必欲抗衡，请会兵相见。"[20] 三年，纥石烈志宁向宋索要海（今江苏连云港）、泗（今江苏盱眙）、唐（今河南唐河）、邓（今属河南）、商（今属陕西）等州及岁币，但南宋托词不从，金朝遂准备南攻。南宋方面则在张浚倡议下，决定先发制人，主动北伐。是年五月，宋将李显忠、邵宏渊先后攻占灵璧（今属安徽）、虹县（今安徽泗县）、宿州。金朝调集重兵反击，南宋李、邵二将不和，又骄傲轻敌，被金军大败于符离（在今安徽宿州北），"器甲资粮委弃殆尽，士卒皆奋空拳掉臂南奔，蹂践饥困而死者不可胜计"[21]。南宋的这次北伐仅持续了二十多天即告结束，所得之地相继复失。失败的原因，主要是南宋长期安于和局，军政败坏已久，军队战斗力与绍兴和议前已不可同日而语。北伐的领导者张浚，虽以力主抗战享有很高名望，但志大才疏，不谙军事，指挥多有失误。

北伐败后，在金朝的强大攻势下，宋廷主和派意见占据上风，决议请和，张浚被免职，不久病死。大定四年（1164，宋隆兴二年），金、宋重订和议，恢复绍兴和议划定的边界不变。金朝做出若干让步，宋帝对金不再称"臣"而称"侄"，岁币亦酌减为银二十万两、绢二十万匹，史称"隆兴和议"。从海陵王南侵到隆兴和议签订，形势一再反复，最终表明宋、金两国实力对比处于基本均衡的状态。正如当时南宋方面有人所总结："窃观天意，南北之形已成矣，未易相兼。我之不可绝淮而北，犹虏之不能越江而南也！"[22]

自大定间金宋和议之后，双方基本保持和平。然至章宗在位中后期，金朝的统治危机逐渐显露，出现了内外交困的局面。而南宋朝廷正值宋宁宗在位，外戚韩侂胄秉政，南宋通过各种信息渠道一再得到金朝势弱的情报，遂产生了"夷狄必乱必亡"[23]，"敌国如外强中干之人，仅延喘息"[24]的判断。在这种情况下，韩侂胄希望"立盖世功名以自固"[25]，决定发动北伐。先追封岳飞为鄂王，并削夺秦桧死后追赠的王爵，改其谥号"忠献"为"缪丑"，以激励士气。朝中意见颇不一致，不少人认为南宋军队孱弱，并无胜算，反对轻举妄动，但侂胄不听。

泰和六年（1206，宋开禧二年），南宋在未正式宣战的情况下，出兵攻取了淮河以北的泗州、新息（今河南息县）等数处城池。初战告捷后，始于五月下诏正式伐金。金章宗以平章政事仆散揆兼左副元帅，陕西兵马都统使充为元帅右监军，知真定府事乌古论谊为元帅左都监，以征南诏中外。[26] 宋军进攻蔡州、宿州，遭到金军的有力反击，是年十月，仆散揆都督诸道，兵分九路大举攻宋，渡淮攻占安丰军（今安徽寿县）、滁州等地，前锋直抵江北，在中路、西路也屡败宋军，战争主动权很快转移到金朝一方。就在此时，四川宋军将领吴曦又公开叛变投金，为其部下所杀，这场短暂的叛乱亦对南宋的北伐造成不利影响。

金章宗料南宋已无力继续北伐，遂遣使告谕仆散揆："昔尝画三事付卿，以今事势计之，径渡长江，亦其时矣。淮南既为我有，际江为界，理所宜然。如使赵扩奉表称臣，岁增贡币，缚送贼魁，还所俘掠，一如所谕，亦可罢兵。"[27]

韩侂胄在金军的强大攻势下，已悔北伐，遂遣使与金朝展开谈判。金朝提出割地称臣等苛刻要求，又以诛杀韩侂胄为先决条件。侂胄大怒，下令中止谈判，整顿军备，以图再战。当时宁宗韩皇后已死，贵妃杨氏继立为后，与韩侂胄有隙。朝中主和派史弥远、钱象祖等人唯恐战端复起，于是采取了铤而走险的策略，在杨皇后支持下发动政变，刺杀韩侂胄，将其首级函送金朝。泰和八年（1208，宋嘉定元年），金、宋之间订立了新一轮和议，改两国叔侄关系为伯侄，宋帝称金帝为伯父，边界维持原状。岁币数目增至银三十万两、绢三十万匹，此外南宋另付相当于战争赔款的"犒军银"三百万两。此事史称"嘉定和议"。这次金朝虽然抵御了南宋的北伐，并以较为有利的条件实现了新的和议，但也付出了一定的代价，损耗了一些军力，进而影响到章宗以后的衰弱。

第二节　女真族的汉化与积弱

一、猛安谋克内迁与汉化

金初，女真人的分布区域主要在上京、东京、咸平府三路，太祖时随着灭辽战争的节节胜利，开始将女真猛安谋克户从金源内地（上京一带）向南、向西迁徙，以加强对新占领地区的统治。金朝灭北宋后，将猛安谋克编制下的女真人大量迁入中原，从太宗至海陵朝，猛安谋克的大规模移民浪潮主要有三次。第一次是太宗天会十一年（1133），左副元帅宗翰将部分女真人户迁至黄河以北的中原地区。第二次是在熙宗皇统初，金朝重夺河南、陕西地，为加强其对大河南北的统治，遂将大批猛安谋克迁入中原屯田，此次移民的规模最大、地域最广。第三次是海陵王正隆初，将仍居于上京的宗室贵族，除阿鲁一族外，不问疏近，一并迁往中原汉地。

猛安谋克户女真人的内迁具有集团性武装殖民的特点，"令下之日，比屋连村，屯结而起"[28]。进入中原以后，也被称为屯田军，作为世袭职业军户，"与百姓杂处，计其户口以给官田，使自播种以充口食，……所居止处皆不在州县，筑寨处村落间"[29]。所谓官田，最初主要是荒地、户绝地，由政府拘收，分授猛安谋克。

其管理自成系统，猛安长官为从四品，相当于州防御使，谋克长官从五品，相当于县令。谋克以下分设若干村寨，五十户以上设寨使一人。这些村寨星散分布于汉人村落之间，不属州县管辖。这些猛安谋克户实际上也就是由女真人充任的世袭职业军户，平时从事农业生产，父子兄弟督率奴婢共同耕作，同时进行军事训练。作战时由丁壮自置鞍马器械出征，家口仍留居务农。按规定，猛安谋克的土地以三头耕牛和二十五人为单位，受田四顷四亩，每年缴纳税收粟一石或五斗，称为"牛头税"。这个税额远远低于汉族农民向官府缴纳的两税。据世宗大定二十三年（1183）的统计数字，全国共有二百零二个猛安，一千八百七十八个谋克，合计共有六十一万五千六百二十四户，六百一十五万八千六百三十六口，其中正口四百八十一万二千六百一十九人，奴婢一百三十四万五千九百六十七人。[30] 这些人当中，迁入内地的当在一半以上。

女真人原来从事粗放农耕，与汉族社会的生活方式十分接近，因此比较容易接受汉文化的影响。随着时间推移，至金朝中后期，女真社会接受汉文化也已经成为一种普遍的社会风尚，入居中原的猛安谋克户逐渐学会了汉语，穿着汉服，效仿汉族的生活和享乐习惯，"富家尽服纨绮，酒食游宴，贫者争慕效之"[31]。女真贵族热衷乃至沉湎于汉文化，"诸女直世袭猛安、谋克往往好文学，喜与士大夫游"[32]。例如，世宗之孙完颜璹潜心学问，"日以讲诵吟咏为事，时时潜与士大夫唱酬"[33]，且精于史学，是金代研治《资治通鉴》的名家。又金末名将完颜陈和尚，"雅好文史，自居侍卫日，已有秀才之目"，后在军中，经历官王渥"授《孝经》《论语》《春秋左氏传》，尽通其义。军中无事，则窗下作牛毛细字，如寒苦一书生"[34]。

至于一般女真民众的汉化，主要表现在生活习俗等方面。自金中期以降，女真人改汉姓、穿汉服的现象日益普遍，世宗、章宗时期曾屡次下诏加以禁止。大定十三年（1173）五月，"禁女直人毋得译为汉姓"[35]，说明当时女真人改用汉姓的情况已十分常见。大定二十七年（1187）十二月，朝廷再次颁布禁令："禁女直人不得改称汉姓、学南人衣装，犯者抵罪。"[36]而且此次禁令还规定了严格的惩罚措施，《金史·舆服志》记云："女直人不得改为汉姓及学南人装束，违者杖八十，编为永制。"章宗时也多次颁布过类似的禁令。明昌二年十一月，"制诸女直人不得以姓氏译为汉字"[37]；泰和七年（1207）九月，"敕女直人不得改为汉姓及学南人装束"[38]。尽管如此，却根本无法阻止这种社会风尚的蔓延。至金后期，几乎所有的女真姓氏都有相对应的汉姓，据统计，金代女真人译改的汉姓见于文献记载的便有五十九个。[39]尤其耐人寻味的是，金朝自入主中原后，对黄河以北的汉人始终坚持剃发左衽的政策，即强令汉人改从女真之俗，然而就是在这样的情况之下，女真人却纷纷改穿汉人服饰，且屡禁不止，可见女真社会的汉化确是大势所趋。

由于受汉化的影响，女真人尤其是猛安谋克户逐渐弃武崇文，生活侈靡，本民族原有的尚武精神趋于沦丧，"不习骑射，不任军旅"[40]，遂出现"积弱"现象。他们"往往骄纵，不亲稼穑，不令家人农作，尽令汉人佃莳，取租而已"，自己则耽于吃喝享乐，"惟酒是务"[41]。南宋人也发现"北敌狃于宴安，习成骄惰，非复曩时之旧"[42]。章宗末年抵御南宋北伐，已不得不从北方调集由当地边境游牧部族组成的"乣军"骑兵充当前锋。尽管世宗、章宗采取了重定猛安谋克户、限制猛安谋克户与汉人杂处、通检推排和括地等一系列措施，对猛安谋克制进行整顿和改革，但仍无法从根本上改变猛安谋克制度走向废弛和崩溃的命运。

二、"女真本土化"运动

自熙宗、海陵以来开始的汉化进程，至金代中期已呈潮流澎湃之势，这使得金朝统治者感到十分忧虑。大定年间，世宗曾对参知政事孟浩说："女直本尚纯朴，今之风俗，日薄一日，朕甚悯焉。"[43]在世宗看来，要想使金朝国祚久长，就必须在一定程度上保持女真人的民族传统。他曾向右谏议大夫、契丹人移剌子敬吐露过这种想法："亡辽不忘旧俗，朕以为是。海陵习学汉人风俗，是忘本也。若依国家旧风，四境可以无虞，此长久之计也。"[44]曾任宰执的粘割斡特剌也有类似观点，他尝对世宗说："以西夏小邦，崇尚旧俗，犹能保国数百年。"[45]这是当时部分女真上层人物的一种共识，他们认为应该仿效辽朝和西夏的做法，努力保持和复兴女真人的文化传统与民族本色。

正是基于以上考虑，世宗和章宗时代，金朝统治者曾进行过许多努力，采取种种措施，试图遏止女真人的汉化趋势，有的学者称之为"女真本土化"运动。[46]

金世宗是女真民族传统的坚定捍卫者，他经常告诫女真贵族说："女直旧风最为纯直，……汝辈当习学之，旧风不可忘也。"[47]最令世宗担忧的是，自海陵南迁以后，新一代女真人已经渐渐遗忘了本民族传统，他曾对朝廷宰执坦露过这种忧虑："会宁乃国家兴王之地，自海陵迁都永安，女直人浸忘旧风。朕时尝见女直风俗，迄今不忘。今之燕饮音乐，皆习汉风，盖以备礼也，非朕心所好。东宫不知女直风俗，第以朕故，犹尚存之。恐异时一变此风，非长久之计。甚欲一至会宁，使子孙得见旧俗，庶几习效之。"[48] 于是大定二十四年（1184）三月，世宗亲率诸皇子、皇孙回上京会宁府寻根，并在太祖阿骨打起兵之地建立《大金得胜陀颂碑》，以弘扬女真民族精神。

世宗为复兴民族文化，采取了如下一系列具体举措。

（一）大力倡导人们学习和使用女真语、女真字。世宗时曾一度要求世袭猛安、谋克必须学习女直字，"凡承袭人不识女直字者，勒令习学"[49]；后来又进而规定"猛安、谋克皆先读女直字经史然后承袭"[50]。大定九年（1169），世宗又规定"亲王府官属以文资官拟注，教以女直语言文字"[51]。世宗还强制宫中卫士学习女真语，并要求诸王贵族的小名皆改用女真语。

（二）为金朝的未来考虑，世宗尤其注重对皇子、皇孙们进行女真文化教育。他曾说"大抵习本朝语为善，不习，则淳风将弃"[52]。皇太子允恭长子完颜璟（即章宗）原来不懂女真语，十岁时"始习本朝语言、小字"。后进封原王，判大兴府事，立为皇太孙，"入以国语谢，世宗喜，且为之感动，谓宰臣曰：'朕尝命诸王习本朝语，惟原王语甚习，朕甚嘉之。'"[53] 可见世宗对此事是特别在意的。

（三）兴办女真字学。女真字学虽始创于太宗天会年间，但数量有限，可考者仅有上京、西京和北京三处。而且自熙宗以后，女真字学已默默无闻。世宗大定初，在全国各地大兴女真字学，"择猛安谋克内良家子弟为学生，诸路至三千人"，后又定制"每谋克取二人"[54]。大定十三年，始创女真国子学，后又创建女真太学，各路广设女真府州学，达二十余处。世宗兴办女真字学的主要目的，是为了推广和普及女真大小字，借以保存女真族的文化传统。

（四）创立女真进士科。大定九年，选拔诸路女真字学生"尤俊秀者百人至京师，以编修官温迪罕缔达教之"[55]。十三年，就以这批女真字学生为主，试以策论，取徒单镒以下二十七人，是为"策论进士"。世宗创立女真进士科，其主要目的是鼓励女真人学习本民族的语言文字，弘扬女真传统文化，其定制以女真大字试策，以女真小字试诗。除保存女真文化之外，世宗还希望女真进士科逐渐发展壮大，自成体系，使其能够与汉文化相抗衡。

（五）将儒家经典翻译成女真大小字文本。自大定四年世宗下诏翻译汉文典籍始，先后译出《易》《书》《论》《孟》《春秋》《孝经》《老子》《文中子》《刘子》以及《史记》《汉书》《新唐书》《贞观政要》等十余种，这些译著被作为女真字学的教科书颁行全国各地。以女真字来翻译儒家经典，这种做法最能体现世宗的文化主张，他一方面积极倡导学习女真语言文字，另一方面又很赞赏儒家的伦理道德观念。在他看来，女真人朴实无华的传统美德与儒家的价值观念非常契合，从这个角度考虑，世宗很乐意接受儒家文化，他曾对宰执说："朕所以令译五经者，正欲女直人知仁义道德所在耳。"[56]他的目的是要把儒家的伦理道德观念移植到女真文化中去，而不是让女真人抛弃本民族文化来接受汉文化。

（六）恢复女真人的尚武精神。骑射之长技是女真民族传统中一项非常重要的内容，世宗对这个问题也相当重视。女真人旧日的尚武传统，是"以射猎打围便为战阵，骑射打球阅习轻锐"[57]。为倡导女真人习武，世宗常常在宫中或野外围猎击球，大定年间，世宗还曾先后十次到山后的金莲川驻夏捺钵，每次驻夏的时间长达四五个月，时人谓"名为坐夏打围，实欲服劳讲武"[58]。为防止女真人丢弃骑射之长技，还采取过一些特殊的措施，即所谓"网捕走兽法"，规定女真人及百姓不得用网捕野物，也不得放群雕捕捉，而只能射杀，"亦恐女直人废射也"[59]。

对于保存女真民族传统的问题，章宗与世宗的主张基本上是一致的，他也坚定地维护本民族传统，为挽救和振兴女真文化继续不懈努力，以避免女真族被汉文化彻底征服。章宗仍旧积极提倡和推行女真语言文字。自熙宗以来，汉文、女真文和契丹文一直是金朝的三种法定文字，章宗明昌二年废罢契丹大小字，可能与推行女真字的政策有一定关系。在朝仪方面，章宗规定不论什么民族，只要着便服都必须使用女真拜礼，"诏拜礼不依本朝者罚"[60]。

为了使女真人保持其传统的尚武精神，章宗于明昌初设置诸路提刑司（后改称按察司），其职掌为"镇抚人民，讥察边防军旅之事，仍专管猛安谋克，教习武艺及令本土纯愿风俗不致改易"[61]。其中上京、东京两路提刑使、副兼安抚使、副，"安抚专掌教习武事，毋令改其本俗"[62]。金朝的提刑（按察）司前后只存在了二十多年，从它的职掌来看，其中一个重要的作用就是维护女真的民族传统。

世宗当初创立女真进士科，其本意是要推广女真大小字，加强女真文化建设，但出乎意料的是，至章宗时代，女真人竟趋此途，愈来愈丧失了其传统的尚武精神。这样的结果显然违背了世宗的初衷。为了对这种趋势加以遏制，章宗制定了一些补救措施，于策论进士中增加骑射的考试内容，并于承安二年（1197）敕令女真策论进士"限丁习学"，"若猛安谋克女直及诸色人，户止一丁者不许应试，两丁者许一人，四丁二人，六丁以上止许三人"[63]。此举最直接的目的当然是要保证猛安谋克军队有足够的兵源，这是在当时女真人纷纷弃武习文的情况下不得不采取的一个限制手段。

此外，世宗、章宗两朝还屡次下诏禁止女真人改用汉姓、服汉人衣装，提倡节俭、率直、力田等"女真旧风"，反对奢华、狡诈、游逸、不事产业等汉族社会"恶习"。但由于女真族的汉化方向在熙宗和海陵时代就已经决定，金朝中叶，汉化已是大势所趋，世宗、章宗虽然积极推行复兴女真传统的本土化运动，但总的来说，以上努力并没有达到预期效果，终究未能阻止女真人的汉化潮流，这场女真文化复兴运动不得不以失败而告终。泰和六年，章宗宣布允许猛安谋克户与州县民户自由通婚；次年十二月，又"诏策论进士免试弓箭、击球"[64]，似乎标志着章宗最终放弃了维系民族传统、遏止女真汉化的努力。[65]

三、括地与民族矛盾

金代中后期，女真人和汉人之间的民族矛盾日益加剧，这主要是由猛安谋克户贫困化而引发的土地争端与括地问题所导致的。

女真猛安谋克的生产原带有农村公社性质，父子兄弟督率奴婢共同耕作。猛安谋克户入居中原后，贫富差距日益加大，公社趋于瓦解。富者广占良田，奴婢成百上千；贫者多卖掉奴婢，自耕田地，由于劳动力不足，耕作技术差，生产不积极，土地每致抛荒，人户陷于贫困。又有不少人模仿汉地租佃制经营方式，将田地租给汉人进行耕种，自己则耽于吃喝享乐，"惟酒是务"，或"预借三二年租课"，或"种而不耘，听其荒芜"[66]，甚至靠出卖奴婢、土地来维持其寄生生活。而地租所得往往不足以负担从军费用，最终仍然被迫典卖田地。在世宗、章宗时期，猛安谋克户贫困化以及相关的积弱现象，逐渐成为金朝统治的一大痼疾。

金廷虽然采取了扶植贫困户生产、限制出租土地等措施，但收效不大。为保护猛安谋克户这一"国本"，只好采取括地重授之策，即对于土地抛荒或已典卖的猛安谋克户，拘刷良田重新颁授。[67]金朝正式的括地运动最早始于海陵朝。来自上京路内地的大批宗室、贵族涌入中原，土地已不敷分配，遂于正隆元年二月，"遣刑部尚书纥石烈娄室等十一人，分行大兴府、山东、真定府，拘括系官或荒闲牧地，及官民占射逃绝户地，戍兵占佃宫籍监、外路官本业外增置土田，及大兴府、平州路僧尼道士女冠等地，盖以授所迁之猛安谋克户，且令民请射，而官得其租也"[68]。此次括地范围包括中都大兴府、山东、河北西路真定府以及中都路平州，专为解决正隆初南迁的那批宗室贵族的土地问题，所括主要是闲置土地，似未触动汉族百姓所耕种的公私田地，故尚未造成严重的社会骚动。

世宗在位时期，女真人的贫田化问题开始引起统治者的忧虑，大定间的括地运动、土地置换等措施大都是以救济女真人为目的。大定十七年（1177），因世宗在中都近郊围猎时，有猛安谋克民户向他诉苦，自称土地瘠薄，以致无法耕种，遂下令"以近都猛安谋克所给官地率皆薄瘠，豪民租佃官田岁久，往往冒为己业，……遣同知中都路转运使张九思往拘籍之"[69]，开始对全国各路进行大规模的括地。而且从大定十九年（1179）到二十三年，中原各路的猛安谋克进行了频繁的迁徙，其目的主要是为了更换土地，即用肥沃的耕地替代他们原有的相对贫瘠的土地，这与当时的括地运动也是直接相关的。

此番括地虽然声称只拘括民佃官田，但实际上却有大量汉族百姓的私田被括地官强取豪夺。世宗虽对括地官员妄取民田的做法有所约束，但终不能禁，甚至有时予以默许。在括地风潮中受害的广大汉族百姓，因失去土地而沦为流民，给社会带来了巨大的震荡。在这种情况下，章宗不但不改弦更张，反而变本加厉。章宗朝的括地浪潮，不论其规模，还是其苛酷程度，都较以往过之而无不及。

自章宗明昌六年以后，金朝不断遭到北方阻卜等部的侵扰，虽几次遣兵征讨，却多遭败绩，故将帅们认为问题的症结在于猛安谋克"屯田地寡，无以养赡"，所以缺乏斗志，遂奏请章宗再行括地，此议得到了大多数朝臣的赞同。于是承安五年（1200），章宗"命枢密使宗浩、礼部尚书贾铉佩金符行省山东等路括地"[70]。《金史·宗浩传》亦云"会中都、山东、河北屯驻军人地土不赡，官田多为民所冒占，命宗浩行省事，诣诸道括籍"，结果"凡得地三十余万顷"，数字相当惊人，其余局部性的括地还有很多。

然而此次括地奸弊丛生，令广大百姓倍受其害。"屯田军户多冒名增口，以请官地，及包取民田，而民有空输税赋、虚抱物力者。"[71]当时规定凡冒种官田者令其自首，"隐匿者没入官，告者给赏"，莒州刺史因"教其奴告临沂人冒地，积赏钱三百万"，后来发现被括的"冒种官地"实际上都是百姓的私田。[72] 此外，还有官员借括地之机谋取私利，在各地兼并土地，以致括地运动并没有达到救济贫困女真人的目的，"如山东拨地时，腴田沃壤尽入势家，瘠恶者乃付贫户。无益于军，而民则有损，至于互相憎疾"[73]。

世宗、章宗两朝的括地运动，原则上来说所括者应为官地，但其实往往及于民田，"名曰官田，实取之民以与之，夺彼与此，徒启争端"[74]。有些地方的"上腴之田"，"民有耕之数世者，亦以冒占夺之"，这样的做法结果"得军（指猛安谋克户）心而失天下心"[75]，成为金朝的最大弊政。猛安谋克户倚仗国家优待，有恃无恐，虽得地却又未必认真耕种，往往重归荒芜，政府不得不重新为其括地，进而形成恶性循环，军益骄而民日困，民族矛盾也因此激化，这直接导致了金末动乱中的民族仇杀。

除了括地之外，还有其他一些因素也诱发了女真人与汉人的土地争端与民族矛盾。女真人从皇帝到普通百姓都喜欢在秋冬时节开展围猎活动，于是围场就成为女真人和汉人发生土地争端的一个重要因素。所谓"围场"，是专门用于女真人围猎的场所，金朝屡有"禁侵耕围场地"之类的诏令。对于女真人而言，围猎是他们习武的主要手段，故金朝统治者对围猎活动相当重视，以至于不惜圈占大量耕地用作围场，甚至就连从都城至山后捺钵围场的沿途道路两侧也都被辟为猎地。另外，女真人的畜牧活动也经常恣意侵害民田，牧地对耕地的蚕食也不容忽视。

女真人和汉人在土地问题上的种种矛盾和冲突，使得两者之间的关系日趋紧张，至金代后期，如何缓解猛安谋克与州县百姓的矛盾，便成了一个令金朝统治者十分头疼的问题，并采取了一些不寻常的措施。如本来金朝为防止女真人的彻底汉化，一向是不允许猛安谋克和州县民户通婚的，但明昌二年解除了这一禁令，章宗对朝臣言"齐民与屯田户往往不睦，若令递相婚姻，实国家长久安宁之计"[76]，显然金廷试图以鼓励异族通婚的手段来调和日益尖锐的民族矛盾，但此次开禁还只是权宜之计，泰和六年十一月，"诏屯田军户与所居民为婚姻者听"[77]，正式宣布放开猛安谋克与州县汉民之间的婚姻。

然而这一切努力几乎都是徒劳的，世宗、章宗时期两次大规模的括地运动在女真人与汉人之间制造了无法弥合的裂痕，广大汉族百姓对女真人极为仇恨。贞祐二年（1214）就在承安五年括地浪潮中深受其害的山东，爆发了声势浩大的红袄军起事。元好问总结称，红袄军"渠帅岸然以名号自居，仇拨地之酷，睚眦种人，期必杀而后已"[78]，这里说的"拨地"即指括地，"种人"就是指在金朝居于统治地位的女真人，可见在括地运动中失去土地的汉人把斗争矛头直指猛安谋克编制下的女真人户。红袄军起事虽然没有能够推翻金朝的统治，但它大大加剧了金末的社会危机，激化了民族矛盾，加速了金朝的衰亡。[79]

第三节　金朝的衰亡

一、北部边疆的困扰

北部边疆始终是困扰金朝的重大问题，也是其由盛转衰的关键原因之一。自唐代起，在北方草原地区活动着一个称为蒙兀的游牧民族，辽金时期又有阻卜、阻鞑、术不姑及萌古、萌古斯、盲骨子、蒙古等异称或异译，他们也与其他游牧部落一起被泛称为鞑靼。金朝崛起于东北，灭辽后并力南向，并未认真解决漠北鞑靼问题，对北方游牧部族仍是羁縻约束，而鞑靼叛服不常，早在金熙宗时便常常扰边，宗磐、宗弼等人曾统兵征讨。

世宗朝，虽处于"大定之治"的盛世，但鞑靼不断骚扰金朝北边一直是一个令人头痛的问题。中都等地流传民谣说："鞑靼来，鞑靼去，赶得官家没去处。"世宗每隔数年即派出精兵出塞"巡边"攻击，剿杀其成年男子，掳掠儿童卖给中原富有人家为奴婢，号为"减丁"。[80] 然而此举收效不大，至世宗大定末、章宗明昌初，鞑靼势力愈益强大，对金朝构成严重威胁。

当时袭扰金朝的鞑靼诸部，以位置偏东的蒙古、塔塔儿为主。蒙古是一个庞大的部落集团，分为尼鲁温蒙古（意为纯洁的蒙古人）和迭列列斤蒙古（意为一般的蒙古人）两大支系，彼此互通婚姻。尼鲁温蒙古中的乞颜、泰赤乌两部，是蒙古的核心部落。约在金世宗时，金廷通过塔塔儿人诱捕了出自泰赤乌部的蒙古俺巴孩汗，将他处死。塔塔儿是室韦诸部中较早崛起的一支，分为六部，原曾归顺金朝，章宗时复叛。他们与尼鲁温蒙古中的合答斤（亦译为合底忻）部、珊竹（亦译为山只昆）部、迭列列斤蒙古中的弘吉剌（亦译为广吉剌）部，是这一时期袭击金朝边境的主力。章宗先后派大臣夹谷清臣、完颜襄、完颜宗浩等人统大军北伐，其中明昌七年（1196）完颜襄指挥的北伐在斡里札河（今蒙古国乌勒吉河）之役中击溃了塔塔儿部，于九峰山勒石纪功而还。今在蒙古国肯特省温都尔汗以南约六十公里的巴彦呼塔格苏木一座石山的山腰上，即发现了女真字摩崖《完颜襄纪功石刻》。在这次战斗中，蒙古乞颜部首领铁木真配合金军进剿有功，被授以"札兀惕忽里"的官号，意为乣军统领，他就是后来的成吉思汗。

章宗的北伐虽然取得一些胜利，但鞑靼诸部败而复聚，出没无常，问题总是不能完全解决。与此同时，频繁的战争却大大加重了金廷的财政负担。承安二年，章宗向朝中官员咨询北边的"攻守之计"，提出方案者八十四人，其中四十六人主守，三十三人主张"且攻且守"，只有五人主攻。[81] 当时有人悲观地说："中原以一部族待朔方兵，然竟不知其牙帐所在，吾见华人为所鱼肉矣！"[82]

在出兵直接打击鞑靼的同时，金朝又在北部边境上修筑大规模的防御工事"界壕"。界壕是一套由壕沟、城墙、堡垒组成的综合防御体系，具体做法是挖掘壕沟，取土在壕沟内侧建筑城墙。一些重点防守地段，还在城墙内侧继续挖筑内壕和内墙。沿城墙每隔一段距离，筑有堡垒和烽火台。

界壕的修建断断续续，历时甚久，早在熙宗朝大概已有界壕边堡之设，但起初并无周密的修筑计划，所以它们并不在一条线上。世宗大定初，命参知政事完颜守道经略北方，移剌按达摄咸平路屯军都统，入为兵部侍郎，"徙西北、西南两路旧设堡戍迫近内地者于极边安置，仍与泰州、临潢边堡相接"[83]。大定五年（1165），又"诏泰州、临潢接境设边堡七十，驻兵万三千"[84]。二十一年（1181），"世宗以东北路招讨司十九堡在泰州之境，及临潢路旧设二十四堡障参差不齐，遣大理司直蒲察张家奴等往视其处置。于是东北自达里带石堡子至鹤五河地分（今内蒙古科尔沁右翼中旗之霍勒河），临潢路自鹤五河堡子至撒里乃，皆取直列置堡戍"，即将

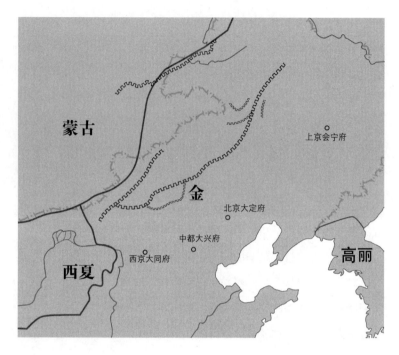

图6-2 金界壕分布图

各段边堡大致连成一线，"开壕堑以备边"，然此事后因"沙雪堙塞，不足为御"而搁置。[85]章宗明昌中又重提开壕堑之议，当时有朝臣提出反对意见，理由主要是：其一，修界壕耗资巨大，劳民伤财；其二，北方草原地区风沙甚大，所开壕堑很快又被风沙所平，徒劳无益。但丞相完颜襄力主开筑，最终章宗采纳完颜襄的建议，在临潢路构筑堑壕，令襄亲自督办，"军民并役，又募饥民以佣即事，五旬而毕"[86]。承安三年（1198），独吉思忠任西北路招讨使，对大定间修筑的西北路界壕进行大规模修缮。仆散揆任西南路招讨使兼天德军节度使时，也"沿徼筑垒穿堑，连亘九百里，营栅相望，烽候相应，人得恣田牧，北边遂宁"[87]。这些分段修筑连接而成的界壕，被后人称为"金长城"，从东北向西南延伸，连同分支线在内总长约六千五百公里。

这套边境防御工程耗费了巨大的人力和物力。时人将开界壕与定德运并列作为章宗的重大业绩，称颂他"恢土德以大中原之统，缭塞垣以杜外夷之虞"[88]。但实际上，这条界壕并不能阻止蒙古人的入侵，反而消耗了大量国力，影响到金朝后期的国势。

二、蒙古入侵与贞祐南迁

蒙古原系室韦之一部，名"蒙兀室韦"，唐朝时居于望建河（今额尔古纳河）以东。大约在唐朝末年，西迁至斡难河（今蒙古国鄂嫩河）上游不儿罕山（今蒙古国肯特山）地区。辽金时期，统称漠北游牧部族为鞑靼，除蒙古外，其他比较重要的部族还有克烈、塔塔儿、篾儿乞、斡亦剌、乃蛮等。这些部族，甚至同一部族当中的不同部落或氏族，经常处于频繁的混战当中，分合不定。同时，距离金朝相对较近的一些部族也一再骚扰金朝边境，蒙古就是其中的一支主要力量。12世纪末，乞颜孛儿只斤氏贵族铁木真的势力崛起，逐步结束了草原上诸部争雄的混乱格局。约在1189年，铁木真被一些乞颜部贵族和异姓侍从拥立为汗；1196年，协助金朝攻灭塔塔儿部；1204年，统一草原诸部。1206年春，铁木真在斡难河源召开贵族大会，被推戴为全草原的大汗，号成吉思汗，国号为大蒙古国。大蒙古国建立之后，很快转入对农业定居社会的掠夺和扩

图 6-3　1211 年蒙金战争中的野狐岭战役

张，金朝成为首当其冲的对象之一。

泰和八年十一月，章宗病卒，因其无子，由元妃李氏、黄门李新喜、平章政事完颜匡定策，立世宗第七子卫王永济为帝，是为卫绍王。金大安三年（1211），成吉思汗大举南侵，击败金军主力，进围中都，分兵深入劫掠后撤走，掀开了蒙古对金朝战争的序幕。此后几年，蒙古军一再深入华北腹地抄掠，"凡破九十余郡，所过无不残灭，两河山东数千里，人民杀戮几尽，金帛子女牛羊马畜皆席卷而去，屋庐焚毁，城郭丘墟矣"[89]，金朝统治受到沉重打击。

至宁元年（1213），金军将领纥石烈执中发动兵变，杀死卫绍王，拥立章宗庶兄珣，改元贞祐，是为宣宗。宣宗效法世宗之政，颇有励精图治之志，但当时金朝内外交困，矛盾重重，而他缺乏拨乱反正之才，故没有取得成效。宣宗即位后，成吉思汗再次南侵，十月，元帅右监军术虎高琪两战皆败绩，因惧纥石烈执中治其罪，遂以兵杀执中于第，宣宗赦免高琪，仍授左副元帅。蒙古兵再次围困中都，宣宗诏百官议于尚书省，拟向蒙古求和。十二月，蒙古军

图 6-4　岐国公主至蒙古和亲

分三路南下，横扫河东、河北、山东九十余州，"唯中都、通、顺、真定、清、沃、大名、东平、德、邳、海州十一城不下"[90]。

贞祐二年三月，成吉思汗到金中都北郊，遣使谕宣宗曰："汝山东、河北郡县悉为我有，汝所守惟燕京耳。天既弱汝，我复迫汝于险，天其谓我何。我今还军，汝不能犒师以弭我诸将之怒耶？"于是宣宗遂遣使求和，奉卫绍王之女岐国公主及金帛、童男女五百、马三千以献，并遣丞相完颜福兴送成吉思汗出居庸关。金蒙和议之后，元帅左都监完颜弼唯恐蒙古卷土重来，上奏曰"今虽议和，万一轻骑复来，则吾民重困矣"，并劝宣宗迁都南京开封府，凭借黄、淮及潼关以自固。[91]左丞相徒单镒表示反对，说："銮辂一动，北路皆不守矣。今已讲和，聚兵积粟，固守京师，策之上也。南京四面受兵。辽东根本之地，依山负海，其险足恃，备御一面，以为后图，策之次也。"[92]监察御史纳坦谋嘉劝谏道："河南地狭土薄，他日宋、夏交侵，河北非我有矣。当选诸王分镇辽东、河南，中都不可去也。"[93]太学生赵昉也上书极言利害，反对迁都。然而宣宗不顾朝臣的强烈反对，五月，"决意南迁，诏告国内"[94]；七月，宣宗携后宫百官至南京；八月，又将皇太子召至南京，表明宣宗已彻底放弃了中都。史称"贞祐南迁"。

宣宗南迁之后，蒙古随即占领中都，逐渐控制华北，金廷只能聚保河南，屯兵自守。在此前后，黄河以北的地主豪强迫于战乱，纷纷起兵自保，一时间"河北群雄如牛毛"[95]。金廷为利用这些地方武装抵御蒙古，封授苗道润、王福、移剌众家奴、武仙、张甫、靖安民、郭文振、胡天作、张开、燕宁等武装首领为官，其中后九人因被封为公，各划定其势力范围，故称"九公封建"。此外，山东地区则爆发了以杨安儿为首的起事，起义者身穿红袄，被称为红袄军。杨安儿败死后，由李全等人领导的红袄军主力纷纷接受南宋官号，演变为山东、淮东地区新的割据势力，使金朝陷入了分崩离析的境地。

三、金朝的灭亡

兴定元年（1217），成吉思汗封拜其功臣"四杰"之一木华黎为太师、国王，全权负责对金战事。木华黎大力招降并利用汉族地方武装与金朝作战，而金朝也以高爵招徕华北土豪，分别依附蒙、金两方的地方势力彼此展开了拉锯式的争夺。战斗虽有反复，总的趋势仍然是附蒙一方渐居上风，愈来愈多的地方军阀倒向蒙古。周旋于蒙古、南宋之间的红袄军，面临蒙古军队强大的压力，一部分被歼灭，一部分被招降，山东地区落入蒙古的控制。蒙古对率部或纳土归降的军阀、官僚，通常沿用金朝官称，授予元帅、行省之类职务，许其世袭，并可自辟僚属，时称"世侯"。在东北，契丹人耶律留哥和金朝官员蒲鲜万奴先后叛金自立，蒲鲜万奴一度建立"东真国"，但后来仍为蒙古所兼并。

元光二年（1223）十二月，金宣宗病卒，皇太子守绪即位，明年改元正大，是为哀宗。哀宗为扭转宣宗以来的衰颓局势，对内政外交进行整顿和调整。宣宗时，术虎高琪、高汝砺擅权，任用酷吏，苛刻成风。哀宗即位后，贬谪酷吏蒲察合住、泥庞古华等，并起用一些前朝旧臣和主张抗蒙的将相。如哀宗起复已致仕的张行信为尚书左丞、胥鼎为平章政事；以延安帅臣完颜合达战御有功，授金虎符，权参知政事，行尚书省事于京兆，兼统河东两路；以枢密副使完颜赛不为平章政事，权参知政事石盏尉忻为尚书右丞。[96]

宣宗南迁后，因金朝北方疆土日蹙，"欲取偿于宋"[97]，不久即以岁币不至为由发兵南侵，双方交战数年，互有胜负，得失大致相当。而西夏因受蒙古侵扰，被迫向其称臣纳贡，并协助蒙古进攻金朝。哀宗即位后改变策略，既与南宋修好，又与西夏和议。正大元年（1224），哀宗先遣枢密判官移剌蒲阿率兵至光州（今河南潢川），"榜谕宋界军民更不南伐"。二年（1225），金、夏达成和议，约定夏以兄事金，奉国书称弟，各用本国年号，后哀宗面谕台谏完颜素兰、陈规曰："宋人轻犯边界，我以轻骑袭之，冀其惩创通好，以息吾民耳。夏人从来臣属我朝，今称弟以和，我尚不以为辱。果得和好，以安吾民，尚欲用兵乎。"三年，又"议与宋修好"。[98]

因与宋、夏议和，金朝遂得以集中兵力抵御蒙古进攻。正大三年（1226），移剌蒲阿收复曲沃（今属山西）、晋安（今山西新绛）。四年（1227），蒲阿、牙吾塔收复平阳，是年又逢成吉思汗于军中病卒，金朝抗蒙的局势略有好转。五年（1228），蒙古军入大昌原（今甘肃宁县太昌原乡），完颜陈和尚出战，"以四百骑破八千众"，取得胜利，史称"盖自军兴二十年始有此捷"，"一日名动天下"。[99] 但这已是强弩之末，并无法扭转整个局势，实际上，蒙古早已在对金作战中取得压倒性优势，金朝只能固守黄河防线，苟延残喘。据载成吉思汗临终曾拟定借道于南宋，迂回从后方给金朝致命一击的战略计划。正大八年（1231），蒙古第二代大汗窝阔台决定分兵三路伐金，自统中路军由山西正面发起攻击，另派斡陈那颜统左翼军由山东进兵，拖雷则统右翼军从陕西西部南下，绕道宋境，包抄金朝后方。拖雷由大散关入汉中，沿汉水东下，经过长距离的艰苦行军，自邓州迂回进入金朝腹地。次年春，拖雷趁天降大雪之机，大破金军主力于钧州（今河南禹州）南边的三峰山。经此一战，金军精锐丧失殆尽，蒙古军乘胜占领南京，哀宗辗转逃往蔡州。

此时，南宋见金朝覆亡大局已定，遂应蒙古的要求出兵夹击。金哀宗遣使南宋，警告"我亡则及于宋，唇亡齿寒"，希望"与我连和，同御大敌"[100]，但南宋未予理睬。天兴三年（1234，南宋端平元年）初，蒙、宋联合攻破无兵无食的蔡州，哀宗在城破之前，召集百官，传位于东面元帅完颜承麟，是为末帝，哀宗随即自缢于幽兰轩。当日，蒙古军入城，末帝承麟为乱兵所害，金朝至此灭亡。

第七章

金朝经济与文化

在金朝境内，社会经济成分比较复杂，其中有女真人从事渔猎业，契丹人经营畜牧业，汉人以农业为生。各个民族和地区经济发展水平、经济成分、产业结构、经济政策的差异，使社会差异加大，文化方面各有特色。

第一节　金朝的经济

一、渔猎业与农业

女真人传统上尚骑射，以渔猎为生，由于自然环境的客观影响，养成"耐寒忍饥，不惮辛苦，食生物"的习俗。女真人积累了丰富的狩猎经验，以善猎著称，在辽朝统治期间，"阿骨打有弟

图 7–1　女真族男子狩猎图

侄曰吴乞马、粘罕、胡舍辈，天祚岁入秋山，数人必从行，善作鹿鸣，呼鹿使天祚射之，或刺虎，或搏熊”[1]。北方山地较多，尤其女真的生活在东北的广袤林区，狩猎一直是女真人获取生活资源的重要手段。猎获的兽肉可作食物，兽皮可作衣服和被褥，同时用于对外交换。主要狩猎对象有獐、鹿、狼、狐狸、鹅、大雁等等。

建国以后，狩猎仍是女真人重要的经济活动和习武手段。出使宋朝的马扩曾参加金太祖阿骨打的围猎活动，其场面十分壮观。猎前，各部族首领掷所佩箭，以定队伍前后左右次序，然后放马单行行进。每骑相距五至七步，两头相望常有十余里。队伍呈箕掌形，空其一面，向两翼张开，由认旗指挥，缓慢前进，逐渐合围。野兽由内赴外者，四周进者可射；由外赴内者，只能由皇帝先射。队伍行进三四十里，有可宿营处即合围，顷刻间便可围数重，围中野兽悉数被射杀。每天都以猎获所得来款待使臣。

女真人的畜牧业也很发达，牧畜有马、牛、羊、猪等。在河北井陉县金墓壁画中发现了一幅金人牧羊的场景，羊群虽然不大，但可以看到羊的品种有山羊和绵羊。养猪是东北民族的传统。马匹是战争和狩猎的重要工具，也是缔结婚姻的聘礼和赎罪的代价。民间婚聘也以马匹作为聘礼，以及财产及财力雄厚的主要标志。在放牧生活中，人们总结出丰富的经验：他们可以放牧数以万计的羊，并且掌握了以勇敢的骟羊为头羊引领整个羊群而便于游牧的知识。三月和八月是剪羊毛最合适的时节；春天羊毛价值不高，因为织成的毡子等成品容易生虫，秋天则不然，可以做成贵重的衣服；羊毛可以捻成线，织为毡、织为裘等。[2]

尽管女真人以狩猎业为主，但会在适宜农耕的地方从事农业生产。据记载，女真兴起之初，阿骨打的先祖就懂得种植五谷，甚至有人凭借耕种致富。在日常生活中，农耕器具也会像牛马财物一样一道陪嫁。在辽朝统治期间，同州土地平壤，居民聚落成村，遍地耕种，种植稷、黍等作物。女真在灭辽的过程中，占据了更多的农耕区域，随着时间推移，他们的生活范围进一步扩大，使得女真社会农业经济继续发展。在今山西孝义市金墓中出土一陶牛、一铁牛，说明牛在墓主人经济生活中占有极其重要的地位。另外，山西长治发现一座金墓，墓葬壁画中有一幅《大舜耕田图》。以上两地原属北宋地界，本来就有较为发达的农耕经济，金人占据以后，继承并发展了当地的农耕经济。

女真人起源于白山黑水之间，建立金朝以后，继承辽朝疆域，统辖东北地区。这一地区不但成为金朝初年的政治与经济中心，而且农业生产与基本经济格局也发生了显著转变。与辽比较，主要体现在下列几个方面。

第一，该地区的农业垦殖区域有了大规模的扩展。此前辽朝农业地带主要集中在西拉木伦河和辽河流域，金朝在原有基础上，农业垦殖区向北扩展到今黑龙江乌裕尔河流域。虽然这时的农业开垦仍呈零星和点带状形式分布，但农田的分布范围已持续向东北继续扩展了。

第二，农业耕作和作物培育技术有比较明显的提高。从考古发掘的文物来看，出土了大量的农具，包括犁铧、铁锹、铁锄刀等，各式各样的铁制农具，不仅数量、地点与辽代相比有所增加，而且属于精耕农作所使用的工具，在金代时常可见。

第三，农业生产方式扩张至邻近民族，已不仅仅是汉、渤海等旧有农业民族的生产形式，女真、契丹、奚等游牧民族也相继投入农耕生产的行列中。

第四，东北地区成为粮食生产基地。由于垦殖区扩大和技术提升，金代粮食质量和产量比辽代提升许多，便于松花江流域建立生产基地，也成为金王朝立都的基础。

除此之外，金代主要的农业垦殖区也从西向东转移。在辽代，主要农业垦殖区基本以上京临潢府、中京道大定府为中心，分布在西拉木伦河流域和土河流域，到了金代，则移向第二松花江至辽东一带，进而造成东北地区经济格局的转变与开发重心转移。这一转变也影响到日后东北地区的开发。[3]

二、工商业

女真初兴，其手工业发展的总体水平有限。建国以后，在农业生产恢复和发展的同时，手工业和商业也得到了相应的发展。手工业主要生产部门有矿冶、采盐、纺织、造纸、印刷、陶瓷等。它们继承了辽朝和北宋的技术，有些又获得新的发展和突破，甚至有些方面超越了辽、宋的水平。

部落联盟时期，有些女真部落已经在冶金方面积累了一定的经验，有了专业的铁工。如加古部乌不屯为铁匠，完颜部曾向他购买铁甲。温都部乌春，也以锻铁为业。而当时完颜部还不会炼铁和制造铁器。随着金朝统治区的扩大，铁矿产地逐渐增加，西京路的大同府、朔州，河北路真定府，河南路汝州的宝丰、鲁山，邓州的南阳等地产铁，西京云内州更有特产青镔铁。

除文献记载外，从考古发掘得知，女真内地也有一些铁矿得到了开采。黑龙江哈尔滨市阿城东南与五常毗邻的半山区小岭、五道岭一带发现了金代早期冶铁遗址，遗址分布区西线的阿什河滨，目前发现有矿井十余个，最深的有四十米，分采矿和选矿两个作业区。在铁矿东、西、南三面山坡上，散布着五十余处冶铁遗址，遗留下很多铁炉、炼渣和铁矿石等。

女真建国以前，就有家庭纺织工艺，布匹曾是他们与辽朝互市的重要商品。富人用细布，贫苦人家则用粗布。灭辽和北宋以后，更继承了辽宋纺织技艺，纺织业得到很大发展。真定、平阳、太原、河间、怀州等地有规模较大的官营手工业作坊，政府在上述地区设置绫锦院，"使一员，正八品。副使一员，正九品。掌织造常课匹段之事"[4]。1988 年，在今黑龙江哈尔滨市巨源镇发现了金齐国王墓，其中出土的丝织品主要是男女服饰，共计三十余件，种类有袍、衫、裤、裙、腰带、鞋、袜、冠帽等。服饰原料种类很齐全，有绢、绸、罗、锦以及绞、纱等。蚕丝品质好，丝线粗细均匀，有光泽，织品经纬线排列细密，弹性、韧性良好。织工精湛，大量采用挖梭技术，织金品占有相当数量，有织金绸、织金绢、织金锦等。由此说明，金代的缂丝技术、纺织技法、印染工艺、织机工艺都有着很高水平。[5]

金代商业是以经济的恢复与发展为基础而逐步发展起来的。金朝政府重视商业，制定商业政策，加强商业管理，使金代商业有较快发展。从金初至金熙宗时期是金代商业的起步时期。金初战争频繁，关津闭锁，商业刚刚起步，商品交换还处在以物易物的初级阶段。后来，金借辽宋旧币作为商品流通货币。金太祖为促进商业的发展，采取了开放关津的措施，与宋设立了榷场进行贸易，使一度因战争而闭锁萧条的商业开始得以恢复。金太宗采取了有利于生产发展和商业恢复的政策，鼓励农耕，减免租赋和贷款利息，促进了商业的发展。金熙宗适应金朝内外商业发展的需要，与宋、西夏等政权在许多地方设置了榷场，进行贸易。

从海陵王至金章宗时期是金代商业的发展和繁荣时期。主要表现为：第一，市场繁荣，商品种类齐全，数量充足。市场上的农副产品有各种果、蔬、桑、柘、麻、麦、羊、豕、雉、兔等。手工业产品有布、丝、绢、绸，以及各种铁制农具、用具。东北特产人参、蜜蜡、鹿茸，牲畜中的马、牛等，也都进入市场买卖。

第二，商业城镇的兴起及对旧有城区的改造、拓展。随着商业的发展和贸易的兴盛，金代陆续出现了许多新兴商业城镇。上京会宁府是金初新兴的政治、经贸中心。当时，往来中国、汴洛之士，多至其都。咸平、东京两府也恢复了过去"商旅所集"的原貌。海陵时，又令人在汝州一百五十里内州县，量遣商贾赴温汤置市。金代商业城镇的成长可从金诸路使司院务的数量得知。

第三，商业行会组织的出现。金代商业中有布行、银行等商业行会组织。行会的出现，一是适应封建政府对商业实行约束和管理的需要；二是适应商人为维护同行的利益，垄断当地商业，排斥外来竞争的需要。金代商业中行会组织的出现，是金代商业发展到一定阶段的必然产物，是金代商业发展成熟的标志之一。

第四，发行本朝货币。随着商品交换的发展，金完颜亮时期开始铸造新钱。海陵贞元二年（1154）迁都燕京后，因铜质缺乏，开始发行纸币。直到海陵正隆二年，始制铜币。承安三年，金又铸造银币，名"承安宝货"，每两银币折钱二贯。这是中国以白银铸成法币的开始。当时，在金朝流通领域中，铜钱、交钞、银币同时使用，反映了金代商业的发展和繁荣。[6]

三、赋役与财政

金代赋税大致可分为四类：一是土地税，包括两税制和牛头税制；二是物力钱；三是榷税，即对部分工商业实行专卖制度所获得的收益。此三类为正税，第四类即是杂税。

所谓"牛头地"，是以牛具、人口为依据分配土地，它是当时土地国有的前提下实行的土地分配制度。牛头税是与牛头税地相对应的赋税，亦称"牛具税"，这是对猛安谋克户所征的地税。牛头税于天会三年十月开始征收，《金史·太宗纪》征收诏书曰："今大有年，无储蓄则何以备饥馑，其令牛一具赋粟一石，每谋克为一廪贮之。"五年九月丁未诏曰："内地诸路，每耕牛一具赋粟五斗，以备歉岁。"[7]到世宗时期，随着各项制度完善，牛头税也渐成定制，税额最高不过一石，最低只收取三斗。牛头税很低，给富豪之家提供了转佃与人从中牟利机会，女真贵族趁机大肆进行土地兼并。世宗还用减轻牛头税额的办法解决女真人自卖奴婢、劳动力减少、军户贫苦的问题，更加助长有权势的人兼并土地的倾向，导致官地减少，军民矛盾加剧，普通军户土地占有不足，国家收入锐减。为了检查军民土地、财产的实际情况，以均定赋役，大定年间又多次进行验实物力的通检推排。[8]

金代物力钱是指按照规定的税率对物力征收的一种资产税，这是金朝独创的一种税种，它的意义主要不在于开辟新的财源，而是为赋役的分配提供一个统一的标准。世宗即位以后，鉴于海陵王时赋役严重不均的状况，遂于大定四年对全国的州县民户进行一次大规模的通检推排，根据通检推排所核实的民户物力征收物力钱，按照物力钱的数额摊派各种徭役和杂税。

金代的物力范围比前代宽泛得多。大体上说，物力可分为"地土物力"和"浮财物力"两大类。物力钱是按照每户的物力总值而依规定的税率征收。物力钱以纳钱为主，章宗以后在部分地区许以实物折纳。[9]

一般说来，杂税具有临时性或区域性的特点，或者是某些时候、某种特殊情况下征收的专项税，或者是地方上随事增设的特别税。但实际上金代杂税要比这更为宽泛，即凡是不能归入前三类正税的赋税均视为杂税，金代的各种苛捐杂税名目繁多。其中海陵一朝和蒙古南侵以后的两个时期内，杂税的负担尤为沉重。主要有：

第一，军须钱。军须钱（一作军需钱）是金代杂税中规模最大、税负最重的一项。在金代一百二十年历史上，有近半数的时间都伴随着战争，庞大的军费开支仅靠正常的岁课当然是无法解决的，不足的部分就以军须钱的名义向百姓征敛。

第二，和籴。金代的和籴基本上没有制度化，所谓的"和籴"主要表现为在某些非常时期的抑配征购行为，所以将它列入杂税。金代和籴可以说没有常规性制度，只是在有特殊需要的时候实行抑配勒索。

第三，和买、配卖。和买即"抑贾买民物"，配卖即"高贾卖官物"。它们与和籴的性质类似，虽做"买""卖"，实际上是一种变相的赋税。

第四，科配军器物料。金代战争频繁，制造军器的物料一般都向百姓摊派。海陵王准备入侵南宋时，中都与四方所造军器材用皆赋于民。金代后期与蒙古的长期战争对军器的需求极大，对百姓的征敛也就更重了。

第五，河夫钱。河夫钱又称黄河夫钱。金代是黄河水害较严重的时期，据统计，在金朝统治期内，黄河共决口两次、河溢十一次，其他小的水害不计其数。修筑河堤、维护河道是一项经常性的工程，河防工程的费用主要就靠征收河夫钱来解决。

第六，商税。一般商税分为过税、入市税和市籍租三种，这是广义的商税。而金代所称的商税是狭义的商税，实际上就是入市税，亦即交易税。金代关税就是过税。金代的市税即所谓"市籍租"。

此外，金代杂税还有房税、地基钱、五厘钱、金银之税、免役钱、牛夫钱、贷役钱、养马钱、铺马钱、桑皮故纸钱、水利钱银、菜园钱。[10]

第二节　金朝的文化

女真人在与契丹、北宋交往过程中，其文明化程度不断加深，尤其在大量吸收汉文化的同时，也注重保留自身的民族特点，汉人又不可避免地受到女真等民族文化的影响，这就使得金朝文化呈现出多元文化并存乃至相互融合的历史特征。

一、女真风俗

女真人在饮食起居、服装发饰、丧葬疾病、岁时风俗、礼仪娱乐方面都有着明显特征。

女真早期社会发展较慢，"负山水坎地，梁木其上，覆以土"。这种坎地而筑的居处，当是一种依山傍水的半地穴式建筑，是早期挹娄人的遗制。至献祖绥可时期，完颜部徙居海古水（今黑龙江哈尔滨市阿城东北海沟河），才有了简易的居室。地上所见居室是由地穴形制发展变化而成，它依然保留了依山而建的特点。这种建筑形制与当地气候条件相适应。北方冬季寒冷，依山谷，门东向，可避风，里面有火炕，能取暖。

生活条件的转变下，女真人的粮食作物和饮食习惯在建国前后，也逐渐产生差异。建国以前，受社会与自然条件限制，他们的作物品种较少，食物除了粮食外，还要辅以大量的渔猎收获作为生活所需。随着统治区域的扩大和赋税体制的完善，女真人物质资源不断充实，丰富的食品使得生活水平有明显改善。女真人的食物以粮食为主，辅以肉类和蔬菜，他们会造酒和制酱。尤其在气候寒冷的北方，为了漫长的冬季也能吃到蔬菜，他们还创造了独特的蔬菜保存方法，制作咸菜和酸菜。

女真生活在北方寒冷地区，也有"食肉衣皮"的习俗。从长期的生活经验中，以皮毛为衣的女真人懂得如何鉴别毛质的优劣。尽管女真人的服饰多以皮毛为材料，但随着金朝社会的发展、政权建立等因素，不同社会等级对衣服的材料和装饰风格有着明显差别，富人春夏多以丝绣为主，间用细布，装饰珠玉，而贫困者采用粗布为衣衫，多衣牛马、猪羊、猫犬、鱼蛇皮。

女真男子编发，辫发垂后，留脑勺后，以彩色丝带束发，冠帽、束带有自己的特色，其带和巾有明显汉地习俗影响的一面。金朝制度健全以后，男子头部的冠帽、腰部的束带不仅有较强的装饰性，制作讲究，且是身份标识。女真妇女的服饰有年龄的差别，较男子服饰似更多地保留着本民族的特色。从式样上看，已婚和未婚女子的服饰皆属裙装，其差别主要体现在其颜色、衣领、衣襟开片的部位和裙装长短之处。

女真的丧葬习俗主要沿袭北方民族习俗，有土葬、火葬、天葬等形式，但也有自己的特点。契丹、女真、蒙古诸族皆有被称为"烧饭"的丧祭习俗，女真的烧饭习俗非常盛行，屡见于《金史》诸纪传。文惟简《虏廷事实》"血泣"条曰："尝见女真贵人初亡之时，其亲戚、部曲、奴婢设牲牢、酒馔以为祭奠，名曰烧饭。"《三朝北盟会编》卷三所记女真葬俗："其死亡，则以刀镵额，血泪交下，谓之'送血泪'。死者埋之而无棺椁。贵者生焚所宠奴婢、所乘鞍马以殉之。所有祭祀饮食之物尽焚之，谓之'烧饭'。"可以看出它实际上包含四层意思，即镵面葬俗、棺椁制度、殉葬制度、烧饭之俗。

女真社会有三个节日很有特色，即元正、重五、放偷日。

元正，即元旦。节日当天，女真人身着本民族服装，首先向太阳方向行拜礼，尔后才彼此行礼庆祝。与元正节庆配合的活动还有"赐分食""赐果酒""花宴""射弓宴"等。元旦次日常常由重臣主持，分享各种美食。元月二日或三日的"花宴"是一种娱乐性很强的活动，举办百戏。元月四日举行"射弓宴"，令射手进行射箭比赛。

重五是女真人另一个重要节日，有"重午射柳、祭天"的习俗。射柳，最初是那些依靠骑射为生的游牧狩猎民族将其技能与他们所信奉的萨满教中生殖崇拜观念相结合而形成的一种活动，兼生存技艺比赛和原始信仰特质于一身，受到人们的重视。具体形式为，插柳球场为两行，当射者以尊卑序，各以帕识其枝，去地约数寸，削其皮而白之。以无羽横镞箭射之，根据射中程度和箭法的技艺来区分胜负。

放偷日为正月十六日。放偷习俗主要沿袭契丹风俗，但金朝与此有所不同：辽俗放偷三天，金俗只正月十六日；辽俗许人偷窃但没有赎还一说，金俗则加强了赎还这个环节。也就是说，如果所偷器物为原主人所特别钟爱之物，若要赎还，失主应准备美酒佳肴以赎之。

二、语言文字

金朝境内，由于多个民族共存，其语言各异，主要通行女真语、契丹语和汉语。

契丹语不但为契丹人通用，而且在金朝初期很长一段时间内，不少女真上层人士也通晓契丹语。契丹文字作为金朝官方文字之一，直到金章宗明昌二年才废止。由于契丹文字在金朝官方交往中占据重要位置，尚书省、御史台和枢密院都设有契丹令史、译史，诸京、府、运司和防御州也设有译史，具体负责处理契丹字文书往来。

建国以后，女真统治者开始创制文字，《金史·完颜希尹传》记载较为详细："金人初无文字，国势日强，与邻国交好，乃用契丹字。太祖命希尹撰本国字，备制度。希尹乃依仿汉人楷字，因契丹字制度，合本国语，制女直字。天辅三年八月，字书成，太祖大悦，命颁行之。赐希尹马一匹、衣一袭。其后熙宗亦制女直字，与希尹所制字俱行用。希尹所撰谓之女直大字，熙宗所撰谓之小字。"[11]女真文字来源于契丹字和汉字，在造字的时候，主要以契丹字和汉字为基础，加、减笔画，或取其音，或取其义制成。现存女真字基本上是一种音节文字，即以一个方体字表示一个由辅音和元音合成的音节（音缀），连缀成词。现存可以确切识读的女真字有七百多个，其中绝大多数都是以一个字代表一个音节。

女真大字为完颜希尹创制，于天辅三年（1119）颁行，女真小字创于熙宗，于天眷元年颁行。一般认为，现传世的女真文字只有一种，其形制与契丹大字相同，应当是女真大字。不过，1972年，河北承德市八家乡深水河村附近的老阳坡峭壁中发现了金银牌各一面，文字排列形式分为两组，第一组作𡦝，第二组作𡨦，第一组上方有一个花押𡧄，有学者认为，上述文字就是女真小字。[12]

女真字颁行以后，其适用范围比较广泛。除了用作官方往来文书外，还翻译了大量汉文典籍。世宗大定四年，颁行女真字所译经书，令每谋克选两人学习。不久便建立女真学校，招收诸路学生三千余人。尔后，选拔成绩优异者百人赴京师，由国家供给，学习古书、诗、策等，由此培养了精通女真语言的士人，也为进一步发展女真文化教育创造了条件。十三年，首开女真策论进士科，取徒单镒等二十七人。然后以新进士为教授，在京师开设女真国子学，诸路设女真府学，招收士民子弟中有志于学者。女真进士同其他诸科一样，成为选拔人才的重要途径。

当时用女真字撰写的文书、诗文著作和翻译的经史大多无存，目前保存较多的是女真文石刻。其中有《女真进士题名碑》《大金得胜陀颂碑》《朝鲜北青郡女真国书摩崖》《朝鲜庆源郡女真国书碑》《奥屯良弼饯饮碑》《奥屯舜卿诗碑》《奴儿干都司永宁寺碑》。

此外，还陆续发现少量的女真字手抄残页。最重要的是，明初编撰的《华夷译语》中有《女真译语》，除以汉义对照外，并以汉字注写读音，成为解读女真文各种资料的工具书。

目前，女真文字的研究已经取得突破性进展，具有重要意义。如下：首先，解读女真碑铭，可以使汉文失载的史料与世相见。其次，从女真语汇上尚可推究出早期若干史实。第三，其表意文字禽兽为多，知造字之初女真部族尚未脱离狩猎经济。第四，女真文字的语文学价值与史料价值同样重要。[13]

三、宗教与儒学

金朝是以女真为主体，包括契丹、渤海和汉人等多民族在内的政权，社会文化呈多元化趋势，有金一代的宗教，既有盛行于女真社会的原始宗教，又有长期以来为汉人和其他民族所信奉的佛教，以及以汉人为主要信徒的道教。

女真社会的原始信仰多是自然崇拜，如东向拜日，对树木、动物、风雨雷师、岳镇海渎的崇拜，相信灵魂和梦兆，还流行"烧饭"习俗。其丧葬仪式、拜祭天地，甚至占卜、相术等，都含有原始宗教成分。萨满教是一种典型的原始宗教，自然崇拜，相信万物有灵。金代女真人信奉萨满教，称作"珊蛮"，即萨满的异译，义为"巫师"。女真萨满具有如下几种功能：一、萨满能通神语，是沟通人与神之间的媒介。二、参与重大典礼、事件和节日举办的祭祀仪式。在祭祀祖宗、社稷、风雨雷师、岳镇海渎时，以及为皇帝即位、受尊号、纳后、册命、巡狩、征伐等举行的奏告祖宗天地仪式中，都有巫师参加。三、消灾治病，为人求生子女。四、女真人相信巫师能够借助诅咒使人遭灾致祸。

由于高丽、渤海、辽朝时，佛教在北方广泛传播，影响深远，女真早期就有人信仰佛教。金初，金源内地亦有佛教信徒，太宗天会元年有上京庆元寺僧献佛骨之事，而在幽燕地区，佛教更为流行。熙宗和海陵王时期，随着女真的汉化，汉人长期信仰的佛教愈加受到女真贵族的尊崇和信仰，熙宗因其子济安病重，与皇后到佛寺焚香祈祷。海陵改元正隆以后，亲自到宣化门应佛，并赐诸寺僧大量绢帛金银。世宗时期，社会安定，经济发展，在此期间内，佛教也有所发展，大定年间兴建和修缮的佛寺比金代历朝都多，不仅在汉地，而且在金源内地也留下了佛教遗迹。由于大肆兴建佛寺，许多人纷纷出为僧尼，世宗不得不对佛教采取措施，限制寺院的发展。

金代佛教的广泛传播，对社会经济生活产生很大影响。金朝寺院经济中出现所谓"二税户"，其租税一半输官，一半输寺院。有些寺院僧尼巧取豪夺，广占土地，施放高利贷，聚敛财富，甚至还设立质坊从中渔利。寺院大都修得金碧璀璨，富丽堂皇，花费许多人力物力。僧尼成为寄生阶层。金朝在荒年或财政拮据时，经常公开售卖度牒、师号、寺观名额等，以补充财政的不足，救济灾民。

在佛教理论方面，华严、禅、净土、密、律各宗都有发展。黄河流域的中原一带，禅宗非常兴盛。金元之际，万松行秀、李纯甫等在禅宗理论方面都有很深的造诣。

金朝社会中，与佛教并存的还有道教，并且出现了新的道教派别。一、全真教。创办者为王嚞（道号重阳子，人称王重阳），全

图 7-2 王重阳与弟子北七真

真教倡导善行、忍辱、柔弱、清静，主张道、儒、佛合一。自创建以来，颇受金朝皇帝的青睐，并且由于简便易行，传播很广。二、大道教，亦名真大道教。创始人是金初刘德仁，大道教不尚符箓，主张行善、清静、忠君等。三、太一教。始祖为萧抱珍。太一教崇尚符箓，为人治病、求子、禳灾、驱鬼。[14]

在北方，金代儒学承袭了辽和北宋的传统。金朝建国之初，为了加强对中原地区的统治，除了对主动投靠的辽、宋旧臣委以重任外，还通过采用科举考试以及扣留宋使等手段，大量收罗儒学人才，从国家制度、政策、语言文字乃至风俗习惯等都深受汉文化的影响。从大体上说，政府在科举制度、学校教育方面兼采唐、宋制度，而在民间则苏学独盛，程学、王学衰而不绝。天会四年，金人攻陷汴京时，获得大量的图书，但对王安石的著作摒弃不取。宇文虚中、张斛、蔡松年、高士谈等从南方来的士大夫也同时带来了许多经籍图书。此外，金初著名儒士还有韩昉、吴激、胡砺、翟永固、张用直等人。正是这些人才决定了金初儒学的面貌。金代儒学发展过程中最有代表性的三大家——赵秉文、王若虚和李纯甫。由于他们之间存在个性、年龄等方面的差异，他们的影响也各不相同。

金熙宗天眷改制，废除以勃极烈制为代表的贵族议事制，而全面推行三省六部的汉官制度，同时推动重视汉文化与教育事业。金熙宗开始尊孔，并册立衍圣公与修建孔庙，提倡女真人学习和接受儒家思想；到了海陵王时期，天德三年命国子监大量刊印汉文经典文献，指定这些经籍注疏本作为科举考试的指定科目。包括十七史、《孝经》、《老子》、《荀子》、《扬子》等，显示出金代科举的特色。总而言之，金代儒学是辽朝、北宋儒学在新环境、新条件下的延续和发展。[15]

四、文学与史学

金朝立国之初，文化建设比较缓慢，到熙宗时期，文学日兴。金人偏爱诗词，金诗的风格承自唐宋，学李白、杜甫、苏轼、黄庭坚。金朝皇帝自海陵王到章宗、宣宗，皆工文章，善词赋。金代文学，应包括汉语文学和女真语文学，不过现存作品主要是汉语文学。元朝官修《金史》虽然保存了少量女真人的口头歌谣，如巫觋之歌和童谣，然而已是汉文译作。以女真文字创作的文学作品现在则极为少见。

金初文学的特色主要是"借才异代"，其中主要来自辽朝和宋朝。由辽入金的重要文人，有韩昉、左企弓、虞仲文、张通古、王枢等人。由宋入金的著名文学家则有宇文虚中、蔡松年、高士谈、吴激、张斛等人。他们以自己的创作为金初文学竞添新声，使原来比较寂寞的文苑呈现出一派生机勃勃的景象，从而推动了金初文学的发展。与由辽入金的作家相比，他们投身金朝往往有着更加复杂的条件或更为难言的苦衷，从当时的道德标准来看，则处于进退失据的境地，因而便以"南朝词客北朝臣"的身份，不时抒写和表现家国之思、身世之感。

大定、明昌年间，则是金朝统治极盛时代，与金朝前期由辽宋入金的文人不同，这一时期的作家大多是在金朝统治的土地上成长起来的，较为安定的社会环境和崇尚儒雅的文化氛围给他们个人的进取提供了方便条件，于是将金代文学推进到一个新的境界。这一时期的杰出作家，主要有蔡珪、党怀英、王寂、王庭筠、刘迎、赵沨以及稍后的周昂等人。他们或以昂扬的格调见长，或以闲适的情趣取胜，反映和表现了由动乱走向复兴的社会现实。统观金代中期诗、词、文、赋等传统形式的文学创作，表现尖锐社会矛盾的作品不多。这除了作家的主观原因以外，主要是由生活决定的。金代中期文学的风貌，恰恰是大定、明昌年间"宇内小康"社会现实的反映。

宣宗贞祐南迁，移都汴京，从此兵连祸结，内外交困，整个政权呈现出一蹶不振之势。由于客观现实的激发，文坛风气为之一变，类多感慨悲壮之音。因而战乱之苦、亡国之痛便情不自禁地从笔端流露出来。其中赵秉文、杨云翼、李纯甫三人在金室南渡以前就已负有文名，南渡以后则名望更隆。至于集金代文学大成的，则是元好问。其词清雄顿挫，闲婉浏亮，用俗为雅，变故作新。就豪、婉兼备的特点而言，有人称其为集两宋大成；其文绳尺严密，根底盘深，正大明达，格老气苍，从唐、宋古文运动的发展来看，足堪接欧、苏正轨。[16]

在辽朝降臣和契丹、渤海及汉人的影响下，太宗开始着手收集、整理女真先祖的史实，准备编修国史，完颜勖撰成《祖宗实录》三卷。熙宗时期，又完成《太祖实录》。比完颜勖稍后，纥石烈良弼于大定七年（1167）撰成了《太宗实录》，十一年（1171），又完成了《睿宗实录》。大定二十年（1180），完颜守道撰成了《熙宗实录》。《宣宗实录》完成于哀宗正大五年（1228）十一月，是由著名学者王若虚修撰的。从以上史实可以看出，金朝十分重视修史，从完颜勖撰《祖宗实录》开始，到《宣宗实录》撰成这期间，实录的修撰几乎没有停顿过，这显然是学习中原修史制度的结果。

在编修历朝实录的同时，金朝也曾先后两次为前朝修史。皇统年间，由耶律固主持编修《辽史》，未成而卒，其弟子萧永祺继其未竟之业，于皇统八年（1148）修成，共七十五卷，其中纪三十卷、志五卷、传四十卷，但这部《辽史》并没有刊行。章宗时期，第二次组织人力编修《辽史》，主要由陈大任等人负责，至泰和七年完成，历时十八年。陈大任《辽史》成为元朝官修《辽史》的史源之一。[17]

金朝的修史机构为国史院，设监修国史、修国史、同修国史和编修、检阅等官，分别由汉人、女真人和契丹人充任，并以宰相、执政为监修或同修国史官。

五、艺术与科技

金代书画继承辽、宋风格，涌现出了一些卓有成就的书法和绘画名家。金朝设有画院，宫廷收藏历代名画，金章宗本人就是书画鉴赏家和收藏家。女真贵族中不乏绘画高手，完颜允恭就是其中一位。允恭"画獐鹿、人马，学李伯时，墨竹自成一家，虽未臻神妙，亦不涉流俗，章宗每题其签"[18]。允恭的作品有《七星鹿图》《衔花鹿图》《解角麋图》《果下马图》《朱鬣马图》《试马图》《墨竹图》等等。[19]王庭筠书画俱佳，曾主持过画院，善画山水、古木、竹石，师苏轼、米芾，尤其擅长草书，传世作品有《苍崖古木图》《飞瀑界山图》《怪石图》等。此外，著名的画家还有王曼庆、任询、李早、赵秉文等等。

女真人早期的歌曲仅有《鹧鸪曲》，但高下长短鹧鸪二声而已。乐器仅有鼓、笛。舞蹈中常见的有镜舞，舞女两手持镜上下舞动，镜光闪烁类似祠庙中所画的电母。灭辽以后，得到辽朝的教坊人、乐工，乐器则有腰鼓、芦管、方响、筝、笙、箜篌、大鼓、拍板等。攻取汴梁后，金朝又将大批北宋乐工、乐器、乐书、乐章掠去，从而吸收汉地的乐、舞、百戏等形式，音乐、舞蹈的内容也日益丰富。

北宋流行的"说话"和"诸宫调"等说唱艺术，在金代又有所发展。诸宫调是一种有说有唱而以唱为主的文艺形式。因系连缀多种宫调的曲子成套演唱，故称作"诸宫调"。诸宫调深受广大民

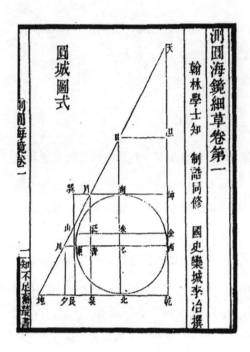

图 7–3　李治《测圆海镜》

众的喜爱，在乡村、城镇广为流行。山西平阳地区，由于戏曲活动的活跃，自北宋时就开始修建舞台，入金之后，这一地区戏曲演出活动依旧十分活跃。现存金人诸宫调有无名氏的《刘知远》和董解元《西厢记》两种。

　　金朝在天文历算、医学和建筑方面都取得了突出成就。金朝灭北宋以后，接受了图书、法物、天文仪器，广泛吸收宋朝的天文历法人才，由此继承其天文历法成就，在此基础上，发展了金朝的天文研究和历法推算。天会五年，命司天杨级造《大明历》，杨级增损宋朝《纪元历》，重新推算，于十五年制成并颁行。大定十七年，

图7-4 李治《益古演段》

由于《大明历》推算不精，时常有误差，又命司天监赵知微重新修订，知微用几何方法预测日食、月食，于二十一年修成新历。同时，翰林应奉耶律履也制成《乙未历》。尚书省对上述三部历书比较后，决定采用知微所造的新历。

金朝数学方面也取得突出成就。天元术是中国古代数学中建立和求解代数方程的方法，最早出现于11世纪末。蒋周所著《益古》一书，记录了当时流行的数学公式天元术，以元为未知数，立式求解。金末著名数学家李治撰《测圆海镜》十二卷，用天元术解决与容圆有关的一百七十个问题。李治还著天元术入门书《益古演段》

三卷。此外，杨云翼有《五星聚井辨》《勾股机要》《象数杂说》等天文历算著作。

金代医学成就很高，形成了以著名的医学家刘完素为代表的河间学派，和以张元素为代表的易水学派。

刘完素，河间人，为后世所称的医学"金元四大家之一"，临床喜用凉剂，中医称其为寒凉派，著有《素问玄机原病式》，"特举二百八十八字，注二万余言"。完素多年研究《素问》，能够结合理论与实践，总结出火热病的病理变化和治疗原则，提出辛凉解表和清热养阴疗法，促进了中医理论和治疗的发展与提高。

易州人张元素，是易水学派的创始人。曾为刘完素治伤寒、用药对症，为完素所服。易水学派以脏腑症候的病机和治疗为研究对象，成为能与河间派相媲美的医学派别。张元素的学术成就是创立了"脏腑辨证说"和"遣药制方论"，有相当系统的理论，同时对五运六气也有涉猎。[20]

第四篇

元
朝

第八章

大蒙古国（1206—1260）

元朝是中国历史上由蒙古族建立的统一王朝，它的概念有广义、狭义之分。广义上可以从 1206 年成吉思汗统一漠北建立大蒙古国算起，狭义上则应从 1260 年忽必烈将大蒙古国统治中心移到汉地，建立中原模式的中央集权官僚制统治算起。1206 到 1260 年的大蒙古国阶段，固然可以视为元朝的一部分，但更精确地说则是元朝的前身。

第一节　蒙古的建国和对外扩张

一、蒙古崛起前北方草原的形势

蒙古的名称最早可以追溯到唐朝。汉文史料将当时分布在大兴安岭北段，位于契丹以北、靺鞨以西、突厥和回鹘以东的一些部落统称为室韦，他们与鲜卑、契丹同属于东胡之裔，故史书有时称其为"契丹之类"[1]。《新唐书》《旧唐书》皆载室韦诸部中有一部称"蒙兀室韦"，居于望建河以东。蒙兀就是蒙古最初的汉文译名，以后又有过"萌古""朦骨""蒙古里""盲骨子"等多种译写方式。大约在唐朝末年，蒙古部逐渐西迁入漠北草原腹地，居于斡难河上游不儿罕山地区。蒙古人传说早先有苍狼和白鹿交配，来到斡难河源不儿罕山前居住，生子名巴塔赤罕，是为蒙古部始祖，这反映了他们早期的图腾崇拜观念。

蒙古原为森林狩猎部落，进入草原后，畜牧业很快发展起来，同时狩猎仍然是经济生活的重要补充形式。原始的血缘氏族制度趋于瓦解，私有制日益发达，牲畜等财产基本为个体家庭所私有。贫富分化的结果，是出现了一批富人（蒙古语称为"伯颜"）和世代担任首领的贵族（蒙古语称"那颜"，原意为"官人"），这两个阶层往往合为一体。一般的平民（蒙古语称"哈剌抽"）依附于贵族，受其领导。贵族通过对其他氏族、部落的战争掠夺财富，并掳掠人口供己役使，使其成为身份世袭的奴婢（蒙古语称"孛斡勒"）。一些贵族还拥有从属于自己的军事侍从（蒙古语称"那可儿"，原意为"同伴"），其中既有本族人，又有外族人。这样，氏族的形式虽然存在，但已不是原始的血缘氏族，而成为以本氏族贵族为核心，凝聚了不同氏族属民、侍从、奴婢而形成的地缘性部落集团。贵族子弟继承父亲分配的一部分属民、奴婢，自立家业并扩充势力，分化出新的氏族和部落。不同的氏族、部落又因生存需要结成联盟。联盟首长通常拥有"汗"（或译"合罕"）的称号。

金朝初年，蒙古各部联盟推举合不勒为汗。合不勒汗家族形成乞颜氏，与泰赤乌氏并为蒙古部中最强大的氏族。乞颜氏中，合不勒汗长子的子孙形成乞颜主儿乞氏，次子之子也速该一系形成乞颜孛儿只斤氏。

辽金时期，对已迁入漠北的室韦诸部落称为鞑靼，又有阻卜、术不姑等别称。鞑靼一称来自突厥人，因室韦中的塔塔儿（又译鞑靼）部一度建立过较强的部落联盟，故突厥以鞑靼概称室韦。久之一些非室韦系统的草原部落也被纳入鞑靼范畴，鞑靼成为北方诸多游牧部族的泛称。而蒙古只是这一时期鞑靼之一部，草原上还有很多大小不一的游牧部落集团，如克烈、塔塔儿、弘吉剌、篾儿乞、斡亦剌、吉利吉思、乃蛮、汪古等。

克烈是辽金时期漠北最强大的游牧部落，活动于蒙古部之西、漠北草原中部，今土拉河、鄂尔浑河上游。其族源众说不一，可能是西迁室韦的后裔，但已受到突厥文化的强烈影响。其社会发展水平较为先进，12世纪时已有初具规模的国家机构。他们又因信奉景教（即基督教聂斯脱利派）而受到当时西方史家的重视和记载。

塔塔儿是室韦诸部中较早崛起的一支，8世纪时其名即被用来统称室韦，12世纪居于蒙古部以东的呼伦贝尔草原，分为六部。因骚扰金朝边境，他们多次受到金朝的征伐。

弘吉剌又译广吉剌、翁吉剌，居于呼伦贝尔草原。该部本属蒙古，但已分化成为一个独立的部落集团。据波斯史书《史集》记载，蒙古人很早就分为尼鲁温蒙古和迭列列斤蒙古（意为一般的蒙古人）两大支系，彼此互通婚姻。迭列列斤蒙古除弘吉剌自成集团外，其余氏族皆附属于尼鲁温蒙古，共同构成 12 世纪的蒙古部。

篾儿乞居于蒙古部以西、克烈部以北，今贝加尔湖以南、色楞格河下游一带。是较早西迁的室韦之一部，但也吸收了很多的突厥文化。

斡亦剌又译外剌，居于篾儿乞部以西、今叶尼塞河源头。族源不详，可能也出于西迁的室韦。

吉利吉思居于斡亦剌部西北，叶尼塞河上游。他们是唐朝黠戛斯之后，属突厥语族。

乃蛮居于漠北草原西部阿尔泰山到额尔齐斯河一带，克烈、斡亦剌以西。其属突厥语族，继承了突厥、回鹘的文化传统，用畏兀儿（回鹘）文字。乃蛮部先依附西辽，又称臣于金。其地广人众，较早出现国家机构，国君称太阳汗。

汪古居于漠南阴山地区。其主体出自属突厥语族的沙陀、回鹘，也融汇了契丹、党项等民族成分。辽、金时又称其为"白鞑靼"，他们为金朝看守北部边境。

总之，自从回鹘汗国瓦解以后，北方草原的形势十分复杂。大批西迁的室韦部落填充了回鹘故地，但也有一些与突厥、回鹘同源的部族留居下来。辽、金王朝对这些北方草原民族只是羁縻约束，控制并不牢固，金朝更是一再受到鞑靼诸部，包括塔塔儿、弘吉剌、蒙古、克烈等部族侵扰，虽多次北征，但总不能完全压服，后来更是渐居守势。另一方面，草原上的诸多游牧部落集团，甚至同一部落集团当中的不同氏族、支系，又处于频繁的混战当中，分合不定，形成"天下扰攘，互相攻劫，人不安生"[2]的动荡局面。

图 8-1 成吉思汗

二、成吉思汗统一漠北

成吉思汗的出现，结束了北方草原诸部争雄的混乱局面。成吉思汗名铁木真，是蒙古乞颜孛儿只斤氏贵族，合不勒汗曾孙，生于

1162 年。年幼时其父也速该在出行途中被塔塔儿人毒死，部众离散，铁木真只能随母亲和几个弟弟艰难度日，处境困窘，曾被蒙古泰赤乌氏贵族捕获羁押，其妻孛儿帖（出自弘吉剌部）也一度被篾儿乞人掳去。铁木真被迫投靠势力强大的克烈部首领脱里汗，又与蒙古部中的札只剌（又译札答阑）氏首领札木合结拜为兄弟。在此二人帮助下，铁木真渐渐收拢部众，重建以本家族为核心的统治集团。当时蒙古部的大部分已被札木合控制，铁木真力量强大后脱离札木合而独立，游牧于怯绿连河（今蒙古国克鲁伦河）上游，并于约 1189 年被一些乞颜氏贵族和异姓侍从拥立为汗。札木合率领札只剌、泰赤乌诸部来攻，铁木真分兵十三翼迎战，因实力不敌而败退，史称"十三翼之战"。

1196 年，金朝讨伐塔塔儿部，脱里汗与铁木真出兵助金，在斡里札河打败塔塔儿人。金军统帅、右丞相完颜襄承制封脱里汗以王爵，此后脱里汗就被称为王汗。铁木真则得到了金朝封授的"札兀惕忽里"官号，相当于部族长。此战前后，铁木真集团内的乞颜主儿乞氏贵族与铁木真所属的乞颜孛儿只斤氏成员产生矛盾，不听调遣，反而在后方劫掠，铁木真发兵征讨，捕杀主儿乞氏首领撒察别乞和泰出，从而消灭了亲族中最有势力的长支贵族，其个人的统治权威大为提高。

在铁木真艰难创业、重振家族权威的过程中，他一直与克烈部王汗结盟，并与其结为义父子。铁木真羽翼丰满后，开始逐渐摆脱对王汗的臣属地位，但二人仍然长期维持同盟关系。王汗一度因克烈部内乱丧失权力，远走西辽，后返回漠北，靠铁木真的帮助才得以恢复统治。1200 年，铁木真与王汗联兵，共同攻打蒙古泰赤乌氏贵族，将其军队击溃。1201年，塔塔儿、泰赤乌、札只剌等部推举札木合为古儿汗（意为众汗之汗），又联合乃蛮、斡亦剌等势力，共同对抗铁木真与王汗的联盟。但经过几次战斗，札木合屡败，被迫降于王汗。王汗对铁木真实力的膨胀早有疑忌，至此在札木合等人的鼓动下准备对铁木真下手。1203年春，王汗与其子桑昆派人通知铁木真，将桑昆之女许嫁于铁木真长子术赤，企图在许婚酒宴上杀掉铁木真。铁木真察觉情况有异，推辞不去赴宴。王汗父子自知谋泄，大举发兵来攻，与铁木真战于合兰真沙陀之地（在今内蒙古东乌珠穆沁旗北境）。铁木真寡不敌众，败退至班朱尼河（今内蒙古呼伦湖西南），从者仅十余人，他与众人汲浑水同饮，宣誓说："使我克定大业，当与诸人同甘苦，苟渝此言，有如河水。"[3]此后不久王汗与札木合等人又发生冲突，起兵相攻，而铁木真收集余部，重新积蓄力量。这一年夏天，铁木真探知王汗宴饮欢娱、疏于防备，遂调集军队兼程奔袭王汗驻地，发起猛攻，经过三天三夜激战，击溃了王汗的军队，王汗狼狈西逃，为乃蛮边将所杀。至此铁木真兼并了地广人众的克烈部，已经成为漠北最强盛的势力。

　　1204年春，乃蛮太阳汗见铁木真势力不断强大，决定发兵来征。他事先遣使漠南汪古部，希望联合夹击；而汪古部首领阿剌兀思剔吉忽里已归附铁木真，将情况向后者进行了通报。铁木真整军西进，与乃蛮军会战于纳忽昆山，乃蛮军大败，太阳汗受伤被擒，不久死去。同年秋、冬，铁木真又北征篾儿乞部，将其平定。次年，札木合被其亲兵绑送铁木真，铁木真将他处死，以礼厚葬。

　　1206年春，铁木真在斡难河源召开贵族大会，即大汗位，建立"大蒙古国"。萨满教巫师阔阔出声称得到上天的启示，命铁木

图 8-2　1206 年成吉思汗登基场景

真为普天下之汗、诸王之王，称号为成吉思汗。成吉思一词的含
义，有"有力""天赐""伟大""海洋"等诸多不同说法。这一年，
成吉思汗发兵袭乃蛮不亦鲁黑汗（太阳汗之弟）于莎合水（今蒙古
国科布多河上游索果克河），擒而杀之。1207 年，成吉思汗派遣使
者招降吉利吉思，并进一步征服、收降了吉利吉思以北的西伯利亚

森林狩猎诸部落。1208年，成吉思汗以此前归降的斡亦剌部为向导，发兵西至额尔齐斯河，击溃篾儿乞残部，其首领脱脱别乞中流矢死，乃蛮王子屈出律逃奔西辽。至此，漠北草原已完全统一，一个强大的游牧帝国出现在历史舞台上。

三、早期蒙古国家制度

大蒙古国建立前后，成吉思汗创建或完善了一系列国家制度。这些制度都带有浓厚的草原游牧帝国特征，对蒙古国家的巩固、强盛和有效管理，发挥了重大作用。

（一）建立千户、百户授封制度——早在1204年与乃蛮太阳汗作战前夕，成吉思汗已将其部队按照十户、百户、千户的十进制方式加以编组，委任了各级那颜（长官）。大蒙古国建立后，进一步将所有的草原牧民都按千、百、十户编制起来，总数累增为九十五个千户，分别授予随成吉思汗创业建国的贵族功臣世袭统领。这种千、百、十户制度具有兵民合一的特点，既是军事组织，也是大蒙古国统治草原社会的基本行政单位。编组千户时，其中一部分由贵族功臣集聚本氏族成员而成，但大部分是混合不同部落、氏族的成员重新组成的。尤其是被成吉思汗征服的塔塔儿、克烈、乃蛮、篾儿乞等部族百姓，基本都被拆散，分别授予不同的贵族功臣，因而属于不同的千户。这样千户、百户制度实际上取代了旧日的部落、氏族结构，大蒙古国百姓通过这一制度被纳入严密的组织，由大汗委任的那颜分别管理，世代沿袭，在指定的牧地范围内居住，接受赋役征调。千户以上还有万户，但只是单纯的军事统帅，不像千户、百户那样兵民兼治。

千户、百户授封制度的建立和推行，在中国古代北方民族发展史上具有重大意义。在蒙古之前，漠北草原上先后出现过由匈奴、鲜卑、柔然、突厥、回鹘等民族建立的强大国家或部落联盟。它们虽曾盛极一时，但其政权组织却都是建立在氏族或部族共同体基础之上，并未冲破氏族或部族组织的血缘外壳，相反却通过这种血缘外壳来构筑政权，形成一种"部族联盟国家"。这些民族在草原上昙花一现，未能长期立足，是因为它们作为统治部族，与其征服的草原其他部族未能成功地融为一体；而融合的不成功，又与其政权的"部族联盟国家"特征有极大关系。大蒙古国则将漠北游牧国家的政治制度发展到了一个新阶段，千户百户制度的长期实行，使草原上的氏族共同体逐渐瓦解，原有各部族不再像以前游牧国家治下的被征服部族那样能够保持自己组织的完整和相对独立，它们在以后几十年中与统治部族蒙古趋于合一，逐渐形成了全新而有持久生命力的蒙古民族。此前千余年里漠北的统治民族更迭频繁，兴衰无常，而自蒙古建国之后，漠北草原上就只剩下蒙古一个主体民族，即使在元朝灭亡、蒙古统一政权解体之后亦不例外。这应当说是漠北草原历史上的一个阶段性变化。

（二）创建怯薛护卫军——成吉思汗在1204年整顿军队之时，挑选了一部分贵族、平民子弟充当自己身边的护卫亲军。1206年建国后，成吉思汗将这支精锐的卫队扩充到一万人，分为四班，轮番值宿，每番三昼夜，总称为四怯薛。怯薛，即蒙古语轮值之义。四怯薛各有怯薛长，由成吉思汗的亲信功臣"四杰"博尔术（蒙古阿儿剌氏）、博尔忽（蒙古许兀慎氏）、木华黎（蒙古札剌儿氏）、赤老温（蒙古逊都思氏）担任，并世袭其职。怯薛除保卫大汗外，还负责承担大汗斡耳朵（蒙古语意为宫帐）内的各种服役，其中佩弓矢环卫者称火儿赤，带刀环卫者称云都赤，掌鹰隼者称昔宝赤，书写圣旨者称札里赤，充书记主文史者称必阇赤，厨师称博儿赤，典车马者称兀剌赤，掌服御者称速古儿赤，译员称怯里马赤，还有诸多的其他执役名目。怯薛护卫军是由过去草原贵族军事侍从"那可儿"演变而来的（诸王也各有怯薛，但人数较少），它在新的形势下起到了巩固、强化汗权的作用，一方面以内御外，从军事上对在外的贵族将帅形成制约，另一方面其中相当一部分贵族将帅子弟实际上具有人质的性质，大汗可以因此更方便地驾驭臣下。同时，怯薛作为大汗的侍从近臣，自然地参与了军政事务的策划、管理，在很大程度上承担了蒙古早期国家行政中枢的职能。

（三）创制蒙古文字——蒙古本无文字，"凡发命令，遣使往来，止是刻指以记之"[4]。成吉思汗灭乃蛮后，俘获其掌印官畏兀儿人塔塔统阿，命其教授汗室子弟"以畏兀字书国言"[5]。畏兀儿文是由古代粟特文发展而来的一种拼音文字，自左向右竖写，现在改用其拼写蒙古语，最初的蒙古文由此产生。此后大蒙古国使用它发布命令，登记户口，记录审断案件，编纂成文法，使蒙古人的文化水平大为提高，后来还出现了用畏兀儿体蒙古文撰写的历史、文学巨著《元朝秘史》。在创制文字的同时，成吉思汗也制定了使用这种文字的印章、牌符制度，从而加强了国家管理。

（四）颁行法律与设置司法长官——蒙古人原有自古相传的习惯法，称为"约孙"（蒙古语意为体例）。成吉思汗建国前后，在这些习惯法的基础之上重新颁行了一系列法律条文，蒙古语称为

"札撒"，后来还用蒙古文记录成卷，名为《大札撒》。其中包括维护汗权、维护游牧社会等级制度、保护牧业经济等基本内容，也残留了一些蒙古人传统的习俗和迷信禁忌。此后每逢新汗即位或遇重大征伐等事，在贵族聚会、典礼上都要诵读《大札撒》条文，以示遵行祖制。成吉思汗还任命了掌管司法的官员大断事官，蒙古语称也可札鲁花赤，以其养弟塔塔儿人失吉忽秃忽担任。大断事官除审断刑狱、词讼外，同时负责主管贵族属民的分配。其下还置有若干级别较低的断事官（札鲁花赤）。

（五）分封子弟——大蒙古国具有"家产制国家"的典型特征，成吉思汗家族将蒙古的全部民户、国土视为共同财产，按照分割家产的习俗进行了分配。成吉思汗的诸弟、诸子都分得一部分民户，称为"忽必"（蒙古语意为分子），后来还具体划分了地域。其弟合撒儿、合赤温、别里古台、铁木哥斡赤斤的封地都在蒙古高原东部，从克鲁伦河、额尔古纳河流域到呼伦贝尔草原，被称为"东道诸王"。前三个儿子术赤、察合台、窝阔台被分封于阿尔泰山以西，称为"西道诸王"。分配给诸王的民户同样处于千户、百户的编制之下，其千户长（那颜）成为诸王的家臣。诸王对属民有绝对支配权，可在领地内将他们再行分封给自己的子弟。大蒙古国民户、土地用于分封的只占少数，大部分民户以及由克鲁伦河直至阿尔泰山的蒙古高原中心地区，则作为父家长权力的象征，仍由成吉思汗自己直接统领，并按照蒙古人"幼子守产"的习俗，预定将来交付给幼子拖雷继承。成吉思汗家族的姻亲和一些重要功臣也得到了世袭封地，但其地位低于子弟诸王，带有大汗恩典赏赐的性质。另外成吉思汗时期的分封基本限于草原，对新征服的农耕地区则作为家族公产，由大汗统一派官治理。

上述国家制度的具体环节，都是以保障最高统治者大汗的个人权力为前提的。可能是由于草原游牧民经济生活的不稳定性，他们当中普遍存在着对绝对权威的需求。草原社会等级观念的发展，成吉思汗在艰苦创业过程中形成的个人崇高威望，加上蒙古国家最高权力与萨满教神权的结合，使成吉思汗完全成为凌驾于众人之上的"超人"型统治者。萨满巫师阔阔出虽然拥立成吉思汗有功，但因其个人势力对汗权形成威胁，即被成吉思汗果断处死。波斯史家拉施特（Rashid al-Din Hamadani）称成吉思汗即位以后"所有血亲与非血亲的蒙古氏族和部落，都成了他的奴隶和仆役"[6]。13 世纪前期到访蒙古的欧洲教士柏郎嘉宾（Giovanni da Pian del Carpine）则记载说："鞑靼皇帝（指蒙古大汗）对于每一个人具有一种惊人的权力。……一切东西都掌握在皇帝手中，达到这样一种程度，因此没有一个人胆敢说这是我的或是他的，而是任何东西都是属于皇帝的。……不管皇帝和首领们想得到什么，不管他们想得到多少，他们都取自于他们臣民的财产。不但如此，甚至对于他们臣民的人身，他们也在各方面都随心所欲地加以处理。"[7]汗权的强大，是大蒙古国政治的突出特征。

四、灭夏与灭金

历史上所有统一漠北的游牧帝国，都会很快转入对农业定居社会的掠夺和扩张，大蒙古国也不例外。首先成为蒙古侵掠对象的，是位于其南方的西夏和金。

早在 1205 年，成吉思汗就一度攻入西夏，劫掠大批牲畜、财物而还。西夏因蒙古军撤走，大赦境内，并将都城兴庆府（今宁夏银川）更名为中兴府。1207 年，蒙古军再次侵入西夏，攻破兀剌海城（在今内蒙古阿拉善右旗），掳掠后退走。1209 年，成吉思汗对西夏发动了更大规模的进攻，由黑水城入河西，连败西夏军队，进围中兴府，引黄河水筑堤灌城。西夏求援于金，金朝统治者认为敌人相攻是本国之福，因此置之不理。幸而蓄水围城的外堤溃塌，蒙古军反而被淹，成吉思汗遂同意与西夏讲和。西夏襄宗献女于成吉思汗，称臣纳贡，蒙古军北还。此后一段时间西夏附蒙攻金，经常侵入金境杀掠，金朝也不时出兵报复。

在金朝统治的鼎盛时期，蒙古部对金叛服不常，继合不勒汗即位的俺巴孩汗（出自泰赤乌氏）等一些贵族被金朝捕获处死，双方积怨甚深。1208 年金卫绍王即位，遣使至蒙古颁诏，成吉思汗此前赴金朝边境进贡时见到卫绍王，知其庸懦无能，拒绝跪拜受诏，蒙金关系破裂。经过一段时间准备后，成吉思汗终于在 1211 年以为先辈复仇为名，大举进攻金朝。为金守边的汪古部归附蒙古，引蒙古军进入金境。金军迎战于野狐岭（在今河北万全西北）、浍河堡（在今河北怀来东），均告大败。蒙古军进抵中都，并分兵深入劫掠，至年底北撤。此后几年内，蒙古军一再深入华北腹地进行抄掠，"凡破九十余郡，所过无不残灭，两河山东数千里，人民杀戮几尽，金帛、子女、牛羊马畜皆席卷而去，屋庐焚毁，城郭丘墟矣"[8]。1214 年，金宣宗献公主、金帛求和，并迁都至南京（今河南开封）。驻于中都附近、由契丹等诸部族组成的纠军杀主帅哗变降蒙，蒙古军于次年占领中都，置达鲁花赤（蒙古语意为镇守者）

守之。

金廷南迁之后，已无力恢复对黄河以北地区的有效统治，而蒙古军队对所占州县又多在杀掠后放弃，因此地方上的地主豪强纷纷起而割据自保，一时间"河北群雄如牛毛"[9]。1217 年，成吉思汗封拜其"四杰"之一木华黎为太师、国王、都行省，全权负责对金战事。此后不久成吉思汗统蒙古军主力西征花剌子模，留给木华黎的蒙古军只有大约一万三千人，另有汪古骑兵万人。木华黎逐渐改变了过去肆行杀戮、得地不守的做法，大力招降并利用汉、契丹、女真等族地主武装与金朝作战，而金朝也以高爵招徕华北土豪，分别依附蒙、金两方的地方势力彼此展开了拉锯式的争夺。此后十余年间战斗虽有反复，不过总的趋势是附蒙一方渐居上风，愈来愈多的地方军阀倒向蒙古。在山东，尽管南宋也加入了对当地势力的争取，但该地最终仍然落入蒙古的控制。蒙古对率部或纳土归降的军阀、官僚，通常沿用金朝官称，授予元帅、行省之类统军管民之职，许其世袭，并可自辟僚属，称为"世侯"。当时力量较强的世侯，河北地区主要有永清史天泽、易州张柔，山东地区则有东平严实、济南张荣、益都李全等。

在向华北扩张的同时，蒙古的势力也伸入了东北地区。约 1211年，蒙古大将哲别一度攻占金东京。契丹军官耶律留哥在隆安（今吉林农安）起兵反金，众至十余万，称辽王，遣使归附蒙古。1214至 1215 年，耶律留哥击败了金辽东宣抚使蒲鲜万奴的军队，亲赴蒙古朝见成吉思汗。其部属耶律厮不不愿降蒙，在辽东称帝，但不久死于内乱，余部窜入高丽。此时蒲鲜万奴也叛金自立，称天王，国号大真，史称东真国。在蒙古的军事压力下，万奴也表示归降蒙古，遣子入质。1218 年，蒙古与万奴合兵，深入高丽追击耶律厮不余部，在高丽军队的协助下消灭了这支力量。此后一段时间，蒲鲜万奴一直割据东北，其地东至日本海，北抵松花江，都于南京（在今吉林延吉东）。1229 年，蒙古军占领辽东南部。1231 年，蒙古军进攻高丽，迫使其国王投降。1233 年，蒙古军攻破南京，俘获蒲鲜万奴，灭东真国。至此蒙古完全据有东北地区。

西夏自归附蒙古后，长期助蒙攻金，且困于蒙古征发诛求，国力日渐疲乏。1223 年，西夏献宗即位，改变政策，与金朝结盟为兄弟，共抗蒙古。成吉思汗结束西征东还后，于 1226 年亲统大军，以抗命之罪对西夏发起进攻。西夏献宗忧惧而死，其侄末主李睍继立。1227 年，蒙古军已攻破西夏多处重要城池，包围中兴府。七月，成吉思汗病卒于营中，蒙古军秘不发丧，继续围困。不久城中食尽，李睍出降被杀，西夏亡。

到成吉思汗去世时，蒙古已在对金朝作战中取得压倒性优势，金朝只能固守黄河防线，苟延残喘。据载成吉思汗临终曾拟定借道于南宋、迂回从后方给金朝致命一击的战略计划。1231 年，蒙古第二代大汗窝阔台在官山（在今内蒙古卓资北）大会诸王，议定分兵三路伐金。窝阔台自统中路军由山西正面发起攻击，铁木哥斡赤斤统左翼军由山东进兵，拖雷则统右翼军从宝鸡南下，绕道宋境，包抄金朝后方。这一年冬天，窝阔台攻破河中府（在今山西永济西），渡过黄河。拖雷从大散关入汉中，沿汉水东下，经过长距离的艰苦行军，自邓州绕出金朝背后。1232 年春，拖雷趁天降大雪之机，大破金军主力于钧州南边的三峰山，北上与窝阔台会师，金朝灭亡的大局已定。大将速不台包围金南京，金哀宗弃城出逃。1233 年，金将崔立献南京降蒙古。金哀宗由归德（今河南商丘）走蔡州，蒙古与南宋达成协议，合兵将金哀宗围困在蔡州城内。次年一月，城破，哀宗自杀，金亡。

五、三次西征

大蒙古国在向南方扩张的同时，还发动了三次规模巨大的西征，兵锋远及中亚、西亚乃至东欧，极大地改变了欧亚内陆的政治格局，也影响了世界历史发展的进程。

在大规模的西征之前，蒙古已经开始向西拓展势力。攻灭乃蛮、篾儿乞后，首先收服了畏兀儿。畏兀儿在宋时称高昌回鹘，其地以哈剌火州（即高昌，今新疆吐鲁番）和别失八里（亦称北庭，今新疆吉木萨尔）为中心，首领称亦都护（源于突厥语，意为"幸福之主"），臣属于西辽。西辽在畏兀儿设少监之官进行监治，其人仗势欺凌，引起畏兀儿人不满。1209 年，畏兀儿亦都护巴而术阿而忒的斤杀西辽少监，遣使降于蒙古。1211 年，他又亲赴蒙古朝见成吉思汗，成吉思汗对其十分优待，以女许嫁，视为第五子，"使与诸皇子约为兄弟，宠异冠于诸国"[10]。此后畏兀儿成为蒙古藩属，须履行入质、纳贡、从征等义务，同时亦都护的传统称号依然保留，并对畏兀儿领地和百姓享有世袭统治权。中亚地区还有另外一个依附于西辽的民族哈剌鲁，居于巴尔喀什湖东南伊犁河、楚河一带，是唐时西突厥支裔葛逻禄之后，首领称阿尔斯兰汗。至此他们也杀掉西辽少监，向蒙古归降。这一时期，西辽在西方败于势力日渐上升的伊斯兰国家花剌子模，东部的畏兀儿、哈剌鲁又相继叛附蒙古，国势衰颓。被蒙古击败的乃蛮王子屈出律逃到西辽，篡夺了帝位。1218 年，成吉思汗遣哲别率军征讨屈出律，将他捕获杀死，西辽疆土尽归蒙古。此前，居于贝加尔湖以西的森林部落秃马惕部起兵反抗蒙古统治，杀死了成吉思汗的得力大将、"四杰"之一博尔忽，吉利吉思等部也起而回应。成吉思汗派长子术赤领军镇压，将起事平定。

1219 年，成吉思汗发动了蒙古第一次西征，征伐的对象为花剌子模。花剌子模是中亚的伊斯兰教古国，统治中心位于阿姆河下游，都玉龙杰赤（今土库曼斯坦乌尔根奇）。花剌子模原为西辽藩属国，13 世纪初国王摩诃末在位时，摆脱西辽统治，四向开拓疆土，迁都于撒麻耳干（今乌兹别克斯坦撒马尔罕），成为中亚地区最强大的势力。蒙古崛起后，与花剌子模建立了商业联系，但 1218 年蒙古所遣商队进入花剌子模边境后，为其将领所杀，财物尽被劫掠。成吉思汗派使臣前去交涉，又被摩诃末杀死。成吉思汗大怒，决意兴兵复仇，遂大举西征。花剌子模有军队四十万，人数多于约十五至二十万的蒙古西征军，兵力上占据优势；但其统治集团内部矛盾尖锐，不能紧密团结对外，而且采取了分兵把守、消极防御的错误战略，以致局面被动，屡战屡败。1220 年，蒙古军已攻占讹答剌（在今哈萨克斯坦南哈萨克斯坦州）、不花剌（今乌兹别克斯坦布哈拉）等重要城市，进围撒麻耳干，摩诃末弃城逃到里海中的岛上，不久病死，花剌子模其余地区相继被占领。1221 年，蒙古军在印度河畔击败摩诃末之子札兰丁的抵抗部队，札兰丁逃入印度。1223 年，成吉思汗率军东返。此前由哲别、速不台统领的一支蒙古军追击摩诃末不获，越过高加索山进入钦察草原，抄掠俄罗斯平原南部及乌克兰地区，击败了斡罗思（俄罗斯）诸国王公与钦察人的联军后退兵，与成吉思汗会师，一同回到蒙古。

灭亡金朝以后，蒙古贵族发动了第二次西征。1235 年，大汗窝阔台召集诸王大会，决定征讨钦察、斡罗思方向的未服诸国。窝阔台命宗室、贵族都派出长子参加西征，由成吉思汗之孙、术赤之子拔都任统帅，军队人数约十五万。1236 至 1237 年，蒙古军攻灭伏尔加河中游的比里阿耳部，招降了一部分钦察军队，擒杀坚持抵抗的钦察首领八赤蛮。大军随后进入俄罗斯平原，相继攻灭梁赞、莫斯科、弗拉基米尔、科泽利斯克等公国或城市，又分兵征服高加索山脉和黑海以北钦察、阿速诸部。至 1241 年，俄罗斯、乌克兰平原已基本被征服，拔都遂分兵两路，继续西征欧洲诸国。北路由诸王拜答儿、大将兀良合台等率领，进攻孛烈儿（波兰），在莱格尼察（在今波兰西部）击溃孛烈儿和捏迷思（德意志）诸侯联军，转而南下同南路军会合。南路军由拔都自己统领，进攻马札儿（今匈牙利），攻占其都城佩斯，前锋追击马札儿国王别剌（贝拉）四世直至亚得里亚海畔，不及，遂由塞尔维亚返回。1242 年，大汗窝阔台的死讯传到西征军中，拔都始收兵东返，驻节于伏尔加河下游，统治钦察、斡罗思地区。

拔都的西征给欧洲各国造成极大震动。1245 年，教皇英诺森四世（Innocentius IV）在法国里昂召集公会议商讨对策。教廷事先已派遣教士东赴蒙古，劝说其停止杀掠和侵犯基督教国家，并了解大蒙古国的具体情况。意大利教士柏郎嘉宾奉命出使，于 1246 年 7 月抵达漠北，谒见了刚刚即位的蒙古第三代大汗贵由（窝阔台长子），呈上教皇的信件；年底，持贵由汗答复教皇的劝降诏书返

图 8-3　1238 年，拔都入侵弗拉基米尔-苏兹达尔公国

回。1253 年，法国教士威廉·鲁不鲁乞（Guillaume de Rubruquis）又奉法王路易九世之命出使蒙古传教，见到了第四代大汗蒙哥（拖雷长子），但也是不得要领而归。不过两位教士各自撰写了比较详细的出使报告，记述了蒙古草原地区政治、经济、风土人情各方面的情况。

　　蒙哥汗在位时，又进行了第三次西征。此前在窝阔台时，蒙古大将搠里蛮消灭了札兰丁等花剌子模残余势力，征服了西亚的波

图 8-4　1241 年莱格尼察战役，图左为蒙古军队，图右则为波兰军队

斯地区，阿塞拜疆、亚美尼亚等地也纷纷归附。蒙哥即位后，命其
同母第三弟旭烈兀总领波斯之地，并统兵西征波斯以西未服诸国，
主要是祃拶答而（今伊朗马赞德兰省）地区的木剌夷国和定都于报
达（今伊拉克巴格达）的阿拉伯阿拔斯王朝（汉文史籍称为黑衣大
食）。1253 年，旭烈兀统兵出征，由诸王各自所属军队中每十人
抽调二人从征，并在汉地征发炮手、火箭手等随行。西征军行进缓
慢，1256 年始抵木剌夷国。木剌夷国是伊斯兰教尼查里派［属什

图 8-5 蒙古攻陷报达

叶派伊斯玛仪派〔元代时译作亦思马因派〕〕建立的宗教政权，广蓄敢死之士从事暗杀活动，又不尽守伊斯兰教戒律，被其他穆斯林视为异端。蒙古军既至，木剌夷教主鲁克奴丁穷蹙而降，旭烈兀毁其城堡，屠杀其人殆尽。1257年，大军分路向报达进发，至次年二月攻陷报达，杀阿拔斯王朝末代哈里发穆斯塔辛，又纵火屠城，据载居民死者达八十万人之多。此后旭烈兀继续西征叙利亚，但不久得知蒙哥死讯，遂率主力部队返抵波斯。留驻叙利亚的蒙古军被埃及军队击败，西征结束。

蒙古的三次西征横扫欧亚大陆，所向披靡，建立起一个疆域空前庞大的世界性帝国。西征军兵锋所及，杀戮人民，毁坏城镇，给被征服地区带来浩劫，中亚、西亚伊斯兰文明受到的破坏尤为严重。但西征在客观上也给中西之间人员往来创造了便利条件，促进了中西文化交流。大批中西亚各族人陆续东来，使大蒙古国的民族状况更加复杂，形成了一个统一的多民族国家。

六、进攻南宋与收服吐蕃、大理

早在成吉思汗进攻金朝时，即曾派使臣与南宋联络，但南宋边将未敢接纳。到1220年、1221年间，双方始正式互通使节。1227年，蒙古军在攻下临洮（今属甘肃）后一度进入南宋四川关外诸州抄掠，后来拖雷又强行由南宋境内假道，迂回攻金。三峰山之战后，蒙、宋达成联合灭金的协议，最终共同攻陷蔡州。1234年金朝灭亡，南宋企图趁蒙古大军北归之际收复河南，仓促出兵占领了早已残破不堪的汴京、洛阳诸城，但很快又在蒙古军队的反击下狼狈退回，此即"端平入洛"（端平为宋理宗年号）。此后蒙古以此为借口，发起了攻宋战争。

1235年，窝阔台命其子阔出、阔端分统军队进攻南宋。阔出与宗王口温不花、大将塔思和察罕、汉军万户张柔和史天泽进攻襄、汉、淮西，一度占领南宋的军事重镇襄阳。阔端与宗王穆直、大将达海绀卜、按竺迩、汉军万户刘黑马进攻四川，在阳平关（在今陕西宁强北）大败宋军，长驱入蜀，攻占成都。南宋军队顽强反击，经过反复争夺，在长江中游顶住了蒙古的进攻，夺回襄阳，大体守住了淮河一线。而在长江上游，由于蜀门洞开，局面十分被动，虽曾短时期收复成都等地，但又被蒙古军夺去。随着战局的发展，南宋不得不把四川防御的重点放在川东，凭借险要修筑城堡，利用多山的地形阻遏蒙古骑兵进攻。这样双方在四川盆地也形成了相持的状态。这段时间，蒙古并未将南宋当作其扩张重点，进攻时很大程度上也是以劫掠财物为主，故而进展不大。

阔端经略四川期间，开始与吐蕃地区建立联系。1239 年，阔端派遣部将朵儿答进兵乌思藏（乌思指前藏，藏指后藏），抄掠后退回。1244 年，阔端再遣朵儿答入藏，召请吐蕃最有影响的宗教首领之一——藏传佛教萨迦派首领萨班（全名萨迦·班智达·贡噶坚赞）。萨班于 1246 年到达凉州，谒见阔端，双方就乌思藏归附蒙古达成了协定。萨班致函吐蕃各教派、各地区僧俗首领，宣谕其事，由此吐蕃开始纳入大蒙古国的统治。蒙哥汗即位后，派人入藏清查户口，划定地界，指定某些地区为自己和诸弟的供养地，与各教派形成领属性质的施供关系。不久，又在这些地区任命万户长。已分裂割据四世纪之久的吐蕃地区，在蒙古的统治下重新趋于统一。

蒙哥在委派旭烈兀西征的同时，又命其同母次弟忽必烈负责进攻南宋。忽必烈提出远征云南大理国、从侧后方迂回包抄南宋的战略计划。1253 年，忽必烈由六盘山统兵南下，以老将速不台之子、参加过拔都西征的兀良合台总理军事。蒙古军取道吐蕃东部（今四川甘孜藏族自治州境）而行，一路艰难跋涉，征服了当地一些割据的吐蕃部族，进一步加强了蒙古对吐蕃的控制。这一年冬天，蒙古军渡过金沙江，进围大理城（今云南大理）。大理国王段兴智与权臣高泰祥迎战大败，弃城逃走，城陷。1254 年，忽必烈北还。兀良合台留镇云南，俘获段兴智，并相继征服大理境内未服诸部，设

图 8-6 萨迦·班智达·贡噶坚赞

十九万户府分治之。1258 年，兀良合台又进攻安南（今越南北部），
一度攻占其都城升龙（今越南河内），不久撤回。

1257 年，蒙哥下诏大举伐宋。自统蒙古军主力进攻四川，以同
母幼弟阿里不哥留守漠北。原来负责对宋战事的忽必烈因在中原势
力发展过速，声望日增，已引起蒙哥的疑忌。蒙哥解除其兵权，命
在家休养，另委宗王塔察儿统兵攻荆襄、两淮，又命兀良合台自云

南率军北上，对南宋形成钳形攻势。1258年，蒙哥由六盘山南下入蜀，与四川的蒙古军会合，连克多处城池，直抵南宋四川山城防御体系的中心合州（今重庆合川）钓鱼城。而塔察儿所统东路军进展不利，蒙哥不得不又起用忽必烈，命其至荆襄前线主持战事。1259年，蒙哥猛攻钓鱼城，宋将王坚率军民奋勇拒守，蒙古军连攻数月不克，损兵折将。七月，蒙哥病死于军中，或云为飞石击中，不治而死。结果这一路攻宋的主力部队只好撤围北还。与此同时东路的忽必烈却已取得较大进展，前锋渡过长江，包围鄂州（今湖北武昌）。南宋命宰相贾似道总兵增援，蒙古军围鄂州两月不克。适逢忽必烈得到幼弟阿里不哥行将夺取汗位的消息，遂于十一月与贾似道秘密议和，率军北归。兀良合台率领的三千蒙古军和蛮、僰等族军万人此时已抵达潭州（今湖南长沙），遇到宋军阻遏。在忽必烈接应之下，这路军队也终于北上与蒙古大军会合。这一次大规模的攻宋战争，遂因大汗暴卒而中途流产。

第二节　大蒙古国的内政

一、汗位的继承和争夺

　　与以前的漠北草原游牧政权一样，大蒙古国的汗位继承没有固定次序，纷争不断。在某些时期，甚至出现了连续数年汗位虚悬的状况。汗位纷争的根本原因，在于大蒙古国建立前氏族军事民主制的残余影响。国家虽已诞生，但最高统治者的世袭制度并未完全发展成熟，而是仍然带有氏族、部落首领公选制的痕迹，形成一种世选继承方式。在这种模式下，汗位继承并不能完全由前任大汗的遗命所决定（即使"超人"型的成吉思汗也不例外），而是由诸王、贵族参加的"忽里勒台"会议要在其间起很大作用。

忽里勒台是蒙古语"聚会"之意，在大蒙古国专指拥立大汗（皇帝）、决定对外征伐等大事的诸王、贵族大会。蒙古建国前的忽里勒台是部落和部落联盟的议事会，推举首领是其中一项主要议题。成吉思汗初任蒙古乞颜氏首领，以及后来就任大蒙古国大汗，都经过了忽里勒台推戴的程序。大蒙古国的建立，使蒙古首领的公选制向世袭制跨出一大步，此后蒙古国家成为成吉思汗家族（亦称"黄金家族"）的家产，大汗只能从成吉思汗的子孙中产生。但此时仅仅是世选而非单纯的世袭，新汗的具体人选并不完全固定，仍须通过忽里勒台会议的拥戴，才能正式即位。如因各种原因无法马上召集忽里勒台，就会出现汗位虚悬的情况。成吉思汗家族成员——诸王，也成为忽里勒台的主要参加者和主导力量。在忽里勒台会议上，诸王、贵族就汗位继承人基本形成一致意见后，被推举者照例要再三辞让，最后始"不得已"而登位。登位时要举行北方民族传统的宗教、巫术仪式，君臣举行盟誓，诸王、贵族表示效忠和尽臣下义务，大汗许以各种恩宠性的承诺，酬报以大笔赏赐。随即举行规模盛大、持续多日的宴饮，然后会议结束。大蒙古国历代大汗，乃至以后元朝皇帝的即位，都基本遵循了这一程序。忽里勒台选君之制固然有利于推举出最有才能和威望的最高统治者，但毕竟为大汗家族成员争夺汗位的行动提供了意识形态依据和事实上的可能，孕育着内讧和分裂的危险因素。

图 8-7　窝阔台

　　成吉思汗正妻孛儿帖生有术赤、察合台、窝阔台、拖雷四子，
他们本来都有资格继承汗位。蒙古人自古有"幼子守产"的习俗，
家庭中正妻所出幼子称作"斡赤斤"，意为"守炉灶者"，因兄长
先已成年，分家自立，故幼子可以继承父亲留下的家产。成吉思汗
按照这一传统，在分封子弟时，只将小部分军队、资产分给术赤等
三子，大部分自己留下，预备死后传给拖雷。然而在考虑汗位继承
人时，他又从政治才能出发，选择了窝阔台。其他两子当中，术赤
与拖雷友善，而察合台与窝阔台交好，四子实际上形成两党，其矛
盾延及子孙。

　　1227 年成吉思汗死，虽然有传位于窝阔台的遗嘱，但因忽里

勒台会议一时未能举行，窝阔台无法即位。在这种情况下，拖雷以"斡赤斤"身份监国两年。1229 年，忽里勒台终于召开，"宗亲咸会，议犹未决"[11]，经过一个多月的讨论，仍然决定由窝阔台即汗位。因为有这样一场风波，加上拖雷继承成吉思汗大部分军队、资产，势力庞大，故窝阔台对拖雷不无疑忌。1232 年三峰山战役之后，拖雷随窝阔台自中原北还，途中暴卒。拖雷之死暂时缓解了窝阔台汗位受到的威胁。后来窝阔台未与诸王商议，就以大汗名义从拖雷属部中夺取军队三千户，授予己子阔端，反映出两系的冲突已接近公开化。

1241 年窝阔台死，忽里勒台会议仍未马上召开，由窝阔台的皇后乃马真氏脱列哥那临朝称制。脱列哥那狡黠多权术，以滥行赏赐换取宗王大臣拥护，摄政达五年之久。成吉思汗幼弟铁木哥斡赤斤企图趁虚而入夺取汗位，但未能成功。1246 年举行忽里勒台选汗大会，虽然窝阔台生前曾指定其孙失烈门（窝阔台第三子阔出之子）为继承人，但脱列哥那却希望选立自己所生长子贵由。在她的安排下，贵由遂被推举为大汗。贵由与术赤之子拔都一向不和，在长子西征时曾互相辱骂，一直争执到窝阔台处。贵由即位后，派亲信野里知吉带出镇波斯，图谋对付驻守钦察草原的拔都。1248 年，贵由率军队西行，拔都亦严阵以待，但贵由却在路上突然死去，酝酿中的内战终未爆发。

贵由既卒，皇后斡兀立海迷失摄政，同时拔都以资深宗王的身份在他的封地召集忽里勒台会议，推举拖雷长子蒙哥为新汗。窝阔台、察合台两系诸王拒不参加会议，也不承认其推举的合法性。次年蒙哥回到漠北，重新召集忽里勒台，但窝阔台、察合台两系仍然抵制。又拖延两年后，到 1251 年会议终于召开，蒙哥经推戴正式即位。窝阔台等两系诸王不甘心失败，借朝会之机策划兵变，遭蒙哥镇压，事后蒙哥又诛杀了海迷失皇后和窝阔台、察合台两系的大批臣属。如此大蒙古国的汗位便由窝阔台系转至拖雷系。在此过程中成吉思汗子孙的矛盾完全爆发，自相屠戮，家族裂痕已无可弥缝，为日后大蒙古国的分裂埋下了伏笔。

二、草原本位政策与中原的混乱局面

大蒙古国的疆域虽然辽阔，但只是一个依靠军事力量来维系的政治联合体。境内被征服的民族繁多而庞杂，其语言、宗教、风俗习惯各不相同，社会发展程度也有很大的差异。蒙古统治者在管理这一庞大帝国时，采取了以漠北草原为本位的统治政策。

尽管征服了大片农耕地区，但大蒙古国的统治中心一直处于漠北草原，这一荒远的亚洲内陆腹地一时成为世界瞩目之所。建国初期，尚无正式都城，大汗通常驻牧于怯绿连河上游的大斡耳朵。窝阔台时，开始在漠北草原中央、斡耳寒河（今蒙古国鄂尔浑河）东岸建造国都，定名为哈剌和林（今蒙古国哈拉和林），简称和林。和林城的营建持续十余年，宫殿、邸宅等建筑基本模仿汉地式样。都城以外，另建有四季行宫。窝阔台对蒙古国家制度进行了进一步的完善。首先是制定草原牧民的牲畜税抽分之法，马、牛、羊皆百头抽一。其次是健全驿传制度，在由漠北通往中原、西域的道路上选地设立驿站（站即蒙古语"驿"——Jam 的音译），并设管站官员。再次是在草原上勘址掘井，以扩大牧场，发展畜牧业生产。通过对被征服地区的掠夺和剥削，漠北草原出现了前所未有的繁荣，专门建造有许多仓库，贮藏财物谷帛。波斯史家志费尼（Ata-Malik Juvayni）在极言当时草原生活的变化幅度后说："蒙古人的境遇已从赤贫如洗变成丰衣足食。"[12]

相比之下，蒙古统治者对被征服地区治理工作的重视程度就远远不够，基本上是采取间接统治的方式。大蒙古国在一些重要城市设置了受大汗控制、较强有力的统治机构，并驻扎军队，重点在于保证其对大蒙古国的臣服和缴纳财赋；在基层的行政管理上，则大量保存当地传统制度并任用当地上层人物。大约在窝阔台时期，被征服的农耕地区已被划分为汉地、中亚和波斯三大部分，分别设置也可札鲁花赤进行管理。后来汉文史料将其比附为"行尚书省"。其中燕京等处行尚书省统治汉地，别失八里等处行尚书省统治畏兀儿、中亚地区，阿母河等处行尚书省统治阿姆河以西波斯之地。

大蒙古国统治下的中原汉地，长期处于动荡、混乱之中。蒙古初入中原，以劫掠为主，不重视地区占领，屠杀之残酷，于史少见。其军法，"凡城邑以兵得者，悉坑之"[13]，城市只要是在进行抵抗后被攻破，除工匠等专业人才和宗教人士外，城中居民一律屠戮。战乱引起的饥馑和疾疫，使劫后余生的百姓大批死亡。人口掳掠也非常严重，贵族、军阀在战乱中大量役占私属奴婢，称为驱口（意即"被俘获驱使之人"），据说其数目"几居天下之半"。经过战争浩劫，中原已陷于"天纲绝，地轴折，人理灭"的悲惨境地。[14]金章宗泰和七年，金朝境内有户七百六十八万，口四千五百八十余万。而窝阔台于灭金前后的1233年、1235年两次在中原括户，仅得户一百一十余万。此后蒙古设置了燕京等处行尚书省（简称燕京行省）控御汉地，但专以搜刮为务而忽略治理，统治黑暗，法制不立，百姓饱受虐政而无从控告。窝阔台时，回回人（元朝对来自中亚、西亚各地穆斯林的泛称）牙老瓦赤任燕京行省断事官，"唯事货赂，天下诸侯竞以掊克入媚"[15]。蒙哥时的燕京行省断事官不只儿视事一日，即杀二十八人。一人被判杖刑，杖毕释放，适逢有人前来献刀，不只儿遂将被杖者捉回试刀，"既杖复斩"[16]。

在地方上，汉人世侯的势力依然很强大。大者握兵数万，辖境二三千里，父子兄弟相袭，如同古之诸侯藩镇；小者或仅一城之地，但也兼统军民，世任其职。世侯的统治是金末战乱割据局面与蒙古世袭制度相结合的产物，他们在向蒙古统治者履行纳质、从征、贡献等义务的条件下，即可自治其境，对于重建地方秩序、恢复生产起到了一定的作用。但其专制一方，自擅生杀祸福、聚敛封殖之权，也对百姓形成沉重的剥削和压迫。蒙古灭金后，实行"划境之制"，对犬牙交错的大小世侯辖区进行了一些调整，另外在各路、府、州、县广设达鲁花赤一职，居长官之上以监临。这样世侯的权力受到了一定的限制，不过其割据之实并未根本改变。

蒙古统治者还将草原分封之制推广到汉地。1235年括户之后，大蒙古国即将所籍中原民户的大部分按地区分封给诸王、贵戚、勋臣，称为"投下"或"头下"（于辽代出现的词，意为"头项之下"）。与草原不同的是，封主并非亲临投下封地进行统治，仅派设达鲁花赤监临，其税入由大汗所置地方官统一征收，再分配给封主。尽管制度如此，但蒙古贵族仍然习惯于按照草原传统观念，将中原的投下封地封户视作自己的私产，往往违制径自设官征赋，征敛各种所需物品，或将投下民户占为私属人口。如远驻钦察草原的拔都家族，被封以平阳路（治今山西临汾）四万余户。为便于运送，其勒令封户将所缴贡赋折纳黄金，以至"十倍其费"；又将封地分割，"使诸妃王子各征其民，一道州郡至分为五、七十头项，有得一城或数村者，各差官临督"。封户"榜掠械系，不胜苦楚"，"转徙逃散，……人自相食"[17]。

蒙古征服中原之初，剥削方式以临时征敛为主，除官方的需索外，贵族、将领还要私自搜刮钱物，称为"撒花"（波斯语意为礼物）。后来赋税制度逐渐建立起来，但正税之外仍然有许多临时征发，"每使臣经从、调遣军马粮食器械及一切公上之用，又逐时计其合用之数，科率民户"，百姓"甚以为苦，怨愤彻天，然终无如之何也"。[18]很多东来的西域商人投靠蒙古贵族，为其经商、放债取利，称为"斡脱"（突厥语"同伴"）。他们倚势横行，"或诈称被劫，而责偿于州县"，甚者"以物置无人之地，却远远卓望，才有人触着，急来昏赖"。[19]其趁地方官民之急放高利贷，本利相滚，时称"羊羔息"。"岁有倍称之积，如羊出羔，今年而二，明年而四，又明年而八，至十年则累而千"，负债人"至于卖田业，鬻妻子，有不能给者"。[20]还有一些商人以高额向蒙古统治者"包认办纳"中原各类课税，称扑买，然后重敛取偿于民，并多取以入私囊。总的来说，由于历代蒙古大汗一直以漠北草原作为国家本位，"视居庸以北为内地"[21]，只将汉地看作大蒙古国的东南一隅，因此从未考虑过针对其特殊状况，采用历代中原王朝的典章制度进行正规管理。相反，统治者却置汉地混乱局面于不顾，不满足于按部就班、取民有度的统治方式，而是竭泽而渔，百般压榨，使中原百姓处于水深火热之中，社会经济长期无法恢复。

三、整顿中原统治状况的努力

在大蒙古国上层统治集团中，也有一部分人曾试图对"汉地不治"的混乱状况进行整顿。其代表人物，是窝阔台时的耶律楚材和蒙哥时的忽必烈。

耶律楚材，契丹人，辽太祖长子东丹王耶律倍八世孙。他出生在一个汉化、儒化程度相当高的金朝官僚家庭，自幼博览经史，旁通天文、地理、律历、数术、释老、医卜等多方面知识。蒙古既入中原，耶律楚材被成吉思汗召至漠北，扈从西征，以占卜术数之能见用。窝阔台在位时，他担任怯薛必阇赤长，主掌汉文文书，参与机要，汉人按照汉地制度称之为"中书令"。其领导下的怯薛必阇赤组织，也因窝阔台的信任获得了一部分主管汉地财政、行政等方面事务的权力，被汉人比附为"中书省"。楚材用事期间，经常向窝阔台陈说虽马上得天下，不可马上治天下的道理，推行了一系列有利于恢复中原正常统治秩序的措施。

窝阔台初即位时，蒙古贵族仍然不明白对所占华北农耕地区究竟应如何统治、管理，有人甚至提出"虽得汉人，亦无所用，不若尽去之，使草木畅茂，以为牧地"。耶律楚材"因奏地税、商税、酒、醋、盐、铁、山泽之利，周岁可得银五十万两，绢八万匹，粟四十万石"[22]。窝阔台听从了他的建议，按照中原传统制定税制，于 1230 年设立燕京、平阳、真定、东平等十路课税所，每路各设正、副课税使，多以汉人儒者充任，专掌钱谷，不受地方长官统摄。次年所收赋税果然足额，窝阔台大喜，即授予楚材"中书省印"，仍旧主管汉文文书，同时汉地财赋之事也一以委之。灭金后

图 8-8 耶律楚材

实行投下分封，楚材力陈"裂土分民"之弊，劝说窝阔台对封主的权力进行一定的限制，令其不得在赋役定额外擅自征敛，且封地官吏仍由大汗任命。根据楚材的设计，诸投下民户每二户出丝一斤纳于国家，每五户出丝一斤纳于封主，皆由官府统一征收，再将应得份额分给封主。这项制度称为"五户丝制"。

耶律楚材为保护、发展儒家传统文化进行了不懈的努力。在他的请求下，大蒙古国寻访得孔子五十一代孙孔元措，仍命袭封"衍圣公"之爵。又在燕京设立编修所，平阳设立经籍所，编纂、刊印经史等著作。金亡前后，士大夫"混于杂役，堕于屠沽，去为黄冠"[23]，甚至沦为驱口，颠沛流离，处境悲惨。经楚材奏准，大蒙古国于1238年（戊戌年）在中原诸路举行了一次儒士考试，以经义、词赋、论分为三科，结果共有四千零三十人中选，其中四分之一的人来自驱口，因此而重获自由。中选者可在本地担任"议事官"，免其家赋役，其中一些人后来成为元朝名臣。史称此事为"戊戌选试"。同年在楚材支持下，杨惟中、姚枢在燕京建立了太极书院，由从南宋俘获的儒士赵复主讲经书，程朱理学因而在北方传播开来。

耶律楚材的上述措施，使大蒙古国在汉化方面作做了试探性的迈进，但同时也受到了蒙古贵族、西域官僚和商人的抵制、破坏，而且大都随着他后来的失势而中止。楚材主张地方兵民分治，虽颁布条令而未能贯彻。五户丝制事实上并没有得到严格执行，各投下擅自征敛的现象依然很严重（参本章第一节）。楚材竭力约束斡脱商人放债取利、扑买课税等害民行为，同样收效不大。戊戌选试昙花一现，后即无闻。在草原本位政策的大背景下，楚材推进汉化、实施儒治的各种主张"见于设施者，十不能二三"。正如元人所评论，大蒙古国"南北之政每每相戾，其出入用事者又皆诸国之人，言语之不通，趣向之不同，当是之时，而公以一书生孤立于庙堂之上，而欲行其所学，戛戛乎其难哉！"[24]窝阔台死后，耶律楚材在汗廷受到排挤和冷遇，不久抑郁而终。但草原本位政策的放弃毕竟是历史趋势所在，稍后在蒙古汗室内部也出现了倾向于汉化的代表人物，即拖雷四子、蒙哥之弟忽必烈。

忽必烈年轻时与汉族士大夫有较多接触，征召刘秉忠、赵璧、王鹗、张德辉、姚枢等人为幕僚，咨询儒学及治道。在这些人影响下，他对汉文化的了解逐渐加深，颇知前代王朝治乱兴衰之事，尤为景仰唐太宗的文治武功，已表现出较高的政治抱负。一些儒生给他奉上"儒教大宗师"的称号，希望他充当儒家文化的保护人，他也欣然接受。蒙哥即位后，忽必烈受命统领漠南汉地军务。当时蒙哥虽对汗廷政治进行了一些整顿，但总体上仍然固守蒙古旧制，不愿变通，中原的治理状况并无改善。忽必烈采纳汉人幕僚的建议，在邢州（今河北邢台）设安抚司，汴梁设河南经略司，京兆（今陕西西安）设陕西安抚司，推行"汉法"的改革试点，"选人以居职，颁俸以养廉，去污以清政，劝农桑以富民"。结果"不及三年，号称大治"[25]。他在攻灭大理和对南宋的作战中，约束军队不使恣意杀戮，更加提高了自己在中原的威望。1256 年，忽必烈命刘秉忠在滦河上游王府所在地筑城，名为开平（在今内蒙古正蓝旗东），以之作为经营中原的根据地。

忽必烈在汉地势力的膨胀引起了蒙哥的疑忌。1257 年，蒙哥解除忽必烈的兵权，又派亲信大臣阿蓝答儿、刘太平等至陕西、河南检查财赋出入情况，忽必烈的王府人员多受罗织获罪。忽必烈亲自去朝见蒙哥，表示驯服，事态始得缓解，但邢州安抚司等机构悉数撤罢，汉化改革又一次在保守蒙古贵族的阻挠下被中止。到蒙哥死后，忽必烈终于依靠汉地人力、物力的支持登上汗位，正式结束了大蒙古国的草原本位政策。

第九章

元朝的建立与大一统的完成
（1260—1294）

　　1260 年，忽必烈即大蒙古国大汗之位，将统治中心由漠北草原移入汉地，建立起中原模式的中央集权官僚制统治。虽然"大元"国号到 1271 年才正式颁行，但作为汉式王朝的元朝，就实质而言在 1260 年已经诞生。狭义元朝的历史，又可以 1294 年初忽必烈去世为界，分为前后两阶段。因此元朝前期，实际上就是忽必烈统治时期。这段时期，元朝大体完成了从草原帝国向中原王朝的转型，重建并强化了中国的大一统政治格局，同时也在一定程度上显露出早衰迹象。

第一节 元王朝的建立

一、忽必烈登上汗位

1259年，蒙哥汗在指挥攻宋作战中病逝于四川前线。他生前并没有就汗位继承人问题进行过安排，汗位继承危机又一次爆发。汗位争夺主要在蒙哥的两位同母弟——忽必烈和阿里不哥之间展开。此时忽必烈正受命统率伐宋东路军，与南宋宰相贾似道相持于鄂州。阿里不哥则奉命留守和林，代掌国政，手中握有镇守漠北诸军的兵权。忽必烈闻蒙哥死讯，采纳谋士郝经建议，与贾似道缔结秘密和约，迅速北归。次年四月，忽必烈于开平召开忽里勒台大会，即位称汗，建元"中统"。阿里不哥也于此前后在和林即汗位，大蒙古国出现了一国两君的局面。

忽必烈在蒙哥时长期经营汉地，得到中原士大夫和汉族军阀的拥戴。另外以塔察儿（成吉思汗弟铁木哥斡赤斤嫡孙）为首的东道诸王从军伐宋，此时也站在忽必烈一方。阿里不哥虽据有漠北本土，按照蒙古传统的幼子守产习俗，在政治上占有一定优势，但兵力、物资与对方相比均明显不足。陕甘、四川的一些蒙古军将领企图响应阿里不哥，但被忽必烈派往西线的大臣廉希宪迅速捕杀。不久双方军队大战于甘州（今甘肃张掖），阿里不哥一方的军队战败，被逐出关陇地区。这一年冬天，忽必烈率军亲征漠北，阿里不哥自知不敌，退守吉利吉思（今叶尼塞河上游一带），伪装求和。忽必烈遂命宗王移相哥镇守和林，自己南返。中统二年（1261）秋，阿里不哥趁移相哥不备，偷袭并夺回和林，乘胜南下。忽必烈再度

图9-1 忽必烈

亲征，双方于大漠南缘的昔木土脑儿（今蒙古国苏赫巴托尔省南部）进行会战，阿里不哥败走。在退居吉利吉思期间，阿里不哥与自己扶植的察合台后王阿鲁忽矛盾激化，兵刃相见。阿里不哥南下再败，又两面受敌，物资匮乏，处境窘迫，其部属纷纷向忽必烈投降。至中统五年（1264）七月，众叛亲离的阿里不哥穷蹙来归。忽必烈赦之不诛，而杀其党羽异姓贵族十余人，随后下诏改元为至元。至此忽必烈最终控制了大蒙古国的"祖宗龙兴之地"漠北地区，他作为大蒙古国大汗的地位得到确认。

在与阿里不哥争夺汗位的同时，忽必烈还遇到了来自汉地的挑战——山东军阀李璮的叛乱。李璮是金末山东红袄军首领李全的义子，袭职为山东益都行省长官，加江淮大都督，专制益都地区三十余年，为金亡以后北方势力较强的汉人世侯之一。他表面上接受蒙古统治，借防御南宋为名，拥兵自重，不断积蓄力量，待机而动。忽必烈即位后陷入与阿里不哥的汗位争夺，李璮认为时机已经成熟，遂于中统三年（1262）二月举事，占领益都、济南，传檄山东和河北，号召各地世侯共同反蒙，并遣使称臣于南宋，献涟海三城以求支援。但事实上李璮错误地估计了形势。他起兵时阿里不哥已在昔木土脑儿战败北返，并陷入与阿鲁忽的争斗当中，忽必烈已有可能用主要力量解决汉地的问题。汉地其他世侯基本上仍拥戴忽必烈的统治，不愿意卷入李璮的冒险计划。南宋方面对长期与自己敌对作战的李璮也并不信任，只以虚衔羁縻，没有在军事上采取配合行动。蒙古军队在宗王合必赤、右丞相史天泽指挥下，很快将李璮围困在济南孤城之内。李璮被围数月，粮尽援绝，军心涣散。七月，城破，李璮被俘处死。

李璮叛乱后，忽必烈因势利导，着手解决世侯割据的问题。在往后几年内，元廷陆续推出一系列规定：地方实行兵民分治，罢世侯子弟为官者，停止世侯世袭，立官吏迁转法，定易将之制，使将不擅兵。这些措施从根本上结束了金末以来北方军阀割据的局面，大大强化了中央集权，使忽必烈对汉地的统治更加稳固。

二、大蒙古国走向分裂

忽必烈登上并巩固汗位，在大蒙古国历史上具有划时代的政治意义。横跨欧亚的大蒙古国由此开始走向分裂。

通过军事征服建立起来的大蒙古国，实际上只是一个缺乏统一

图 9-2　旭烈兀

经济基础的政治联合体。成吉思汗立国漠北，按照"各分地土、共享富贵"[1]的原则，对诸子、诸弟大行分封。其中诸子封地在西，被称为"西道诸王"。他们治下的疆域随着蒙古的几次西征大大扩展，其境内被征服民族十分庞杂，语言、宗教、生活方式、风俗习惯以及社会发展与漠北本土相比都有较大差异。而且西道诸王及其继承者作为成吉思汗的嫡系子孙，都有被立为大汗的资格，在汗位争夺斗争中矛盾迭出、积怨渐深，产生了很大的离心倾向。因此大蒙古国早就孕育着分裂的因素。

受蒙哥之命西征波斯、阿拉伯的旭烈兀，在得知蒙哥死讯后，由叙利亚东返波斯。他作为忽必烈和阿里不哥的同胞兄弟，受到双方争相拉拢。旭烈兀最终站在了忽必烈一方，遣使对阿里不哥进行指责。忽必烈也同时传旨，承认他对阿姆河以西波斯、阿拉伯地区的统治权。波斯原是大蒙古国大汗的直辖区，忽必烈慷慨地将它赐给旭烈兀作为领地，一方面是为了换取后者的支持，另一方面也是因为旭烈兀拥兵在外，"其势足以自帝一方"[2]，自己鞭长莫及，不得不顺水推舟。旭烈兀的封国称为伊儿（突厥语"从属"之意）汗国。伊儿汗只在名义上接受大汗的册封，实际上完全处于自治状态。

曾任蒙古第二次西征统帅的拔都，在西征归来后将营帐迁至伏尔加河下游，建立萨莱城（今俄罗斯阿斯特拉罕一带）作为封国首都。以钦察草原为中心，形成了钦察汗国。拔都曾支持蒙哥夺取大汗之位，作为回报，蒙哥承认他对钦察汗国的世袭统治权。忽必烈即位时，拔都早已去世，其弟别儿哥继任钦察汗。别儿哥对忽必烈和阿里不哥之争反应冷漠，只是象征性地派使者到两人处劝和。此时他关心的主要问题，是与旭烈兀的伊儿汗国争夺对高加索地区的控制。而即位于汉地的忽必烈，对万里之遥的钦察汗国，除要求承认自己的大汗名义外，也已不可能进行任何实际的控制。双方的关系日趋疏远。

成吉思汗次子察合台的封地在中亚。最初察合台及其部属只占有中亚的草原地区，农耕地区和城市则作为黄金家族公产，由大汗统一派官治理。忽必烈和阿里不哥出于争夺汗位的需要，都竭力控制中亚地区。阿里不哥起初取得胜利，他扶植的阿鲁忽（察合台之孙）掌握了中亚地区的统治权。但阿鲁忽站稳脚跟后，与阿里不哥矛盾激化，反而遣使归附于忽必烈。忽必烈委任他统治阿尔泰山以西、阿姆河以东地区，实际上承认了他对中亚农耕地区的占有权。在此基础上形成了察合台汗国。

中亚地区的另外一支势力是窝阔台后王。窝阔台最初的封国中心在今新疆北部，包括蒙古高原西部的乃蛮故地。后来窝阔台后王在汗位争夺中失败，受到打击，各自占有原窝阔台封国境内一些小的封地。在忽必烈和阿里不哥争夺汗位的同时，窝阔台后王之一海都的势力膨胀起来。海都是窝阔台之孙，封地在海押立（今哈萨克斯坦塔尔迪库尔干），为人精明能干，在窝阔台后王中最有号召力。海都积极谋求自任大汗，拒归附忽必烈，后来还联合察合台后王兴兵内犯，与忽必烈及其子孙长期敌对。窝阔台诸后王的小块封地，被海都逐渐统一为一个以伊犁河、塔拉斯河流域为中心，包括中亚北部、蒙古高原西部的窝阔台汗国。

从历史传统和地理位置上看，中亚地区与蒙古草原和中原汉地联系较为密切，曾经长期接受漠北游牧政权和中原王朝的交替统治。然而到12、13世纪，这一地区已基本上突厥化，其居民大部分讲突厥语、信伊斯兰教，与漠北和中原的文化差异逐渐增大。统治这一地区的窝阔台、察合台后王，与蒙哥、忽必烈为代表的拖雷后王在蒙古汗位争夺中结下了很深的历史积怨，不甘心臣属于后者。这都导致中亚地区的两个汗国也与钦察、伊儿汗国一样，出现独立发展的趋向。

忽必烈在至元元年（1264）接受阿里不哥归降时，曾郑重地遣使通告钦察汗别儿哥、伊儿汗旭烈兀、察合台汗阿鲁忽等宗王，邀请他们按照蒙古传统惯例，一同东来参加正式的忽里勒台选汗大会。但三汗很快相继去世，他们的继承人各主一方，对于共同选举大蒙古国大汗一事不感兴趣，却纠缠于彼此之间的领土争端，大动干戈，形同敌国。正在崛起当中的海都，也一再拒绝忽必烈召其入觐的要求。这次忽里勒台会议的流产充分表明，过去那个统一的大蒙古国已经不复存在了。代之出现的，除了忽必烈以汉地为中心建立的元王朝外，就是各自独立发展的钦察、伊儿、察合台、窝阔台四大汗国。当然，在以后大部分时间里，忽必烈及其子孙仍被尊为成吉思汗的正统继承人、"一切蒙古君主之主君"[3]，元王朝也在名义上被视为各汗国的宗主国。元代史料经常笼统地称四大汗国的统治者为"西北诸王"，把他们置于"宗藩"的地位。

三、推行汉法

大蒙古国的分裂，固然导源于其内部长期存在的离心趋向，而忽必烈即位后大蒙古国统治重心南移，致使国家中心与西道诸王相距更远，也是加深其分裂的重要因素。与大蒙古国的分裂同时，一个汉族模式的中央集权官僚制王朝——元朝——出现在中国历史舞台上。

在忽必烈以前，大蒙古国一直采取草原本位的统治政策，汉地管理混乱。与其诸位前任相比，忽必烈受到过更多的汉文化熏陶，并且是以汉地的经济、军事力量为后盾夺取汗位，因此即位后将统治重心放在汉地，即便在占有漠北后仍然如此。在由著名文士、金朝状元王鹗起草的即位诏书中，忽必烈对前代大汗的政治路线进行了总结，指出其"武功迭兴，文治多缺"的弱点，进而提出了新

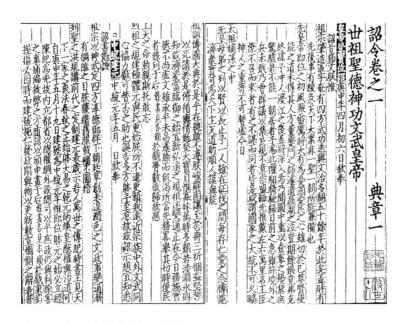

图9-3 即位诏（右）与中统建元诏（左）

的立国方针："爰当临御之始，宜新弘远之规，祖述变通，正在今日。"[4]这是蒙古大汗第一次向汉地颁发以文辞典雅的汉文文言写成的即位诏，它足以向中原百姓表明：新即位的忽必烈不仅仅是大蒙古国的大汗，同时也是中国一个新王朝的皇帝。中原士大夫经历过长期北方民族统治，民族意识并不很强，又饱尝战乱之苦，渴望安定。在他们看来，"今日能用士，而能行中国之道，则中国之主也"[5]。忽必烈正是适应他们要求的新主人。

蒙古国家统治重心转变的主要标志是"汉法"的推行，即有计划地吸收、采用前代中原王朝的一系列典章制度和统治经验。用当时人的话说，就是"帝中国当行中国事"[6]。具体而言，忽必烈在位初期推行的"汉法"，主要包括以下五方面：

（一）建立年号、国号及有关礼仪制度。忽必烈一即位，即采用中国传统的王朝年号纪年，定年号为"中统"。诏称"建元表岁，示君人万世之传；纪时书王，见天下一家之义"[7]。中统五年八月阿里不哥归降后，复改年号为"至元"。至元八年（1271）十一月，取《易经》"大哉乾元"之义，定国号为"大元"。在此以前，蒙古国家没有类似于中原王朝的国号，只称为"大蒙古国"，北方汉族文人则简称之为"大朝"。元朝之名，至此正式确立。在此前后，忽必烈还下诏在燕京（今北京）设太庙祭祀祖先，并按照中原仪制制定供节日、庆典使用的朝仪。

（二）定都汉地。忽必烈的即位仪式是在他的藩府所在地开平举行的。中统四年（1263），升开平府为上都。次年，又改燕京之名为中都，形成两都制的格局。随着对中原统治的稳定和深化，忽必烈更倾向将燕京建为新都。至元三年（1266）年底，元廷开始对燕京进行重建，具体方案是在燕京旧城址的东北旷野上建筑新城。新城规模庞大，呈矩形，南北较长。城墙夯土筑成，周长总计两万八千六百米，分设城门十一座。城市布局取法于《周礼·考工记》中所称王都"左祖右社、面朝后市"的原则，规划整齐，井然有序，城门与宫殿之名也多取自《易经》。皇城在全城南部稍偏西，其内又有宫城。至元九年（1272），正式定新城之名为大都。这是北京在历史上第一次成为统一王朝的首都。新城建成后，旧城亦未废弃，仍作为大都的一部分。上都则退居陪都的地位。元朝皇帝每年一部分时间居于大都，一部分时间赴上都避暑。

（三）建立汉式官僚机构。大蒙古国时期，国家制度十分简略，在征服中原过程中曾根据具体情况沿用一些金朝旧制，但无一定之规。忽必烈即位后，在汉族儒臣的策划下，模仿金制格局，逐步建立起一整套官僚机构。中央设中书省掌政事，为宰相机构，下辖吏、户、礼、兵、刑、工六部，处理具体行政事务；又设枢密院掌军事，御史台掌监察。地方上最初设立十个道级宣抚司，主持日常军民政务，下辖路、府、州、县，后来又出现行中书省（简称行省）的设置，并有提刑按察司（后改肃政廉访司）负责地方监察事务。忽必烈还采取了一些措施来强化中央集权的官僚制统治。首先是限制诸王勋贵的特权，禁止其越轨违制行为，如擅取官物、擅征赋役、擅招民户、擅用驿传等等。其次即解决汉人世侯割据的问题，前文已述。

（四）实行重农政策。大蒙古国时期，统治者对汉地农业的重要性认识不足，忽必烈却较早注意这一问题。他在藩府时就曾询问儒生张德辉："农家作劳，何衣食之不赡？"[8] 即位后，他在中央设立大司农司，专管劝导、督察农事，又将"户口增、田野辟"规定为考核官吏的首要标准。元廷一再下诏招集流亡，鼓励垦荒，发展屯田，兴修水利，禁止抑良为奴。至元七年（1270），元廷颁布立社法令，将以前农村中自发出现的社组织加以统一推广。以自然村为单位，原则上每五十家立为一社，由社众推举年高通晓农事、家有兼丁者担任社长。社长免服差役，专门负责劝农、组织农民协作互助。各社设立义仓以备荒。元廷还汇集历代农学著作，删繁撮要，编成《农桑辑要》一书，颁行全国，用以指导农业生产。

（五）尊崇儒学。大蒙古国时期，儒学不受重视，仅被作为一种准宗教加以优待。蒙哥汗曾发出"儒家何如巫、医"的疑问[9]，表明统治者对儒学作为治国工具的功能还没有明确认识。忽必烈在这方面也显示出超越同辈的识见，他在藩府时就与汉族儒士频繁接触，讲论治道。即位后，他下诏重申儒户免除部分赋役的规定，设立诸路提举学校官，重建地方官学体系，又在中央设立国子学，任命大儒许衡为国子祭酒，用儒家文化教育勋臣子弟。忽必烈自己也多次召儒臣进讲经史，加强对儒家文化的学习。

忽必烈即位后推行的一系列"汉法"，奠定了汉式王朝的基本框架。蒙古游牧民族在征服中原后，必然要逐渐适应发展程度较高的汉族农业文明，这是历史的趋势。忽必烈的主要历史功绩，就在于能够顺应这一趋势，推动大蒙古国最终转变为元王朝。旧史家称颂他"用能以夏变夷，立经陈纪，所以为一代之制者，规模宏远矣"[10]，这个评价是基本符合事实的。不过另一方面，与汉族王朝相比，元王朝也仍然带有明显的二元性特征，旧的"草原本位"色彩并未完全褪去。直到元朝后期的蒙汉文合璧碑铭中，汉文"大元"国号在蒙语中仍译作"称为大元的大蒙古国"或"大元大蒙古国"。元朝纪年方式蒙汉并用，皇帝死后也同时有蒙汉两种纪念性称号。如忽必烈按汉族传统的庙谥为"世祖圣德神功文武皇帝"，而蒙古"国语"谥号则为"薛禅合罕"，意即贤明之汗。这表明元朝的皇帝实际上兼任两种角色，既是汉族臣民的皇帝，同时仍然是蒙古草原百姓的大汗。

第二节　重建大一统

一、元灭南宋

在大蒙古国走向分裂的同时，中国的大一统得到重建。忽必烈在北方政局基本稳定后，很快发动了灭亡南宋、统一全中国的战争。

蒙古对南宋的军事行动早已开始，但很长时间内一直将攻宋重点放在四川；南宋方面则利用四川多山的地形修筑城堡、顽强抵抗，使蒙古骑兵纵横驰骋的长处无法发挥，双方陷入僵持状态。至此忽必烈采纳南宋降将刘整的建议，选择长江中游的襄阳作为攻宋突破口。至元五年（1268），忽必烈命阿术、刘整督军进围襄阳，揭开了灭宋战争的序幕。

襄阳是南宋在长江中游最主要的军事重镇，城坚池深，兵精粮足，隔汉水与另一重镇樊城相对，互为掎角之势。元军采取持久战方针，屯田筑堡，步步进逼，逐渐完成包围。南宋援军数次企图冲破包围圈，打通与城内的联系，然而都被挫败。元军围襄五年，"所费无算"[11]，最后终于在至元十年（1273）正月首先攻破樊城。二月，南宋襄阳守将吕文焕力竭出降。元军在南宋的国防在线撕开一个缺口，创造出了"乘破竹之势、席卷三吴"[12]的有利形势。

至元十一年（1274）六月，元世祖忽必烈正式下诏伐宋。大军以蒙古八邻部人伯颜为统帅，兵分两路。合答、刘整等出淮西，为偏师。伯颜自与阿术等率主力由襄阳出发，以降将吕文焕为先锋，沿汉水入长江，顺流而下。沿江宋将多吕文焕家族成员或旧部，纷纷望风迎降。南宋宰相贾似道被迫督师迎敌，至芜湖，遣使秘密请和，以奉币称臣为条件，遭伯颜拒绝。来年二月，两军战于池州（今安徽贵池）下游的丁家洲，南宋步军先败，水师继溃，军资器械尽为元军所获。元军乘胜东下，相继占领建康（今江苏南京）、镇江、常州等要地。与此同时，长江中游的元军占领江陵，彻底切断了长江上下游宋军的联系。

至元十二年（1275）秋冬之际，元军经短期休整，对南宋朝廷发起最后的攻击。伯颜在镇江部署方略，留部分军队经略淮东，以主力分路包抄南宋国都临安。次年正月，元军会集临安城下。南宋太皇太后谢氏和恭帝赵㬎奉传国玺及降表降元，南宋亡。伯颜入临安，禁军士抄掠，收取宫中仪仗、图籍、珍宝，全部北运。南宋皇室被押送到上都，忽必烈封赵㬎为瀛国公。

在伯颜进入临安的同时，江西、湖南诸路的大部分地区也落入元军之手。但仍然有不少地方的南宋军民坚持抵抗，其中扬州、潭州（今湖南长沙）、静江（今广西桂林）的抵抗尤为壮烈。南宋大臣文天祥、陆秀夫、张世杰也先后拥立赵㬎的两个幼弟——益王赵昰和广王赵昺，活动于福建、广东一带，图谋复宋。元廷调兵遣将，围攻、追击南宋残余力量。至元十六年（1279）正月，四川宋军的最后一个据点合州钓鱼山被元军占领。二月，元军追赵昺至崖山（今广东新会南），大败宋军，陆秀夫抱赵昺投海自尽，张世杰亦死。文天祥被俘北上，坚贞不屈，严词拒绝元廷劝降，至元十九年（1282）就义于大都。南宋残余力量完全被消灭。

元朝攻灭南宋的战争，在性质上与大蒙古国时期的对外征伐不同，原始掠夺的色彩大大减少，而基本已成为汉地政权之间的兼并、统一战争。因此，江南地区所受战争破坏，较之北方要轻

图 9-4 文天祥

得多。至元十二年春，随着南伐的节节胜利，元廷即诏谕长江中游各被占领地区，"令农者就耒，商者就涂，士庶缁黄，各安己业"，禁止镇守官吏"妄有搔扰"。是年夏，南宋湖北制置副使高达降元，忽必烈在赐给他的诏书中指出"夫争国家者，取其土地人民而已"，重新强调"使百姓安业力农"的方针[13]。次年占领临安后，他又一再颁发类似诏书，要求尽快使各地局势转入正轨，并宣布废除南宋经总制钱、圣节上供等苛捐杂税一百余项。元廷同时还采取了统一度量衡、货币的措施，以加强南北地区的经济联系。

平宋前后，元廷对南宋官僚士大夫尽力招降、笼络。最初宣布"去逆效顺、与众来降，或别立奇功者，验等第官资迁擢"[14]。后来又规定南宋官吏可以"赍告敕赴省换授"[15]，宰臣子孙也可"因门第补官"[16]。这一政策相当有效，对于稳定江南局势、恢复统治秩序起了很大作用。南宋余部被消灭后，元廷继续在江南延揽遗民，号召他们出仕新朝。至元二十三年（1286），忽必烈派遣南宋降臣子弟程钜夫持诏南下求贤，罗致名士二十余人，皆任以监察、文学之职。在元朝政府大力搜罗下，大批南宋旧臣，如状元留梦炎和王龙泽、宗室赵孟𬱃、名士叶李等等，接踵北上仕元，出任要职。

但另一方面，仍有很多遗民坚持拒不出仕。对他们来说，南宋被元统一不仅仅是朝代更替，而是遭受了异族的征服，灭亡的不只是一姓的王朝，而是自己具有高度文明的民族国家。因此他们怀有强烈的反抗意识，对元朝统治采取抵制态度。例如，谢枋得反元失败后隐居卖卜，屡被荐于元廷而五召不赴，最后被元朝官吏拘禁起来强迫北行。他以绝食自明其志，抵达大都不久即卒。郑思肖寓居苏州，不与北人交接言谈，平时坐卧未尝北向，岁时伏腊则南向野哭。他著《心史》抒发反元志向，用铁函封缄，藏于苏州承天寺井内，三百余年后始重现于世。这类遗民著名的还有汪元量、谢翱、周密等。

二、与宗室叛王的战争

忽必烈在位期间，西北、东北的宗室诸王一再发动叛乱，对大一统的局面构成威胁。

西北叛王的主要领袖为窝阔台后王海都。至元六年（1269）春，海都与察合台后王八剌等大会于塔拉斯河上，划分各自在中亚地区的势力范围和财赋收入，宣誓保持蒙古传统的游牧风俗、制度，并遣使质问忽必烈："本朝旧俗与汉法异，今留汉地，建都邑城廓，仪文制度遵用汉法，其故何如？"[17]表明了反对"汉法"，与元廷为敌的政治立场。面对这一威胁，忽必烈派皇子北平王那木罕、右丞相安童出镇阿力麻里（今新疆霍城西），加强对天山南北的统治，伺机西进。

至元十三年（1276），那木罕所部宗王昔里吉（蒙哥子）、明里帖木儿、药木忽儿等发动叛乱，拘系那木罕与安童，并企图与海都联合，但未获成功。昔里吉等于是向东进犯，占领吉利吉思等地，应昌（今内蒙古克什克腾旗达来诺尔西南）、六盘（今宁夏固原东南）均有贵族叛变回应，两都戒严。忽必烈急调刚攻下临安的伐宋军主力北征，伯颜亲自统军在鄂尔浑河上大破昔里吉的部队，应昌、六盘的叛变也很快被镇压。后来叛王内部发生分裂，一部分贵族拘禁昔里吉向元廷投降，一部分四下离散，元朝重新控制了漠北地区。但在此期间，海都与察合台汗笃哇（八剌子）趁机东进，占领阿力麻里，骚扰天山南北；畏兀儿亦都护火赤哈儿的斤战死，元朝在天山地区的防线收缩到别失八里和哈剌火州一带。

西北战事未平，东北地区的宗王乃颜又发动叛乱。乃颜是成吉思汗幼弟铁木哥斡赤斤后裔，其祖父塔察儿曾率东道诸王拥戴忽必烈即位。斡赤斤的封地在东道诸王中最为广大，乃颜继承了这份财产，自恃地大兵多，渐有异志。至元二十四年（1287），乃颜趁元朝以重兵防御海都的机会，纠集合赤温（成吉思汗弟）后王哈丹等起兵反元，并与海都取得联系，遥相呼应。忽必烈事先已有准备，闻讯即率军亲征。乃颜仓促迎敌，兵败被擒杀。忽必烈自返大都，留大臣玉昔帖木儿辅佐皇孙铁穆耳征讨乃颜余党，哈丹力屈投降。次年，哈丹举兵再叛，被铁穆耳所遣元军击败，流窜于辽东与高丽之间，到至元二十八年（1291）最终被剿灭。经过这次平叛战斗，东道诸王的势力被大大削弱，以后基本上一直处于朝廷所置行省的节制之下。

在乃颜发动叛乱的同时，海都也在西北加强了军事行动。至元二十五年（1288），海都与笃哇兴兵东犯，次年在杭爱山击败甘麻剌（忽必烈孙）所统元军，宣慰使怯伯在和林叛降海都，漠北大震。七十四岁高龄的忽必烈被迫再度御驾亲征，海都闻讯遁走，元军收复和林。至元二十九年（1292），忽必烈命玉昔帖木儿代替伯颜统领漠北元军，不久又命铁穆耳出镇漠北，开始对海都展开攻势。三十年（1293），元将土土哈占领益兰州（今俄罗斯图瓦共和国），尽收吉利吉思等五部，控制了叶尼塞河上游地区，将海都的势力逐至阿尔泰山以西，从而大大巩固了漠北地区的防御。至此，元廷在与海都的长期交锋中取得了初步的优势。

三、行省体制的定型

元朝疆域辽阔，"北逾阴山，西极流沙，东尽辽左，南越海表。……东南所至不下汉、唐，而西北则过之"[18]。在地方管理方面，元朝逐渐形成一套行省体制，对广袤的疆土实施了有效统治。

行省一词，源于金朝。当时为处理地方上的一些重大军政事务，派尚书省宰臣出外便宜行事，行使尚书省职权，称为"行尚书省事"，简称"行省"。金朝行省只是中央派出机构，并不是固定的地方行政区划。大蒙古国时期，曾模仿金制授给一些汉族军阀"行省"官号，后逐渐取消。另外窝阔台在位时，在新征服的中原、中亚地区设立三个大行政区进行管辖，汉族文人也将它们比附为行省。

忽必烈即位后，设中书省总领全国政务，地位相当于金朝尚书省。而宋、金以来的地方监临区划——路，在金元之际的战乱中或分割，或增设，数目大大增加，不再能承担统领府、州，对中央负责的职能。于是，忽必烈先后设立宣抚司、宣慰司（宣慰使司都元帅府）作为地方一级行政机构，统领路、府。与此同时，仍沿用金朝习惯，不时以中书省宰臣挂上"行某处中书省事"的头衔，代表中央出外，临时主持地方上的政治、经济、军事诸方面事务。其因事而设，事已则罢，治所和辖区都不固定，与宣慰司迭相置废。在平宋过程中，因军事征伐而设立的行省逐步在江南地方化。几支元军主力分别占领、控制的若干军事镇戍区，构成了南方几大行省的基本区域。为了镇压反抗、尽快安定局势，这些行省必须集中权力，并保持设置的相对稳定。这样它们实际上承担了统辖路、府的职责，向常设机构过渡。在此期间江南也设立了不少宣慰司，但它们隶属于行省，作为后者的派出机构，只设于距离省治较远的地方。这一制度变化也影响到北方，行省逐步取代宣慰司，成为镇抚地方的一级行政区划。

行省设置逐渐固定以后，元廷于至元二十三年对行省官制统一进行改革，规定此后行省官员不再以中书省宰相之名系衔，而单称某某行省平章、某某行省右丞之类，以区别于都省（即中书省）官员。至此行省有了自己独立的官称，中央派出机构的色彩完全消失。至元后期，全国已形成辽阳、甘肃、陕西、河南、江浙、江西、湖广、四川、云南九行省。后来辖区虽小有调整，而基本格局未变。上述九省加上以后元武宗时设立的岭北行省，共十个行省，成为"掌国庶务，统郡县，镇边鄙，与都省为表里，……凡钱粮、兵甲、屯种、漕运，军国重事，无不领之"[19] 的地方最高行政机构。在邻近首都大都的河北、山西、山东等地区（起初还包括漠北），不设行省，由中书省直辖，称为"腹里"。元人评价说："国家置中书省以治内，分行省以治外，其官名品秩略同，所以达远迩、均劳逸，参错出入，而天下事方如指掌矣。"[20]

元朝行省制度在中国地方行政史上有很大独创性。首先是辖区广阔。大部分行省的辖区包括今天的二到三个省，远远超出以前王朝的一级地方行政区。这种情况适应了元朝疆域辽阔的特点，避免了中央与地方空当过大状况的出现，做到上下结合、浑然一体。其次是权力集中。行省于地方事务，凡军、政、财权无所不统，与宋朝分割地方权力的制度明显有异。这种情况很大程度上源于元朝特殊的民族征服背景。中央只有加重行省权力，才能够及时并有效地镇压反抗行动，同时也能对分封在边疆地区的诸王贵族进行节制。行省官员中仅有主要长官能掌握军权，而这类职务通常不授予汉人，因此地方权重之弊可以通过民族防范、民族控制得到部分弥补。中央还通过各种制度对行省进行遥控。行省处理辖区内事务在原则上都要按照朝廷典制行事，并接受监察机构的监察。人事方面"自管库而上，皆命于朝"，司法方面"决大狱，质疑事，皆中书报可而后行"[21]。总体上看，在后来的历史发展中，元朝行省极少扮演体现地方独立性、代表地方利益的角色，反而起到了代表中央控制地方局势、搜刮财富的作用。

四、对边疆控制的加强

元朝大一统的成果，不仅表现为版图辽阔，而且表现为对边疆控制的强化和稳定。很多过去大一统王朝的"羁縻之州"，到元朝"皆赋役之，比于内地"[22]。对漠北、东北、云南、畏兀儿、吐蕃等边远地区，元朝都因地制宜地实施了有效的行政管理。

漠北原是大蒙古国的肇基之地。忽必烈定都汉地以后，它失去了政治中心的地位，隶属于中书省。至元九年，元廷在和林设转运司，不久又改置和林宣慰司，管理该地区政府所属军民和城郭、工局、仓廪、屯田、驿站诸事务。到元武宗时，漠北升为行省（岭北行省）。和林之外，元朝在漠北的另一个统治中心是称海（今蒙古国科布多东南），后来此地也设立了宣慰司，隶属行省。漠北地区没有州、县建置，实际基层行政单位仍然是蒙古社会中传统的千户、百户组织。诸王分地是漠北一类特殊的政区，诸王均有分属于自己的一部分民户、牧地，各置王傅、府尉、断事官等职进行管理，从而形成一批独立性较强的藩国，但其中王位承袭、官员任命等事务皆须得到元廷的批准。

东北地区民族成分复杂，除汉族、蒙古族外，还有契丹、女真、水达达、兀者、吉里迷、骨嵬等多种民族或部族。元初在此设宣慰司，至元二十四年改设辽阳行省，下辖七路一府。行省辖境东到大海，包括库页岛在内，东南与高丽接壤。州、县等下层行政机构基本设在中、南部诸路。北部的合兰府、水达达等路，"土地旷阔，人民散居，……各仍旧俗，无市井城郭，逐水草为居，以射猎为业"[23]；元朝在这里分设桃温、胡里改等五个军民万户府进行统治。

云南地区早在至元十一年即设置行省。行省下辖三十七路、二府，边陲又设立若干宣慰司（或宣抚司、招讨司）。州、县设置比较普遍，与内地同。这一地区统治的最大特色，在于各级地方机构广泛任用土官的制度。大抵行省、宣慰司主要由流官大员坐镇主治，兼置土官。路（或宣抚司、招讨司）一级机构中，土官地位已相当重要，但仍有一些流官。州、县之类下级机构则绝大部分任用土官。土官通常由当地土著领袖担任，有品秩而不入流，即使犯罪，也仅罚不废。土官死后由子侄兄弟继任，无则妻承夫职。

畏兀儿降附蒙古较早，其首领亦都护仍被授予世袭统治畏兀儿的权力，但蒙古同时又在哈剌火州、别失八里等重要城市派驻达鲁花赤进行监督。忽必烈即位后，畏兀儿地区逐渐成为元廷与窝阔台、察合台两汗国作战的前沿阵地。至元二十三年，元朝在此设立别失八里和州等处宣慰使司都元帅府。另外又在亦都护下面设畏兀儿断事官，管理畏兀儿人的民政事务。后来它发展为一个新的机构——大都护府，设大都护、副都护等官，皆由朝廷任命。

吐蕃地区作为一个单独的大行政区，未设行省，由中央的宣政院直接统辖。元朝皇帝信奉藏传佛教，尊藏传佛教萨迦派僧侣为帝师，因而由掌管全国佛教事务的宣政院兼领吐蕃之地。帝师在吐蕃也有特殊的统治地位，其法旨"与诏敕并行于西土"[24]。宣政院下属三个道级地方行政机构，分别为吐蕃等处宣慰使司都元帅府（辖吐蕃东北地区）、吐蕃等路宣慰使司都元帅府（辖吐蕃东南地区）、乌思藏纳里速古鲁孙等三路宣慰使司都元帅府（辖吐蕃中西部、包括后世所称前后藏和阿里地区）。三道宣慰司以下，又设元帅府、宣抚司、安抚司、招讨司、万户所、千户所等机构。临近内地的藏汉杂居区，则仿内地制度设立路、府、州、县。从宣慰使到万户各级官员，皆由宣政院或帝师荐举，皇帝予以任命，或自朝廷选派，或直接任用当地僧俗领袖。万户以下地方官，一般可由当地僧俗首领按本地习惯自相传袭。为加强统治，元廷还在吐蕃进行了清查户口、设置驿传等工作。

第三节　治国方针的转折

一、汉法推行工作的停滞

忽必烈行汉法而建元朝。但是推行汉法的方针，从一开始就是不彻底的。蒙古贵族在新王朝的统治地位要依靠民族特权来保证和维护，而如果彻底推行汉法，就意味着取消这一类民族特权，这当然要为蒙古贵族所反对。因此，以忽必烈为代表的蒙古上层统治集团，在完成统治重心的转变、大体上接受了前代中原王朝的一套典章制度以后，迅速向保守的方面转化。他们对推行汉法的工作采取消极态度，对残留的许多蒙古旧制拒绝进一步变革，相反却热衷于对外穷兵黩武、对内搜刮财富，使刚刚略显缓和的社会矛盾重新激化起来。

忽必烈早在自己即位时所颁诏书中，已将新王朝的创建原则规定为"祖述（继承蒙古旧制）变通（进行汉化改革）"，其更详细的表述则是"稽列圣（即蒙古大汗）之洪规，讲前代（即中原王朝）之定制"[25]，其二元性思路十分明显。随着自己统治地位的逐步稳定，作为名义上的蒙古世界帝国最高统治者，他的政治倾向开始发生变化。忽必烈即位之初，汉族官僚在政权中不仅不受歧视，而且掌握着主要权力。中书省官员和元初地方长官十路宣抚使、宣抚副使当中，大部分都是汉人。中统三年爆发的李璮叛乱，牵涉到了忽必烈的重要谋士、元初制度主要创建者之一、中书平章政事王文统，王文统因而被处死。此事大大增加了忽必烈对汉人的疑忌情绪，另一支政治势力色目官僚集团乘机崛起。"色目"是元代对除蒙古之外西北诸族，包括西夏、中亚、西亚，乃至欧洲等地人的泛称。色目人大都有较高的文化水平，长于经商理财，或擅长一些特殊技艺。他们远来中土，在汉地无势力基础，因而与蒙古统治者结合紧密，颇受倚重。至元二年（1265）元廷规定："以蒙古人充各路达鲁花赤，汉人充总管，回回人（代指色目人）充同知，永为定制。"[26] 在中央机构官员的任命上，经过一段时间的摸索与调整，也逐渐形成一套不成文的规定：以蒙古人为长，以下参用汉人和色目人。其基本精神，是在不能不使用汉人的情况下，另外委派色目人分任事权，进行牵制，并由蒙古人居高监视。到忽必烈在位中期，朝中的用人格局已经发生了重大变化。昔日"济之为用"的"鸿儒硕德"凋零殆尽，汉族儒臣被认为"彼无所用，不足以有为也"[27]，纷纷从重要岗位上被排挤出来。

与此相联系，随着政权设置的大体完备和仪文礼制的基本告成，推行、贯彻汉法的政治革新工作趋于停顿。若干事关政权进一步汉化的重大举措屡议屡置，悬而不决。例如科举未开，"士无入仕之阶，或习刀笔以为吏胥，或执仆役以事官僚，或作技巧贩鬻以为工匠商贾"，以至"天下习儒者少"[28]。忽必烈即位后，很多大臣一再提议开设科举，但最后总是"议者不一而罢"[29]。又如元廷长期未颁行法典，起初仅借用、修改金朝《泰和律》有关条款，后以逐渐积累但未形成系统的断例（判例）作为审判标准。

至元三年，大儒许衡上疏论述"立国规模"，特别谈到了汉法的推行。此时忽必烈即位已经七年，汉式王朝的框架已初步奠定；但在许衡看来，这方面的工作还很不彻底，仍然缺乏长远规划，"无一定之论""日计有余而月计不足"。许衡指出："考之前代，北方奄有中夏，必行汉法，可以长久。……国家仍处远漠，无事论此，必如今日形势，非用汉法不宜也。"可见他认为汉法尚未完全实行。值得注意的是，许衡对元朝汉化进程的估计较为悲观，认为"非三十年不可成功"。因此他提出一套循序渐进的方针，"渐之摩之，待以岁月，心坚而确，事易而常，未有不可变者"，而忽必烈本人的态度尤为关键，"虽曰守成，实如创业"，必须"笃信而坚守之，不杂小人，不营小利，不责近效，不恤浮言"，才有可能达到"致治之功"[30]。的确，在游牧贵族保守势力强大的客观形势下，最高统治者又未能坚定不移地贯彻改革方针，那么汉法推行工作的停滞，就几乎是必然的事了。

二、蒙古旧制的大量保留

忽必烈以"祖述变通"为立国方针，也就是说，吸收前代中原王朝制度要以保存若干蒙古旧制为前提。在汉法推行工作趋于停滞的同时，大量阻碍社会进步的蒙古旧制，因为牵涉到贵族特权利益，都在"祖述"的幌子下被保存下来。其中主要有下列内容：

（一）投下制度。"投下"即封地、采邑，又引申为拥有封地、采邑的诸王贵族。中原地区的投下形成于大蒙古国时期。忽必烈即位后，采取了一些措施限制投下权力，以加强中央集权。但投下旧制并未受到根本触动，其独立性依然很强，封主往往专擅自恣，轻视地方官府，非法征敛，欺侵隐占人户，甚至私置牢狱枷锁，接受管内人户词状。投下封主委任的达鲁花赤等官员的选拔迁调自成体系，称为"投下选"，与政府官员的"常选"截然有别，即所谓"秩禄受命如王官，而不得以岁月通选调"[31]。很多人是长年、终身在任，乃至子孙世袭，朝廷人事制度对他们很少发生作用。各投下的政治地位也很高，它们在中央政府，包括中书省和枢密院等高级机构中，都能以不同方式荐用私人，充当自己的代表，参与政务。大批半独立的投下，在地方上构成一批以蒙古游牧习俗为主的民众集团；而众多的投下封主，则成为元朝政治领域中游牧贵族保守势力的主要代表。

（二）斡脱制度。斡脱已见前述，指为蒙古统治者经营商业和高利贷的西域商人。他们所放贷款利息很高，息转为本，又复生息，时称"羊羔息"。入元以后，政府为皇室、诸王的斡脱单立户籍，并设立斡脱所、斡脱总管府等机构掌管有关事务，使斡脱的特权商业活动有了制度保障。斡脱经商通常持有圣旨、令旨，可使驿站铺马，官给饮食，货物可以减免课税，还能携带军械，或有官军护卫。他们还往往假公济私，夹带私人资金营运牟利。斡脱所到之处倚势横行，为非作歹，追征钱债，导致许多人倾家荡产。他们的活动不仅阻碍工商业正常发展，而且对整个社会经济都起着破坏作用。

（三）赐赉制度。大蒙古国时期，大汗向诸王贵族赏赐大量金银财帛。除即位时颁发的巨额赏赐外，平时还有固定的岁赐。入元后，有关制度仍然沿用。中统元年（1260），岁赐总额为银六万零八百五十两，帛三千零五十匹，钞一百四十一锭，绢五千零九十八匹，绵五千一百四十八斤，"自是岁以为常"[32]。实际上这只是一个基本数额，以后的赏赐数在此基础上不断增加。如至元二十六年（1289），岁赐总额已达到金二千两，银二十五万二千六百三十两，钞十一万零二百九十锭，帛十二万二千八百匹。此外临时的特别赏赐，更是名目繁多，无法统计。这种赐赉制度到元朝中后期恶性发展，成为财政上一大痼疾。

（四）怯薛制度。如前文所述，怯薛是蒙古大汗的宫廷护卫亲军，分番入直，分工执役，同时也承担着大蒙古国早期行政中枢的职能。入元后，原来由怯薛分担的行政事务大都移交给了中书省等新设立的汉式机构，怯薛组织依旧保留，继续掌管宫禁事务，并成为元朝高级官员的主要来源。怯薛成员本身并无品级，未纳入官僚系统，但他们却能够凭借近侍身份干预朝政。当朝廷大臣入宫奏事时，怯薛人员可以在场陪奏，参与议事；平时也能够随时向皇帝陈述政见。他们往往直接奏准皇帝，跳过中书省颁发圣旨、玺书，扰乱政事，并对朝廷大臣进行弹劾，使后者处于受监视、被约束的尴尬境地。元朝皇帝与怯薛的关系，实际上是草原时代贵族与其"伴当"（家臣）关系的遗存，具有较强的私人领属性质。因此怯薛干政不仅是皇帝集权专制的产物，也是蒙古传统影响的结果。这使得怯薛成为一个最接近权力源头、超越于官僚机构之上的决策团体。

（五）达鲁花赤制度。达鲁花赤为蒙古语"镇守者"的音译，在汉文史料中又称为"宣差""监临官"，最初指蒙古征服某地后设立的监治长官。元朝建立后，达鲁花赤一职广泛设置于中下级行政、军事机构中，位于正官之上，掌握最后裁定权力。如元人所云，"皇元……曰州府曰司县，乃设官监治于上，路则复设总监一人，其位望之隆，控压之重，若古方伯刺史"[33]。它具有蒙古皇帝"特派员"的身份，原则上都由蒙古人担任。达鲁花赤制度是蒙古统治者民族防范心理的体现，加剧了官员的冗滥倾向。被选任者文化素质通常都比较低，很难对地方政治起到积极作用。

（六）札鲁花赤制度。札鲁花赤是蒙古语，意为"断事官"。大蒙古国时期的也可札鲁花赤，是国家或地区最高行政长官，统管行政、财政、司法等事务。到元朝，国家机器已大为完备，但札鲁花赤这一蒙古旧制仍然顽强地以新的形式生存下来。它所在机构称为大宗正府，主要负责审理诸王驸马投下中蒙古、色目人的犯罪案件和民事诉讼，兼管审理汉人重大刑事罪犯、按检诸路刑狱。元朝中书省之下已有刑部掌管司法，同时又设大宗正府，双方权限互有重叠、职责划分不清，造成了司法体制的混乱。

此外，类似的蒙古旧制还有很多。它们并未构成独立的系统，而是被配置、分布在国家机器的不同领域发挥作用，从而在总体上使元朝的国家体制呈现出二元性的特点。这种二元格局在忽必烈时期基本奠定，并影响了有元一代的政治生活。元王朝始终是一个中原政权模式与蒙古旧制的混合体。

三、任用敛财之臣

随着忽必烈本人政治倾向的变化以及他早年幕僚的逐渐谢世，以色目人为主的一批"敛财之臣"开始控制朝政。其代表人物为阿合马、卢世荣、桑哥。这三个人先后主政的时间合计长达二十余年，占了忽必烈在位时间的大半以上。他们的理财活动对元朝以后的历史进程产生了重要影响。

阿合马，花剌子模费纳克忒（今乌兹别克斯坦塔什干西南）人，原为忽必烈皇后察必的侍臣。中统三年，他受命领中书左右部、兼诸路都转运使，专掌财赋之任。阿合马后相继任制国用使、尚书平章政事、中书平章政事、中书左丞相，长期专权，至元十九年被汉人王著刺杀。史称阿合马"为人多智巧言，以功利成效自负，众咸称其能"，忽必烈"急于富国，试以行事，颇有成绩，……由是奇其才，授以政柄，言无不从"[34]。至元二十一年（1284），忽必烈任命卢世荣为中书左丞，委以理财之责。卢虽为汉人，却系阿合马一党，于阿合马主政时以贿赂得官。他倚仗忽必烈委任之专，欺上凌下，怨者甚众。卢世荣执政四个多月，因御史弹劾而被罢免，后下狱论死。至元二十五年，吐蕃人桑哥出任尚书平章政事（不久升右丞相），成为忽必烈的又一个敛财之臣。与前两人相比，桑哥官位更高，权势也更大。他与忻都、要束木、沙不丁等人结为一党，诬杀不附己的大臣郭佑、杨居宽，朝野侧目。其党羽唆使属下请立桑哥德政碑，受到忽必烈的鼓励。后来，他因朝野积怨过多，终于在至元二十八年罢相被杀。至此忽必烈时期的理财活动，基本告一段落。

阿合马等人的理财工作，的确收到很大成效，使元朝财政收入一度有较大提高。但这些增加的收入，基本上来自对社会的搜刮和巧取豪夺。具体而言，主要有以下途径：

（一）增加赋税。阿合马等人当政期间，赋税成倍增长。如至元十七年（1280），定北方丁税每丁粟二石，比忽必烈即位初增加一倍。国家对盐、茶实行专卖，从至元十三年到二十六年，剔除货币贬值因素，官定盐引的价格即上涨五倍多，茶引价格则上涨二十余倍。阿合马等人所用官吏，都以增加赋税为能事，而朝廷也以此为升黜标准，放任他们横征暴敛。各地因而出现了不少名目古怪的新增杂税，如食羊课、屋间架税等等。

（二）官营牟利。元廷大力推行国家垄断手工业、商业的政策，由政府经营矿冶、制药等行业，又设立和买、市舶、常平等机构。由于纯以敛财为目的，复任用非人，其后果往往是官吏侵蚀贪污，中饱私囊，而百姓深受盘剥之苦。如阿合马当政时设官经营冶铁，铸造农具，高价专卖，"厚其直以配民"[35]，给农民造成沉重负担。

（三）变更钞法。元朝第一次在全国范围内将纸币作为主币来发行，称为钞。元初发行中统钞，控制较严，各地贮银为钞本（准备金），发行数视钞本而定。阿合马等人主政期间，大量印发无本之钞，致使钞轻物重，物价腾踊。桑哥当政后，只好发行新钞，公开宣布旧币贬值。新钞称为至元钞，每贯相当于原中统钞的五贯。结果"积钞之家不胜其损，破家坏产，粟帛之不肯从贱，或至闭籴，……农、工两受其祸"[36]。

（四）钩考敛财。钩考又称理算，意即检查、清算各官府出纳财物，追究欺隐，核征逋欠。阿合马等人当政期间，上到六部、行

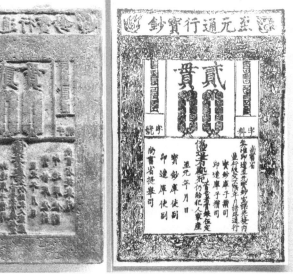

图 9-5　至元通行宝钞及其钞版

省，下到屯田、学校，一再钩考，借以搜刮财富。钩考对象表面上是官吏，其实最后的损失都转嫁到百姓头上。官吏经查出亏欠钱粮，大都在补足之后保留原职，因而变本加厉地盘剥百姓。桑哥任相时，钩考江南通欠钱粮，"已征数百万，未征犹数千万，名曰理算，其实暴敛无艺，州县置狱株逮，故家破产十九"[37]。

忽必烈任用敛财之臣，虽然一度解决了财政上的需要，却给社会造成巨大灾难，也受到许多朝臣、特别是汉族儒臣的反对。反对者逐渐团结在皇太子真金周围，与阿合马等人进行斗争。真金从小接受儒臣教育，成为朝廷中积极主张汉化一派的代表。但阿合马等人倚仗忽必烈撑腰，一直在斗争中居于主动地位。阿合马遇刺后，真金派一度得势。适逢有人上书请忽必烈禅位于真金，阿合马余党利用此事进行反攻，激怒忽必烈，真金不久忧惧而死。此后，朝中的汉法派官僚失去了靠山，已不再形成一支能与敛财之臣相抗衡的势力。桑哥当政时，部分南方汉族官僚因为与北方官僚有矛盾，投靠桑哥，使其力量更加壮大。桑哥倒台后，南方官僚受到牵连，以后终元一代南方人极少再获重用。

四、统治危机初步出现

总体而言，除去一段时间宗王叛乱的因素外，元朝可以说是中国历史上极少见的没有外患的朝代。如时人所言，"圣朝之疆宇固如金瓯，平如衡权，三代以来，罕能同议"[38]。然而，就在大一统完成的同时，元朝中衰的因素也逐渐孕育起来。前代大一统王朝在统一后，往往都经历一个上升阶段，鼎盛时期持续较长，被史家誉为"盛世"；而在元朝，这样一个较长时间的"盛世"并不存在。大一统所带来的种种促进经济发展、文明进步的有利条件，在元朝并未得到充分的利用。汉法推行工作的停滞和蒙古旧制的大量保留，使统治集团与被统治地区的文化差异长期难以弥合。忽必烈先后对东亚、东南亚一些国家发起远征，超出了社会的承受能力，使得"群生愁叹，四民废业，贫者弃子以偷生，富者鬻产而应役，倒悬之苦日甚一日"[39]。凡此种种，都促使统治危机在元朝过早地出现了。

统治危机的主要表现，是反元起事的频繁爆发。大规模的起事多发生在江南。元朝初灭南宋，江南人民曾打着复宋旗号掀起一些反元起事，但很快都在元军的镇压下或败或降。这些事件实质上都是南宋余部抗元的一部分。到至元十七年以后，反元起事又呈高涨趋势。据官吏报告，至元二十年（1283）"江南盗贼⋯⋯凡二百余所"，二十六年已达"四百余处"[40]。这时的起事大部分已不再以"复宋"旗帜标榜，而多称王称帝，自立旗号，说明它们主要导源于新的社会矛盾。

这一时期较大规模的起事，如至元十七年，江西南康都昌县民杜可用利用民间秘密宗教白莲会组织，自称天王，改元"万乘"，有众数万。同年福建畲民陈桂龙、陈大举叔侄起兵反元，有山洞、山寨八十余处，建年号"昌泰"。至元二十年，广东新会人林桂方、赵良钤率万余人举事，建罗平国，用年号"延康"。同年欧南喜于广东清远称王，与当地另一反军领袖黎德合兵，众号二十万。福建南宋降将黄华亦于是年重新反元，聚众十万余人，军士皆剪发文身，号"头陀军"，仍用南宋"祥兴"年号，声势浩大，闽中百姓"十去其四"[41]。至元二十六年，广东畲民钟明亮起事，拥众十万，转战赣、闽、广一带，两次降而复反，元廷两行省一行院合兵剿之而不能克。同年台州宁海（今属浙江）人杨镇龙举兵，有众十二万，自称大兴国皇帝，设左、右丞相等官职，年号"安定"。至元二十九年，广西左江僮人（壮族）黄胜许聚众二万起事，阻断道路，围攻邕州（今广西南宁）。其余中、小规模的反元活动，更是不可胜数。元廷在竭力镇压、招降的同时，也被迫对统治政策做出某些调整。至元二十八年，桑哥罢相，"理财"活动告一段落。三年后忽必烈去世，对外战争也基本中止。在这样的背景下，各地反元浪潮才稍趋平息。

忽必烈去世以后，其孙铁穆耳嗣位，是为元成宗。成宗初年，一位姓吴的教官上"定本十六策"，指出当时的形势是"官吏奸贪，盗贼窃发，士鲜知耻，民不聊生，……大臣持禄而不言，小臣畏罪而不敢，以朝三暮四之术，愚醉生梦死之民，……虽非大乱，亦未可谓之治矣"；"是内而朝廷，外而郡邑，无一事无弊，无一处非病，尚何足以为国乎！"[42]忽必烈留给子孙的，就是这样一份遗产。大一统的元朝百年而亡，不可谓长寿，而追本溯源，应当说早在元朝前期，即已显示出了早衰的征兆。

第十章

元朝的中衰与灭亡（1294—1368）

忽必烈去世后，元朝的统治又延续了七十余年，历经九位皇帝。其中前面八位皇帝累计在位四十年，最后一位皇帝元顺帝在位三十余年，可以分别看作元朝的中期和后期。元朝作为一个几乎没有外患的大一统王朝，享国仅百年有余，寿命并不长久。它在统一之后并未出现一个呈上升趋势的"盛世"，相反却显露出早衰的迹象，这在很大程度上与文化差异的背景有关。蒙古统治者对国家马上得之，马上治之，长于镇压、聚敛而短于改革、治理，与被统治地区的文化差异一直没有很好地弥合。加上贵族官僚内讧、政治腐败、社会贫富分化、自然灾害等其他王朝常见的问题，终于导致了元朝短命而亡的历史命运。

第一节　政治危机

一、边疆战事的余波

忽必烈在位时频繁的边疆战争，到成宗即位后逐渐趋于缓和平息。此后绝大部分时间里，边疆形势都是稳定的，直到元朝灭亡亦不例外。这是元朝有别于前后几个统一王朝的一个显著特点。

西北的窝阔台、察合台两汗国，在一段时间里仍是元朝在边疆上的主要敌手。成宗以长兄晋王甘麻剌镇守漠北，又以皇侄海山专门负责前线军事，指挥大将月赤察儿、床兀儿等抗击海都、笃哇的骚扰。在大德二年（1298）的一次战斗中，笃哇偷袭成功，俘虏了元朝驸马阔里吉思。元朝在西北的军事重镇别失八里和哈剌火州，在此前后都落入敌手。大德五年（1301），海都、笃哇合军越过阿尔泰山，大举东犯，与元军战于蒙古高原西部的铁坚古山（在今蒙古国巴彦乌列盖省）。双方恶战数日，基本未分出胜负，各自收兵。但在这场战斗中，笃哇受伤致残，海都也因伤病在不久后死去，西北叛王的势力受到重大打击。海都死后，其子察八儿在笃哇的支持下即窝阔台汗国汗位。

窝阔台、察合台两汗国长期兴兵与元廷对抗，致使西北、中亚地区的人民大批流徙死亡，田野荒芜，给当地的社会经济造成了巨大破坏。元朝方面固然在战争中耗费了大量人力物力，而叛王方面也同样没有捞取到什么利益，厌战情绪逐渐增长。大德七年（1303），笃哇、察八儿等召开会议，决定"遣使请命罢兵，通一家之好，使吾士民老者得以养，少者得以长，伤残疲惫者得以休息"[1]。使节到达元廷，成宗准予请和，命设置驿传，以通往来。此后，西北诸叛王正式承认了元朝的宗主国地位，战事宣告平息。在与元朝敌对状态解除的同时，窝阔台、察合台两汗国的同盟关系却因外部压力的削弱而走向崩溃，双方不久即爆发了武装冲突。元廷站在察合台汗国一方，遣军攻击窝阔台汗国侧翼。察八儿受到夹击，大败，被迫向笃哇投降，其土地大部分并入察合台汗国，称雄中亚数十年的窝阔台汗国至此瓦解。察合台汗国在此后仍与元朝保持友好关系，西方的伊儿、钦察两汗国亦继续确认元朝的宗主国地位。

仁宗在位时，由于元廷与察合台汗国对边界的划分出现分歧，双方的关系一度又趋紧张。察合台汗也先不花扣留了元朝派往伊儿汗国的使臣，并发兵攻入元朝境内。元廷一面进行反击，一面联络伊儿汗国从背后夹攻。也先不花两面受敌，被元军击败，元朝重新夺回哈剌火州地区。延祐七年（1320）也先不花死，其弟继立，开始与元廷和谈，最终再度恢复了双方的和平关系，直至元亡不变。

忽必烈时期对东亚、东南亚诸国的扩张战争，在成宗即位后基本告一段落。主要的一次扩张余波是成宗大德四年（1300）对缅国（今缅甸）和八百媳妇（兰纳王国，在今泰国北部）的征伐。当时缅国发生弑君事件，元廷发兵征讨，因对方谢罪求和而撤军。但在征缅过程中发现邻近的八百媳妇诸蛮与缅国相结，恃险不宾。朝臣遂劝成宗伐之，理由是"世祖皇帝以神武开一统，功盖万世；陛下未有伐国拓地之举，以彰休烈"。[2]成宗从其议，命刘深为帅，统湖广等省兵两万往征八百媳妇。元军沿途征发丁夫马匹运输给养，百姓大受骚扰；又向西南各族土官勒索金、物，引起当地民族不满。大德五年六月，水西（今贵州毕节一带）女土官蛇节和雍真葛蛮（今贵州开阳）土官宋隆济聚集部众起兵反元，包围贵州。元朝的远征军受到起事者邀击，尚未到达八百媳妇就被击溃，刘深弃众奔逃。这次开边战争于是转化为一场镇压边疆民族起事的战争。元廷又大量增调军队、将领，直到大德七年才将动乱弭平。从此元朝政府也不敢再发动"伐国拓地"的军事行动了。

二、皇位继承制度的隐患

元朝中期，边疆战事虽然逐渐平息，但更严重的危机在政权内部出现了。这就是激烈的皇位争夺。造成皇位争夺的主要原因，是大蒙古国忽里勒台选汗传统在元朝的遗存。

"忽里勒台"作为大蒙古国时期的诸王大会，具有推戴大汗、决定征伐等职能。大蒙古国历代大汗，包括元朝第一任皇帝忽必烈，都是经忽里勒台推戴即位的。忽里勒台会议在当时起到了确立君臣名分、将分散的草原封地聚合为帝国共同体的政治功能，但也造成了蒙古汗位继承的不稳定性，加剧了蒙古贵族内部的纷争。入元之后，忽必烈着手对此进行改革，很早就立己子真金为皇太子，企图确立中原王朝传统的嫡长子继承制。这也是当时他推行"汉法"的一项重要内容。

然而，忽里勒台选汗传统仍然顽强地在元朝延续下来。忽必烈在立太子时，并不敢否定忽里勒台旧制，而仅仅声称预立皇储是"太祖皇帝遗训"，自己选立真金则是"上遵祖宗宏规，下协昆弟佥同之议"的结果，力图将此举披上忽里勒台传统的外衣[3]。后来真金去世，忽必烈很长时间没有续立皇储。直到他去世前夕的至元三十年（1293），才将皇太子册宝授予其孙、真金第三子、正在漠北抚军的铁穆耳。但这次选立皇储的工作与第一次相比更加不彻底，仅仅是颁授了一枚象征皇储身份的印玺，而并没有采取巩固铁穆耳皇储地位的进一步措施，如颁诏令、授玉册、置官属、择师傅等，实际上是继续向忽里勒台旧制妥协。这给将来的皇位继承带来了复杂的影响。

至元三十一年（1294）正月，忽必烈逝世。四月，铁穆耳始从漠北赶回上都。他的即位并不顺利。按照蒙古惯例，在上都召开了忽里勒台大会。由于有相当一部分诸王贵族主张拥立铁穆耳的长兄晋王甘麻剌，会上产生了激烈争执。幸好朝中的元老重臣大都站在铁穆耳一方，平宋勋臣伯颜"按剑陈祖宗宝训，述所以立成宗之意，辞色俱厉"[4]，另一位元老玉昔帖木儿则亲自说服甘麻剌，敦促他服从忽必烈的遗命。经过他们软硬兼施的努力，最后终于形成了一致意见，在诸王大臣"合辞推戴"的形式下，铁穆耳正式即位，是为元成宗。

成宗的即位过程表明：进入元朝之后，忽里勒台选汗传统仍对包括皇帝在内的蒙古贵族有着重要影响，它并不因是否曾预立皇储而改变，使元朝的皇位继承制度存在着巨大的隐患。皇帝生前指定的继承人身份，不足以成为继承皇位的充分条件；只有通过忽里勒台会议的合辞拥戴，皇位继承才最后生效。这种由草原社会流传下来的贵族选君观念，缺乏对被推举者身份的具体限制，实际上为争夺皇位的行动提供了意识形态上的依据，也为有野心的大臣进行政治投机提供了可能性。任何一个未按正常传承次序即位的皇帝，都可以以"宗戚旧臣"的"协谋推戴"自欺欺人，利用忽里勒台传统观念来标榜自己上台的合法性和正统性。有关恶果在元朝中期的皇位继承中得到了充分体现。

三、从成武授受到南坡之变

成宗在位后期，曾将自己年幼的独子德寿立为皇太子，但德寿不久就夭折了。大德十一年（1307）春，成宗驾崩，此时并没有预定的皇位继承人，因而出现了更为严重的皇位继承危机。皇后卜鲁罕和中书左丞相阿忽台企图拥立成宗的堂兄弟安西王阿难答，而中书右丞相哈剌哈孙则以阿难答并非真金后裔、"支子不嗣"为理由，倾向于成宗的两个侄子海山和爱育黎拔力八达（均为真金次子答剌麻八剌之子）。当时海山封怀宁王，总兵于漠北；爱育黎拔力八达则居于怀孟（今河南沁阳）。哈剌哈孙一方面迅速遣使与他们联系，另一方面利用自己的丞相身份，"称疾卧阙下，内旨日数至，并不听，文书皆不署"[5]。他用拖延时间的办法，成功地阻止了卜鲁罕皇后临朝称制；反对派想杀害他，但一时不敢下手。三月，爱育黎拔力八达首先赶到大都，在哈剌哈孙协助下闯宫发动政变，捕杀阿难答、阿忽台等。爱育黎拔力八达本想自即皇位，但惧怕其兄海山手中强大的军事实力，被迫自称监国，北迎海山为帝。五月，海山即位于上都，是为元武宗。为报答其弟闯宫夺位的功劳，他将爱育黎拔力八达立为皇太子[6]，相约兄终弟及，叔侄相承，以复系交替的方式传承皇位。

至大四年（1311），武宗死，爱育黎拔力八达即位，是为元仁宗。按照事先的约定，他应当以武宗的长子和世㻋为皇位继承人。但时易事移，重握大权的仁宗，不肯再将胜利果实从自己一系轻易让出。延祐二年（1315）十一月，仁宗封和世㻋为周王；次年三月，下令让他出居云南；十月，正式立自己的儿子硕德八剌为皇太子。和世㻋不甘心失败，赴云南途中行至陕西，在一批武宗旧臣的拥戴下发动兵变，进攻潼关，并东渡黄河，袭破河中府（治今山西永济蒲州镇）。史称这次事件为"关陕之变"。不久叛军内部发生分裂，自相残杀，元廷又调集优势兵力加以围剿，叛军遂告溃散。和世㻋被迫远走阿尔泰山以西，依察合台诸后王而居。

延祐七年，仁宗去世，硕德八剌即位，是为元英宗。英宗年轻气盛，锐意兴革，任用同样年轻的一位勋臣后裔拜住为丞相，清算以已故权臣铁木迭儿为首的势力。铁木迭儿余党御史大夫铁失等人渐不自安，希望借拥立新君来摆脱困境。至治三年（1323）八月，英宗由上都南返大都，途中驻跸于上都以南三十里的南坡。铁失等人突然发动政变，率军队闯入行帐，杀害了英宗和拜住。史称这次事件为"南坡之变"。铁失计划拥立的新君，是正在镇守漠北的晋王也孙铁木儿（甘麻剌之子）。后者一直在侦伺朝廷情况，觊觎皇位，与铁失事先已有勾结，在这次宫廷政变中并非完全被动的角色。九月，也孙铁木儿接受推戴，即位于漠北，随后南下大都。因他于次年改元泰定，所以史书中称他为泰定帝。为了掩饰自己卷入弑君事件的罪责，泰定帝果断地迅速逮捕、处决了铁失及其主要党羽，从而也使混乱的政局重新稳定下来。然而，元朝的皇位继承危机并没有至此结束，更大的事变还在后面。

四、天历之变及其后果

致和元年（1328）七月，泰定帝在上都去世。八月，留守大都的签书枢密院事燕铁木儿利用手中掌握的兵权发动政变。燕铁木儿是钦察人，其父床兀儿曾长期随武宗在漠北作战，他本人也很早就受到武宗提拔。由于上述关系，燕铁木儿在泰定帝去世前就密谋拥立武宗后人。武宗有两位嫡子，长子和世琜被仁宗封为周王，在关陕之变后逃往西北，次子图帖睦尔当时封怀王，居于江陵（今属湖北）。燕铁木儿发动政变后，封府库，收符印，遣使急迎图帖睦尔。另一位武宗旧臣、蒙古篾儿乞人伯颜（与前文中平宋勋臣同名）正担任河南行省平章政事，他保证了河南行省站在燕铁木儿一方，并亲自护送图帖睦尔进入大都。九月，图帖睦尔在大都即帝位，是为元文宗。文宗改元天历，所以史称这次政变为"天历之变"。与文宗即位同时，泰定帝的左丞相倒剌沙在上都拥立了年幼的皇太子阿剌吉八，这次皇位争夺于是造成了两都对峙，进而演化为大规模的内战。在战斗中，大都方面因为拥有全国主要行省的支持，可以调动较雄厚的人力物力资源，故而渐占优势。十月，大都军队包围上都，倒剌沙出降被杀，阿剌吉八不知所终，两都之战遂告结束。

文宗在局势初步稳定后，也仿照当年仁宗的做法，派使节到西北恭请其兄和世琜，声称要把夺来的皇位转让给他，和世琜随即东返。天历二年（1329）正月，和世琜在漠北即帝位，是为元明宗，文宗被立为皇太子。事情的开端似乎是大德十一年历史的重演，但结局却迥然不同。文宗的让位只是故作姿态，他和燕铁木儿都不甘心放弃已经到手的胜利果实，于是一个新的谋杀计划诞生了。八月，文宗和燕铁木儿北迎明宗，相会于旺兀察都之地（在今河北张北北）。欢宴数日之后，明宗"暴崩"，文宗"名正言顺"地重登帝位。

天历之变虽以文宗的最后获胜而告终，但这场风波极大地消耗了元朝的元气。泰定帝在位时，全国已有很多地方发生天灾，流民死者相藉。天历之变引发的内战，又使一些地区蒙受巨大破坏。在两都对峙时期，陕西、四川两行省站在上都一方。陕西官员一再涂毁文宗所下诏书，扣留其使者，并发兵三路，攻入河南、山西。四川行省平章政事囊加台则自称镇西王，私署官属，烧绝栈道，与文宗对抗。这样，内战不仅发生在两都地区，实际上已波及中原和西南。直到天历二年四月，经过文宗一方软硬兼施的努力，方迫使上述地区臣服。但时隔不久，原来依附上都的宗王秃坚又在云南发动叛乱。他自称云南王，纠合当地有野心的少数民族土官，抗拒朝命，攻掠州县。元廷调集数省军队，最后才于至顺三年（1332）将叛军讨平。

天历时期的皇位争夺还为以后的皇位继承埋下了若干伏笔。文宗在位时，曾立自己的长子阿剌忒纳答剌为皇太子，但仅仅过了一个多月，皇太子即生病夭亡。此事引发了文宗的迷信心理，以至他在至顺三年八月去世前夕下遗诏立明宗之子为嗣，而没有传位给自己的次子燕帖古思。文宗驾崩，皇后卜答失里与大臣拥立明宗次子、年仅七岁的懿璘质班为帝，但他也一月即卒，庙号宁宗。于是明宗的长子妥欢帖睦尔被从广西迎接到大都，在次年即位。这就是元朝的末代皇帝元顺帝。顺帝在位前期，尊卜答失里为皇太后，并允诺将来传位于燕帖古思。但到了后至元六年（1340），他终于对其父暴卒一事进行了清算，下诏撤除文宗的庙主，将卜答失里徙居于东安州（今河北安次西）。燕帖古思则被流放高丽，于途中遇害。天历时期皇位争夺的余波，至此终于结束。

五、权臣专权与皇帝怠政

元朝中后期，权臣专权的现象逐渐突出。出现这种情况有制度上的原因。元朝皇帝不行常朝，每年仅在元旦、皇帝生日及某些大庆典时举行"朝贺"，平时并无接见百官的法定制度。因此"百官入见，岁不过宴贺一二日，非大臣近侍鲜得望清光者"[7]。中书省、枢密院、御史台等主要机构每日正常议政，处理有关的行政、军事、监察事务，议政结果由其长官定期入宫奏禀皇帝，取旨施行。这种政治体制使担任省、院、台长官少数高级大臣的实际地位变得更加重要。另一方面，由于分封制的发达，元朝的贵族政治主要表现为家臣政治，执政大臣基本出自怯薛，君臣关系当中具有一种自草原时代继承而来的私人隶属色彩和身份差异。而忽必烈以后的元朝诸帝绝大多数权力欲不强，满足于深居宫中、垂拱而治，习惯于对相当于其"家臣"的朝廷高官放手使用，不加疑忌。大臣（特别是宰相）虽然权重，但一般情况下其权力只是皇权的外延，不会对整个政治结构造成很大破坏。然而，在有些时期，个别大臣权力过度膨胀，形成专权，对政治体制的正常运作造成危害，成为政权中的不稳定因素。

仁宗在位时，右丞相铁木迭儿长期专权。铁木迭儿本无政治才能，仅因家世显贵，本人又受到皇太后答己的宠幸，方能官拜丞相。

他恃宠擅权，贪污受贿，提拔亲党，打击异己，令朝野侧目。延祐四年（1317），内外监察御史四十余人对他进行弹劾，列举大量罪状，凿凿有据。仁宗览奏震怒，诏命逮问。铁木迭儿逃匿于答己宫中，有司无法捕治，仁宗亦碍于母亲的情面而不再深究。延祐七年仁宗去世，铁木迭儿倚仗答己的势力重登相位，对以前弹劾过他的人大肆报复，诬陷杀害了前御史中丞杨朵儿只、前中书平章萧拜住、上都留守贺胜等高级官员，"一令发口，上下股栗，稍不附己，其祸立至"[8]。答己死后，铁木迭儿的气焰才稍有收敛，不久亦死。

天历之变以后，政变的主谋燕铁木儿独揽大权。文宗为酬谢夺位之功，拜他为中书右丞相，特意罢左丞相不置，使他独为丞相，一切政务悉听总裁。此外文宗还加给他太师、答剌罕（蒙古传统荣誉官号，有"得自由"、"自在"之意，可享受多种特权）的荣誉头衔，并封太平王。燕铁木儿"礼绝百僚，威焰赫赫，宗戚诸王无敢以为言者"，"挟震主之威，肆意无忌"，娶泰定帝皇后为夫人，前后尚宗室之女达四十人之多。他的儿子唐其势甚至说"天下本我家天下也"[9]。燕铁木儿除兼任多项要职外，还亲统左、右钦察等若干支侍卫亲军，可谓如虎添翼。大臣阔彻伯、脱脱木儿等憎恶燕铁木儿权势之重，企图推翻之，却被其手下的钦察兵一网打尽。文宗、宁宗相继去世后，顺帝被接到大都，但因燕铁木儿有追悔之意，顺帝"久不得立，……迁延者数月，国事皆决于燕铁木儿，奏文宗后而行之"[10]。一直拖到燕铁木儿死后，顺帝才正式即位。

顺帝在位前期，朝廷大权实际上掌握在权臣伯颜手中。伯颜是天历之变的第二号功臣，在文宗朝的地位仅次于燕铁木儿。顺帝即位后，燕铁木儿已死，伯颜升任右丞相，进封秦王。不久燕铁木儿之子、左丞相唐其势嫉伯颜权重，发动政变企图夺回权力，被伯颜镇压。此后顺帝也不再设左丞相，由伯颜独秉国钧。元朝权臣专权的状况，在伯颜当权时期发展到了顶点。后至元五年（1339），顺帝将伯颜的官衔改为大丞相，加号元德上辅，这在元朝是没有先例的。伯颜的兼职一再增加，累计头衔竟然达到二百四十六字。他"自领诸卫精兵，……导从之盛，填溢街衢，而帝侧仪卫反落落如晨星。势焰熏灼，天下之人惟知有伯颜而已"[11]。为了巩固自己的权威，伯颜采取顺我者昌、逆我者亡的做法，着重打击不附己的宗室诸王，擅杀剡王彻彻秃，矫旨贬黜宣让王帖木儿不花、威顺王宽彻普化。伯颜权势的恶性膨胀，实际上已对皇权构成了威胁。后至元六年，顺帝与伯颜之侄御史大夫脱脱合谋，趁伯颜侍太子出猎之际，发动政变，草诏数伯颜罪状，将他贬往广东安置。伯颜于南行途中在江西驿舍病死。

继伯颜当政的脱脱，与前任诸人相反，有贤相之称。但由于长期以来已形成了有利于大臣专权的种种政治机制，故而脱脱也是"虽不弄权，而权自盛"[12]。他任相时就国家的一些重大经济、政治问题举行过几次百官集议，实则最后全由脱脱一人做主，百官大都随声附和，持异议者均遭打击、贬黜。脱脱倒台后，仍然连续出现大臣专权的情况，直至元亡。

元朝中后期出现权臣专权，与皇帝的怠政也有直接关系。忽必烈以后的元朝诸帝，大部分人都对理政兴趣不大，在政事上少有建树。成宗在位后期多病，政务委于皇后和宰臣。武宗自漠北入主大统，整日沉溺于饮酒作乐。仁宗、英宗虽有志振作，但前者受制于母后，后者在位短暂，都未有大的作为。文宗受权臣掣肘，只能在宫里召集一批文士讨论书画。顺帝更以怠政著称。他即位后侍臣进言说："天下事重，宜委宰相决之，庶可责其成功，若躬自听断，则必负恶名。"顺帝"信之，由是深居宫中，每事无所专焉"[13]。此后在他一朝出了不少权臣，但顺帝的对付办法仅仅是利用其间的矛盾，用一个权臣除掉另一个权臣，而自己则一直"溺于游乐，不恤政务"[14]，未能亲揽乾纲，在制度上采取预防措施。皇帝怠政如此，元朝国势的衰落也就不难理解了。

六、腐败的政风

早在忽必烈在位时期，就已出现政治腐败的迹象。阿合马、桑哥长期当政，排斥异己，任用私人，官吏专事搜刮，贿赂盛行。成宗即位以后，标榜"守成"。朝中大臣惩阿合马等人理财之弊，深恐成宗再兴此举，也纷纷劝他勿事更张，尽可能按元初所定制度办事。但在"守成"的幌子下，君臣不思进取，也使忽必烈后期的政治弊端无法得到治理，腐败风气日趋严重。

腐败风气较早出现并深化的原因，一是官员素质低下，二是法制不够健全。元朝的官员构成与其他朝代相比有很大差别，怯薛和吏员是最主要的两条入仕渠道（详见后文）。由此二途出身的官员有一个大体相同的特点，即受正统儒家思想熏陶很少，缺乏巩固统治的长远目光，文化素质较低，社会责任感、道义感较弱，只知刻剥百姓、营私聚敛。"进身之初，不辨贤愚，不问齿德，夤缘势援，互相梯引，有力者趋前，无力者居后……苟图俸考，争先品级，以致临政，懵无所知"[15]；"一旦得用，如猛虎之脱栅，饥鹰之掣构"[16]。官员质量虽然低下，数量却持续膨胀。特别是自成宗时起，不断创设新机构，旧有机构也一再升高品级，"官冗于上，吏肆于下，言事者屡疏论列，而朝廷讫莫正之"[17]。另一方面，元朝法制建设较差，尤其是对官吏犯罪的惩罚规定很不完备，往往法无专条，或者是笼统地泛言"禁止""罪之"。有些问题虽有明文规定，但执行起来也常是大打折扣，随意性很强。凡此种种，都使元朝中后期的腐败现象渐成积重难返之势。

成宗时期，政治形势表面平稳，但新问题不断出现。怯薛集团凭借近侍身份，弄权乱政。他们受人请托，徇情舞弊，往往直接奏准皇帝，越过中书省的正常议政渠道颁发圣旨玺书，当时称为"内降旨"。据时人估计，从成宗大德六年（1302）到武宗至大元年（1308），短短六七年间，这种"内降旨"即达一千三百余道，内容涉及命官、田土、户口、词讼、造作等许多方面，严重地干扰、破坏了国家正常行政事务。"中卖宝物"之弊亦在此时发端。"中卖宝物"是元朝中期官员勾结色目商人、损公肥私的一种重要手段。他们代表官府，动用公款，高价收买色目商人的宝石之类珍奇异物，然后从商人手中提成分利。据波斯史籍记载：一次有关情况败露，十二名高级官员下狱被判死刑，但因国师胆巴说情，成宗全部予以释放，不了了之[18]。贪污受贿之风愈演愈烈。大德七年，轰动一时的朱清、张瑄贿赂案案发。朱、张南宋时原为海盗，降元后受命管理海运，通过经营海上贸易成为巨富。他们为巩固自己的地位，对朝中官员遍行巨额贿赂。事发，中书右丞相完泽、平章政事赛典赤伯颜、梁德珪等高官皆卷入其中，成宗被迫将他们罢免，中书省几乎为之一空。但实际上过了不久，有关人员又都被重新起用。

仁宗以下，频繁出现权臣专权局面，这些权臣大都是腐败现象的代表人物。他们为巩固和提高自己的权威，结党营私，卖官鬻爵，本人则大肆收受贿赂，生活奢侈腐朽。铁木迭儿"私家之富，又在阿合马、桑哥之上"，燕铁木儿"一宴或宰十三马"[19]。在这样的风气下，"风俗大坏，居官者习于贪，无异盗贼，己不以为耻，人亦不以为怪。其间颇能自守者，千百不一二焉"[20]。到顺帝时期，地方官吏贪污、敛财各有名目：初次接见下属要收"拜见钱"，逢年过节要收"追节钱"，利用具体职权收费叫作"常例钱"，处理诉讼受贿叫作"公事钱"，还有无任何借口强行索取的"撒花钱"。当时"上下贿赂，公行如市"，地方监察官员至州县巡视，"各带库子检钞称银，殆同市道"[21]。

元朝中后期，统治者在惩治腐败方面做过一些努力，其中比较突出的是奉使宣抚的派遣。为整顿地方吏治，朝廷于地方官府（包括地方监察官）系统之外，临时选派中央高级官员充任钦差使臣分道巡视各地，问民疾苦，惩办不法官吏，称为奉使宣抚。自成宗大德三年（1299）直至元亡，共举行六次奉使宣抚，平均约每十二年一次。奉使宣抚代表朝廷巡行地方，权力较重，惩办贪赃，疏理冤滞，雷厉风行，从重从严，在一定时期和地区内起到了良好作用。但在元朝政治的总体腐败趋势下，这种以官治官、人治色彩突出的理政方式不可避免地暴露出了弱点。顺帝时派遣奉使宣抚，使臣在地方特权勒索，实际上又为百姓增添一重灾祸。民间流传歌谣讽刺说："九重丹诏颁恩至，万两黄金奉使回"；"奉使来时惊天动地，奉使去时乌天黑地，官吏都欢天喜地，百姓却啼天哭地"[22]。从中央到地方，大小贪官污吏成为一丘之貉，政治的颓势已难挽回。

第二节　迟滞的汉化进程

一、中后期的汉化成果

忽必烈在位后期，推行汉法与改革蒙古旧制的工作基本上趋于停顿。但从总体趋势看，元王朝仍然在汉化的道路上缓慢前进。自成宗以下，还是取得了一些局部性的汉化成果。

首先是崇奉孔子。忽必烈时虽采取过一些崇儒措施，但对孔子没有特加尊崇，孔子后裔世袭的衍圣公爵位也长期空缺。成宗即位之初，即"诏中外崇奉孔子"[23]。诏书称"孔子之道，垂宪万世，有国家者，所当崇奉"[24]。与此相关，诏书还重申并强调了发展地方儒学教育、保护和优待学校的种种措施。武宗即位后，又加封孔子为"大成至圣文宣王"，这个头衔之高，超出了历代尊孔的规模。加封诏书称"先孔子而圣者，非孔子无以明；后孔子而圣者，非孔子无以法"[25]。这段话被后人认为是对孔子地位最精要的概括。

元朝长期不开科举，社会上虽屡有呼吁，但统治者总是不予理睬。直到仁宗时，情况才有转机。仁宗早年曾拜汉族儒士李孟为师，接受儒家思想熏陶较多。他即位后，整顿朝政，裁减冗员，征召儒臣参与议政，组织人员用蒙古文翻译重要经史著作，一时颇有儒治气象。皇庆二年（1313），正式下诏开设科举（制度细节详见后文）。科举的开设部分地满足了汉族儒士开辟读书做官途径的要求，也促进了汉文化在蒙古、色目人中的进一步推广。

英宗在位时，任用木华黎后裔拜住为相，采取了一些推进汉化

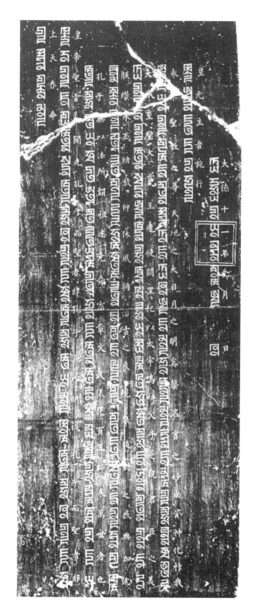

图 10-1　加封孔子诏碑，其中的八思巴文是拼汉字的音

的措施。英宗与拜住都具有较好的汉文化素养，而且年轻气锐，改革愿望坚定。至治二年（1322）春，在元朝建立太庙四十年之后，英宗首次按照前代中原王朝的仪节行亲享之礼，"鼓吹交作，百姓耸观，百年废典一旦复见，有感泣者"[26]。元朝法无定制，曾多次着手修纂律令，但都未全部完成。英宗组织力量，在仁宗时编纂的历朝法令文书类编初稿的基础之上，进一步增删修订，于至治三年春颁行天下，名为《大元通制》。《大元通制》的细目与唐、金两代法典的沿袭关系十分明显，就其基本精神而言，可以看作唐以来中国传统法典的延续。时人即评价它"于古律暗用而明不用，名废而实不废，……虽欲违之而莫能违也"[27]。

英宗与拜住的汉化改革尚未充分展开，二人就在南坡之变中遇刺身亡。南坡之变固然有权力斗争的因素，同时也反映了蒙古统治集团内部汉化和反汉化两派的激烈冲突。继位的泰定帝实际上是保守草原游牧贵族集团利益的代表。尽管如此，他为了树立自己合法继统者的形象，消除汉族官僚和部分汉化蒙古贵族的不信任情绪，仍然不得不在汉化推进方面有所动作。其主要表现，就是经筵的开设。经筵是中国古代皇帝为学习经、史著作而特设的御前讲席。元朝建立以来，经筵进讲虽偶有事例，但一直没有形成制度。泰定元年（1324），泰定帝正式下诏开设经筵，命儒臣以《帝范》《资治通鉴》《大学衍义》《贞观政要》等书进讲。后来元廷又规定，经筵讲读官员没有人代任不准去职，这样就保证了经筵进讲作为一项制度固定下来。

在天历之变中登上帝位的文宗，从小在汉地长大，并且在江南生活过较长时间，其汉文化造诣大大超出前数任皇帝。文宗即位不久，就创设了奎章阁学士院，集儒臣于阁中备顾问。文宗喜爱书画，汇集宫廷所藏书画作品于奎章阁，于是书画鉴定、研究也成为奎章阁的一项重要工作。奎章阁设授经郎二员，专门为勋旧、贵戚子弟和年幼的近侍讲授经学。另外还设立了一个附属于奎章阁的机构艺文监，负责用蒙古语翻译儒书，校正、刊刻经籍。在天历二年到至顺二年（1331），文宗还组织一批文人学士，模仿唐、宋《会要》体例，编纂了政书《经世大典》。全书共分十篇，八百八十卷，是一部集元朝典制之大成的著作。文宗标榜"文治"，尊孔崇儒，对孔子的父母和重要弟子逐一追赠爵位，又大力旌表节妇。他还遵照儒家礼仪，在大都南郊亲祀昊天上帝，以太祖成吉思汗配享。

顺帝在位前期，权臣伯颜当政，仇视汉人，推行了一些反汉化的措施，科举一度停摆。伯颜倒台后，脱脱任相，改元至正，实施"更化"。脱脱首先恢复科举取士，又恢复太庙四时之祭，整顿国子监，遴选儒臣辅导顺帝读书，一时"翕然称为贤相"[28]。长期以来议而未行的辽、金、宋三史修撰工作也在至正三年（1343）正式开始，脱脱任都总裁官，广泛罗致朝野儒士人才组成编写团队。当时关于辽、金、宋三史以何种体例编修、三朝孰为"正统"的问题一直争论未决，脱脱最后做了"三国各予正统，各系其年号"[29]的决断，保证了编撰工作在两年之内顺利完成。这一时期，还进行了增补、修订《大元通制》的工作，书成更名《至正条格》。至正前期，元王朝在汉化道路上取得了它最后一些成就，但随着社会总体危机的逐渐深重，覆亡的命运也悄然而至。

二、汉化迟滞的特点

尽管元朝中后期陆续取得了一些汉化成果，但与中国古代其他北方民族王朝相比，它的汉化进程仍然较为明显地呈现出迟滞的特点，显得更为艰难、更为迂回曲折。这一特点表现在许多方面。就制度层面而言，主要表现为大量不适应汉地情况的蒙古旧制继续存留，其具体情况在第九章已经述及。除去那些从草原移植到汉地的制度以外，还有一些自大蒙古国以来长期执行的消极政策到元朝中期逐渐制度化，也可划入传统的蒙古旧制之列。其中最典型的就是客观上将全体百姓分为四等的民族等级政策，关于它将在下文详述。这里主要从有关统治集团文化素质的角度来看汉化迟滞的问题。

总体来看，元朝包括皇帝在内的蒙古贵族接受汉文化比较缓慢，其中大多数人在相当长时间里都对中原地区的一套典章制度、思想文化十分隔阂。元朝历朝皇帝均信奉藏传佛教，加封吐蕃萨迦派僧侣为帝师，"所以敬礼而尊信之者，无所不用其至，虽帝后妃主，皆因受戒而为之膜拜"[30]。仁宗、英宗还下令在地方广设帝师殿，祭祀第一任帝师八思巴，规模制度超出孔庙。相对而言，在蒙古统治者心目中，儒学的地位要逊色许多。社会、文化背景的差异，使他们对儒家学说的概念、体系感到难以理解。忽必烈早年虽曾对儒学产生一些兴趣，但体会粗浅，后来在理财问题上与儒臣产生分歧，认为后者不识时务，与其渐渐疏远。成宗时大臣因为"天变屡见"，按照儒家传统的天人感应理论请求"引咎辞位"，成宗即轻蔑地说："此汉人所说耳，岂可一一听从邪？"[31]元朝最后

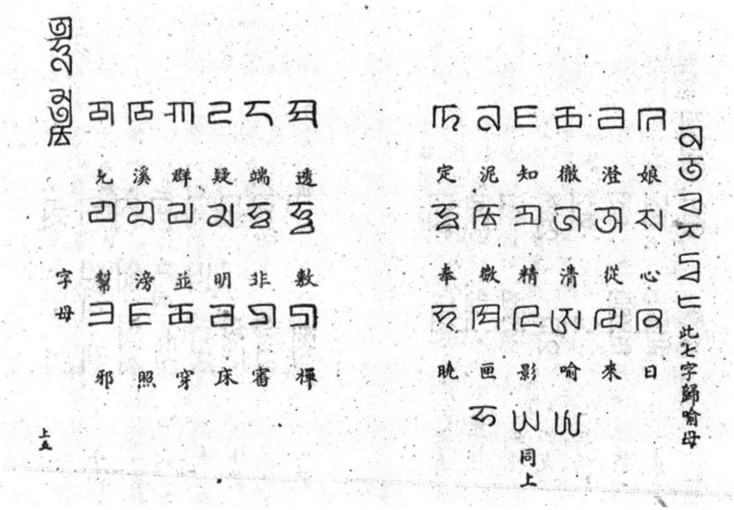

图 10-2 《蒙古字韵》三十六字母表，以元朝通行的八思巴字记录读音

一个皇太子爱猷识里达腊（后为北元昭宗）则说："李先生（按指其师傅李好文）教我儒书许多年，我不省书中何义；西番僧教我佛经，我一夕便晓。"[32]元朝诸帝中只有仁宗、英宗儒化稍深，但他们同时也仍然是藏传佛教的虔诚信徒，且因具体政治环境的制约都未能有太大作为。大多数蒙古、色目贵族对儒学的态度亦与皇帝近似。就整个朝廷而言，可以说儒家思想在昔日作为治国主导方针的"独尊"地位，始终没有得到明确的承认，而与儒学格格不入的保守势力直到元亡都相当强大。顺帝一度讲习经史，"左右多沮挠者"[33]。帝师则对太子习儒提出异议："向者太子学佛法，顿觉开悟，今乃使习孔子之教，恐坏太子真性。"[34]

语言文字的使用也反映出类似问题。元初，忽必烈命八思巴仿吐蕃文字母创制"蒙古新字"，颁行天下，凡官方文书必用其书写，再以当地文字（汉文、畏兀儿文等）附之。为推行这种文字，朝廷在地方上广设蒙古字学进行教授。有元一代，大批汉人为获进身之阶，入蒙古字学读书。精熟蒙古语、取蒙古名字、具有蒙古化倾向已成为汉族官僚中并不鲜见的事例。蒙古语的语法、词法还渗入汉语当中，形成一种独特的"元代白话"文体。汉语对蒙古贵族虽有一定影响，但并不明显。宫廷中主要使用蒙语，大多数皇帝（仅后期的文宗、顺帝例外）虽有一定程度的汉语水平，但仍不能完全脱离翻译。元朝的儒臣们为了向皇帝灌输儒家思想，不得不十分费力地将经书、史书和有关讲解用蒙古文翻译出来进讲。不仅皇帝多不习汉文，蒙古大臣中习汉文者也很少，如元朝后期的右丞相阿鲁图就对顺帝称"臣素不读汉人文书，未解其义"[35]。有的蒙古贵族到地方任官，执笔署事，写"七"字之钩不向右而向左转，"见者为笑"[36]。

在用人政策上，元朝统治者心目中的民族畛域根深蒂固。他们极力维护蒙古、色目贵族在上层统治集团中的垄断地位，排斥汉族官僚进入统治核心。如时人所云："台、省要官皆北人为之，汉人、南人中万无一二。"[37]在进入上层统治集团的一小部分汉族官僚中，以吏进身者又占了绝大多数，儒士得重用者寥寥，大都只在文化、教育机构中起一种点缀作用，"负有为之志，不得尽见于事"[38]。中下级官员当然是以汉族为主，其中也是吏员出职者居压倒优势。仁宗时虽开设科举，但取士人数及其入仕前景都很不足道，被评为"名有而实不副"[39]。元朝重吏轻儒的用人方针，与前后朝代明显有异，从根本上说是蒙古统治者特殊统治意识渗透的结果，是他们对汉族典章制度认识不深、汉化不彻底的产物。而政治腐败的速度则因此大为加剧。元末人总结说："不用真儒以治天下，八十余年，一旦祸起，皆由小吏用事，……坏天下国家者，吏人之罪也。"[40]

造成元朝汉化迟滞的因素是多方面的。首先，蒙古族在进入中原以前从事比较单纯的游牧、狩猎经济，对汉族农业文明几乎全无接触和了解。认识农业经济的重要性，接受相关的一套社会文化、意识形态，对他们来说相对比较困难。第二，蒙古建国后除汉文化外，还受到藏传佛教文化、伊斯兰文化乃至基督教文化的影响，对文化传统贫乏的蒙古统治者来说，汉文化并不是独一无二的药方。第三，尽管横跨欧亚的蒙古帝国在建立不久就陷于事实上的分裂，分化出元王朝和四大汗国，但在相当长的时间里，元朝在名义上一直只是蒙古世界帝国的一部分。漠北草原在国家政治生活中占有重要地位，存在着一个强大而保守的草原游牧贵族集团，这就使得元朝统治集团仍不能摆脱草原本位政策的影响，长期难以做到完全从汉族地区的角度出发来看问题。汉化迟滞在一定程度上导致了元朝的早衰，但蒙古民族却也因此而能够在元亡之后长期保持自身的传统。

第三节　财政问题

一、恶性膨胀的财政开支

与其他王朝类似，元朝在中后期也长时间为财政问题所困扰，财政开支巨大，入不敷出。而同其他王朝相比，元朝的财政支出制度尤为混乱，缺乏章法，表现出比较明显的盲目、随意性；其财政开支的主要名目，也多少带有一些自身的特点。

首先是皇室费用的支出相当巨大。忽必烈在位时，皇室的花费尚属俭朴，自成宗以下，皇室生活日益腐化，开支渐趋浩繁，政府中所设专门为皇室服务的家政机构院、寺、局之类也一再增加。皇室费用之中，又以宴享和做佛事为大宗。蒙古人素重宴享，将其与征伐、狩猎并视为国家三件大事，"虽矢庙谟，定国论，亦在于樽俎餍饫之际"[41]。大凡新帝即位，群臣上尊号，册立皇后、太子，以及逢元旦、皇帝生日、祭祀、诸王朝会和重大狩猎活动，都要在宫廷大排筵宴，招待贵族、大臣和近侍。赴宴者所穿服装由皇帝颁赐，均为同一颜色，大都由绣金锦缎织成，饰以珠翠宝石，"穷极华丽，振耀仪彩而后就列"[42]。这种特制的服装称为"质孙服"（质孙为蒙古语"颜色"之意），宴会也因而称为"质孙宴"。"质孙宴"豪华奢靡，次数频繁，耗费财物难以估算。做佛事指举行藏传佛教的宗教活动，仪式盛大，费用惊人，"一事所需，金银钞币不可数计，岁用钞数千万锭"[43]，甚至杀羊即达上万头。忽必烈在位末年，每年的佛事名目有一百零二项，而成宗大德七年已达五百余项。以后诸朝的佛事次数、规模又继续扩展，"所需非一，岁费千万，较之大德，不知几倍"[44]。除此之外，元朝诸帝还大量兴建佛寺、铸造佛像、用黄金写佛经，以至时人云"国家经费，三分为率，僧居二焉"[45]。除去宴享、佛事支出外，宫廷其他日常开支，如后妃、近侍、宦官的奢侈生活、宫室的营缮、珍禽异兽的饲养等，所花费用都相当可观。

赏赐也是元廷财政的一项重要开支。对宗亲贵族不断进行赏赐是大蒙古国以来的传统，而这类赏赐在元朝中后期达到了恶性发展的地步。与前期相比，此时赏赐的主要形式由较为固定的"岁赐"转向更为随意的临时赏赐，受赐对象也更加广泛，除宗亲贵族外还兼及近侍、官僚和佛寺道观。元朝中后期帝位争夺激烈，即位的皇帝为酬谢支持者、安抚反对者，都要大行赏赐，称为"朝会赐赍"，其数额之巨，远远超出平时固定的岁赐。如成宗即位后赏赐宗亲贵族，"依往年大会之例，赐金一者，加四为五，银一者，加二为三"。仅过两月，中书省就不得不告急说"朝会赐与之外，余钞止有二十七万锭，凡请钱粮者乞量给之"[46]。武宗即位时在和林、上都两次聚会诸王驸马，赐赍亦重复进行，结果"以朝会应赐者，为钞总三百五十万锭，已给者百七十万，未给犹百八十万，两都所储已虚"[47]。文宗即位后对贵族功臣屡行赏赍，在至顺二年四月的一次赏赐中即用去金二千四百两，银一万五千六百两，金腰九十一副，币帛一千三百余匹。除去上述与皇帝即位有关的赏赐外，贵族官僚乞请无度，平时较小规模的赏赐随时有之，难以统计。另外，皇帝还经常将国有土地用于赏赐，如文宗赐大承天护圣寺土地一次即达十六万顷。大量的赐田减少了国家的官田收入，从另一个角度使财政窘困的局面更为加剧。

此外，还有一些重要的财政支出项目，如军费、官俸、赈济等。元朝实行军户制，平时的军需物资主要由军户自己负担，但国家要支付军士的口粮，这笔费用占了每年税粮收入的很大一部分。在战争时期，军费更要大幅度增加。元朝中后期基本不再发动对外战争，但内部用兵（如镇压人民反抗等）却时有出现，特别是泰定帝死后爆发的天历之变，演化为以两都为中心的内战，将国库储藏消耗殆尽。元朝的官俸就一般水平而言与前朝相比数额并不算大，但问题在于机构冗滥，品级趋高，长官多员，"至于属官辟吏，员额杂冗，支俸食米，内外繁多"[48]。故而官俸实际支出的数量仍颇为可观，且有不断增长的趋势。赈济可算是真正"用之于民"的财政支出，而元朝赈济又具有自己的特点，即对边疆地区、特别是蒙古政权发源地漠北的赈济比较重视。古代畜牧业经济十分脆弱，如遇较大天灾，往往受到毁灭性打击。元朝在中国历史上第一次对漠北草原实施了长期并且有效的控制，草原部民遇到天灾可以"号救于朝廷"[49]。终元一代漠北自然灾害史不绝书，元廷投入了大量财力去进行赈济。这方面的支出当然是应予肯定的，但成本巨大，也的确成为元朝财政的一项负担。

从纵向上看，尽管在个别时期情况也曾有所缓解，但元朝的财政危机总体而言仍处于日益恶化之中。早在忽必烈去世前夕，国家财政已经出现赤字。成宗大德四年宰臣上奏提到此前"公帑所费，动辄巨万，岁入之数，不支半岁"[50]。此后元朝的财政勉强维持数十年不至崩溃，是以大幅度增加对百姓搜刮为前提的。"除税粮、科差二者之外，凡课之入，日增月益。至于（文宗）天历之际，视至元、大德之数盖增二十倍矣，而朝廷未尝有一日之蓄"。其时商税数目"视至元七年所定之额，盖不啻百倍云"[51]。对于这种恶劣的财政状况，统治集团的奢侈浪费应负主要责任。

二、理财努力的失败

元朝中后期，面对入不敷出、捉襟见肘的财政窘境，除加强剥削外，统治者也采取过一些针对性的措施进行"理财"。这方面的努力或能暂解燃眉之急，但由于支出仍在不断膨胀，故并不能根本改善财政状况。相反，很多"理财"措施还对社会产生破坏作用，进一步深化了社会危机。

从成宗即位到武宗初年，元廷主要采取挪用钞本、增发钞币的办法来弥补财政赤字。成宗即位之初因滥行赏赐，国库告急，遂下令将诸路平准交钞库所贮钞本银九十三万六千九百五十两，仅留十九万二千四百五十两，余悉运往大都。此后数年财政入不敷出之数，皆借支于钞本。武宗即位后，中书省臣以帑藏空虚，支出无着，犹奏"臣等固知钞法非轻，曷敢辄动，然计无所出，今乞权支钞本七百一十余万锭，以周急用"[52]。与此同时，元廷为济一时之需，盲目扩大货币投放量，钞币印造之数逐年递增。大量无本虚钞流通于市，导致钞币猛烈贬值，物价腾踊。挪用钞本和增发钞币，实际上是一种饮鸩止渴的做法，加剧了财政经济的紊乱。

武宗至大二年（1309）八月，诏立尚书省以整顿财政。元朝制度，宰相机构为中书省，但忽必烈曾两度于中书之外另立尚书省理财，以阿合马、桑哥主其事，尽揽中书大权。武宗师其故技，第三度设尚书省，以脱虎脱、三宝奴、乐实等人为省官，中书省复被架空。尚书省的理财措施，首先是发行新钞"至大银钞"，一两准至元钞五贯，同白银一两。原来至元钞每两贯同白银一两，现贬值为五贯同一两。更早的中统钞则随之贬至每二十五贯同白银一两，由于贬幅过大，干脆被元廷禁止行用。随即又铸行铜钱为辅币，小者称"至大通宝"，一文准至大银钞一厘，大者称"大元通宝"，一文准至大通宝十文。上述措施以倍数更大的新钞贬抑、取代旧钞，结果使得"钞虚而物愈贵"[53]，百姓深受通货膨胀之害。铜钱则因币材等原因铸造数量较少，元廷乃许前代旧钱并用，徒使币制更加混乱。在货币改革的同时，尚书省又奏定税课法，规定诸色税项以武宗即位的大德十一年数为正额，以增收数目评定税官等第，增收九成以上为最，七成以上为上酬，五成以上为中酬，三成以上为下酬，不及三成为殿。此法的实质就是鼓励官员多方加强搜刮。此外，尚书省还推行了诸如提高盐价、增加江南富户税收、拘收外任官职田改颁禄米等一系列"新政"，总的精神不外通过各种途径开辟财源。尚书省的理财工作引起了社会各阶层普遍的反对，而且尚书省臣还与当时身为皇储的仁宗不睦。至大四年正月，武宗卒，仁宗遂下令罢尚书省，有关省官以"变乱旧章，流毒百姓"[54]之罪诛窜一空。

仁宗即位后，也有改善财政状况的打算，于延祐元年（1314）下诏经理江浙、江西、河南三省田籍，分遣大臣赴三省检括漏隐田产，以追征税赋，增加财源。当时南方的很多土地被地主、官僚、寺观隐占，强者田多税少，弱者产去税存，赋役不均，而且影响了政府的财政收入，因此"经理"之举本有积极意义。但地方官奉行过当，"期限猝迫，贪刻用事，富民黠吏，并缘为奸"[55]，变成一项暴政，"绳以峻法，民多虚报以塞命，其后差税无所于征，民多逃窜流移者"[56]，有的地方甚至出现了逼死人命及拆毁民屋、发掘民墓以虚张顷亩之事。百姓怨言腾沸，江西宁都州民蔡五九聚众起兵反元。仁宗被迫停止"经理"，又下诏暂免新落实的田赋，括田增税的目的并未完全实现。

"延祐经理"以后，元廷未再进行较大规模的"理财"之举，仅有些局部性措施，如泰定、文宗两朝曾为解决饥荒问题采取入粟补官的办法。到顺帝至正十年（1350），财政危机已成积重难返之势，元廷不得不又在币制上打主意，企图再祭印发新钞的法宝。此次更钞之议由左司都事武祺、吏部尚书偰哲笃提出，他们的方案是印造新的中统交钞（又称至正交钞），同时铸造至正铜钱，钱钞兼行，新钞一贯权铜钱一千文，准至元钞二贯，新旧钞、新钱及历代钱通用。新钞法的原则是以交钞为母、铜钱为子，意在放手印行新钞，以虚代实，借以掠夺民间财富。这一建议得到丞相脱脱支持，在百官讨论时"众人皆唯唯，不敢出一语"，只有儒臣吕思诚表示反对，认为此举将使民间"藏其实而弃其虚"，从而导致纸币制度瓦解[57]。最后在脱脱主持下终于定议，吕思诚受到处分，新钞遂行。实则果如吕思诚所料，新钞大量发行造成了货币流通的极度混乱，钞币信用暴跌，百姓弃钞不用，视如废纸。"舟车装运，轴舻相接，交料之散满人间者，无处无之，……京师料钞十锭，易斗粟不可得"，地方甚至"皆以物货相贸易"[58]。元廷最后一次理财努力的直接后果是财政崩溃，而此时的元朝也行将灭亡了。

第四节　元朝的覆亡

一、动荡不安的社会局势

从成宗即位到顺帝在位中期，元朝的统治大致维持稳定。但在稳定的表象之下，社会又始终孕育着动荡不安的因素。其主要表现，就是各地的武装反元起事绵延不断，并且呈现出愈演愈烈的趋势。

成宗即位后，面对忽必烈末年遗留下来的严重社会问题，暂停对外用兵，为政标榜"安静"，使社会矛盾一度有所缓解。但"安静"的国策也有因循保守的缺陷，不能解决政治腐败等弊端，加上天灾频仍，故而地方上的反元浪潮很快又活跃起来。元贞二年（1296），江西赣州兴国县民刘六十聚众万余反元，自称天王，署丞相、将军等官，宣言"止杀官中人"[59]。大德四年广西人高仙道以白莲教为旗帜鼓动起事，平民信崇者数千人。次年河南人段丑厮等"诈称神异，妄造妖言，虚说兵马，扇惑人众"，其徒党"贯穿数州，恣行扇惑，无人盘诘"[60]。与此同时，元军对八百媳妇的远征又引发了西南土官蛇节、宋隆济举兵反抗（详见本章第一节），也给元朝统治以重大打击。

武宗时，天灾人祸交织，社会危机仍很严重。如山东、河南地区"蝗旱荐臻，疹疫暴作，郊关之外，十室九空，民之扶老携幼，累累焉鹄形菜色，就食他所者，络绎道路，其他父母兄弟夫妇至相与鬻为食者，在在皆是"[61]。到仁宗即位初，在临近大都的沧州爆发了以阿失歹儿等人为首的起事。他们在华北驰骋作战，屡败元军，射死了元将宽彻大王。延祐二年，元廷在南方经理田籍的活动激起了江西宁都州民蔡五九的起事。这次起事直接导致了"经理"的流产，元廷调集江西、江浙两省兵力才将其镇压。泰定帝时，息州（今河南息县）人赵丑厮、郭菩萨倡言"弥勒佛当有天下"，策划起事，事发后元廷十分恐慌，派出中央大宗正府、刑部、枢密院、御史台官员与行省共鞫其案[62]。

顺帝在位初期，权相伯颜把持朝政。此时元朝地方政局不稳的状况日益严重。后至元三年（1337），广东增城人朱光卿起事，建"大金国"，建元"赤符"。同时在汝宁府信阳州（今河南罗山）则有棒胡起事。次年江西袁州（今宜春）民彭莹玉、周子旺以白莲教组织起事，周子旺自称周王。后至元五年，河南行省掾史范孟纠集党羽，冒充朝廷使者，矫诏杀死行省主要官员，随后自称河南都元帅，拘收衙门印章，封锁黄河渡口，调兵守城，凡五日而败。频繁的地方动乱更加深了以伯颜为首的蒙古保守贵族对汉人的仇视情绪。在伯颜主持下，元廷重申汉、南、高丽人不得持有兵器的禁令，凡有马者皆拘入官，汉、南人不得学习蒙古文字，又要求朝中汉官讨论对汉族起事者的"诛捕之法"[63]。据称伯颜甚至向顺帝提出了尽杀张、王、刘、李、赵五姓汉人的建议。

伯颜倒台后，脱脱继任相位，纠除若干弊政，时称"更化"，稍显复兴之迹象。但从整体来看，元朝统治的颓势已无法挽回。上层统治集团倾轧剧烈，很难集中力量从事政治革新；地方政治腐败、军备废弛的现象则一如既往。至正四年（1344），益都盐徒郭火你赤聚众称兵，转战山东、河北，攻打城邑，释放囚徒，如入无人之境。又有起事者三十六人聚集于江南茅山道宫，三省元军上万人不能剿捕，反为所败，"从此天下之人，视官军为无用"[64]。地方上的武装反抗此起彼伏，遍布全国，预示着大规模动乱即将到来。

在这段时间，自然灾害也更加严重。主要是黄河发生决口，黄河南北大片州郡俱罹水患，"田莱尽荒，蒿藜没人，狐兔之迹满道"[65]。河患不仅加剧了社会动荡，而且威胁漕运和沿海盐场生产，直接影响到元朝财政收入。于是元廷采纳都漕运使贾鲁的建议，准备对黄河进行比较彻底的修治。当时元廷内部对治河方案有种种不同意见，贾鲁主张"疏塞并举，挽河东行，使复故道"[66]，这一计划的工程十分艰巨，超出了其时社会的承受能力，故而颇受反对。但贾鲁认为"役不大兴，害不能已"[67]，经反复辩论，他的意见终被脱脱采纳。至正十一年（1351）四月，诏命贾鲁为总治河防使，发民工十五万、戍卒二万治河。工程持续数月，至十一月完工，河归故道。这次工程就治河本身而言是成功的，但黄河南北的百姓经连年水旱灾荒，已不聊生，元廷在此时大举征发民工，督责严苛，死者枕藉，怨苦之声载道。民工成批聚集于工地，又为反抗活动的策划和宣传提供了有利条件。由于上述原因，这次治河工程遂与至正十年的变更钞法之举共同成为元末大动乱的导火线。

二、白莲教与反元大起义的爆发

元末大起义主要是由白莲教徒组织和发动的。白莲教本为佛教净土宗的一个支派，创立于南宋初年，崇奉阿弥陀佛，以劝导在家人斋戒念佛、死后同生净土为宗旨。因其教义浅显，修行简便，允许"在家出家"，故而在民间得到广泛传播。入元以后，白莲教在传播过程中逐渐渗入了净土宗另一支派——弥勒净土信仰的内容，进一步分化为一些小的宗派，并且较多地被利用来组织反元起事。例如起事于忽必烈后期的杜可用、成宗时的高仙道、顺帝前期的彭莹玉、周子旺，都是白莲教徒，因此，元廷曾一度禁止白莲教传播。顺帝至正十一年的治河工程开工后，北方白莲教首领韩山童、刘福通等计划趁机起事。他们加紧宣传白莲教"明王出世""弥勒下生"的口号，并将一个独眼石人埋在治河工地里，同时散布谶语"石人一只眼，挑动黄河天下反"。河工挖出石人，递相传告，人心更加浮动。

这一年五月，韩山童、刘福通等人聚众于颍上（今属安徽），誓告天地，准备起事。山童自称宋徽宗八世孙，当为中国主，事未发而谋泄，被地方官府捕杀。刘福通仓促起兵，攻占颍州（今安徽阜阳）。起事者头裹红巾，故称红巾军（或红军）；其多为白莲教徒，烧香拜佛，故又称香军。他们以"贫极江南，富称塞北"的文告鼓动百姓[68]，又打出旗号称"虎贲三千，直抵幽燕之地，龙飞九五，重开大宋之天"[69]，意在利用长期存在的民族矛盾号召、团结汉人，并直接提出了推翻元朝统治的政治目标。起事发动后，进展迅速，占领了黄、淮之间很多州郡，众至十万，屡败元军，百姓从之如流。其余地区亦纷纷起而响应，天下大乱。南方白莲教徒徐寿辉、邹普胜起兵于蕲水（今湖北浠水）并建立政权，徐寿辉称帝，国号"天完"。芝麻李据徐州，郭子兴据濠州（今安徽凤阳东北），亦皆以白莲教聚众号召。另外还有一些起事者不属白莲教系统，如活动于浙东沿海的方国珍和占据淮东的张士诚。其中张士诚自称诚王，建国号大周，都于高邮（今属江苏），阻断漕运，对元廷威胁尤大。

面对骤然恶化的局势，元廷调集军队，竭力镇压。各地起事者虽声势浩大，但多为临时裹聚，缺乏军事经验，且各自为战不相统一，在元军优势兵力的进攻下一时处于下风。至正十二年（1352），右丞相脱脱亲统大军攻陷徐州，其别部又进围濠州，城中红巾军苦战始得解围。在南方，数行省元军合力围剿天完红巾军，于至正十三年（1353）攻占蕲水，徐寿辉遁入山中。至正十四年（1354），元廷乘屡胜之威，大举进攻张士诚占据的高邮，仍由脱脱任统帅，总制诸王及各省军队，便宜行事。脱脱又征调西域、西番、高丽各族军队助战，兵号百万，"旌旗累千里，金鼓震野，出师之盛，未有过之者"[70]。围城三月，高邮危在旦夕。正在此时，元朝上层统治集团又一次爆发内讧。脱脱久处相位，有专恣之迹，渐受孤立。其政敌宣政院使哈麻趁其出师在外，在第二皇后奇氏和皇太子爱猷识里达腊支援下，策动御史弹劾脱脱久战无功，劳师费财。章凡三上，顺帝遂下诏将脱脱免职流放，派人代统其军。由于临阵易帅，形势陡变，元军在张士诚出击下不战自溃，很多走投无路的兵丁反而加入了各支反元武装。高邮之役成为元末战局的重要转折点，此后元廷已很难再大规模地调集军队镇压起事，起事者的主要对手成为那些在动乱中结寨自保的地主武装"义兵"。而所谓"义兵"在与起事者作战的同时，也在向半独立、独立的势力演化，元廷对他们渐渐无力控制。

从至正十五年（1355）起，反元起事重新转入高潮。这一年刘福通在亳州拥立韩山童之子韩林儿为帝，又号"小明王"，国号宋，建元"龙凤"。天完红巾军也再度壮大，据汉阳为都。后其将领陈友谅杀徐寿辉自立为帝，国号大汉，占有长江中游大片地区。另一名将领明玉珍则进入四川，建立"大夏"政权。张士诚南下占领平江（今江苏苏州），方国珍继续盘踞于浙东。张、方二人后来向元廷臣服，接受元朝官号，实则仍自主一方，形同割据。

在上述各支势力中，以韩林儿、刘福通为首的宋政权对元廷形成了最直接的威胁。至正十六年（1356），他们发动了三路北伐。西路出潼关入关中、汉中，东路进攻山东，占领益都、济南等重要城市。中路经山西北上，攻破元朝的陪都上都，焚毁宫阙，又转战进入辽东、高丽。刘福通也在中原主动出击，攻占北宋故都汴梁，定为都城。后由于兵力分散，后援不继，加上内部纷争的影响，三支北伐部队在元军围剿下相继失败了，但它们的活动已给元朝统治非常沉重的打击。

三、元末的中枢政局

在各地反元浪潮的冲击下，元朝的统治风雨飘摇。江淮地区动荡的形势阻断了南方赋税的征收和北运，政府财政已无法支撑，大都一带的粮食供应更成为一个严重问题。虽然元廷在京畿开辟屯田，但投入多而收获有限，未能解决缺粮问题。至正十八年（1358）大都发生饥荒，加之疫病流行，大批百姓死亡。十一座城门外各挖万人坑掩埋，所葬遗骸达二十万。而作为最高统治者的元顺帝却依然长期怠政，沉溺于游宴淫乐，亲自设计、制造龙舟和宫漏等物品以备游戏，精巧冠绝一时。他又与一批近臣从吐蕃僧人修习房中术，君臣宣淫，男女裸处，"丑声秽行著闻于外，虽市井之人亦恶闻之"[71]。大臣张桢奏请"凡土木之劳、声色之好、燕安鸩毒之戒，皆宜痛撤勇改"，指出值大乱之际，"而陛下乃安焉处之，如天下太平无事时，此所谓根本之祸也"[72]。顺帝执迷不察。

这段时期，上层统治集团内部的倾轧也有增无减。在顺帝怠政的同时，皇太子爱猷识里达腊及其生母第二皇后奇氏（高丽人）却积极干政，野心勃勃。他们与大臣哈麻联手，导致脱脱罢相。此后哈麻掌握大权，密谋废黜顺帝，拥立皇太子，事泄被杀。但皇太子与奇皇后仍然继续策划"内禅"，寻求支持者，朝臣也因而分化为两派。右丞相搠思监、宦官朴不花拥戴太子，御史大夫老的沙等人则站在反对立场，双方争斗不已。混乱之中，阳翟王阿鲁辉帖木儿又趁机发难。阿鲁辉帖木儿是窝阔台之子灭里后裔，驻牧于漠北。他看到国事渐不可为，乃于至正二十年（1360）举兵叛乱，并派使节对顺帝说："祖宗以天下付汝，汝何故失其太半？盍以国玺授我，我当自为之。"[73]顺帝调兵征讨，被打得大败，后继续增兵至十万，才将叛乱弭平。

顺帝在位后期，宫廷斗争又与军阀矛盾交织在一起。元末大动乱中，以结寨自保的地主武装"义兵"为核心，在北方形成了几支新的武装集团，其代表人物有察罕帖木儿、孛罗帖木儿、李思齐、张良弼等，前两人势力尤强。察罕帖木儿是入居河南的乃蛮人，取汉姓李，曾应科举未中，至正十二年起"义兵"与红巾军作战，势力不断壮大。他先后打败了大宋红巾军的西、东两路北伐部队，并于至正十九年（1359）攻破韩宋政权的都城汴梁，盘踞中原，元廷渐不能制。孛罗帖木儿是元将答失八都鲁之子，代父职统军，驻于晋北。李思齐、张良弼的势力范围则在陕西。察罕、孛罗二人长期不睦，屡次发生武装摩擦。后来察罕帖木儿被红巾军降将刺杀，其养子扩廓帖木儿（汉名王保保）代领其军。在愈演愈烈的宫廷斗争中，皇太子爱猷识里达腊结扩廓帖木儿为外援，反太子的老的沙等人则倚仗孛罗帖木儿相对抗，斗争更加复杂。

至正二十三年（1363），老的沙在太子派的打击下被免职，逃往孛罗帖木儿营中。搠思监、朴不花秉承太子旨意，奏孛罗帖木儿图谋不轨，顺帝乃下诏削夺孛罗官爵及兵权，矛盾趋于白热化。次年孛罗帖木儿以讨奸臣为名发兵进京，顺帝被迫将搠思监、朴不花交付孛罗处死。皇太子不甘心失败，命扩廓帖木儿出兵攻打孛罗帖木儿。孛罗帖木儿于是再度进攻大都，皇太子战败出逃。孛罗入京，任中书右丞相，节制天下军马。皇太子在外与扩廓帖木儿合兵，声讨孛罗罪状。孛罗大权在握，日益骄横，顺帝设计将他刺死，诛其余党。皇太子在扩廓护送下还京，顺帝任扩廓为左丞相，封河南王，总制关、陕、晋、鲁诸道兵马。陕西的李思齐、张良弼自恃年长属尊，不服扩廓调遣，与他发生武装冲突。皇太子和奇皇后希望借扩廓兵力迫使顺帝禅位，扩廓不从，于是其同盟关系也出现了裂痕。至正二十七年（1367），元廷宣布罢扩廓帖木儿兵权，命其部将白琐住、忽林赤、貊高等人分别代掌军队。扩廓又与白琐住等人互相残杀，北方局势一片混乱。此时新崛起的红巾军别支朱元璋已统一南方，对内讧不断的元廷发起了最后的致命一击。

四、元明嬗代

元末群雄逐鹿的最终获胜者朱元璋，濠州钟离（今安徽凤阳东北）人，出身贫苦，父母和长兄皆死于疾疫，曾为生活所迫出家为僧，游方乞讨。至正十二年投入濠州红巾军郭子兴部，以才干渐受子兴赏识，娶子兴养女马氏为妻，得自统一旅。郭子兴卒后，其长子亦战死，朱元璋遂成为郭氏余部的主要统帅。他接受龙凤大宋政权的官号，始任左副元帅，后渡长江向南发展，于至正十六年攻占

图 10-3　朱元璋

江南重镇集庆（今江苏南京），被小明王韩林儿任命为江南行中书省平章政事，兼行枢密院同签，得自置官属。此时朱元璋已发展为一支独立的政治力量，将集庆作为根据地中心，更名应天府。他采纳儒士朱升"高筑墙、广积粮、缓称王"[4]之策，在加强政权建设、发展生产的同时，并不急于自立旗号，仍长期遵用龙凤正朔。

当朱元璋进占集庆之后，元朝在南方的统治已经趋于瓦解。虽有一些地方官仍效忠元廷，但基本上只限于自守，朝不保夕。与朱元璋争衡的主要对手是另外两支反元势力，即东面的张士诚和西面的陈友谅。朱元璋首先与占据长江三角洲的张士诚交战，屡挫其锋；又向南打败几支残余元军，基本控制了浙西地区。从至正十八年起，他将军事进攻的重点转向西线，在与陈友谅的拉锯战中取得了比较显著的战果，势力伸入江西。由于朱元璋的力量不断壮大，龙凤政权也一再给他加官晋爵，升为江南行省左丞相，封吴国公。不久大宋红巾军在中原败于察罕帖木儿，小明王和刘福通由汴梁退至安丰（今安徽寿县）。朱元璋见元军势强，为缓解北边的压力，遂向察罕帖木儿遣使通好。元廷闻讯，即派人前来招降，诱以高官厚禄。但朱元璋在一段时间的观望之后，得知了察罕帖木儿遇刺的消息，认为北方已不足畏，于是拒绝了元廷的诱降。至正二十三年，张士诚兵围安丰，朱元璋亲自驰援，将小明王救回江南，表面上厚加奉养，实则严密监视。龙凤大宋政权实际上就此灭亡。

就在朱元璋进援安丰的同时，陈友谅亲统号称六十万的主力部队大举来攻，包围洪都（今江西南昌）。朱元璋率舟师二十万赴救，陈友谅退至鄱阳湖迎敌，双方恶战一月有余。朱元璋最终以少胜多，陈友谅中流矢死，余众大溃。鄱阳湖之战确立了朱元璋在南方的霸主地位。至正二十四年（1364），朱元璋称吴王，建立西吴政权（同时张士诚亦称吴王，史家因二人位置分称为东、西吴）。随后其进攻武昌，陈友谅之子陈理出降，汉政权亡。二十六年

（1366），朱元璋派人暗害小明王韩林儿，停用龙凤年号。二十七年，朱元璋击败并俘虏张士诚，灭东吴，又迫降浙东沿海的方国珍，江南大局已定。这一年十月，朱元璋命徐达为征虏大将军，常遇春为副将军，率军二十五万，正式对元朝发动北伐。大军行前发布北伐檄文，提出了"驱逐胡虏，恢复中华，立纲陈纪，救济斯民"的政治口号，同时又表示"如蒙古、色目，虽非华夏族类，然同生天地之间，有能知礼义、愿为臣民者，与中夏之人抚养无异"[75]元朝统治下的北方正陷于军阀混战之中，无力组织有效的抵抗。朱元璋的北伐军出兵不足两月，即已尽占山东全境，随后西定河南，潼关以东皆非元有。

在发动北伐的第二年，也就是元顺帝至正二十八年（1368）正月，朱元璋在应天府称帝，建立明朝。这时南方的明军已平定福建，两广亦指日可下。五月，朱元璋亲临汴梁召开军事会议，筹划对大都的进攻。闰七月，明军沿运河北上，一路势如破竹，直抵通州。顺帝见大势已去，遂留淮王帖木儿不花监国，自己与皇后、太子开城门北奔，逃往上都。八月初二日，明军攻入大都，擒斩帖木儿不花，元亡。由于明军以迅雷不及掩耳之势进占大都，逐走元顺帝，拥兵于山西的扩廓帖木儿和盘踞陕西的李思齐、张良弼失去了政治旗号，难以抵抗明军的进攻，或奔或降，中原完全落入明朝的控制下。北逃的元顺帝及其子孙在此后一段时间里仍以大元之名号令部众，史称"北元"，但作为中国历代统一王朝之一的元朝已经不复存在，被新兴的明王朝取而代之。

第十一章

元朝制度、经济与社会

作为中国历史上唯一一个由北方游牧民族建立的统一王朝，元朝在制度上与前后中原王朝既有延续，又有断裂，而以延续为主。经济虽曾在战乱中遭受严重破坏，但战后逐渐恢复到较高的水平。土地关系、社会结构方面，元朝也在承继前代的基础上呈现出自己的特点。

第一节　国家制度

一、机构设置

忽必烈建立元朝后，在汉族士大夫帮助下，逐步创设、完善各项国家制度。这些制度的基本框架来源于前代中原王朝（特别是金朝），但在局部配置上，仍有很多蒙古旧制掺杂其间。机构设置就比较典型地反映了这种情况。

元朝中央统治机构最重要者有三：中书省掌行政，枢密院掌军政，御史台掌监察。中书省作为宰相机构，地位相当于金朝的尚书省。其最高长官名义上为中书令，通常由成年皇储兼任，实则只是虚衔。中书省的真正长官为右丞相、左丞相各一员（蒙古人尚右，故右在左上），以下依次有平章政事、中书右丞和中书左丞、参知政事几个级别的省官，共同组成宰相机构。宰相下面又有参议府、断事官厅、左司、右司等僚属机构，协助处理政务。中书省职权范围很广，"军国之务，小大由之"；"凡选法、钱粮、刑名、造作、军站民匠户口一切公事，并经由中书省可否施行"[1]。除枢密院、御史台、宣政院等少数几个特殊机构之外，其余所有中央、地方机构奏请事务，选用官属，都必须通过中书省。宰相中居于首位的右丞相，通常必以蒙古勋贵担任，其余宰相则参用蒙古人和汉人。中书省工作时，宰相们列坐于一堂，就所议政事各抒己见，最后由右丞相做出决断，大事申报皇帝，小事便宜施行。遇重大问题需讨论，则由宰相负责主持百官集议。对于已做出的决策，亦由宰相负责监督吏、户、礼、兵、刑、工六部等下属机构执行。六部作为唐宋以来的传统行政机构，职掌基本未变，各设尚书、侍郎、郎中、员外郎、都事等官。在个别时期，元廷曾因理财需要增设尚书省，省官名目大致与中书省相同。他们因理财受皇帝宠信，夺取人事权，架空中书省，直接指挥六部，节制行省，实际上也已具有宰相的性质。

枢密院作为最高军事机构，统一管理、调度除怯薛军（直属皇帝）以外的全国内外军队，负责奏举、铨选武官，赏罚、存恤军户。枢密院长官为知枢密院事（简称知院），以下依次设同知枢密院事、枢密副使、佥书枢密院事、同佥书枢密院事等官。御史台是最高监察机构，专掌刺举百官善恶、讽谏政治得失。御史台长官为御史大夫，下设御史中丞、侍御史、治书侍御史、殿中侍御史、监察御史等官。枢密院、御史台的长官可直接入宫奏事，自行举荐官属，它们在制度上独立于中书省之外，共成鼎足之势。如忽必烈所说："中书朕左手，枢密朕右手，御史台是朕医两手的。"[2] 另一方面，中书省在其中地位又稍高，院、台发送中书的文书要采用由下行上的体式。

省、院、台之外，还有其他一些重要中央机构。宣政院掌管全国佛教事务，并负责统辖吐蕃地区，是元代特有的机构，地位较高，可自选官属。大宗正府掌蒙古人、色目人刑名诉讼，与前代掌管皇族事务的宗正机构名同实异，其职掌实际上来源于大蒙古国时期的大断事官，长官也称为也可札鲁花赤。宣徽院掌朝会、宴享，基本与前代相同；但同时又负责征收漠北蒙古部众赋税、抚恤蒙古部落、选拔怯薛人员，则为元朝特色。翰林国史院掌修史、起草制诰、备顾问，虽然事务闲散，实权微弱，但却是朝中汉族儒士所占比例最高的机构，起到点缀作用。蒙古翰林院负责译写诏令文书，通政院管理全国驿站事务（一段时期内与兵部分掌），均为元朝特有的机构。大司农司掌劝课农桑及水利、义仓等事务，职掌近于前代。

地方最高行政机构为行省。行省全称行中书省，最初为中书省派出机构，后逐渐地方化，全国共有十个行省，详见第九章第二节。行省官称与中书省相同，但一般不设丞相，而以平章政事为长官，以下为右丞、左丞、参知政事，又有左右司、都镇抚司、检校所等附属机构。行省（以及中书省直辖的"腹里"）以下的行政区划，依次为路、府、州、县，各自又按户口多少分为上、中、下三等。正官名称分别为总管、府尹（或知府）、州尹（或知州）、县尹，正官之上又均按蒙古传统设达鲁花赤一职，作为"监临官"，掌握最后裁定的权力。

路在宋、金主要仍是代表中央监临地方的"监司"，不具备在辖区内施政牧民的职能。元朝的路则已正式过渡为一级地方行政机构，与传统的府、州、县并称，仅级别稍高而已。这主要是因为元朝大量将宋、金的府、州升格为路（府与州原基本平级，重要之州称府），致使路的数量剧增。北宋全国共二十三路，金朝十九路，南宋十七路，元朝则达一百八十五路。元朝路的辖区大为缩小，如南方几乎形成"每州皆为路"[3]的局面。这样路已失去了昔日的"监司"地位，演变为一般的地方行政机构，要接受级别更高的行省统辖（在"腹里"者仍由中书省直辖）。同时，路又不是唯一直属于行省的建置，路以下的统属关系也比较复杂，"大率以路领州、领县，而腹里或有以路领府、府领州、州领县者，其府与州又有不隶路而直隶省者"[4]。路、府、州、县并非严格的四级行政区，大多数时候行省下面只有三级或两级，如路—府—县、路—州—县、府—州—县、州—县等几类情况。中间层次较乱，而省、县两级基本稳定。另外，因为行省版图较大，在一些远离省治的地区，又有宣慰司的设置，就便处理当地事务，在偏远路、府与行省之间起到承接作用。元朝还建立了比较完备的地方监察机构，对此将在下文详述。

二、入官途径

元朝的选官制度独具特色。高级官僚基本上为上层蒙古、色目贵族以及极少数汉族勋贵所垄断，这些人绝大部分出自怯薛组织。中、下级官僚中，出身吏员者占了压倒性优势。过去凭借文化知识"学而优则仕"的儒士集团则受到冷落，在官僚构成中仅占很小的比例。

大蒙古国时期的宿卫亲军怯薛，在入元以后继续保存，但军事职能已渐趋消退，主要承担宫廷服役工作。他们的工作性质接近于前代的宦官集团，而作为世袭职事的贵族高官子弟，出身显贵，被称为"大根脚"（根脚，元代用语，指社会出身），实际社会地位又远非宦官可比。其主要表现，就是可以直接进入省、院、台等朝廷机构充任职务，常常是骤列高位，拔置要津。所谓"凡入官者，首以宿卫近侍"[5]。具体而言，因门第不同，怯薛成员在入仕方面所享受的特权也有高低之分。世代担任怯薛长的博尔术、博尔忽、木华黎几个家族，地位最为显赫，如木华黎后裔童安童二十岁时即被忽必烈任命为中书右丞相，博尔术后裔玉昔帖木儿则在忽必烈一朝长期担任御史大夫。其余怯薛人员亦往往"岁久被遇，常加显擢"[6]。他们既可以通过武职世袭、文职荫叙的正常途径得官，也可以经怯薛长推荐，越过中书省和吏部的复杂铨选程序，由皇帝直接授职。后一种情况被称为"别里哥选"（别里哥，蒙古语符验、凭证之意）。出任朝官的怯薛成员，其怯薛执事身份并未解除，在规定的执役日期仍要"昼出治事，夜入番直"[7]。这种内外朝人员往来流动的现象，实际上成为元朝皇帝对官僚机器实施控制的一种手段。

吏员出职，即吏员脱离吏职、担任官职，是元朝最主要的一条入仕途径。元朝各级衙门的吏员名目繁多，主要有令史、司吏、书吏、必阇赤、译史、通事、宣使、奏差、知印、典吏等。他们分别负责处理公文案牍、翻译、传达通信、保管印信文书等工作，根据所在衙门品级高下、吏职地位主次高低、执役时间长短等因素，都可以出职担任不同品秩的官职。其中省、院、台、部等中央机构的吏员出职前景最优，无须考满即可出职，考满则直接补六、七品官；因此七品以下官员为求升迁，亦常重新投充中央机构吏职。这种为其他朝代所罕见的官吏互相流动的现象，主要导源于蒙古统治者实用主义的统治意识。他们并未受到汉族社会鄙视胥吏传统观念的影响，相反认为官吏之间"靡有轻贱贵重之殊，今之官即昔之吏，今之吏即后之官"[8]。在这种思想指导之下，吏员出职之途大开，有关制度也渐次完善，出现了"我元有天下所与共治，出刀笔吏十九"[9]的局面。

儒士的仕途较前代相比则大为狭窄。忽必烈即位后，儒臣们一再提出开设科举的要求，然而屡议不果，长期未获采纳。这里面有铨选壅滞、朝廷政争、吏员出职制度化、科举自身流弊诸因素的影响，而蒙古统治者与汉族地区文化背景的差异，则是更为深层的原因。在元朝前期，儒士主要通过补吏和任教官两途入仕。补吏需有人保举，名额很少，且以后在出职过程中要与专业吏员竞争，不占优势。任教官一途相对而言更加重要。元朝地方广设学校，由低而高配置直学、教谕、学录、学正、山长、教授等教官。生员优秀者可保举为直学，历经数考可升至八、九品的教授，然后转入行政系统任职。实际上员多缺少，"自直学至教授，中间待试、听除、守缺、给由，所历月日前后三十余年，比至入流，已及致仕"[10]，政治出路难望昔日之项背。极少数"名儒""名士"凭借自己的特殊声望被征召入翰林国史院等中央文化、教育机构任要职，则属特例。据当时人估计，由怯薛入仕者约占百分之十，出自吏员者占百分之八十五，而以儒进身者仅有百分之五[11]。

仁宗皇庆二年，元廷终于下诏开设科举。规定自次年起，每三年开试一次，分乡试、会试、殿试三级。蒙古人、色目人与汉人、南人分别有两套不同的考试程序，录取亦分为两榜。乡试为地方考试，全国共录取三百人；会试则在礼部考试，于乡试中选者中再遴选出一百人参加殿试；通过殿试者称为进士，实际上只是重排名次，不再黜落。各级考试录取人数中，原则上蒙古人、色目人、汉人、南人各占四分之一。总体上说，元朝科举取士人数很少，对既定用人格局并无大的触动，进士的地位和仕途也难望唐宋之项背。主要考试内容为经义，即从儒家经书中摘取文句命题作文，不考词赋。四书为经义必考科目，汉人、南人考生加试五经（任选其中一经），经义内容须在程朱理学对经书的解释基础上发挥，从而使理学正式获得了官方学术的地位，大大扩展了它的影响。

三、监察与考核

元朝监察制度在前代基础上进一步完善。中央监察机构御史台，设御史大夫、御史中丞、侍御史、治书侍御史、殿中侍御史、监察御史等官，名称和具体职掌皆同前代，而品秩更高，员额也更多。此外，元廷又在地方上设江南、陕西两大行御史台（简称南台、西台），分担中央御史台（简称内台）事务并受其节制，官员设置基本上也与内台相同。行台的建立，反映了元朝疆域辽阔的特点，在中国古代属于首创。在基层监察方面，共设立二十二道肃政廉访司（初名提刑按察司，简称宪司、监司），各设廉访使二员、副使二员、佥事四员。廉访使留司，总制一道，副使与佥事每年定期分巡州县。二十二道廉访司当中，八道直属内台，十道属南台，四道属西台。这样，就形成了一个经纬交错、自成系统的全国性监察网。

忽必烈在位前期，元廷先后颁布《设立宪台格例》等三个条例，对御史台、行台、廉访司的职权范围做了详细规定。它们的首要任务是纠察从中央到地方各级官吏的不法、不称职行为，对为政有方、廉能公正的官员，则有权进行举荐。元朝不设专职谏官，监察机构（主要是内台）官员也要承担谏净的职责。定期审核中央到地方各级政府机关的公文案卷，发现并调查、处理问题，是监察官员最主要的一项日常工作。此外，监察机关还有监督铨选、纠肃风俗、劝农、追赃、参与镇压叛乱起事、复核地方案件等任务。为保证上述职责能够顺利完成，元朝规定：监察系统官员的任用，由御史台自行选择，其迁调主要在本系统之内；监察官员上奏，亦可实封直达御前，他人不得拆视。虽然在实际政治运作中，监察机关的职能很难充分实现，但就制度规定而言，还是相当周密、完备的。

文武官员皆有品阶，制度大体仿自金朝。官品分为九品，每品又分正从，共十八级。官阶指散官名号，文散官自一品至八品共四十二阶（九品无散官），其中正一品官分六阶，以下各级分别划分为两至三阶，最高者为开府仪同三司，最低者为将仕佐郎。武散官分三十四阶。官员积累资历，经考核后，可递升品阶。中央机构及行省、宣慰司官员，以三十月为一考，一考升一等（指官阶）；地方路、府、州、县官员则三年为一考，三考始升一至二等。官员考满时由上级发放"解由"，书明本人履历、在任政绩、工作交接情况等，送吏部核实，按有关规定加以迁转。对地方官有被称为"五事"的考核标准，即户口增、田野辟、词讼简、盗贼息、赋役均，上级机构和监察机构按照这"五事"填写"解由"。如五事皆备，品级可上升一等，四事备则减资（待选年限，指任满后等待安排下一任职位的时间），三事备依常例迁转，四事不备添资，五事不备降一等。官员正常循资升迁，到三品为止。三品以上，由皇帝在宰相协助下根据需要进行选用，不拘常调。总体来说，元朝的考核制度不够完善，表现在考核标准不很细致，考核工作重奖不重惩，在执行过程中出现了论资排辈、鱼贯而升的形式化倾向。忽必烈在位末年，东平（今属山东）布衣赵天麟上疏指出考核制度"宜以贤能为先，不宜以日月为上"，并提出一套包括"三要""九征""二十六美"的更详细的考核标准[12]，但未获采纳。

四、法制建设

大蒙古国时期，法制不立，贵族、将帅往往随意生杀立威。忽必烈即位后，着手整顿汉地法制混乱的状况，将司法权收归中央。在立法工作方面，以行政立法较有成就，刑法则一直未遑制订。具体司法实践只能借用金朝旧律《泰和律》，对其中有关条款的量刑规定稍作变通（减轻），但仍存在着明显的折代、对应关系。朝廷将审判结果用断例（即已断之案例）形式发下，实际上相当于判例，具有普遍法律效力和独立地位。断例积累既多，忽必烈遂于至元八年下诏禁用《泰和律》。然而，这些长期积累下来的断例缺乏系统性、完整性，未能起到完备法典的作用。断狱时"有例可援，无法可守，……遇事有难决，则检寻旧例，或中无所载，则旋行议拟"[13]。司法工作随意性较大，为官吏作弊提供了方便。忽必烈在位末年，曾颁行一部《至元新格》，分公规、选格、治民、理财、赋役、课程、仓库、造作、防盗、察狱十门。不过总体而言，此书仍属行政法规，虽涉及刑法、民法、诉讼法的一些原则，但内容单薄，并未解决元朝法无定制的问题。

元成宗在位时，继续颁布了一些重要的专门性法规，如元贞二年的《官吏受赇条格》、大德五年的《强窃盗贼条格》。又命大臣何荣祖等修纂《大德律令》，虽已成书，但因错讹较多而未能颁行。此后元廷的立法活动主要围绕对已颁条格、断例的整理而进行，斟酌分拣，清除其繁复抵牾之处。这一工作始于武宗，仁宗时初步完成，到英宗至治三年正式颁行《大元通制》，共两千五百三十九条。具体分制诏、条格、断例、别类四个部分，细目与唐、金两代法典的沿袭关系十分明显。如"条格"部分大体相当于唐、金等王朝的"令"，亦兼及"格""式"的部分内容。"断例"分十二篇，篇目结构全仿《唐律》。因此，《大元通制》可以说是一部具有法典性质的法令文书汇编。不过"断例"体裁仍以具体案件为背景，与中原王朝传统"律"的形式有明显区别。总的来看，《大元通制》的内容尚不很完备，还包含有明显的蒙古法因素，打上了一些蒙古统治下元朝社会特有的印记，文书的格式、题材也不尽统一；但就基本精神而言，仍然可以看作唐以来中国传统法典的延续。

元文宗时，对元朝典章制度进行总结，编纂政书《经世大典》八百八十卷，至顺二年成书。主干部分按照六部分类，与刑部对应者为《宪典》，分二十二篇，以《大元通制》篇目为基础，进行了若干调整。较重要的变化是将《大元通制》断例部分的《斗讼》篇（此为唐律以来传统篇目）分解为三，其中独立出《诉讼》一篇；这样就使程序法与实体法分离开来，在中国古代法制史上有重要意义。另外顺帝至正六年（1346）又颁行了《至正条格》，分制诏、条格、断例三部分，在《大元通制》基础上又综合吸收了英宗以后所颁格例的内容，相当于对《大元通制》的增订。

刑名设置方面，元朝大体沿袭了唐以来的笞、杖、徒、流、死的五刑体制，但在具体规定上颇有变化。如笞、杖刑在大多数时候以七为尾数，与前代王朝用整数不同。这可能有蒙古传统的影响，据说忽必烈将其解释为"天饶他一下，地饶他一下，我饶他一下"[14]。又如流刑不像前代那样按里数分等级，而是根据不同民族分遣南北边区，"南人迁于辽阳迤北之地，北人迁于南方湖广之乡"。死刑前代分斩、绞二种，元则"有斩而无绞，恶逆之极者又有陵迟处死之法"[15]。另外还有一些其他惩罚方式。如杀人者除偿命外，还要向被害人家属偿付"烧埋银"。身体伤害罪亦由犯人向受害人支付若干"养济之资""医药之费"，量刑则适当减轻。一些罪犯在断决后发付原籍，由地方官府登记管制，定期赴衙门报到，门前立红泥粉壁书写所犯罪名，此称为"充警迹人"。只有年久无过或检举其他罪犯有功，始可解除"警迹人"身份。另外对重大犯罪，还往往施以籍没财产、家属的附加惩罚。有若干犯罪的惩罚规定明显出于蒙古法的影响，例如偷窃牲畜者偷一赔九等。

　　元朝的法律内容也有一些自身的特点。首先是民族不平等，蒙古人、色目人的法律地位明显高于汉人、南人。其次是草原社会奴隶制因素的影响。由于社会上存在着一个为数甚众的驱口（奴婢）阶层，故法律中也确定了他们的低贱地位，明显低于普通人。再次，对官吏犯罪处罚偏于宽松，惩戒规定也不很完备，有时仅笼统言"禁止""罪之"而无量刑条款。最后，受蒙古统治者汉化程度影响，法律中对违反礼教的行为处罚也较轻。如同姓为婚、父母在别籍异财等罪名，量刑皆低于前代。

　　诉讼审判制度有比较详细的规定。诉讼须自下而上，禁止越诉，民事诉讼还有时间限制。由于元朝社会状况比较复杂，不同民族、不同户籍类别的社会集团各有自己的管辖系统，故在审判方面出现了"约会制"，即不同集团当事人的直接管辖上司会同地方官共同审案（主要限于民事和轻微刑事案件）。其优点是使断案比较慎重，缺点是往往导致拖延结案，且使某些特殊集团成员（如军人、僧侣等）更有可能恃势欺压一般民户。地方审判机构基本上是行政、司法合一，或司法附属于行政。中央则由刑部和大宗正府分别处理、审核地方上报的刑事案件，死刑还必须奏准皇帝。因为大量案件须逐级审理上报，耽误时间，造成罪囚淹滞，所以元廷也经常临时委派中央官员赴地方，与地方官会审决囚。不过总的来说，由于立法工作不够严密充分、官员素质低下等原因，司法实践中的冤假错案仍相当多，而且稽迟拖延的情况还是很严重，"讼婚则先娶者且为夫妇，至儿女满前，而终无结绝"[16]。

五、军事体制

元朝是蒙古贵族通过武力征服由北及南、由草原及汉地建立起来的大一统政权。占全国人口比例甚少的蒙古贵族，要想对幅员辽阔、人口众多的汉地实施有效、稳定而长期的统治，军事力量仍然是其最重要的凭借。忽必烈在位时期，逐步在全国建立起一整套军事防卫体系，为以后诸帝一直沿用。

就兵士征发来源而言，元朝军队可分蒙古军、探马赤军、汉军和新附军四大类。蒙古军以蒙古人为主体，兵民合一，"家有男子，十五以上，七十以下，无众寡尽科为军。有事则空营帐而出，十人为一牌，设牌头，上马则备战斗，下马则屯聚牧养。孩幼稍长，又籍之，曰渐丁军"[17]。蒙古军大部分仍驻牧草原，仅一部分调入汉地。很多色目人军队同被列入蒙古军籍。探马赤军原亦属蒙古军，后专指从各部抽选充当先锋、并在战后驻扎于被征服地区的部队。忽必烈时，为中原的探马赤军单独建立军籍，从而使其独立于蒙古军之外。因长期脱离草原，探马赤军中也混入了不少色目人和汉人。汉军指由北方汉人组成的军队，其主体为大蒙古国时期收编的汉族部队和金朝降军，后又采取签发军户（详见后文）的方式大规模扩充。新附军则指在平宋时招降的南宋军队，后经战争消耗和整编（分散编入汉军），其名称逐渐消失。上述四种不同来源的军队，具体编制分为宿卫军和镇戍军两大系统，"宿卫诸军在内，而镇戍诸军在外，内外相维，以制轻重之势"[18]。

宿卫军包括怯薛和侍卫亲军两部分。怯薛入元后军事职能渐趋消退，基本上成为一个给侍宫廷的贵族特权组织，但在制度上仍有保护皇帝、卫戍皇宫和斡耳朵的职能。侍卫亲军则是忽必烈按照中原制度新建立的中央常备精锐部队，中统元年始建，名武卫军，共三万人，不久分立为左、右翼侍卫亲军，复分为左、中、右三卫。灭宋后，侍卫亲军继续扩建，并开始按照兵士的民族分类。到忽必烈在位末年，已设侍卫亲军十二支，其中汉人卫军七支、蒙古卫军二支、色目卫军三支，人数共十万左右；以后又累扩至三十余支，总人数在二十到三十万人之间，所扩色目卫军尤多。侍卫亲军隶属于枢密院，长官为都指挥使，下辖千户、百户。军士系从各兵源系统选拔精锐组成，镇守于腹里地区，居重驭轻，拱卫京师。侍卫亲军遇有重要战事则抽调出征，皇帝出巡则选充扈从军，逢诸王大朝会则选充围宿军，行大礼则选充仪仗军，另外又有巡逻军（加强京城治安）、看守军（守卫仓库）等派充名目。汉人卫军还常被委派承担工役造作事务。

镇戍军分戍全国各地，各镇戍区屯驻军队的组成不完全相同。元灭南宋后，"海宇混一，然后命宗王将兵镇边徼襟喉之地。而河洛、山东据天下腹心，则以蒙古、探马赤军列大府以屯之。淮、江以南，地尽南海，则名藩列郡，又各以汉军及新附等军戍焉"[19]。大抵在北方和四川地区，主要由蒙古军、探马赤军镇守，分统于四个"蒙古军都万户府"，分别是：山东河北蒙古军都万户府（治濮州，在今山东鄄城北）、河南淮北蒙古军都万户府（治洛阳南，在今河南伊川）、四川蒙古军都万户府（治成都）、陕西蒙古军都万户府（治凤翔）。每个都万户府之下又辖有若干万户府。在淮河以南原南宋统治区，则基本上用汉军、新附军镇戍，同时仍有少量蒙古、探马赤军与其相参驻防，以资监视。这些军队分别编组为几十个万户府（或元帅府），以江淮、浙西两地区最集中。万户府以"翼"命名，实则通常不满万人，按人数多少分为上、中、下三等。万户府以下的统军机构，依次为千户所、百户所。北方和四川的四个都万户府皆隶属于枢密院。南方诸万户府（元帅府）起初由行枢密院统领，后罢行枢密院，改由行省管辖，但戍军调遣更防等重要事务仍要由中央枢密院节制。

与军事镇戍有密切联系的是宗王出镇制度，即上引材料所谓"宗王将兵镇边徼襟喉之地"。对"边徼襟喉之地"的概念，元政书《经世大典》解释曰"如和林、云南、回回、畏吾、河西、辽东、扬州之类"[20]。大抵或为防御西北、东北叛王的前沿地区，或为南方要地，从东北经漠北、西北、西南至江淮，构成一道藩屏朝廷的半圆形军事防御线。因地皆要冲，故命宗王出镇，以重其事。这种出镇与投下分封有别，主要是一种军事措施。出镇地区只是宗王的军事镇戍区而不是封地，宗王的身份是代表皇帝镇遏一方的军政领导，其出镇并不一定世袭，而以非世袭的临时指派占多数。忽必烈一度予出镇宗王较大权力，如其子安西王忙哥剌镇关中，"教令之加，于陇于凉，于蜀于羌，……其大如军旅之振治，爵赏之予夺，威刑之宽猛，承制行之。自余商贾之征，农亩之赋，山泽之产，盐铁之利，不入王府（按指元朝中央），悉邸（按指安西王府）自用"[21]。但后来随着行省制度在全国范围内的确立，宗王的权力受到约束，其职责主要被限制在军事方面，战时统兵出征，战毕军队仍归行省管辖。宗王与行省并存分权，互为牵制，发挥了维护中央权威、保证地方向心力的作用。元朝后期，与西北叛王的战事结束，而内地局势渐有不稳定迹象，地方上人民起事频繁，宗王出镇的重心也因而有所调整，在武昌、庐州（今安徽合肥）等地新委任了出镇宗王。元末，这些宗王在与反元义军的作战中扮演了很重要的角色。

为确保地方统治的稳定，蒙古统治者针对汉族社会制定了严密的军事防范政策。忽必烈即位不久，借处置李璮叛乱事件之机，大规模收缴民间兵器，规定除军人之外，包括汉族官员在内的任何人均不许私藏、执把兵器，凡隐藏全副甲胄、十副弓箭（弓一张、箭三十支为一副）或刀枪者，罪至处死。元平宋后又在南方拘括兵器，继续严申执把禁令，连民间供神仪仗也禁用兵器，只能用土木假器代之。至元二十二年（1285），开始对武器进行集中管理："分汉地及江南所拘弓箭兵器为三等，下等毁之，中等赐近居蒙古人，上等贮于库，有行省、行院、行台者掌之。无省、院、台者，达鲁花赤、畏兀、回回居职者掌之。汉人、新附人（按指南人）虽居职者，无有所预。"[22] 当时只有巩昌汪氏、藁城董氏等几个为蒙古统治者立过汗马功劳的汉地世侯家族，"不与他汉人比"，被恩准可以执把弓箭。[23] 汉族军人甚至不能承担看守兵器库的工作。与上述规定相联系，元廷特别注意贯彻"汉人不得与军政"[24] 的原则。万户府、元帅府等统军机构，长官必以蒙古、色目人担任，仅在个别边远地区可用汉人。高层管理方面，元廷"以兵籍系军机重务，汉人不阅其数。虽枢密近臣职专军旅者，惟长官一、二人知之。故有国百年，而内外兵数之多寡，人莫有知之者"[25]。

元朝还十分注意与军事有关的后勤、交通、通信系统的建设。为保证军粮供应，全国"内而各卫，外而行省，皆立屯田，以资军饷，……由是而天下无不可屯之兵，无不可耕之地矣"[26]。屯田分军屯和民屯两大类。其中军屯占多数，属枢密院，按照军队组织系统进行管理，牛种农具例皆官给。民屯分属大司农司、宣徽院或各行省管理，招募无业之民开垦，或用罪犯屯种。屯田数最高时，当在二十万顷以上。交通和通信方面，在全国范围内建立了驿站和急递铺系统。驿站主要为各级政府因公差遣人员服务，提供交通工具、住所、饮食、薪炭等，也用来运输官府物资，是当时最便利的交通体系。驿路以大都为中心，四通八达，东连高丽，东北至奴儿干（今黑龙江口一带），北达吉利吉思，西通伊儿、钦察两汗国，西南抵乌思藏，南接安南、缅国，做到了"人迹所及，皆置驿传，使驿往来，如行国中"，"星罗棋布，脉络通通，朝令夕至，声闻毕达"[27]。全国共设有驿站约一千五百处，分为陆站、水站两大类，中央设通政院管理其事，一度也归兵部分管。具体服务人员从当地百姓中签发，单立户籍，称站户。急递铺仿金制建立，每十里或十五、二十五里设一铺，置铺兵五人。其职责为递送公文，一般不送物品。所递公文皆经编号，逐铺传送，交接时必须办清登记手续以备查验。传递速度规定为一昼夜四百里，急件五百里。铺兵腰系铜铃，持枪挟雨衣，夜则持火炬，赍文书疾行。沿途行人闻铃声应为让路，下一铺铺兵闻铃声即整装待发。各级地方官府皆委正官一人提调其事，路置总铺，中央置总急递铺提领所。驿站与急递铺相辅而行，为蒙古统治者控制、管理广阔的疆土发挥了重要作用。

六、两都巡幸

与前代中原王朝相比，元朝在北方的疆域大为扩展，特别是过去长期未能纳入中原王朝有效控制范围的漠北草原，作为蒙古统治者的"龙兴之地"，在元朝国家政治中占有相当重要的地位。因此，元朝国家统治的重心也比前代中原王朝更加偏北。这一点明显地表现在都城制度方面。

元朝实行两都制度，以大都为正式首都，上都为陪都。大蒙古国在漠北的都城和林，已降为地区性的统治中心（岭北行省治所）。两都之中，又以上都建设为早。上都地区在金朝称为金莲川，金朝皇帝建有避暑夏宫，其地位于蒙古草原南部边缘，北连朔漠，南接华北，是中原与北方民族进行物产交易的重要场所之一，辽、金均置榷场于此。忽必烈在宪宗蒙哥时受命统领漠南汉地军务，即将王府移至金莲川，在那里广招人才，讲求治术，奠定了日后立国中原的基础。1256年，忽必烈命其幕僚刘秉忠相地建城，为永驻之基，遂选定金桓州故城以东、滦水（今闪电河）以北，建筑新城，名为开平府。1260年忽必烈在此召集忽里勒台大会，登上汗位，开平府遂成为汗廷所在地。与此同时，忽必烈又对金朝旧都、蒙古在华北的统治中心燕京进行重建。中统四年，开平府升为上都。次年，燕京改名为中都，两都制的格局基本形成。随着对中原统治的稳定和深化，忽必烈将建都的重点置于燕京，开始在燕京旧城址的东北旷野上建筑新城。新城规模庞大，规划整齐，井然有序。至元九年，新城之名定为大都。此后上都居于陪都的地位，仍发挥着联络中原与漠北的纽带作用。

元朝皇帝在一定程度上保持着游牧民族的迁徙习惯，在两都之间定期巡幸，"次舍有恒处，车庐有恒治，春秋有恒时，游畋有度，燕享有节，有司以时供具而法寓焉"[28]。起初元帝每年二月或三月从大都北上赴上都避暑，八月或九月由上都南返，后来固定为四月出发北巡，八月南还。每次巡幸都有盛大的仪仗随从与固定的迎送仪式。北巡期间，除后妃、怯薛扈从外，中书省、枢密院、御史台等中央机构的主要官员也从至上都，设衙理事，称为分省、分院、分台等。元人记载云："天子时巡上京，则宰执大臣下至百司庶府，各以其职分官扈从"[29]；"或分曹厘务，辨位考工，或陪扈出入起居，供张设具，或执橐鞬，备宿卫，或视符玺、金帛、尚衣诸御物，惟谨其为，小心寅畏，趋走奉命，罔敢少怠，而必至给沐更上之日，乃得一休也"[30]。各机构副职以下，大多留居大都办公，称留省、留院、留台。日常政务仍在大都处理，仅重要机务急递奏报于上都。如中书省一分为二，"京师留省，百事所萃，必疑不决暨须上闻者始咨报，故分省簿书常简"[31]。不过上都作为元朝春、夏季国家中枢所在地，还是发生过很多重大事件。如征南宋时，作战基本方略大部分是在上都议定的。战争结束后，投降的宋恭帝赵㬎和太后、大臣等都被带到上都觐见。

元朝皇帝定期巡幸上都，有游牧民族习俗影响的因素，也是出于避暑的需要，更重要的原因则是上都在元朝的特殊地位。上都居于漠北、汉地之间，是两个地区的联系枢纽，其东、西两侧又都是蒙古诸王贵族的分地。皇帝到上都巡幸，可以更方便地与草原上的诸王贵族联络，以加强诸王贵族的向心力。通过皇帝在上都所从事的活动，即可见其端倪。

上都是皇帝会见诸王贵族、举行"朝会"的主要地点。所谓"朝会"有两种不同概念，一是诸王贵族的选汗大会忽里勒台，亦称"大朝会"。"凡大朝会，后妃、宗王、亲戚、大臣、将帅、百执事及四方朝附者咸在。朝会之信，执礼之恭，诰教之严，词令之美，车马服用之别，牲齐歌乐之辨，宽而有制，和而有容，贵有所尚，贱无不逮，固已极盛大于当时矣”[32]。另一种是平时所举行、规模稍小的例行“朝会”，草原贵族在“夏间乘青草时月来上都”朝觐皇帝[33]，元人诗云“翼翼行都岁幸临，名王诸部集如林，毡车满载彤廷帛，宝马高驮内府金”[34]，即咏其事。仁宗时专门规定，“诸王、戚里入觐者，宜趁夏时刍牧至上都，毋辄入京师，有事则遣使奏禀”[35]。各种朝会期间，皇帝都要大排筵宴，招待贵族、大臣和近侍。

皇帝在上都还进行很多与传统蒙古习俗有关的活动。例如祭祀，通常在六月二十四日祭天，称为“洒马奶子”[36]。祭天之后还有祭祖仪式。蒙古历代君主死后都葬在漠北起辇谷，皇帝巡幸上都期间要择日向西北遥祭祖先陵寝，亦称望祭。每年在上都都会举行一系列狩猎活动，城外专门修有称为“东凉亭”“西凉亭”的几座行宫，供皇帝游猎时居住。上都的娱乐活动也相当丰富，主要有角抵（摔跤）、放走（竞走）等，都是蒙古人喜爱的传统体育项目。

第二节　赋役与户籍

一、赋役征发

元朝赋役制度比较复杂，一方面名目繁多、南北异制，另一方面又因户籍类型的划分（将全国居民按职业等标准分为民、军、站、匠、盐户等若干类，称为"诸色户计"，详见后文）而有不同的承担标准。在此以普通民户的情况为主进行介绍。

普通民户承担的正税主要有税粮（主要征收粮食）和科差（征收丝、钞）两大类，对此南北方的征收体制不同。北方的税粮分丁税（每丁粟二石）、地税（每亩三升）两种缴纳方法，民户纳丁税，其余户纳地税（军、站户土地四顷内免税）。因不同类型的户之间买卖土地，造成纳税混乱，故时有一户同时负担丁、地两种税的情况。平宋以后，元朝在南方基本沿袭了唐宋以来的两税法，以秋粮为主，按亩征收，税额因地而异，一二升至二三斗不等。夏税税额较少，一般以秋粮数额为基数折算征纳，或纳实物，或折征钞币。南北税粮征收时都要加征鼠耗等附加税，以抵偿运输过程中的损失，通常每石加收七升。科差的征收以北方为主，主要分丝料（征丝）、包银（征钞）两类；南方科差只征钞，称户钞。科差在制度上有定额，但只是平均数，实际征收时要按民户贫富状况分摊不同的数目。

正税之外，工商杂税（元朝史书称为"诸色课程"）也是国家的大宗收入来源。其中，盐课所得即占每年全国钞币岁入的一半以上。政府垄断盐的生产，所获食盐或直接置局销售，或发售盐引给盐商，由盐商运到指定的行盐区贩卖，盐价完全控制在政府手中。类似的专卖税还有茶课、酒醋课等。对于山林川泽的特产，如矿物、竹木之类，元廷或设机构专营，或由民间经理而抽取税金。至元七年，规定国内商税三十分取一。灭宋后，又逐步制定外贸管理制度，定市舶税十分取一（粗货十五分取一）。

民众为国家负担的义务或劳动，在元朝有一部分是由若干特殊户籍居民世代承担的，对此将于后文详述。此外，元朝的役可分两类。一类属于力役，称作"杂泛"，指政府临时征发的车牛人夫，主要因工程造作、治河、运输等需要而征调。另一类属于职役，亦称"差役"，指各种任务繁剧而待遇微薄的义务性基层职务，主要包括里正、主首（农村基层职事人员，负责催办赋税、力役，维持地方治安）、隅正、坊正（城镇基层职事人员，职掌同前）、仓官、库子（负责为各级官府看守仓库、保管财物）几种。摊派杂泛差役时，要根据应役户的丁口、资产情况，先尽富实，次及下户。忽必烈在位时，当役者基本限于民户，其余诸色户计不承担杂泛差役。以后当役面逐渐扩大，不仅以民户为限。

对于一些靠赋税和官营生产不能满足需求的物资，包括许多军需物资、建筑材料等，元朝用和买的方式从民间获得。官用物资的运输也有很大一部分要在民间租赁车、船，称为和雇。和雇与和买以和为名，表面上是两相情愿的活动，官方需给值付酬；但在实际执行过程中成为一种变相赋役，既不问有无，强行摊派，又支价甚少，拖延偿付，乃至一文不给。忽必烈在位时，大部分百姓都要承担和雇与和买，仅儒户、医户、僧道户和部分军户、站户例外。元朝中后期，则趋向于一体承担。具体摊派办法与杂泛差役类似，以随产均当为基本原则。

二、户籍管理

元朝的户籍管理类别纷繁，主要有户等和诸色户计的不同划分。户等，即按照资产多少，将居民划分成若干等级，作为合理摊派赋役的依据。至元元年，元廷下诏仿前代制度推行户等制，"将人户验事产多寡，以三等玖甲为差"[37]。首先分上中下三等，每等之内又分上中下三甲，因而有三等户、九等户之称。所谓"事产"，在农村主要指土地，在城镇指房产和资金。户等划分完毕，将所定等级及丁口、产业等详细情况登记在册，称为鼠尾簿，地方官府据以征发赋役、处理民事纠纷。各种赋役当中，除税粮外，科差、杂泛差役、和雇与和买的摊派都与户等有密切关系。但后来元朝政府长期不进行调查财产转移状况、调整户等的工作，官吏豪强相互勾结，户等制在很多地方已是名实不符、弊端百出。

元朝统治者又按职业将全体居民分为若干种类，称诸色户计。其中最基本的一种为民户，即普通百姓；其余则是特殊户籍，父子兄弟世代相袭，不得随便脱籍。他们分别为国家承担不同义务，在赋役方面可得到部分优免，并且大都有单独的隶属、管理系统。其中主要有以下类别：

（一）军户——承担军役，出成年男子参军，要承担马匹、装备等费用。在元朝四种不同兵员征集体系的军队当中，蒙古军、探马赤军、新附军的军户都是自然形成的，汉军军户则通过大规模在北方签发而形成。政府在地方上设名为奥鲁（蒙古语，意为老小营、营盘）的机构管理军户事务，如签发丁壮、供应军需、赡养老小、处理军户纠纷等等，统领于枢密院。军户数量约有二十万到三十万。

（二）站户——承担站役，即在驿站中从事服务。根据不同的交通工具，又有马、牛、船站户等名称，以马站户最多。具体工作包括养马、牛或备船，充当马夫、船夫迎送乘驿者。一部分站户还要供应乘驿者所需生活用品，如饮食、柴炭、灯油等。元朝驿站系统发达，站户数量在三十万以上，在诸色户计中仅次于民户。由于贵族官吏通过各种途径非法乘驿，统治者给驿过滥，致使站户贫困流亡的现象非常严重。

（三）匠户——为官府从事手工业生产，要到官营手工业局、院中服役。部分匠户全家长年应役，人身束缚严重；还有一部分则独自定期应役，工余可与家属自行从事生产，条件稍好。匠户总数约在二十万以上。

（四）盐户——又称灶户，为官府生产食盐。盐户固定在某处盐场，不得随便移动，由官方盐运司、提举司之类机构管理。盐户数量约六到十万户。

（五）僧户——僧侣或尼姑，单列一类户籍，其义务是作为宗教职业者，为皇帝和国家告天祈福。中央有宣政院，地方亦有各级僧官，专门管理其事务。至元二十八年，全国僧尼人数二十一万余，以后当更多。类似宗教徒单立户籍者还有道户（道士）、也里可温户（基督教士）、荅失蛮户（伊斯兰教士）等。

（六）儒户——大蒙古国时期，儒士以类似宗教徒的身份与僧、道等同受优待，单列户籍，即儒户。入元后仍沿其制，通过考试、调查等办法定出大约十一万儒户，其中南方约十万，北方约一万。凡儒户必须隶属于某一儒学、书院，以遣人入学读书为义务，受当地儒学提举司管理。就待遇而言，儒户高于一般民户，但政治出路狭窄，无法与前朝儒士相比。

另外，还有打捕户（负责为皇室猎兽）、鹰房户（为皇室饲养鹰隼）、医户等诸多名目的户籍。

第三节　经济成就

一、农业生产的恢复和发展

在金元之际的战乱中，北方地区的社会经济受到了巨大破坏。忽必烈即位后，采取了设司农司、立社、颁行农书等一系列措施来恢复生产。针对金末以来百姓流亡、土地抛荒的状况，忽必烈于中统二年下诏规定：凡流民还业者第一年免差税、次年减半；有新垦荒地者，五年后始验地科差。后又规定：各处荒地在限期内许旧主认领，逾限则许百姓自愿耕种。至元八年，元廷颁布《户口条画》，对北方地区的户籍进行了一次大规模清理，将一批被诸王贵族、权豪势要之家非法隐占为奴婢的百姓追出，重归民籍。同时多次下令禁止占民田为牧地，并派官清理已被贵族侵占为牧地的民田，按籍悉归于民。在边疆和内地的驻军地区，则大力兴办屯田。

水利兴修方面，也取得很大成就。元廷于设司农司的同时，在中央设都水监、地方设各处河渠司，专门负责有关事务。张文谦、郭守敬等在原西夏境内修浚唐来、汉延等古渠，溉田九万余顷。平阳路总管郑鼎开渠引汾水，溉民田一千余顷。王允中、杨端仁等于怀孟路开广济渠，引沁水达于黄河，流经五县四百六十三处村坊，居民深得其利。

上述劝农政策的推行收到很大成效。"民间垦辟种艺之业，增前数倍"[38]。"凡先农之遗功，陂泽之伏利，崇山翳野，前人所未尽者，靡不兴举"[39]。在忽必烈在位的三十余年中，北方地区基本未发生过大的自然灾害，农业生产从金末的残破状态中恢复了过来，并继续发展。如关陕地区已是"年谷丰衍，民庶康乐"[40]。卫辉淇州（今河南淇县）一带"曩以荒烟废堞之墟，化为乐郊乐国，向也流逋佣耕之民，今为恒产完美之室"[41]。

相对而言，江南地区在战争中所受破坏比北方轻得多，因此南方农业恢复较快，在宋代基础上取得更进一步的成就。在地窄人稠的农垦发达地区，土地利用精密，多采取与水、山争田的办法。前者有圩田、柜田、架田、涂田、沙田等形式，见于滨江沿海及湖泊附近；后者主要为梯田，行于多山丘陵地区。稻麦复种、一年两熟制在江南已相当普遍。水稻亩产量通常都在二石以上，个别高产田达到七八石。由来已久的南北方经济差异，在元朝进一步加大。南方江浙、江西、湖广三行省的税粮总数占全国一半以上，其中仅江浙一省即超出全国的三分之一。

边疆地区农业的发展是元朝农业生产取得的一项主要成就。通过政府的屯田、移民等措施，汉地先进的农作技术被推广到边区，使当地的农业生产或从无到有，或明显改进，大大提高了这些地区的粮食自给率。在漠北，元廷多次签发内地军民前往屯种，官府颁给农具、粮食、衣裘，以资生业。至元十一年，赛典赤·赡思丁任云南行省平章政事，"教民播种，为陂池以备水旱"[42]，使这里的耕作技术大为改观。其余如新疆、海南、广西等地的农业，在这一时期都有显著进步。

从户口变化上，也可以看出元朝特别是元朝前期农业生产恢复、发展的情况。中统三年，北方地区户数为一百四十七万六千一百四十六，以每户五口计（下同），共七百余万口，还不到金代人口数的六分之一。即使考虑到蒙古统治下贵族、将帅大量隐占私属人口的因素，仍然明显可以看出战乱破坏的惨重。至元十三年平宋后，江南户口变化不大，得户九百三十七万零四百七十二，加上两年前的北方户数一百九十六万七千八百九十八，共有户一千一百三十三万八千三百七十，口五千六百余万。到至元三十年，全国见于统计的户数已达一千四百万零二千七百六十，折约七千万口。估计元朝最高人口数字在八千到九千万之间，与宋金对峙时期的口数相去不远。

二、南北经济联系的加强

自中唐以来，全国经济重心逐渐南移，南方的经济发达程度明显超出北方。元朝定都华北，"去江南极远，而百司庶府之繁，卫士编民之众，无不仰给于江南"[43]。加强南北经济联系的需要十分迫切，元廷为此进行了疏通漕运和开辟海运的工作。

宋金对峙时期，运河多处已经淤塞。元统一后，将江南物资沿运河故道北运，曲折绕行，水陆并用，非常不便，因此被迫在部分地段重开河道，以保证漕运畅通。至元二十六年，元廷在山东开凿会通河，起于须城（在今山东东平）西南之安山，向西北达于临清，全长二百五十余里，建闸三十一座；二十八年，又采纳著名科学家郭守敬的建议，在京郊开凿通惠河，引大都西北诸泉水东至通州，全长一百六十四里。经重新疏凿，运河改变了过去迂回曲折的航线，河道基本取直，航程大为缩短，运粮船可以直接驶入大都积水潭（今北京什刹海）停泊。"江淮、湖广、四川、海外诸番土贡、粮运、商旅懋迁，毕达京师"[44]。这条河道在明、清两代一直发挥着重要作用。

海运航线的开辟是元朝的创举。前朝已有近海航运之例，虽皆为临时性的短途运输，但逐渐积累了航海经验。至元十三年伯颜下临安，得南宋库藏图籍，由降附海盗朱清、张瑄负责经海路运往大都。十九年，元廷命朱、张等人造平底海船运粮，因风信失时延误了一些时间，但试航终于成功。此后元廷设立万户府、行泉府司等机构，由朱清、张瑄等任职，专掌海运。海运行期、航线逐步固定，每年二月由长江口之刘家港入海，自崇明东入黑水洋，取直线北行，绕胶东半岛入渤海，抵直沽（今天津），顺风时，十天即可驶完全程。海船在直沽交卸完毕，于五月返航，复运夏粮北上，八月再度回航。海运形成制度后，规模不断扩大，与运河共同成为元朝的重要经济命脉。据估计，在当时的南北交通运输线中，河漕比陆运的费用节省十之三四，海运则比陆运节省十之七八。

南北经济联系加强的另一个表现，是农作物品种的广泛传播，其中棉花种植的推广尤其值得注意。棉花古称木棉，产于海外，宋元之际已从南北两路分别传至闽、广和关陇。元朝统一以后，棉花在南方种植已相当普遍。至元二十六年，元廷置浙东、江东、江西、湖广、福建木棉提举司，每年向民间征收棉布十万匹，后棉布在南方又被列入两税正赋。与此同时，棉花的"诸种艺作之法，骎骎北来"[45]，由南向北进一步推广，出现了"江东木棉树，移向淮南去"[46]的情景。另外，西瓜、红花、蚕豆、亚麻等外来作物也得到更广泛的栽培。如西瓜起初在"北方种者甚多"，元统一后"南方江、淮、闽、浙间，亦效种"[47]。

元朝南北经济联系的成果，还体现在一部集大成的农学著作

图 11-1 王祯《农书》的水磨图

《农书》上。《农书》作者王祯，东平人，元成宗时曾任旌德（今属安徽）、永丰（今江西广丰）县尹，在任兴学劝农，颇有政绩，《农书》即在这段时间完成。全书共分《农桑通诀》《百谷谱》《农器图谱》三大部分，共三十七篇，十三万六千字。《农桑通诀》是关于农业知识的总论，包括农业史、耕垦、耙耢、播种、锄治、粪壤、灌溉、收获以及植树、畜牧、养蚕等问题；《百谷谱》专门论述各种农作物的栽培方法，如谷物、蔬菜、果木、水生植物等，棉花、茶叶也都包括在内；《农器图谱》则绘图讲述了各种农具和农业机械的构造、源流和用法，有图三百零六幅，并附文字介绍。《农书》充分地反映了元统一后南北农学技术相互交流、融合的情况，"使南北通知，随宜而用，使无偏废"[48]。此前的古代农书，内容都具有地域性，或专门针对北方旱地，或专门针对南方水田，像这样从全国范围内对农业进行系统研究的著作，在中国历史上还是第一部。

三、工商业与城市经济

元代手工业在宋、金的基础上继续发展。其中，官府手工业尤为兴盛。蒙古贵族在征服战争中俘虏了大批各族工匠，设置局、院等机构进行管理，让他们从事军需和日用品生产。到统一以后，官府手工业机构已遍布全国各地。这些机构分属工部、将作院等中央机关或各级地方政府，也有的隶于诸王贵族名下。官府手工业的劳动者在户籍上单列一类，称为匠户，他们由官府支付口粮和食盐，职业世代相袭，不能随意脱籍。官府手工业剥削苛重，生产效率低下，但规模大，产品多，毡毯、丝织、兵器、矿冶、制盐（盐业生产者单独列籍为盐户）等行业的成就尤为显著。民间手工业以家庭手工业为主，一些城市中也出现了手工作坊。纺织、制瓷、酿酒等传统手工业在民间都比较兴旺。

棉纺织业是元代新兴的民间手工业。元朝前期，年轻时流落到海南岛的松江（今属上海）妇女黄道婆，将海南岛的制棉工具和棉纺织技术带回到松江，在结合当地原有纺织工艺的基础上，又进行了若干发明、革新。原来除去棉籽采用手剥的办法，黄道婆则创制了轧棉籽用的搅机；原来弹棉花使用线弦竹弓，黄道婆改用强而有力的绳弦大弓。她还设计出纺纱用的三锭脚踏纱车，改进了织机和提花技术，大大提高了棉纺织的工作效率。松江人民在黄道婆影响下，纷纷从事棉纺织生产，改善了生活水平。为纪念黄道婆的功绩，元朝后期为她建立了祠庙，岁时祭祀。后来到明清两代，松江长期保持着全国棉纺织业中心的地位。丝织业方面，元朝受到波斯、中亚地区技术影响，大量生产含金的丝织品，即织金锦。其制作技术，是将金箔切成细条或拈成金线，与丝线夹织。织金锦金光夺目，雍容华贵。这种技术主要在官府手工业中使用，为上层贵族生产高级衣料。

元朝瓷器的新产品是青花瓷和釉里红，共同特征为釉下彩绘。古代彩瓷分为釉上彩和釉下彩两种。在已上釉入窑烧毕的瓷器上彩绘，再用炉火烘烧者称釉上彩；先在坯胎上画好花纹图案，然后上釉入窑烧制者称釉下彩。釉下彩瓷面光洁，花纹图案稳定不褪色，质量更好。青花瓷上的青蓝色来自釉药中的氧化钴，釉里红的红色则来自氧化铜；其色调随着火焰性质和温度高低会有很大变化，要想获得理想的颜色，保证图案不失真，就必须严格掌握火焰性质、火候以及釉药配置的准确度，制造难度很高。青花瓷和釉里红的成功烧制，反映出元朝制瓷技术比宋朝又有提高。

元朝政府十分重视商业，对许多重要商品，如盐、铁（包括铁器）、贵金属、茶、酒、醋等，采取专利垄断政策，或由国家直接经营，或将经营权转卖给商人，国家抽分其利。国家对一般民间贸易征收商税，大体三十取一。贵族、官吏和寺院也依靠其政治特权积极参与经商活动，其中斡脱商人最为活跃。政府与贵族官僚频繁参与经商活动，促进了商业的繁荣，同时又使这种繁荣带有畸形色彩，正常的民间商业活动受到一定破坏。斡脱倚势横行，靠高利贷牟取暴利，导致很多负债人倾家荡产，还激化了社会矛盾。

尽管如此，由于大一统局面的重建、交通运输的发达（驿站、漕运、海运）等因素，元朝民间商业仍然取得了显著成就。在此需要提到货币的变化。元朝第一次在全国范围内将纸币作为主币来发行。中统元年十月，发行中统元宝交钞，简称中统宝钞或中统钞，面值从十文到二贯，共分十等。习惯上称钞一贯为一两，五十贯为一锭，百文为一钱，十文为一分。中统钞以银为钞本，法定比价每钞二贯（两）同白银一两。中央设诸路交钞都提举司总管货币发行事宜，地方上设各路交钞库（也称行用库）为兑换机关。纸币质轻便携，适应商品经济发展的需要。而元钞发行之初，钞本充实，投放量控制较严，因此币值稳定，"公私贵贱爱之如重宝，行之如流水"[49]，对商业发展是有力的促进。另外元廷也制定了一些利于民间商业的法令，如限制贸易中间人——牙侩的活动等。虽然很多商品由政府专卖，但更多大量重要物资的交流仍然要依赖民间商人来解决。不少人靠经商致富，"朝无担石之储，暮获千金之利"[50]。

元朝的对外贸易十分发达，自中唐以来逐渐衰落的丝绸陆路贸易重新兴盛。不仅旧有的交通线再次畅通，而且还开辟了一些新商路，如由漠北经阿尔泰山西行，以及由南西伯利亚西行的道路等。元朝通过钦察汗国与欧洲建立贸易联系，通过伊儿汗国则可沟通阿拉伯及小亚细亚。中西陆路交通线之复杂、商旅之频繁，都达到了空前的规模。海路贸易的兴盛犹有过之，元沿宋制，在南方一些主要港口设立市舶司管理海外贸易事务。忽必烈一朝先后设七个市舶司，后来到元中期合并为泉州、广州、庆元（今浙江宁波）三处。其中泉州是当时东方第一大商港，因生长刺桐树，在世界上以"刺桐城"著称。至元三十年，元廷颁布市舶法则二十余条，规定外贸

图 11-2 《马可·波罗行纪》中所描绘的泉州港

货物十分抽一（粗货十五分抽一），又另抽三十分之一为商税。在陆海两路的对外贸易中，输出的货物主要是丝绸、瓷器等传统手工业商品，输入货物则有珠宝、药材、香料、布匹等。对外贸易不仅活跃了国内市场，也给元朝政府带来巨额收入。

手工业和国内外贸易的发展，促进了城市经济的繁荣。首都大都既是全国政治中心，也是北方最大的经济中心和商品集散地。城内手工业种类多、规模大，据称每天运入城中的丝即达千车，以供织锦等行业之用。商业繁盛，国内外商品川流不息地汇聚于此，"东至于海，西逾于昆仑，南极交广，北抵穷发，舟车所通，货宝毕来"[51]。南宋故都杭州基本保持了宋代旧貌，其繁华与大都比较有过之无不及。意大利旅行家马可·波罗（Marco Polo）称其中有大市十所、小市无算，"贸易之巨，无人能言其数"，并赞扬它为"世界最富丽名贵之城"[52]。许多历史悠久的城市，如太原、平阳、济南、扬州、平江等，入元以后继续保持着繁荣局面。而随着运河的恢复和海运的开通，在其沿线又出现了一批新兴的工商业城市、集镇，其中主要有淮安、临清、济宁、松江、太仓、直沽等。在元朝政府设置市舶司的泉州、广州等沿海城市，其经济状况也非常活跃。

第四节　土地关系与社会结构

一、南北方土地关系的差异

蒙古在统一全中国的过程中，也将草原的生产关系带到了汉族地区。比较而言，北方征服早、破坏重，南方征服晚、破坏轻，所受影响程度不同。加上金与南宋的社会经济状况原来就有一定的差别，元朝南北方的土地关系遂出现较为显著的差异。主要表现，就是北方地主经济的规模明显小于南方，北方租佃制也远不如南方发达。元朝南北赋税征收异制，北方一般民户缴纳丁税，南方则主要是履亩而税，也从侧面反映出这一问题。

随着元朝北方农业生产的恢复，地主经济也从金末的破坏中重新发展起来。一些蒙古、色目贵族和汉族军人、官僚通过请乞赐予、接受投献、隐占、强夺等途径控制了大片土地。一般汉人当中，经济条件较好的多被签为军户、站户，其中亦颇有"田亩连阡陌、家资累巨万、丁对列什伍"者[53]。但根据现有材料来看，即使包含凭借政治身份、特权占有土地的情况，北方地主经济的规模也仍然较为有限，通常有田数千亩就被视为田多，租佃制的发展程度明显不如南方，甚至比金朝也有所倒退。驱口、部曲之类人身依附关系较强的劳动者被广泛用于农业生产（详见后文），虽然在不少情况下主人对他们采取"岁纳丁粟以免作"[54]的剥削方式，但这与正常的契约租佃关系毕竟不同。总的来说，元朝北方的人口受战乱、逃亡等因素影响较前代减少，荒地尚多，因此土地问题并未发展到非常紧张的程度。

相比之下，南方地主经济所受战乱破坏相对较小，在南宋的基础上继续有所发展。一方面很多大户"其隆未替"，"赀产日盛"[55]，另一方面"继兴而突起之家，争雄长于垄亩之间"的也不在少数[56]。土地兼并严重，租佃制居支配地位。时人云："江南与江北异，贫者佃富人之田，岁输其租。"[57]在福建崇安县（今武夷山市），居人口比例九分之一的地主占有土地的比例高达六分之五。许多南方地主被时人视为"富蛮子""多田翁"[58]。大地主"一年有收三二十万石租子的，占着三二千户佃户"[59]，元朝后期的浙西地区甚至出现每年收谷数百万斛的巨富（元制两斛一石）。这样的土地集中程度要大大超出北方。佃农对地主主要缴纳实物地租，交租方式似仍以分成租制较为多见，比例通常在产量的百分之五十以上，但定额租制也已有相当的发展。元朝政府曾数次颁诏，要求江南地主减轻地租，存恤佃农，然而收效不大。

在元朝的族群阶层中，南人最居边缘，但南方大地主仍然可以凭借自己的雄厚财富获取政治势力，其途径之一是把持官府。出任江南州县长官的蒙古、色目贵族大多昧于政事，又不熟悉环境，治理地方不得不依赖于当地土豪大姓。后者花费重金拉拢利诱，致使"贪官污吏，吞其钩饵，惟命是听，欲行则行，欲止则止"[60]，或者直接出任基层职务，规避徭役，武断乡曲。另一条途径是买官，即挟巨资北上京师，交结怯薛贵族，营求官职。所谓"南人求名赴北都，北人徇利多南趋"[61]，在元朝是常见现象。江南地主倚仗经济力量，"无爵邑而有封君之贵，无印节而有官府之权，恣纵妄为，靡所不至"[62]，政府对他们的控制并不严格。正因如此，元亡后很多江南地主对元朝仍然颇为怀念。

二、官田与寺观土地

元朝土地关系还有一个重要特点，即官田和寺观土地的数量相当可观。官田有普通官田、屯田、职田、学田、牧地等很多种类。普通官田是官田的狭义概念，专指用于租佃的国有土地，其地租收入由国家统一调拨支配。此类土地大部分分布在经济发达的江南地区，每年通过漕运、海运大批北调的粮食，实际上多产自江南的普通官田。一些地方的普通官田收入甚至占了绝对优势，如上海县（今上海市区）"岁收官粮一十七万石，民粮三万余石"[63]。元朝中后期，朝廷还常将此类土地赏赐给贵族、官员或寺观，大多数土地在赏赐后其国有性质并未发生根本变化，往往由朝廷代置官府或派官管理，被赐者仅享其租入而已。屯田之制基本仿自前代，而规模更大，遍布全国。屯田主要由各地驻军屯种，同时也有相当数量使用流民、罪犯的民屯。屯田不仅起到供应军需的作用，而且促进了社会经济恢复和边疆的开发。职田是拨给在任地方官出租招佃，以地租收入充部分薪俸的国有土地，具体数量按官员级别高下而定。学田是用于地方办学的土地，亦属国有性质，其租入充学校经费。牧地为国有牧场，基本分布于北方。上述各类官田的总数难以估计，但几乎可以肯定在一百万顷以上。

元朝官田的来源不一，大抵北方官田主要源于金末以来的荒地，南方官田主要承自宋代，如江南三省的普通官田多来自宋末贾似道强买的"公田"，学田亦多为南宋旧有。此外，元廷通过购买、籍没、接受投献甚至强夺等途径，又增置了不少新的国有土地。在经营方面，除屯田采取军事化管理方式，牧地用于放牧外，其余主要进行租佃。就制度规定而言，官田租佃的剥削程度一般当低于私田，故常有官员、地主包佃官田后再转租给农民以从中渔利的现象。另外为便于管理，官田租佃中使用定额租制的情况多于私田。有些官田的租额相当高，如福建廉访司的职田"每亩岁输米三石，民率破产偿之"[64]，其剥削程度大大高于私田。官田的经营中弊端重重，很多地方的官田被地主豪强隐占而沦为私有，政府不得不多次征括。与此相联系，各地官田亦往往存在多少不等的虚额，有租而无田，其租入多被地方官摊派到民田上面，强令百姓承担。

元朝尊崇各类宗教，僧侣、道士等享有优遇，寺观土地的数量也因而恶性膨胀。大寺观"租入巨万，徒众千百，飨用过于宫籇，积聚侔于邦赋"[65]。皇帝、贵族对佛教最迷信，故而寺观土地以佛寺土地为主。根据至元二十八年元廷的统计数字，全国已有寺院四万二千三百一十八所，僧尼二十一万三千一百四十八人。而以后几十年中，各地仍在不断"大建佛刹"，数量"十倍于昔"[66]。一些以朝廷或贵族名义出资兴建的"官寺"占地极多，据载有的高达一千万亩以上。为数众多的中小寺院各自土地合计，其总数也是相当惊人的。镇江路人均土地约六亩，而僧尼占地达人均五十亩；昌国州（今浙江定海）寺观土地的数量达到全州的百分之三十五，其中绝大部分是寺院土地。

寺观土地的来源大致有赏赐、施舍、购买、强占等几类，土地性质则比较复杂。朝廷赏赐的土地多出现于"官寺"当中，大体仍属国有土地性质，通常由朝廷设专官代为经营管理。其余基本上都属私田。寺观土地主要采取租佃制进行生产，其佃户人数众多，江南地区一度被冒入寺籍的佃户即达五十万户有余。与一般贵族、地主的土地占有相比较，寺观土地占有的稳定性更高，既较少受政治斗争的影响，也不像世俗地主的土地所有权那样频繁转移。如时人所云："天下之田一入僧业，遂固不移，充衍增大，故田益以多。"[67]同时，经营条件又更为优越，大部分土地可以免纳税粮，收取地租时还会得到地方官府的帮助。正因如此，不少世俗地主常用诡名托寄、带田入寺等办法，将自己的土地转到寺观名下以逃避赋役，在很大程度上影响了国家的财政收入。

三、人身依附关系

受蒙古草原原有生产关系的影响，元朝统治下汉族社会的人身依附关系较之前代也有了明显强化。其首要表现，就是驱口阶层的广泛存在。驱口是元朝北方地区对奴婢的通称，主要来源于大蒙古国时期的战争俘虏，子孙相袭，世代为主人服役。入元以后，虽然朝廷原则上禁止抑良为驱，但很多人仍因债务等原因被贩卖甚至强抑为奴。在伐宋战争中，将领"利俘获，往往滥及无辜，或强籍新民以为奴隶"[68]。一些罪犯及其家属则被籍没为官府的驱口。尽管元朝的驱口数量难以估算，但史料中提到贵族、官僚家中的驱口人数动辄数千，其总数应是相当可观的。

驱口在元朝属于贱民，地位低于良人。他们没有人身自由，仅有口而无籍，附于主人户籍之末，作为主人财产的一部分，与钱、物同，可任意转卖。大都、上都等重要城市曾设有人市，以供买卖驱口。驱口本人及其子女的婚配，皆由主人作主。法律禁止良贱通婚，但主人强奸奴妻者无罪。主人按法律不能任意杀害驱口，但杀害后最多只杖八十七。至于对驱口施加各种刑罚，更是常见的事。驱口有一部分被主人用于家内服役和手工业劳动，但也有相当多的人从事农业生产，而且主人通常对他们采取"岁责其租赋"[69]的管理方式，近于租佃制的关系。与此相联系，驱口地位虽然低下，但一般仍有自己的财产。按制度驱口也要向国家交纳税粮、科差，仅数额较少。法律规定捉获逃亡驱口后，要将该驱口家私没收一半，赏给捉获人。有的驱口因生产致富，自己亦蓄有驱口，后者称为"重驱"。驱口亦可在积蓄了一定的财产后向主人赎身，以求脱离奴籍。然而有的时候，"奴或致富，主利其财，则俟少有过犯，杖而锢之，席卷而去，名曰抄估"[70]。有自己的财产和生计，并不能改变驱口人身隶属的地位。

元朝南方租佃制发达，在很多地方租佃制中的人身依附关系也比较严重。地主往往不以按期征收地租为满足，而要巧立名目，强迫佃户承担更多的义务。他们干预佃户及其子女的婚姻，对佃户进行人身役使，勒逼佃户代服刑罚，私设刑堂拷打佃户，甚至于将佃户夹带在土地上典卖于人。主佃之间名分森严，不容干犯，佃户即使年长，在地主面前仍处于卑下的地位。法律规定，地主殴死佃户仅杖一百七，征烧埋银五十两。官田佃户亦受到明显的超经济强制，官府利用政治力量更易对佃户进行人身束缚，普通官田和职田上虚报子粒、违制多取、旱涝不免等现象都很常见。官田在理论上虽是自由租佃，可往往一旦佃种就面临"官田难除，害将无穷"的困境[71]。有的佃户佃种官田本非自愿，而是因为被"勾追到官，置局监禁，日夜拷打，逼勒承认"[72]。这类租佃制中较为严重的人身依附关系，有些是南宋的遗存，有些则是受到北方驱口之制的影响。江南地主蓄奴之风较之南宋更盛，有些地主"生产家事，悉任奴隶，并有条序"[73]，这显然也与北方的影响有关。

元朝的人身依附关系还比较明显地存在于其他一些阶层之中。如典、雇关系在社会上即较常见，因借贷而以人身为抵押、定期赎取，称为"典身"，因无谋生手段而被迫为人劳动换取衣食，称为"受雇"。被典、雇者通常叫作雇身人或雇身奴婢，他们的法律地位已与驱口比较接近，有时即被主人变相抑逼为奴，即使典、雇期满也无法脱身。元朝还存在一个"怯怜口"阶层，它是蒙古语"家内人口"之意，亦解释为"私属人"，专指皇室和诸王贵族投下的私属人口。"怯怜口"的广义概念通常不限于驱口，而泛指不直接受国家控制，为投下私属，承担农业、手工业、畜牧业或其他一些专门性工作的人户。他们有的来自早期俘房，有的出于朝廷分拨，有的则是投下擅自招收、百姓为躲避赋役而自动投奔。"怯怜口"

的职业、来源不同，贫富也有很大差别，共同之处就是对投下具有私人依附关系，不能随便解脱。另外，元廷划定的诸色户计也有很多表现出程度不等的人身依附关系，只不过这种关系是对国家而言的。如部分匠户要到官府手工业局、院中服役，不仅世代相袭难以脱籍，连日常生活都受到较严格的人身束缚。打捕鹰坊、屯田、淘金等人户也都是依附色彩很强、受束缚十分严重的户籍。

四、婚姻、家庭与宗族

社会结构的基本单位是家庭，一部分家庭构成宗族，而家庭又来源于婚姻。在这些方面，元朝也有自己的特点。

元朝所统治的是一个多民族社会，在婚姻、家庭方面各民族有不同的风俗习惯。元朝政府规定：同一民族的人自相婚姻，即从本民族之俗；不同民族通婚，以男方婚俗为主，但如他族男子与蒙古女子通婚，婚俗则不一定依从男方。蒙古人的婚俗以多妻制和收继婚为主要特色。多妻制与汉族社会的妻妾制不同，诸妻虽有正、次或长、次之分，但尊卑区别并不明显。皇帝往往有数名皇后，而不是严格的一后数妃，就是多妻制的体现。收继婚或称"接续""转房"，指寡妇由其亡夫的亲属收娶为妻，如子收庶母、侄收婶母、弟收嫂等。这在古代北方民族当中是一种十分流行的风俗，其产生原因主要是保证家庭或家族财产稳定不外流的需要。多妻制与收继婚在色目人中也比较普遍，但与汉族风俗习惯有较大差距，收继婚尤其如此。元朝末年儒士郑咺批评蒙古收继婚俗"恐贻笑后世"，认为"必宜改革，绳以礼法"[74]。他的意见只体现出汉族社会的伦理道德观念，故而未受统治者采纳。也有一些蒙古妇女受到汉族贞节观的影响，反抗收继。如鲁国大长公主祥哥吉剌"蚤寡守节，不从诸叔继尚，鞠育遗孤"[75]。但这样的事例比较少见。

汉族社会的婚姻状况也有一些新的变化。首先是与其他民族通婚的现象大量增加。元朝各民族杂居的情况比较普遍，而在民族等级及有关地位、待遇上，蒙古人、色目人高于一般汉族居民，后者遂往往慕势攀缘，通婚姻以求荣利。具体而言，蒙古人、色目人娶纳汉妇者最常见；汉人娶蒙古、色目女者相对较少。另外，受蒙古婚俗的影响，汉族社会也出现了收继婚现象。元朝法律允许汉人子收父妾、弟收兄嫂，但汉族其他形式的收继婚概为非法。在实际生活中，由于子收父妾涉及辈分问题，最为传统伦理所不容，所以真正流行的汉族收继婚只有弟收兄嫂一种形式。而且汉族收继婚主要存在于北方下层社会，江南绝少出现，士大夫阶层更是视之为"乱伦"，予以诋嗤。到文宗至顺元年（1330），元廷终于下令禁止汉人实行收继婚。与收继婚的一度出现相联系，尽管程朱理学的影响逐渐扩展并深化，在政府的提倡、表彰之下产生了一批节妇，但百姓婚姻中未严守节烈原则的现象仍较为常见，"妇人夫亡守节者甚少，改嫁者历历有之，至齐衰之泪未干，花烛之筵复盛"[76]。

蒙古人家庭的特点之一是妇女地位较高，她们不仅从事家务劳动，在畜牧业生产和社会交往中也发挥重要作用。另一个特点是"幼子守产"习俗。家庭中的子女一旦长大婚配，即分割家产另立庐帐，只有正妻所生幼子长大成婚后并不外分，而常年与父母同居，承担赡养父母的主要责任，并继承其大部分财产。汉族社会的家庭与过去区别不大。根据官方统计的户口来看，元朝家庭的平

图 11-3　描绘元朝夫妇的壁画

均规模大体在每户四到五口之间。虽然传统观念崇尚"父母在、不析居",但实际生活中亲在分居的现象仍相当普遍。即使"士者之家",也是"三世不别籍者希矣"[77]。甚至有人"别居异财,丰衣美食,坐忍父母窘乏,不供子职"[78]。也有一些累世同居的大家庭,因其少见于世,故得到朝廷旌表和时人称颂。如延安人张闰"八世不异爨,家人百余口,无间言"[79]。此类大家庭以浦江(今属浙江)郑氏最为著名,从南宋至元末,十世同居,历二百六十年,被旌为"义门""浙东第一家",并有详记治家之法的《郑氏规范》传世,这实际上已是一个长期同居的小型宗族。

　　宗族组织主要只存在于汉族社会。元朝的宗族是在前代基础上继续发展起来的。比较而言，北方宗族在金元之际的战乱中所受破坏更为严重，所以在元朝的发展不很充分。南方宗族组织的延续性相对完好，因而发展较为明显。构成宗族制度的基本要素包括族谱、祠堂、族产。族谱用以明血统，别亲疏，做法沿自宋代；祠堂用以会聚族众，奉祀祖先，其名称始于元朝。族产以族田为主，所产用于宗族公共事务，是宗族组织的经济基础。此外宗族通常还有族长、族规，它们也是宗族制度的重要环节。

第十二章

元朝民族关系与对外关系

元朝社会具有多元种族特征，民族关系比前代王朝更为复杂。同时，元朝的对外战争与和平往来，也都在中外关系史上书写了新的内容。

第一节　民族关系

一、"四等人制"

元朝社会是由多民族构成的。统治者在很多方面对不同民族实行差别对待政策，大致上可以看出蒙古人、色目人、汉人、南人四个阶层，被后人概括为"四等人制"。这样一个阶层序列，与被征服的先后次序密切相关。蒙古人作为元朝的"国族"，是统治者依赖的基本力量。蒙古以外的西北、西域各族人，包括汪古、唐兀（即西夏）、吐蕃、畏兀儿、哈剌鲁、阿儿浑、回回、钦察、康里、阿速等等，统称为色目人，系取"各色名目"之义，他们被视为蒙古统治者的主要助手。"汉人"在此是一个狭义概念，主要指淮河以北原金朝统治区以及较早为蒙古征服的四川、云南地区的汉族。另外，长期以来居于华北的契丹人、女真人也包括在内，他们中的绝大多数在元朝已经汉化。南人则指最后被征服的原南宋统治区（元朝江浙、江西、湖广三行省）内的居民。

"四等人"地位和待遇的差别体现在许多方面。从政治出路看，蒙古人、色目人通过怯薛入官，保证了他们对高级职位的垄断，汉人、南人进入高层的机会则受到种种限制。原则上，无论中央还是地方的政府机构，"其长则蒙古人为之"，汉人、南人只能担任副职[1]。地方行政机构普遍设立、掌握最后裁定权力的达鲁花赤，按制度必须由蒙古人充任，偶尔亦用色目人。中书省、枢密院、御史台等中央重要机构的长官，更是非蒙古人不授，仅个别特殊时期例外。军事方面规定"汉人不得与军政"[2]。地方监察方面"各道廉访司必择蒙古人为使，或阙，则以色目世臣子孙为之，其次参以色目、汉人"[3]，南人完全被排斥。朝廷明文禁止汉人、南人投充怯薛，妨碍蒙古、色目贵族的仕途。科举开设后，总人数悬殊的四等人在录取名额上却平均分配，蒙古人、色目人的考试难度又明显低于汉人、南人。从法律地位看，蒙古人若因争执或乘醉殴死汉人，无须偿命，只征收一笔烧埋银，并将犯人杖责后罚其从军出征。同样犯盗窃罪，汉人、南人除杖刑外还要附加刺字刑罚，蒙古人、色目人则可免于刺字。从军事防制角度看，元廷以蒙古军、探马赤军镇戍中原防范汉人，以汉军镇戍江南防范南人，禁止汉人、南人持有弓箭等兵器，禁止他们畜鹰犬打猎、习练枪棒，乃至祈神赛社、演唱戏文，亦在禁限。

上述差别待遇政策在客观上达到两方面效果。首先，区分出蒙古色目人和汉人南人两大集团，巩固了蒙古贵族的统治地位。其次，延续了汉族社会南北地域之间的隔阂，从而便于蒙古统治者自上操纵、控制。传统中国南北隔阂由来已久，曾因政治分裂得到强化，在元朝统一局面下仍然得到某种刻意的维护，致使"南北之士，亦自町畦以相訾甚，若晋之与秦，不可与同中国"[4]。这对元和元以后中国政治的发展，都有很大的消极影响。

另一方面，就本质而言，学术界久已习惯使用的"四等人制"概念也存在不尽准确之处。首先，"四等人"与其说是上下之别，不如说是内外之别、亲疏之别，或者说是核心与边缘之别。正如元明之际人所评："元朝自混一以来，大抵皆内北国而外中国，内北人而外南人，以致深闭固拒，曲为防护，自以为得亲疏之道。是以王泽之施少及于南，渗漉之恩悉归于北"[5]。将这种差别理解为等级高低，并不完全妥帖。其次，将"四等人"的不同待遇称之为"制"，固然未尝不可，但应当注意它们并非周密规划和设计的产物，而是对诸多随机颁布的单项规定、惯例的概括。这些规定或惯例并非全都分成四种不同待遇，严格对应"四等人"。例如汉人、南人待遇的差异主要表现在官吏任用上，其他场合基本没有区别。再次，"四等人制"并不能全方位涵括当时的民族政策和民族关系，对它不能绝对化地理解。蒙古统治者对少数较早归顺的汉族军人、官僚家族，如真定史氏、保定张氏、藁城董氏等，都有特殊优待，视同"国人"。这些家族实际上已成为蒙古、色目特权统治集团中的一分子。而广大的蒙古下层百姓，要为国家承担沉重的军役、赋税，不少人破产流亡，或卖身为奴婢，他们从上述差别对待政策中得不到多少实际好处。这种情况使得元朝的社会矛盾更加复杂。

二、民族融合与交流

尽管元朝统治者是以北方民族的身份君临天下，其统治带有较强的民族歧视和压迫色彩，但元朝仍被时人和后人视作中国历代正统王朝中的一环。它不仅大体奠定了中国疆域的规模，而且对疆域内各民族实施了长期有效的统治，因而促进了各民族之间的融合与交流，加强了周边民族与内地的经济、文化联系和认同感、凝聚力。这也是元朝对中华民族历史发展所做出的重要贡献。

作为今天中华民族重要组成部分的蒙古族，是在元朝正式形成的。蒙古起初只是漠北的一个普通部族，在成吉思汗领导下兼并了草原上的其他部族，建立起大蒙古国。大蒙古国推行的千户、百户制度，在一定程度上打碎了原有的氏族、部族体系，使旧的氏族共同体逐渐分解。各被征服部族不再能保持自己组织的完整和相对独立，而是与统治部族蒙古趋于融合，逐渐向一个较大范围、全新的蒙古民族过渡。进入元王朝后，统治者在广泛接触、吸收各民族文化的基础上，大力推动本民族文化的建设，如新创文字、设学校、编史书等；在待遇上也将原漠北诸部族共同列入"蒙古人"的范畴，定为第一等。元廷对作为"祖宗龙兴之地"的漠北始终牢牢控制，所予重视程度是前代中原王朝无法企及的。在行政上设宣慰司、行省等机构进行治理，在军事上屯驻大量军队，在财政上不断拨赐巨额经费，这都极大地促进、巩固了蒙古对漠北诸部族的消化。到元朝中后期，漠北诸部族已经习惯于使用"蒙古"作为它们的总名称，原有的克烈、塔塔儿、篾儿乞等部族名使用渐少，且通常都居于蒙古总称之下。还有很多从其他地区掳掠来的外族成员，也逐渐融入蒙古族当中。元亡后，退居漠北的蒙古统治者仍然在一段时间内打着"北元"旗号，以元朝的继承人自居。而漠北草原千余年来民族更迭频繁、兴衰无常的状况也就此结束，具有持久生命力的蒙古民族从此长期活跃在这一舞台上。

回族也在元朝开始形成。随着蒙古的几次西征，大批信奉伊斯兰教的中亚、西亚居民，包括花剌子模人、波斯人、阿拉伯人等等，长途迁徙到中国，当时的文献称之为回回人，为色目人之一种。"回回"一词最早指回鹘，后也被用以概称西域人，但在元朝最常见的意义已成为穆斯林专称，在户籍上单列一类。他们的种族、语言、原籍并不相同，入居中国后，在伊斯兰教强大的整合作用下，形成了一个新的文化共同体。回回人散居全国各地，长期与汉族人民相处，受到汉文化较深的影响，习汉语，读儒书，仿汉人立姓氏字号。然而他们同时仍保持着自己的宗教信仰、风俗习惯，进行兴教建寺的活动，"虽适殊域，传子孙，累世不敢易焉"[6]。以元朝回回人为主体，再加上进一步融合其他民族中的穆斯林，最终形成了中国的回族。

在大一统局面下，元朝出现了引人瞩目的民族杂居现象。首先是一些周边民族，主要是漠北的蒙古人和西北的色目各族人，因从政、驻防、屯田、谪戍、流亡、经商等原因大量涌入内地，与汉族混杂而居。如方志记载元朝后期镇江城的侨寓人口即达一万三千余人，其中包括蒙古、畏兀儿、回回、河西（即西夏）、契丹、女真等多种民族[7]。同时，内地汉人因被俘、罪徙等原因迁往边地的也不在少数。各民族的杂居共处促进了民族融合。原居内地的契丹、女真人，在元朝已渐与汉族合一；新入居的蒙古人和回回以外的色目人，也与汉族居民交往渐深，在元亡后自然地融入了汉族，"相忘相化，而亦不易以别识之"[8]。迁居边疆地区的汉人则与当地民族相融合。民族杂居也加强了彼此的文化交流，内地的蒙古、色目人研习儒学或以诗文书画知名者不乏其例，而蒙古语文在汉族社会亦颇为流行。不同民族文化相互影响，交相辉映，成为元朝显著的时代特色。

第二节　对外关系

一、与四大汗国的关系

成吉思汗后裔建立的钦察、伊儿、察合台、窝阔台四大汗国，名义上都属于元朝的"宗藩"，实际上则各自为政。

察合台、窝阔台两汗国距离元朝较近，分别由察合台和窝阔台的后裔建立。察合台汗国最盛时，疆域东至吐鲁番和罗布泊，西抵阿姆河，北到塔尔巴哈台山，南越兴都库什山。窝阔台汗国位于察合台汗国以北，疆域盛时东抵吐鲁番，西至塔拉斯河，南到天山，北达额尔齐斯河流域。元朝前期，两汗国在窝阔台之孙海都的领导下抗拒元廷，与元朝军队在漠北西部和天山南北长期交战，互有胜负。海都死后，两汗国在成宗大德七年与元廷约和，设置驿传，以通往来。在与元朝敌对状态解除的同时，两汗国的同盟关系却因外部压力的削弱而走向崩溃，不久即爆发武装冲突。在元廷协助下，察合台汗国兼并了窝阔台汗国，此后一直尊奉元朝为宗主国，互通往来。元朝末年，察合台汗国分裂为东西两部分。不久，突厥化的蒙古巴鲁剌思部贵族帖木儿篡夺了西察合台汗国的汗位，建成帖木儿帝国。东察合台汗国则一直存在到 16 世纪。

钦察汗国是由成吉思汗长子术赤封地发展而成的国家。术赤之子拔都在完成蒙古第二次西征之后，将营帐迁至伏尔加河下游，形成了以钦察草原为中心，东起额尔齐斯河、西包俄罗斯平原的庞大汗国，亦称金帐汗国。元朝前期，钦察汗国参加了察合台、窝阔台汗国对抗元朝的行动，但后来较早从中脱离，倒向元朝一边。元武宗至大元年，遣使册封钦察汗脱脱为宁肃王。汗国在 15 世纪开始分裂，16 世纪初灭亡。在元朝各"宗藩之国"中，钦察汗国距离最远，因此与元廷联系相对较少。但纵向而言，这一时期中原地区与偏远的钦察草原之间建立的经济、文化联系，仍是其他朝代所无法比拟的。钦察汗国首都萨莱是当时沟通东西陆路交通的国际性都市，输入的中国商品十分丰富，还有不少中国工匠在那里从事手工业生产。考古学家也在钦察汗国统治区发掘出了大量的元朝时期中国产品。当地的原居民钦察人、阿速人、斡罗思人入居中国者相当多，他们都属于色目人之列，其中大部分又被编入侍卫亲军。

伊儿汗国疆域东起阿姆河和印度河，西达小亚细亚，南抵波斯湾，北至高加索山。其汗室在四大汗国中与元朝皇室血缘最近，因此与元廷的关系一直友好，往来最为密切。历代伊儿汗即位，多经由元朝册封。忽必烈赐给伊儿汗阿八哈"辅国安民之宝"方印，泰定帝也曾加授汗国权臣出班开府仪同三司、翊国公的官爵。蒙古大臣孛罗奉忽必烈之命出使伊儿汗国，并留居下来，终老在那里。孛罗曾在元廷任御史中丞、枢密副使等要职，熟悉蒙古国家制度和历史典故，在伊儿汗国发挥了重要的咨询作用，包括帮助汗国模仿元朝制度发行纸币，为波斯史家拉施特撰写历史巨著《史集》提供资料。元成宗时，设置"管领本投下大都等路打捕鹰房诸色人匠都总管府"，掌管伊儿汗国在元朝的投下户等事务，官属皆由伊儿汗任命。仁宗即位后，裁减机构，省并衙门，考虑到伊儿汗"远镇一隅"，在朝中"别无官属"，故对此总管府仍"存设不废"[9]。汗国与元朝在医学、天文学、地理学、航海技术等方面都存在着密切的交流。14世纪中叶，伊儿汗国因内乱而瓦解。据有报达的蒙古札剌亦儿氏贵族哈散自立为汗，后其子占有阿塞拜疆等地，移都桃里寺（今伊朗大不里士），史称其为札剌亦儿王朝，至14世纪末，为帖木儿帝国所灭。

二、与亚洲各国的关系

元朝与亚洲各国的关系可分为两个阶段。世祖一朝，多次对东亚、东南亚各国发动战争；成宗以下，战争结束，以和平往来为主。朝鲜半岛上的高丽王朝情况比较特殊，由于地理位置的关系，很早就被蒙古征服，终元一代都处在元朝紧密控制之下。

早在窝阔台在位时，蒙古就发兵入侵高丽，迫使高丽国王称臣

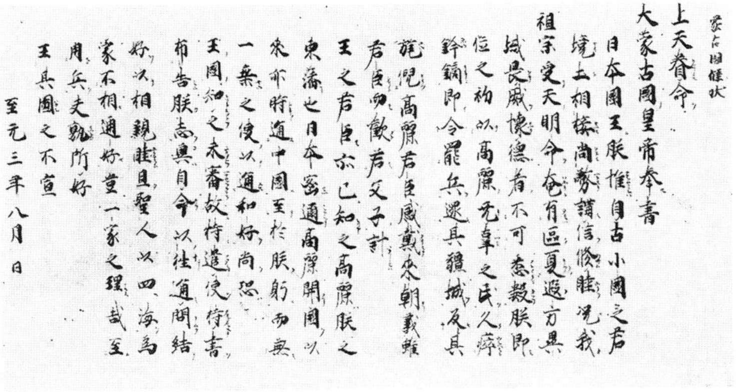
蒙古國牒状
上天眷命
大蒙古國皇帝奉書
日本國王朕惟自古小國之君
境土相接尚務講信修睦況我
祖宗受天明命奄有區夏遐方異
域畏威懷德者不可悉數朕即
位之初以高麗無辜之民久瘁
鋒鏑即令罷兵還其疆域反其
旄倪高麗君臣感戴來朝義雖
君臣而歡若父子計
王之君臣亦已知之高麗朕之
東藩也日本密邇高麗開國以
來亦時通中國至於朕躬而無
一乘之使以通和好尚恐
王國知之未審故特遣使持書
布告朕志冀自今以往通問結
好以相親睦且聖人以四海為
家不相通好豈一家之理哉至
用兵夫孰所好
王其圖之不宣
至元三年八月　日

图 12–1　1266 年元世祖忽必烈派遣使节至日本递交国书《大蒙古国皇帝奉书》，又被称为《蒙古国牒状》

纳贡。高丽不堪蒙古的欺压和剥削，一再反抗，致使战端屡起。元朝建立后，与高丽形成了比较稳定的藩属关系。在接近元朝统治中心、被蒙古兵威直接笼罩的情况下，高丽能够作为一个异姓政权长期存在，就当时而言十分特殊，可谓“万国独一焉”[10]。然而它的存在却是以牺牲相当一部分国家主权为代价，只保持着半独立的地位。元朝在高丽设置了征东行省，以高丽国王兼任行省丞相，高丽国内与中原王朝相同的官名和文书称谓全被更改。历代高丽国王大都娶元朝公主（包括宗王之女）为妻，这些公主在高丽挟持国王，干预政务，实际上成为元廷驻高丽的代表。高丽国王即位之前，大多在元朝充当人质，有的即位后仍然长期留居元朝。王位继承也经常受到元朝干预，前后共有三位国王遭到废黜，四位国王具有两度即位的奇特经历。当然，在这样的背景下，元朝与高丽的人员往来和经济、文化交流也要比历史上的其他时期更加密切。

图 12-2 《蒙古袭来绘词》中描绘 1281 年弘安之战，日本武士登上元军战船的场景

忽必烈以高丽为跳板，屡次遣使对日本进行"招谕"，希望其臣服朝贡，但日本的镰仓幕府置之不理。至元十一年，忽必烈先对日本发动一次试探性的进攻，登陆后因后援不继，仓促撤回。到至元十八年（1281），南宋已灭，遂下诏大举征伐日本。远征军兵分两路，忻都、洪茶丘率蒙古、高丽、汉军共四万人、战船九百艘由高丽出发，阿塔海、范文虎、李庭率新附军十万人、战船三千五百艘由庆元出发，志在必取。两路军队在日本沿海会师后，因将帅内部出现矛盾，且日军防守严密、无隙可乘，故而驻于近岸岛屿，逗留不前。一个月后，台风大作，元军战船多毁，大批军士淹死。忻都、范文虎等将帅乘好船逃走，大部分军队被遗弃在岛上，遭到日军猛烈袭击，几乎全部被歼，得还者仅五分之一。这次大张旗鼓的侵日之役，遂告惨败。此后双方未再发生战争，民间交往断续进行。成宗时，僧人宁一山随商船出访日本，在日本传播禅宗学说

二十年，直至去世，被追封为国师。日本僧人来华者为数更多。

忽必烈在位后期，两次对安南发动战争。安南早已向忽必烈称臣，但忽必烈屡次提出"臣服六事"的条件，要求其君主入朝、子弟入质、编民数、出军役、输纳税赋、置达鲁花赤，事实上是要取消安南的国家主权，故而受到拒绝。至元二十一、二十四年，忽必烈命其子镇南王脱欢为统帅，两次发兵攻入安南。安南军民采取坚壁清野、诱敌深入、不断骚扰、待敌之疲然后反击的战术，两次大败元军。曾参与平宋的元朝著名将领唆都、李恒、樊楫都在征安南之役中丧生。忽必烈因脱欢两次南征无功，十分愤怒，命他居于扬州，终身不得入见。

征安南失败后，忽必烈又将征伐矛头指向爪哇（今印度尼西亚爪哇岛）。爪哇是当时南洋地区比较强盛的国家。忽必烈曾数次遣使前往"招谕"，希望爪哇国王前来朝见，都未能达到目的。至元二十九年，元廷调发军队两万人，由史弼、亦黑迷失、高兴率领，远征爪哇。时爪哇国王被相邻葛郎国王哈只葛当所害，其婿土罕必阇耶兴兵复仇，不胜，闻元军至，即遣使迎降求助。元军协助其打败哈只葛当，但随后就遭到土罕必阇耶袭击。因连续作战，兵力损耗较大，元军不敢恋战，狼狈撤还。此役虽有所掳获，但丧失士卒三千余人，得不偿失。忽必烈大为失望，史弼等将领都受到处罚。

除上述战争外，忽必烈在位后期还曾对缅国、占城（今越南南部）用兵。直到至元三十一年忽必烈去世，对外战争才告中止，与东南亚地区恢复了和平交往。成宗时派使团出使真腊（今柬埔寨），使团随员周达观根据亲身见闻著《真腊风土记》，记述柬埔寨吴哥时代文明的盛况，成为今天了解吴哥文化的主要文字史料。

马八儿、俱蓝都是南亚小国，分处于印度半岛南端的东、西两侧。当时记载称"海外诸蕃国，惟马八儿与俱蓝足以纲领诸国，而俱蓝又为马八儿后障"[11]。至元十六年，因马八儿遣使来献珍物，而俱蓝尚未归附，忽必烈遂派广东招讨司达鲁花赤杨庭璧前往招谕。此后杨庭璧又三次出使其地，先后敦使南亚十余小国前来与元朝通使聘问。忽必烈在位末年，马八儿王子孛阿里因与其国王有隙，奔于元朝，寓居于泉州，忽必烈赐高丽女子蔡氏为其妻。成宗时，加授中书左丞、商议福建行省事之职。后马八儿等国为印度半岛北部的德里苏丹国兼并，但当地仍与元朝维持通使关系。

三、与欧洲、非洲的往来

蒙古对欧亚大陆的征服扫平了林立的关卡和复杂的疆界，使中国与欧洲进入直接往来的时代。早在大蒙古国时期，意大利人柏郎嘉宾和法国人鲁不鲁乞就分别受教皇和法国国王派遣出使蒙古汗庭，先后到达哈剌和林。忽必烈建立元朝以后，虽然蒙古的统治重心已经南移，但与欧洲仍继续保持着活跃的往来。如元人朱思本所云："西海（按指地中海）虽远在数万里外，而驿使贾胡时或至焉。"[12]意大利旅行家马可·波罗在这段时间来华，成为中外关系史上的大事。马可·波罗出生于意大利威尼斯的一个商人家庭，约于至元十二年随父、叔到达中国。他聪明谨慎，擅长辞令，因而颇得忽必烈赏识，曾奉命出使江南、西南的很多地方，还到过东南亚一些地区。后来伊儿汗阿鲁浑遣使者到元朝请婚，马可·波罗一行获准随同使者返乡。他们于至元二十八年由泉州乘船启程，途经伊

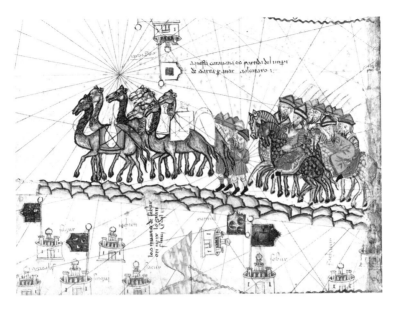

图12-3 《马可·波罗行纪》中描绘东方的行进图

儿汗国，于四年后终于回到威尼斯。后来根据马可·波罗的记忆与口述，鲁思梯谦（Rustichello da Pisa）写成《马可·波罗行纪》一书。此书轰动一时，在中世纪欧洲人面前展示了一个崭新而神奇的东方世界，影响了以后几个世纪的欧洲航海家、探险家。

这一时期，来自中国的旅行家在历史上第一次访问了欧洲。汉文史料没有提到这位旅行家的名字和事迹，其有关情况仅见于西文记载。他的名字为拉本扫马（Rabban Sauma），其中Sauma为本名，Rabban为叙利亚语"教师"之意，是尊称。扫马是生活在大都的畏兀儿人，自幼信奉景教，东胜州（今内蒙古托克托）人玛尔谷（Marcus）从其学。约至元十二年，二人由大都出发赴耶路撒冷朝圣，但因故只走到报达。后来玛尔谷被拥戴为景教最高领袖，称耶巴拉哈三世（Yahbhallaha III），扫马也被任命为教会巡视总监。1287 年，扫马受耶巴拉哈三世及伊儿汗阿鲁浑委派，率使团出使欧洲。他会见了法王腓利普四世和英王爱德华一世，又觐见教皇尼古拉四世（Nicholas IV），都受到热情款待。圆满完成出访任务后，扫马回到报达，辅佐耶巴拉哈三世管理教务，直到去世。

　　拉本扫马对欧洲的访问，促使罗马教廷更积极地开展对东方的传教工作，将中国作为直接传教对象。1289 年，天主教教士孟德高维诺（Montecorvino）受教皇尼古拉四世委派，涉海来华。他于至元三十一年到达大都，向新即位的元成宗呈递了教皇的书信，被允许进行传教工作。根据现存孟德高维诺写给本国教友的信件，他曾长期居于大都，翻译《新约》和祷告诗，并兴建教堂二所，收养幼童一百五十人，为大约六千人进行了洗礼。元朝贵族、驸马高唐王阔里吉思也跟从他改奉天主教。1307 年，教皇克雷芒五世（Clement V）正式任命孟德高维诺为大都大主教，并遣教士七人东来相助，其中三人到达，在福建泉州设立了教区。后来孟德高维诺病卒，教皇又向中国派出第二任大主教，但他只到达了察合台汗国，随后下落不明。这段时间，意大利教士鄂多立克（Odoric）也来中国私人旅行。他先由海路抵达广州，又经泉州、杭州、集庆等地北上，在大都居住三年，曾见到已近暮年的孟德高维诺。鄂多立克后由陆路经西藏、中亚回到欧洲，并著游记传世。

　　后至元二年（1336），元顺帝派出一个十六人使团出使罗马教廷。使团携带了顺帝致教皇的书信，并带有元廷阿速贵族福定、香山等人代表中国教徒恳请教皇速派第二任大主教的上书。1338 年，使团抵达教皇本笃十二世的驻地阿维尼翁，受到热情款待，游历了欧洲很多地方。随后教皇派佛罗伦萨教士马黎诺里（Marignolli）等数十人随元朝使团回访中国。马黎诺里一行经陆路于至正二年（1342）到达上都，向顺帝进呈教皇书信，以及骏马一匹作为礼物。其马高大，身纯黑，而后二蹄皆白，史书记为"拂郎国贡异马"[13]。当时诸臣争作《天马赋》《天马赞》，士子习文亦以《代拂郎国进天马表》为题，可见此事轰动朝野之盛况。马黎诺里等人在大都留居三年，后乘驿至泉州，经海道西返。元朝灭亡后，明太祖曾遣返元末来华的欧洲人捏古伦，"命赍诏书还谕其王"[14]。但此后奥斯曼土耳其帝国崛起于西亚，帖木儿帝国崛起于中亚，中欧之间的陆海路联系都被阻断，往来遂告中止。

元朝与非洲的交往主要限于东非和北非。成宗大德时，元廷曾遣使赴索马里、摩洛哥等地采办狮、豹等珍禽异兽。元中后期人汪大渊曾随商船出游南亚、东非数十国，著《岛夷志略》一书记游历见闻，述及东非层拔罗国（今坦桑尼亚桑给巴尔）物产、风土人情等事。摩洛哥旅行家伊本·白图泰（Ibn Battuta）于元顺帝时自印度来中国，曾到达广州、泉州、杭州诸地，后由泉州回到摩洛哥。他著有《伊本·白图泰游记》一书，对中国南方的经济、社会生活描述颇多。

第十三章

元朝的文化

与前后的统一王朝相比，元朝寿命相对较短，而且又是由游牧民族建立的，因此它在中国文化史上的地位常被忽视。事实上，元朝统治者虽自漠北入主中原，但汉族社会传统文化的发展趋势并未因此改变，相反，文化各主要领域还在前代王朝基础上取得了进一步的成就。

第一节　理学与教育

一、理学北传与朱陆调和倾向

金朝后期的知识界对成型于南宋的程朱理学已经有所了解，但程朱理学有系统的北传始于金元之际。窝阔台时蒙古军伐宋，德安（今湖北安陆）儒士赵复被俘虏到北方。蒙古大臣杨惟中遂于燕京创设太极书院，延请赵复讲授其中，"燕之士大夫闻其议论证据，翕然尊师之"[1]。赵复本人是理学信徒，他北上以后的讲学、游历、著述活动，第一次使北方学术界比较完整地接触到了程朱理学的基本内容。此后北方出现了一批理学家，其中许衡、刘因号称元朝前期北方两大儒，最为著名。许衡早年为忽必烈幕僚，后从政受挫，转而致力于教育，长期担任国子祭酒，编写了多种浅近的理学著作用于教学，大大扩展了理学的影响，因而被后人尊奉为朱熹道统的继承者。但其论学多是在蹈袭程朱的基础上加以简化、通俗化，缺乏创新与深度。刘因毕生以隐居教授为业，曾拒绝元廷的征召。其学在朱熹读书穷理、先博后约理论的基础上更多地强调返求五经，呈现出与许衡所代表正统派的若干不同特色。当时其他以理学知名的学者还有郝经、姚枢、窦默等。

然而在元初的北方，理学总体来看尚未占据主导地位，原有辞章传注之学的势力仍然强大。士人多"踵金辞赋余习，以饰章绘句相高"[2]，社会上"间有一二留心于伊洛之学，立志于高远之地者，众皆群咻而聚笑之，以为狂为怪为妄，而且以为背时枯槁无能之人也"[3]。元灭南宋，理学著述大批流入北方，对旧学风造成巨大冲击。在此前后，通过许衡等人的努力，元朝的学校制度逐渐定型，程朱理学首先在教育界获得支配地位。理学代表著作朱熹《四书章句集注》等成为通行教科书，对社会产生了巨大影响。到成宗大德五年，四书先于五经的地位已经得到广泛接受，"上而公卿大夫，下而一邑一乡之士，例皆讲读，佥谓精诣理极，不可加尚"[4]。

理学对学校教育的控制，直接导致它在后来开设的科举中确立了官方学术的地位。仁宗开科举，程序多采用朱熹《贡举私议》。经书考试尤重四书，单独出题，并用朱熹《四书章句集注》。汉人、南人试五经之一，考试标准亦以理学家有关著作为主。总体而言"非程朱之学不试于有司，于是天下学术，凛然一趋于正"[5]。由于程朱等人对五经的研究不够全面、系统，故元朝五经考试在侧重理学的同时亦兼用古注疏。事实上自南宋末年以来，随着理学的传播、兴盛，学术界用其观点解释诸经的著作不断增加，只是缺乏概括、会通而已。元文宗时曾设立艺文监，计划弥补这一缺憾，如唐朝《五经正义》之例，编出代表官方、体现理学思想的权威性经书解释著作行用于世。但后来元廷用主要力量编修政书《经世大典》，释经工作因而中辍。明初所修《四书大全》《五经大全》，实际上沿袭了元朝的思路，而且其内容也是在抄袭、拼凑元儒有关理学释经著作的基础上完成的。

元朝的理学虽在学术界取得统治地位，著作也比较多，但就学术本身而言创新并不明显。其较有特色的地方，是朱、陆调和的倾向。南宋以来程朱之学大行于世，同时作为理学别支的陆学传授仍然不绝如缕。尽管恪守陆学门墙的学者为数不多，陆学的影响实则并未骤减，其很多观点得到了正统理学（朱学）学者的吸收。朱熹强调读书穷理、由博返约，常人难以完整把握，往往失之支离。后学遂有援引陆九渊"发明本心"之说以救其弊者，这在元朝中后期的南方学术界颇为常见，著名学者吴澄就是其中的代表人物。吴澄在师承上与朱熹有转相传授的关系，毕生钻研诸经，著述繁富，在"读书穷理"方面下了不少功夫，其学术成就在元朝理学家中当推翘楚。但他对陆九渊也十分敬仰，推崇他"发明本心"，"反之于身，……不待外求"的修养理论[6]，认为这是"先立乎其大者"[7]，希望吸取陆学合理因素，在传授朱学过程中用作方法论的补充。吴澄于仁宗朝在京任国子司业，教学时鼓吹陆学的"尊德性"理论，认为"为学不本于德性，则其敝必偏于言语训释之末"。而北方学术界研习朱学为时不久，尚未明察其弊，故而吴澄的言论引起轩然大波，"议者遂以澄为陆氏之学，非许氏（衡）尊信朱子本意"，吴澄被迫辞职南归[8]。另一方面，陆学传人兼采朱学者同样不乏其例，意在吸取朱学缜密、笃实之功以补陆学空疏弊病。如李存提倡尊经，谓"非学则不能以自明，而学之不绝如线者，赖遗经存焉耳"[9]。元朝（主要是南方）理学界调和朱、陆，折中理、心，可以看作从宋末理学到明朝心学此消彼长的过渡状态。

二、儒学教育体制

元朝的儒学教育体制比较完备，中央设国子学，地方路、府、州、县普遍设立官办儒学，又有大量基本属于私学性质的书院。

国子学初设于至元八年，这一年，忽必烈任命理学家许衡为国子祭酒，同时"增置（国子）司业、博士、助教各一员，选随朝百官近侍蒙古、汉人子孙及俊秀者充生徒"，校址设在原金朝枢密院衙署[10]。此时国子学初设，规模较小，第一批学生只有侍臣子弟十一名，基本都是蒙古人、色目人。为教好这些汉文化基础差的学生，许衡将他的旧日弟子耶律有尚等十二人召入国学，担任"伴读"，亦即教学辅导工作。教学内容比较浅显，先从朱熹所编《小学》入手，次为四书，兼及算术、书法、历史知识。教学之余，又命学生演练礼仪。后来许衡受到权臣阿合马排挤，辞职回乡，国子学名存实亡。直到许衡死后的至元二十四年，元廷重新设立国子学，其上增设教学管理机构国子监，以耶律有尚为祭酒。此次重设，学生规模扩大为一百人，包括蒙古人五十人，色目人及汉人五十人，年龄均要求十岁以上，另有伴读二十人，十五岁以上。教学内容参考许衡所定学制，先教《孝经》、《小学》、四书，然后是五经（其中《礼经》教授《礼记》和《周礼》）。成宗时，在大都城东部配套修建了规模较大的国子学新校舍和孔庙，"远迩来观，靡不惊骇，叹羡其高壮宏敞"[11]。国子学生员数量也逐渐增加，最终发展到正额生员四百人，伴读六十人，另有向民间招收的自费"陪堂生"一百人。国子学内部形成了一套考试积分制度，积分达标的学生再经礼部考试，可以授以低级官职。

地方官学的发展比中央略早。中统二年，在地方设立"诸路提举学校官"，明确恢复地方官学设置，并将发展教育规定为地方政府职责之一。行省制度定型后，各行省皆设有儒学提举司掌管地方儒学事务。地方的路、府、州、县各级行政机构，按制度均应设立儒学，"由京师达于郡邑，海隅徼塞，四方万里之外，无不立学。"[12]学生人数多寡不一，少者十几、几十人，多者一二百人，通常视当地经济状况而定。总体而言，江南儒学生员相对较多，北方较少，级别高的儒学生员相对较多，级别低的较少。他们主要来自国家划定的儒户，也包括一些普通民间子弟。在学期间可以享受奖学金性质的补助，主要用于解决本人膳食，有的地方兼可提供住宿及相应生活费用。各级官办儒学在结构上都包括孔庙和学校两个组成部分，"由学尊庙，因庙表学"[13]，因此习惯上又被称为庙学。其教学制度，大体与国子学相仿。学生成绩优异者，有机会"岁贡"至高层机构充任吏职，或者擢为教官，从而辗转进入仕途。然而这两条仕途十分狭窄，绝大多数学生永无入仕之望，被评为"尽优异之虚文，无激劝之良法"[14]，大大影响了他们的学习积极性和学校教学质量。

书院是唐末出现的学者讲习场所，进而演变为民办学校，在南宋十分兴盛，金朝却寥寥无几。大蒙古国时期，北方的书院建设有所发展。忽必烈即位之初，即降旨要求各地"管内凡有书院，亦不得令诸人搔扰，使臣安下"[15]。平宋以后，南方的书院大部分都保存下来，许多不愿出仕的遗民避居书院讲席，甚或新建书院，讲授其中。至元二十八年，元廷在江南官办儒学中普遍设立小学，同时"其他先儒过化之地，名贤经行之所，与好事之家出钱粟赡学者，并立为书院"[16]。由于有政府鼓励，兴办书院之风大盛。到元朝后期，"为书院者，遂与州县学委立而布满于四方"，"比比皆是"，"视前代倍百矣"[17]。

元代书院与地方儒学的区别主要有两点。第一，地方儒学置于路、府、州、县治所，在该路、府、州、县都是独一的。书院的设置则灵活得多，既可能在路、府、州、县城中，更有可能在比较偏僻的"山林清旷之地""深山穷谷"[18]，而且一州一县可以有多所书院。第二，地方儒学由国家统一设置，书院则大量由个人兴建，官方设置的书院往往具有某种特殊的纪念意义或目的。不过，原本属于私学的书院，在元代已出现明显的官学化倾向。民间私学要想采用"书院"一称，必须上报政府批准。元朝前期形成的地方儒学管理制度，也行用于书院。书院的负责人山长，已被元廷列入国家教官编制。与此相联系，书院应有的自由讲学精神受到很大削弱，在统一的管理制度下，"月有书，季有考"[19]，教学十分死板，"殆为文具"[20]。

三、蒙古字学等专科学校

除儒学系统外，元朝另有三类广泛设置的官办专科学校——蒙古字学、医学和阴阳学。元人云："昔之为学也一，今之为学也增其三焉，曰蒙古字，曰医，曰阴阳。所肄之业虽不同，其于严师弟子之道以相授受，则亦未始不同也。"[21]就是说，这些专科学校虽与儒学教学内容不同，但在教学制度、管理等方面，仍然有许多共同的地方。

蒙古字学是教授八思巴字的学校。八思巴字是忽必烈命藏传佛教高僧八思巴以藏文字母为基础创制的一套拼音符号，起初名为蒙古新字，后专名蒙古字。它的直接作用是取代成吉思汗时期创制的畏兀儿体蒙古文来记录蒙古语，同时也用以"译写一切文字"[22]，即拼写汉语等多种民族语言。八思巴字创立后获得了元朝"国字""国书"的地位。凡诏书、官员任命书、宗庙祭祀祝文、乘驿证明、各机构上呈给皇帝的贺表之类重要文书，以及官府印章、牌符，一律要使用八思巴字。为推广这套文字，中央设立了蒙古国子监和蒙古国子学，地方设立蒙古字学。蒙古国子监、学设官原则与作为中央儒学的国子监、学相仿。学生人数经过几次增加，定为正式生员一百五十人、陪堂生一百一十四人。地方蒙古字学按制度仅设立于路、府、州，在县一级并未设立，因此数量比儒学低很多。

无论中央还是地方，蒙古字学学生的出路都是两条：充任蒙古字学教官或充任译史（主管文字翻译的吏职），然后积累资历，进入流官行列。这样的入仕模式与儒学大体一致，但由于蒙古字学学生人数远少于儒学，而政府机关中翻译人员的需要颇为广泛，翻译人员升迁前途又较为优越，因此当时认为"蒙古字学视儒学出身为优"[23]。"人知国字之足以进身，而竞习之"[24]。学生中蒙古人其实不多，大部分都是色目人和汉人、南人，其中很多人成为优秀的蒙古字学教官。

元朝统治者对前代视为"方技""杂流"的各种专业技术及其人才予以较高地位，医学和阴阳学因此得以广泛设立。它们都设于地方，在中央并无"国子学"级别的专门学校。其中医学设立较早，设置也更广泛。中统三年，在各路普遍设立医学，以后逐渐向路以下地方机构推广，原则上设到县一级，与儒学相同，比蒙古字学普及。成绩合格的学生，结业后即可获得在社会上的行医资格。欲为官者，还可参加专门的医学科举考试，中试排名在前者可在朝廷太医院中担任太医，低者亦可担任医学教官。元朝阴阳学初设于至元二十八年，主要目的是为了对民间从事阴阳活动（指以天文学知识和阴阳五行思想为基础的占卜、堪舆、择日之术）的人进行集中管理，同时从中选拔人才为国家服务。阴阳学先在各路设立，又推广到府、州。学生的出路，优秀的可经考试到中央司天台工作，或充任阴阳学官，大多数则在社会上以阴阳术谋生。

儒学均有孔庙，形成配套的庙祀制度，蒙古字学、医学也是如此。元朝中期，规定在蒙古字学普遍建立帝师殿祭祀八思巴，规模制度大于儒学的孔庙。医学庙祀制度形成稍早，祭祀对象为三皇，即伏羲、神农和黄帝，又以"姓名载于医书"的黄帝臣子俞跗等"十大名医"从祀。阴阳学没有相关制度，有些地方与医学一样，亦以三皇作为行业神。

第二节　宗　教

一、佛教与道教

佛道二教作为传统中国影响最大的宗教，在这个时期有了新的发展。最早受到蒙古统治者扶植的是道教。王重阳创立的道教新派别全真教，自金朝中期以来流行于汉地。成吉思汗闻王重阳弟子丘处机之名，于西征途中遣使征召，并对他十分尊重，称为"神仙"，赐予圣旨，凡其门人皆免除赋役。丘处机东归后，居于燕京太极宫，遣门徒四出招徕百姓，从者如流，多希望以此避祸乱、免赋役，一时间"黄冠之人，十分天下之二，声焰隆盛，鼓动海岳"[25]。丘处机死后，弟子尹志平、李志常相继掌教，编集、刊印《道藏》七八百余卷，进一步扩大了全真教的影响。金时与全真教大致同时创立的道教新派别太一教、真大教等，也都得到蒙古统治者的尊礼。

佛教与蒙古统治者的接触略晚一些。当时在北方，禅宗中的临济、曹洞两支比较活跃。临济宗高僧海云谒见过成吉思汗，窝阔台时住持燕京大庆寿寺，协助蒙古统治者进行选试僧人的工作。贵由、蒙哥时，海云一直奉旨领佛教事，为大蒙古国最高僧官。在他和曹洞宗高僧万松等人的努力下，僧侣获得了与道士一样的免除赋役特权，以及为大汗"告天祝寿"的任务。

吐蕃归附蒙古前后，藏传佛教开始在蒙古贵族中发展信徒。藏传佛教主要由印度佛教密宗演变而来，又深受藏地原始宗教苯教的影响，具有大量的巫术仪轨内容，富于神秘色彩，与蒙古原始宗教萨满教颇能融合。其中萨迦派的首领萨班，最早与蒙古贵族建立合作关系，推动了藏地纳入蒙古统治。他的侄子八思巴进入忽必烈藩府，忽必烈夫妇皆从其秉受灌顶仪式，皈依藏传佛教。自此藏传佛教逐渐成为最受蒙古统治者尊崇的宗教。

佛道二教俱受崇奉，各自在汉地扩张势力，因而产生矛盾。道教最初在竞争中占有优势，凌虐佛徒，将华北数百所佛寺改为道观；又翻刻《老子化胡经》，散布贬抑佛教的言论。蒙哥汗在位时，先后两次召开佛道二教辩论大会，以全真教为代表的道教势力受到汉地、吐蕃、西域僧侣的联合攻击，败下阵来。《老子化胡经》等数十部道经被作为"伪经"焚毁，侵夺佛教的寺院田产也都被勒令归还。此后，道教的正常传播并未遭遇限制，只是地位确定排在佛教之后。入元以后，全真教等北方道教派别继续得到统治者的优遇，但已经背离教义中的禁欲苦行原则，失去了发展的活力。

元世祖在位前期，授八思巴以"帝师、大宝法王"称号。帝师作为皇帝精神上的导师，负责向皇帝传授佛法，祈祷皇室福寿，保佑元朝国运昌盛。同时，节制并参与佛教最高机构宣政院的管理活动，在制定国家宗教政策、处理佛教事务、治理吐蕃地区等方面发挥着重要的影响。此后元朝历代皇帝都从萨迦派僧侣中封授帝师，藏传佛教也一直在蒙古宫廷中享有独尊地位。元朝中期，还下令在地方配合蒙古字学的建设，广泛设置帝师殿祭祀八思巴，规模制度超出孔庙。终元一代，藏传佛教僧侣经常凭借蒙古贵族的宠信为非作歹，"怙势恣睢，日新月盛，气焰熏灼，延于四方，为害不可胜言"[26]。

在南方的佛教门派中，以临济宗最为活跃。元中期杭州临济宗高僧中峰明本以其深厚的禅学修养，死后被朝廷追赠国师称号。两个佛教异端宗派白云宗和白莲教在南方广为传播，也发展到中原地区。它们的共同特点是融汇了民间信仰的不少内容，在社会下层影响很大，成为半世俗化的佛教，因此为正统佛教所排斥，与官府也几度发生冲突。元朝末年的红巾军，就是由白莲教组织和发动的。

南方道教以传统的天师道（亦称正一教）为主，他们较早与蒙古统治者建立了联系。据称元世祖即位前，曾派人至江西龙虎山与天师张可大秘密会晤，张可大对来人说："善事尔主，后二十年当混一天下。"元灭南宋后，张可大之子宗演率徒众北觐，元廷赐号"灵应冲和真人"，"令主江南道教事"[27]。张宗演的弟子张留孙被元世祖留侍左右，利用接近宫廷的便利条件，逐渐自成系统，发展出一个天师道的半独立支派，称为玄教。玄教在教义上与天师道基本一致，因此到元朝灭亡，又重新并入天师道当中。南方其他符箓道派，也逐渐归入天师道旗帜之下。南北道教诸教派的首领频繁在宫廷中活动，"号其人曰真人，给以印章，得行文书，视官府"[28]。他们一并协同中央机构集贤院管理全国道教事务。

二、伊斯兰教、景教与天主教

蒙古人最初信仰多神的原始宗教萨满教，后来通过对外征服战争接触到了很多更加复杂的宗教。在他们看来，这些宗教都能凭借各自不同的途径与"长生天"对话，为大汗"告天祝寿"。由于这种观念，也出于统治各地不同民族的需要，统治者对各种宗教采取了兼容并蓄、一律加以护持的政策。因此佛道二教以外的其他宗教也都得到优待，获得了较大发展空间。其中比较重要的是几种外来宗教伊斯兰教、景教和天主教。

伊斯兰教在两宋的传播范围还比较小，主要在东南沿海地区的阿拉伯、波斯商人当中流行。大蒙古国时期和元朝，中亚、西亚各族居民大批徙居内地，其中有很大一部分是穆斯林，时人统称其为"回回人"，他们成为中国回族的前身。元朝也使用波斯语称谓，称穆斯林为木速蛮，称其教士为答失蛮。

回回人是元朝色目人的一种，地位较高。早在大蒙古国时期，就有不少回回人在汗庭担任要职。元朝建立后，在"诸色户计"中专门设有回回户。他们在中国多聚族而居，形成了大分散、小集中的局面。他们一方面"皆以中原为家，江南尤多"，"不复回首故国"[29]，另一方面又坚持"惟其国俗是泥"[30]，顽强地保持着自己的宗教文化。不过，他们在中国传统文化方面有造诣者也颇不乏人。元朝在中央设立回回哈的司，由哈的（阿拉伯语音译，意为法官）大师领之，依据伊斯兰教规管理本教门的宗教活动，地方上也设有相应的分支机构。在许多城市乃至大漠南北，都有回回人建立清真寺的记载，或有遗迹保留下来。相对而言，元朝内地的清真寺具有比较明显的波斯文化色彩，而东南沿海地区清真寺的阿拉伯文化色彩更重一些。回回人以外，其他民族信仰伊斯兰教的资料不多。据称元世祖之子安西王阿难答从小由回回人抚养长大，因而信奉伊斯兰教，并其手下十五万军队大多皈依为穆斯林。但这个说法的真实性还有争议。

蒙古崛起之前，基督教的分支聂斯脱利派在克烈、乃蛮、汪古等北方民族部落中已经十分流行，汉文史籍通常称为景教。窝阔台汗的皇后乃蛮人脱列哥那就信仰景教，蒙哥汗和元世祖的母亲唆鲁禾帖尼也是出身于克烈部的景教徒。元朝建立后，景教传播到全国其他地区。当时习惯上将基督教教士称为也里可温，指的主要是景教。元廷设有管理也里可温事务的中央机构崇福司，地方上也设有也里可温掌教司。元朝圣旨中，通常将也里可温与僧、道、答失蛮并提，作为职业宗教人士，他们都享有蠲免赋税的优惠待遇。仁宗延祐二年，一次省并也里可温掌教司七十二所，可见景教徒当时在全国分布相当广泛。

元朝前期，西行朝圣的景教徒拉本扫马受中东景教教会委派访问了罗马教廷，促使教廷积极开展对东方的传教工作。天主教教士孟德高维诺受教皇派遣来华，被任命为大都大主教，传教颇有成绩。景教反对天主教的"三位一体"说，被天主教视为异端，双方在中国并未很好地合作，反而展开了争夺教徒的竞争。天主教势单力孤，居于下风，原来信奉景教的元朝驸马高唐王阔里吉思曾在孟德高维诺影响下率领部众改奉天主教，但阔里吉思死后，他的部众又重新信奉景教。后来孟德高维诺死于大都，教皇允诺向中国派出第二任大主教，但始终未见到达。

总体而言，无论伊斯兰教、景教还是天主教，在元朝都属于外来的封闭式宗教。其信徒主要限于色目族群，景教徒中也有一些蒙古人，但这些宗教对汉族社会的影响很小，汉族百姓对它们的认识也比较肤浅。元朝灭亡后，伊斯兰教在内地定居回回人的信奉下继续存在，景教和天主教则随着政局变化基本销声匿迹。

第三节 史 学

一、南宋遗民的史学成就

中国古代史学的发展，到宋代出现一个高峰，元代则相对衰落。但在元代前期，两位由宋入元的遗民学者胡三省和马端临，却在史学领域取得了重要成就。

胡三省，台州宁海人。宋理宗宝祐四年（1256）进士，曾任小官，宋亡避归乡里。三省精于史学，立志为编年体史学巨著《资治通鉴》（以下简称《通鉴》）作注。注释初稿在战乱中遗失，他复购他本《通鉴》重新作注，将司马光《通鉴考异》及自己所作注释全部散入《通鉴》正文之中，亲手抄录成书。自此刊刻《通鉴》，通常必附胡注，胡注已成为读《通鉴》者不可缺少的辅助材料。

《通鉴》胡注用力精深，内容丰富，大致包括八个方面。第一是音读，即对一些生僻字注出读音。第二是官制，注某官名的职掌、品秩、设立时间等。第三是名物，对一些当时人已不熟悉的古代物品、概念进行解释。第四是地理，注古代地名的建置沿革和名称变化。第五是前后照应，注《通鉴》所载事件、人物的先后联系，诸如某事为此后某事张本，某人某事见此前某卷某年，某字号即此前某卷某人等等。第六是改正错误，指出《通鉴》记事中的一些疏误并进行考订。第七是事件补充解释，对《通鉴》中一些记载过于简略的重要问题补充材料，作进一步说明。第八是对《通鉴》中某些事件、人物的评论。

胡注虽散在《通鉴》之中，不为专书，但综合来看，它本身也称得上是一部体大思精的史学名著。对于《通鉴》读者来说，胡注的价值主要有三：一是贯通古今，考证精详；二是拾遗补阙，保存材料；三是前后照应，便利阅读。清四库馆臣评为"深得注书之体"，"足为千古注书之法"[31]。而且，胡三省通过注释中有限的评论，抒发了宋元鼎革的亡国之痛。胡注中体现出的民族感情和爱国思想，充分打上了遗民史学的时代烙印。

马端临，饶州乐平（今属江西）人，宋末右丞相马廷鸾之子，中科举后未仕。元朝前期，曾任书院山长、路儒学教授等教官职务。他所著《文献通考》，阐述自上古至宋历代典章制度的发展演变线索，是到元代为止规模最大的一部典章制度通史。全书三百四十八卷，共分二十四门。《文献通考》在编纂思路上主要受唐后期杜佑《通典》的影响，但涵盖时代比《通典》长，分类比《通典》细，而且还增立了一些《通典》遗漏的重要典制项目。清四库馆臣评论该书"虽稍逊《通典》之简严，而详赡实为过之"[32]。

《文献通考》的优点和价值，主要表现在以下四方面。第一，材料丰富，分类详细，从许多方面对古代历史、社会进行了深入的专题研究。穷本溯源，贯穿排比，形成一系列的专门史。第二，注重动态考察，强调"会通"，力求探索历代制度的变通张弛之故，在长时段考察中每有创见。第三，详今略古，于两宋着墨最多，对纷繁复杂的宋代典制进行了极有价值的梳理，对于宋史研究具有重要意义。第四，体例谨严，条理清晰，便于阅读。其编纂，大体包括文、献、考三个层次。每门开端，首有小序，简明扼要地概述本门基本内容。以下正文，凡属于"叙事"的资料，谓之"文"，为全书骨干；凡属于"论事"的资料，从奏疏到评论，谓之"献"，列于"文"后，排版低一格；凡自己的研究心得、考订按语，是所谓"考"，列于"献"后，排版再低一格。全书卷帙虽然庞大，但编纂得法，提纲挈领，使人一目了然。在中国古代历史编纂学的发展史上，《文献通考》也做出了重要的贡献。

《文献通考》当中，也有一些借古喻今、针对现实进行发挥的地方，但与胡三省《通鉴注》相比，所占比重较小，且更显含蓄、委婉。其原因之一，大约是同样作为遗民，马端临比胡三省小二十多岁，宋亡时还比较年轻，亡国之痛的感受不如胡三省深切。当然，这也可能与个人性格的差异有关。

二、元朝官方史学编纂

元朝的官方史学编纂可以追溯到大蒙古国时期。当时的官方史学编纂，还不涉及中原王朝那样的汉文史书，而是用创制不久的畏兀儿体蒙古文撰写的史著，被称为"脱卜赤颜"，汉译"国史"。这样的蒙古文"国史"在元朝建立后仍然持续编纂，而且深藏宫中，秘不示人，特别是不让汉人观看。元亡，这套"国史"落到明朝手中。明朝命人将其开头一部分译为汉文，以供外交人员学习蒙语文之用，定名《元朝秘史》，今天一般称为《蒙古秘史》。"国史"未被翻译的部分，很快就散佚了。幸而被翻译出来的《元朝秘史》，属于元朝蒙古文"国史"中最重要的部分。

《元朝秘史》的翻译工作十分复杂。译者先将蒙古文原文用汉语音写下来，再逐词旁注汉语词义，并分节用汉语白话意译大意。到后来，蒙古文原稿也已失传，只有这个分为三层次的汉文译本辗转保留至今。全书分十二卷（或十五卷），二百八十二节。《元朝秘史》从蒙古民族的苍狼、白鹿起源传说写起，记载了诸多蒙古氏族、部落的由来，重点描述成吉思汗早年的艰难经历和他逐渐壮大势力、削平群雄、创建大蒙古国的进程，以及蒙古建国后对外征服战争的辉煌业绩，以窝阔台汗在位后期的自我评价结尾。书中包含了 12、13 世纪蒙古社会状况的丰富资料，涉及当时生产力、生产关系、部落组织、政治军事制度、草原兼并战争、社会意识形态等各个方面，情节真实具体，不仅是关于蒙古历史最早最可信的文献，对于从总体上了解北方游牧民族的历史文化也有重要参考价值。

作为由游牧民族自身撰写的史学著作，《元朝秘史》的组织结构、叙事方式都与汉文史籍有明显不同，全书不大重视时间概念，而文学意味较强，语言生动，人物性格鲜明。书中的故事和格言，长期在蒙古族百姓中流传，因此，《元朝秘史》也被视为一部风格独特的文学作品，相当于蒙古族的英雄史诗。

忽必烈建立元朝后，很快设立翰林国史院，承担汉文官方史书的编纂工作；后来又设立官员专掌起居注，负责记录皇帝言行。宰相机构中书省下面也设有时政科，记录政务要事以供修史之用。当时修史的首要任务，是编纂大蒙古国建立直到忽必烈即位前夕的官方编年史，即遵循汉制为成吉思汗（太祖）、窝阔台（太宗）、贵由（定宗）、蒙哥（宪宗）四位君主修《实录》，加上被追尊为帝的拖雷（睿宗）事迹，称为"五朝《实录》"。由于年代渐远，资料匮乏，五朝《实录》的编纂拖了大约四十年，到成宗大德七年才最后定稿。而忽必烈死后开始编纂的《世祖实录》，由于材料储备比较丰富，一年多就成书了。自此以下，历代皇帝死后不久即编成《实录》，包括一些本未即位但后来追尊为帝的，也都编了《实录》。到元朝灭亡，一共修成十三部《实录》，成为明修《元史》的主要史料来源。元顺帝时，还修成《后妃功臣列传》，记述元朝后妃、大臣事迹。但顺帝本人死于元朝被推翻之后，他在位的三十多年并无《实录》留存。

翰林国史院设立后还接受了一项任务，就是遵循中原历代王朝"国可灭，史不可灭"的传统，为已经灭亡的辽、金两个王朝编纂纪传体史书。到南宋灭亡后，宋朝也被列为修史对象。三个王朝当中，辽朝资料十分匮乏，金朝资料也不算丰富，宋朝资料又过于繁杂，都给编纂工作造成困难。三朝各自的历史地位如何认定，究竟孰为"正统"，也就是应当以哪个王朝为主线进行编纂，意见也不一致。而且元朝中期皇位更迭频繁，政局不太稳定，这些因素都导致辽、金、宋三朝史书的编纂一再拖延，从最早的世祖朝一直拖到最后的顺帝朝。至正三年三月，中书省提出尽快启动三朝史书编纂的建议，得到批准，随即制定了编纂"凡例"，征调配备编纂人员，开始工作。"凡例"中确定的最重要原则是"各国称号等事，准南、北史"[33]。也就是辽、金、宋各自独立修史，回避孰为正统的问题，俗称"三国各与正统"[34]。以三朝各自保存下来的材料为基础，加上元初以来断断续续做过一些工作，因此编纂启动后进展很快。到至正五年（1345）十月，距离启动编纂不过两年半有余，《辽史》《金史》《宋史》均已完稿。其中《宋史》多达四百九十六卷，是"二十四史"中篇幅最长的一部。尽管学者对三部史书的编纂质量评价一般，但它们毕竟接续了历代"正史"编纂传统，是元朝在中国文化史上的重要贡献。

第四节　文学艺术

一、诗文书画

作为正统文学的诗词、散文在元朝继续发展，作家众多，但文学成就总体而言不很突出。元朝前期，北方文坛主要踵金朝余习，南方则仍未脱南宋文风的笼罩。自元中期以下，诗文创作才真正体现出自身的特点，涌现出一批较有特色的作家和作品。

金与南宋的诗歌创作较多地受到苏轼、黄庭坚的影响，元朝前期亦然。但在南宋灭亡后，一批由宋入元的诗人如戴表元、仇远等提倡学习盛唐、汉魏，这一趋向到元朝中期成为诗坛的主流。北有元明善、马祖常，南有袁桷，皆以宗唐复古为尚。大约在仁宗朝，出现了诗坛"四家"之说，指虞集、杨载、范梈、揭傒斯四人，后世则称之为"元诗四大家"。虞集在其中居盟主地位，他的诗作风格清新淡雅，声律纯熟，尤受时人推崇。元末诗人以杨维祯（号铁崖）最著名，其诗能破除元人模拟之弊，以奇诡见长，当时号为"铁崖体"。词的创作在元朝走向衰落，历史地位又低于诗。元朝中后期有一批色目诗词作家的成就值得注意，他们虽出自西北各族，却能熟练地使用汉文传统格律作诗填词。这类作家的代表人物是回回人萨都剌，他的诗词清婉俊逸，亦间有沉郁苍凉之作，有些作品达到了很高的艺术水平。

元朝的散文作者以姚燧、虞集最著名。姚燧为元初文臣姚枢之侄，曾受学于名儒许衡，从忽必烈在位后期到仁宗初年是他的创作高峰时期，作品极受时人推崇。姚文以雄浑刚劲见长，具有明显的拟古倾向，工于用典，然亦有过分古奥艰涩之病。时人"岂惟知之，读而能句、句而能得其意者，犹寡"[35]。虞集时代稍后，诗文兼擅，学古而能不为所拘，被评为"随事酬酢，造次天成，……机用自熟，境趣自生"[36]。此外知名作家还有元明善、黄溍、欧阳玄、苏天爵等。以上诸人的共同特点是都曾在朝中任翰林文章之职，传世作品亦以碑铭诏册等应用文居多。宋朝一些理学家认为作文害道，将理学、文学置于对立地位。元朝理学虽然流行，但元人在文、道关系上则比较通达，多提倡两者并重，反对判然析为二途。元文写作起初有宗唐、宗宋之争，后来渐趋融合，唐宋并宗。元末朱右编韩愈、柳宗元、欧阳修、曾巩、王安石、苏洵、苏轼、苏辙之文为《八先生文集》，所选作家已与后人所谓"唐宋八大家"完全相同。

书法盛于唐而稍衰于宋，至元复兴。元朝最重要的书法家为赵孟頫，他是宋朝宗室，南宋灭亡后被征召至大都，以才学受到忽必烈赏识，从此历仕五朝，官至翰林学士承旨。赵孟頫的书法度越两宋，融会魏晋隋唐诸名家而自成风格，圆润遒丽，兼擅诸体，"篆、籀、分、隶、真、行、草书，无不冠绝古今，遂以书名天下"[37]。他的书艺对明清两代书法有重大影响。另外鲜于枢、邓文原、杨维祯等人的书法都知名一时。元朝的绘画继宋朝之后进一步向写意风格发展，超越形似、崇尚意趣的文人画完全成为画坛主流。赵孟頫也是最重要的画家，其画作妩媚、细润而有神韵，人物、山水、花鸟、鞍马、竹石无不精工，是绘画史上承先启后的集大成者。随后有黄公望、王蒙、倪瓒、吴镇并称"四大家"，皆以水墨山水见长。元朝一些汉化色目人的书画作品亦达到相当高的水平，如康里人巎巎的书法、回回人高克恭的绘画，当时皆与赵孟頫齐名。书画的收藏、鉴定作为一项专门学问在元朝社会上很受重视，出现了夏文彦《图绘宝鉴》、汤垕《画鉴》、盛熙明（畏兀儿人）《法书考》等理论著作。元文宗时的奎章阁则是皇家书画鉴藏机构，汇集了大量书画精品，当时的很多书画名流被网罗在内，从事鉴定工作。

二、曲与话本

元朝通俗文学的发展引人瞩目，体裁主要包括曲和话本。

曲包括散曲和杂剧。散曲是继词之后新出现的一种用于演唱的韵文，有小令、套数两种形式。小令为单曲，体裁与词相近，特点是在基本句式的基础上可以使用衬字，使得句子长短有一定伸缩性，并且较多地采用口语，语言风格倾向于俚俗、诙谐。套数是将不同曲牌而属于同一宫调（音乐调式）的若干支小令首尾连缀而成，可以表现或叙述相对复杂的内容。散曲起源于宋、金的市井小曲，也受到北方少数民族音乐的影响，大致形成于金朝后期。到元朝，散曲的发展进入鼎盛时期。重要作者既包括仕宦不显的关汉卿、白朴、马致远、乔吉、张可久，也包括官居高位的卢挚、姚燧、张养浩，还有出身少数民族的贯云石（畏兀儿人）。作品的内容和风格也是丰富多彩，在反映社会现实和写景抒情方面都有不少佳作。

从北宋到金朝，社会上流行着多种演唱艺术形式，其中一种名为杂剧，主要通过念诵和对白来表演滑稽故事，也夹杂着歌舞或杂技。还有一种称为诸宫调，用不同宫调的若干套"套曲"连缀起来演唱长篇故事，中间加有念白和对话。金末元初，杂剧在融汇诸宫调等艺术形式的基础上，发展成为比较成熟的戏剧，也就是元杂剧。它以唱为主，每剧通常分为四折，剧首和两折之间可加较短的"楔子"。每折皆由同一宫调的若干支曲组成，一韵到底，称为一套。杂剧只由一位主角独唱，其他角色只作配合的科白；在演唱、念白的同时，根据需要再加上动作和舞蹈。作为一种综合性表演艺术，元杂剧具有非常广泛的表现内容，"上则朝廷君臣政治之得失，下则闾里市井父子兄弟夫妇朋友之厚薄，以至医药卜筮释道商贾之人情物性，殊方异域风俗语言之不同，无一物不得其情，不穷其态"[38]。后人根据具体内容将其分为爱情婚姻剧、神仙道化剧、公案剧、社会剧、历史剧几大类。代表性作品有关汉卿的《窦娥冤》《单刀会》，王实甫的《西厢记》，马致远的《汉宫秋》，纪君祥的《赵氏孤儿》等。元杂剧作家大都生活于社会下层，他们的创作充分发挥了反映社会现实和针砭时弊的作用，在结构安排、人物塑造上也达到很高的艺术成就。

北宋末年到南宋，发源于温州一带的地方戏在南方逐渐流行，到元朝被称为南戏。它使用南方语言和曲调进行表演，清柔婉转，风格与高亢雄劲的北方杂剧不同。它的剧本结构比较自由，大多数篇幅都长于一本四折的杂剧，甚至多出数倍，有利于表现更加复

图 13-1 杂剧表演

杂、完整的故事情节。演唱时有独唱、对唱、轮唱、合唱等多种形式，不像杂剧只由主角一人独唱到底。这样可以更好地调度场上气氛，便于表现不同角色各自的思想感情和人物性格。另外南戏演唱时的韵律、宫调也不像杂剧那样严格古板。元朝后期，南戏吸取了杂剧的一些创作技巧，在艺术上更加完善，呈现后来居上之势。最著名的作品，是元末高明撰写的《琵琶记》。

说书是宋、元城市中比较常见的娱乐活动，时称"说话"，说书内容的底本则称为话本。它主要用白话撰写，编印后形成通俗读物，成为白话小说的早期形式。现存宋元话本大多在宋朝已具雏形，在元朝又有进一步的加工修改。其中讲说历史故事的称为"讲史"，亦称"平话"，篇幅一般较长，情节相对复杂，主要是一般的叙述铺陈，抒情与细节描写较少，代表作品为元英宗时书商辑刊的《全相平话五种》，包括《三国志平话》《武王伐纣书》《乐毅图齐七国春秋后集》《秦并六国平话》《前汉书平话续集》。讲说公案、灵怪等故事的称为"小说"，题材多取自现实生活，篇幅较短，基本以一人一事为主，人物性格刻画较细，主题突出，重要的有《宋四公大闹禁魂张》《简帖和尚》《曹伯明错勘赃》等。两类体裁的讲说在民间都很流行，讲史尤盛，如元末著名的女说书人朱桂英即以"善记稗官小说，演史于三国五季"著称[39]。元朝话本（尤其是长篇讲史）的发展，直接孕育了元明之际的两部长篇小说巨著《水浒传》和《三国演义》。两书的内容直接来源于话本，体裁特征如分章标回、格式固定、韵散结合等，也都与话本有着明显的继承关系。

第五节 科 技

一、郭守敬的成就

元朝在科技领域成绩最突出的人物是郭守敬。郭守敬，邢州人，元朝前期官至昭文馆大学士、知太史院事。他具有多方面的才能，当时人称誉说："天佑我元，似此人世岂易得？"他的学问被认为"不可及者有三"，具体而言"一曰水利之学，二曰历数之学，三曰仪象制度之学"[40]。

水利之学，就是水利工程勘测和设计，这是郭守敬最早成名的领域。他在年轻时就负责修浚西夏故地的唐来、汉延等古渠，重建银川平原上的灌溉网络。后来又曾主持修筑黄河下游以东平为中心的河渠交通线，为元朝平宋战争创造了有利条件。元大都兴建期间，水利设施也多出自他的筹划，特别是在世祖末年设计开凿通惠河，充分解决了大都的物资水路运输问题。

通惠河工程具体来说，就是建立通州到大都的水运通道，完成京杭大运河最末一段的通航。这一带地势西高东低，无法直接把通州的运河水西引到大都，必须在大都西侧寻找水源，将其东引至通州与运河相接。经过实地考察，郭守敬精心规划了从昌平东南白浮泉到瓮山泊（今北京颐和园昆明湖）的引水渠道。这条渠道先将白浮泉水西引，转而与西山山麓相平行南流，汇聚山上流下的泉水，再向东南注入瓮山泊。线路略呈 C 字形，平缓下降。由于其间的地形起伏变化并不明显，直观上很难判断，必须依赖精密的海拔高度勘测。郭守敬在当时是如何完成这一勘测的，目前还是一个谜。瓮山泊以下，主要是疏浚金朝旧渠道，向东南汇于积水潭，然后东折而南，沿大都皇城东墙南行，再转而东行至通州城南入大运河。在这段线路，郭守敬建立了一套船闸系统，用以控制流速，保证流量。在郭守敬的精密勘测、巧妙设计下，通惠河的开凿非常成功，江南粮船可以循河而上驶入大都，停泊在积水潭码头。当时的积水潭"汪洋如海"，"恣民渔采无禁"[41]，颇具江南水城风貌。

历数之学，就是天文历算，郭守敬最大成果为《授时历》的制定。仪象制度之学，即机械制造，对郭守敬来说主要是指配合制定《授时历》制造的一系列天文观测或计时仪器。这两方面工作是紧密联系的。

元平南宋前后，郭守敬奉元世祖之命制定新的历法。他先从改制、发明天文仪器入手，共造出简仪、仰仪、圭表、正方案等近二十种，"皆臻于精妙，卓见绝识，盖有古人所未及者"[42]。古代观测天象的浑仪，在长期发展过程中观测精确度逐步提高，而构造也相应地日趋复杂，又对观测带来不便之处。郭守敬所造简仪，既对浑仪的构造部件进行了很大简化，又进一步加大了观测、记录的精确度。仰仪是利用小孔成像原理新创的仪器，用来观测太阳位置和日月食过程。圭表在前代基础上高度增加五倍，并配置一个固定安装且可转动、中有小孔的薄铜片"景符"，以提高观测日影的准确度。

在上述工作基础上，郭守敬于至元十六年筹划了一次规模空前的天文测量。在元朝版图内，从北纬十五度到六十五度，共设立二十七处观测台，测得各地纬度值、夏至日影长度和昼夜长短，并对一系列天文常数进行了精密测定。此次观测恒星近二千五百颗，其中一千余颗是首次测出。次年，新历修成，元世祖赐名《授时历》，颁行天下。它废除了前代制历时所习惯前推"上元"（假想中历法的理想起点）的"上元积年法"，而以颁历当年的冬至作为推算资料起点。在日、月、星辰运动的测算中，采用了"招差法"和"弧矢割圆术"等先进数学手段。加上广泛而精确的实测资料，以及对前代历法成就的系统吸收总结，都使得《授时历》成为中国古历的集大成之作。

《授时历》颁行后，郭守敬继续整理有关天文资料、表格和推算过程，撰成《推步》《立成》等书五种二十七卷，以后又完成《时候笺注》等天文历法专著九种七十九卷，可惜的是，这些著作今天已经亡佚。

二、地图学及其他

除郭守敬在相关科技领域的贡献外，元朝的科技成就还表现在农学、地图学、中医学、数学等方面。其中农学方面的主要成果王桢《农书》，已经在本书第十一章第三节述及。

元朝辽阔的疆域和活跃的对外关系推动了地图学的发展。至元二十三年，元世祖接受回回学者札马剌丁的建议，下令编纂一部全国地理总志。成宗时又继续补充、修订，至大德七年最后定稿，名《大元大一统志》，共一千三百卷，卷帙为古代舆地书之最。惜今已散佚，仅有极少量佚文存世。这部书沿用前代王朝地理总志体例，但涉及很多前代无法记载的边陲和域外地区，内容更加丰富、详尽。据相关文献反映，地图在这部总志里占有重要地位。书中所载地方各路，每路开头都有一幅"地理小图"。志中还收录了"回回图子"，应当是西域、中亚一带甚至更远地方的地图。这些又汇总为"地理总图"，所有地图都是用彩笔绘画的。

元文宗时，元廷编纂政书《经世大典》八百八十卷，大部分今天也已散佚。书中一张地图通过明初《永乐大典》辗转流传下来，清朝道光年间被魏源收入所撰《海国图志》，定名《经世大典地理图》。这幅地图表现的是 14 世纪前期察合台、伊儿、钦察三大汗国及附近地区的地名分布，内容以域外为主，包括中亚、西亚、俄罗斯等广大地区，也包括少数今属中国新疆的地点。这在中国地图学史上是前所未有的。一般认为，图上的地名信息极有可能来自《大元大一统志》中的"回回图子"。该图的绘制方法和方位标识，有些与中国古代传统地图不同，可能是受到了伊斯兰地理学的影响。

以上是元朝官方绘制的地图，私人绘图则以元朝中期朱思本《舆地图》为代表。朱思本，临川（今江西抚州）人，出家为道士，多次为元廷担任祭祀名山大川的工作，因而有机会游历全国很多地区。《舆地图》是他费时十年绘制的全国地图，其中既总结了唐宋地图绘制的成就，又大量融入了自己广泛实地考察所获资料。他绘制时先绘好各地区分图，然后合为长宽各七尺的总图，并配有文字说明。《舆地图》的精确度达到较高水平，虽已散佚，但基本内容被明人罗洪先纳入其所绘《广舆图》中，对后来的地图绘制产生了深远影响。《舆地图》的绘制范围主要限于元朝直接统治区，元后期李泽民绘有《声教广被图》，则是在《舆地图》基础上增广绘制的世界地图。该图也已失传，现存 15 世纪明朝和朝鲜人所绘地图间接保存了其内容。从后面这些地图来看，《声教广被图》的覆盖范围应该已经包括南亚、非洲、欧洲、大西洋，超过《经世大典地理图》。这说明由于元朝对外交流的活跃，地图绘制的视野也大大开阔了。

在中医学和数学领域，习惯上有"金元医学四大家"和"宋元数学四大家"的称谓，元朝大致在其中各占两席。两种"四大家"提法的巧合，反映了元朝在科技文化方面对前代王朝的继承和发展。

金元医学四大家在中医学史上的贡献，主要是结合各自的临床实践经验，从不同角度对传统中医理论有所发展。四大家具体指刘完素、张从正、李杲、朱震亨四人，前两人是金朝人。李杲，真定人，生活在金朝后期到大蒙古国这一阶段，曾师事金代另一位名医张元素，尽得其传。著有《内外伤辨惑论》《脾胃论》《兰室秘藏》等书。他认为"土为万物之母"，"人以胃气为本"，"内伤脾胃，百病由生"，倡导补中益气，升阳益胃，补脾胃以壮元气，因而在中医学史上被称为"补土派"。朱震亨，义乌（今属浙江）人，完全生活在元朝。他虽然出生于南方，却是刘完素的三传弟子，亦旁通张从正、李杲之学，著有《格致余论》《局方发挥》《丹溪心法》《伤寒辨惑》等书。他结合前三家的医学观点，倡泻火养阴之法，认为疾病在于"阳常有余，阴常不足"，创立了一些滋阴降火的方剂，以调节人体的阴阳平衡，被称为"养阴派"。

宋元数学四大家包括秦九韶、杨辉、李治（一作李冶）、朱世杰四人。其中秦九韶和杨辉是南宋人，李治生活在金朝后期到元初，朱世杰为元人。李治著有《测圆海镜》《益古演段》，朱世杰著有《四元玉鉴》《算学启蒙》。李治在他的著作中对中国古代列方程的"天元术"进行了系统叙述。朱世杰进一步将天元术的一元高次方程式扩充为多元高次联立方程组，称为"四元术"。朱世杰还深入研究了高次方程数值解法和高阶等差级数的问题。

附

录

大事年表

公元	年 号	大 事
916	契丹神册元年	耶律阿保机称帝，国号契丹
926	契丹天显元年	契丹灭渤海
936	契丹天显十一年 后唐清泰三年	契丹军南下，灭后唐，耶律德光册石敬瑭为晋皇帝，石敬瑭割燕云十六州
947	辽大同元年 后晋开运四年	契丹攻入汴梁，灭后晋，耶律德光建国号大辽 四月，耶律德光北归，中途崩殂
960	后周显德七年 宋建隆元年	陈桥兵变，赵匡胤篡周，建国号宋
969	辽应历十九年	辽穆宗耶律璟为近侍所杀
979	辽保宁十一年 宋太平兴国四年	宋灭北汉，辽宋军队战于高梁河，是辽宋间第一次直接冲突
1002	辽统和二十年 宋咸平五年	受契丹封为夏国王的李继迁占领灵州，改其为西平府
1004	辽统和二十二年 宋景德元年	澶渊之盟　　＊签订时为旧历十二月，其实已是 1005 年
1038	辽重熙七年 西夏天授礼法延祚元年 宋宝元元年	李元昊在兴庆府称帝，国号大夏

公元	年 号	大 事
1044	辽重熙十三年 西夏天授礼法延 祚七年 宋庆历四年	宋夏庆历和议
1114	辽天庆四年 西夏雍宁元年 宋政和四年	完颜阿骨打起兵反辽
1115	辽天庆五年 金收国元年 西夏雍宁二年 宋政和五年	完颜阿骨打称帝，国号大金
1120	辽天庆十年 金天辅四年 西夏元德二年 宋宣和二年	宋金结海上之盟，相约夹击灭辽
1125	辽保大五年 金天会三年 西夏元德七年 宋宣和七年	天祚帝被俘，辽亡，耶律大石逃往中亚 金太宗下诏伐宋
1127	金天会五年 西夏元德九年 宋靖康二年	金军俘宋徽宗、宋钦宗，北宋亡 赵构即位于南京，是为南宋
1132	金天会十年 西夏正德六年 宋绍兴二年	耶律大石在叶密立称帝，号葛儿罕，史称西辽
1142	金皇统元年 西夏大庆三年 宋绍兴十一年	绍兴和议
1150	金天德二年 西夏天盛二年 宋绍兴二十年	完颜亮政变，弑金熙宗自立为帝

公元	年 号	大 事
1161	金正隆六年 西夏天盛十三年 宋绍兴三十一年	完颜亮南征南宋，败于采石，而后在瓜洲军队哗变，完颜亮被杀
1170	金大定十年 西夏乾祐元年 宋乾道六年	任得敬分国，夏仁宗得到金国支持，捕杀任得敬
1203	金泰和三年 西夏天庆十年 宋嘉泰三年	铁木真击败王汗，兼并克烈部
1206	金泰和六年 西夏天庆十三年 宋开禧二年	铁木真即大汗位，建国大蒙古国，称成吉思汗 李安全政变
1208	金泰和八年 西夏应天三年 宋嘉定元年	嘉定和议
1211	金大安三年 西夏皇建二年 宋嘉定四年	齐王李遵顼政变，废黜李安全，自立为帝 成吉思汗征金
1214	金贞祐二年 西夏光定四年 宋嘉定七年	金蒙和议 贞祐南迁，金宣宗迁都南京
1218	金兴定二年 西夏光定八年 宋嘉定十一年	蒙古灭西辽
1219	金兴定三年 西夏光定八年 宋嘉定十二年	成吉思汗西征花剌子模
1226	金正大三年 西夏宝义元年 宋宝庆二年	成吉思汗征西夏

公元	年　号	大　事
1227	金正大四年 西夏宝义二年 宋宝庆三年	成吉思汗病逝 夏末帝李睍投降蒙古，西夏亡
1232	金天兴元年 宋绍定五年	窝阔台征金，金大败，金哀宗逃往蔡州
1234	金天兴三年 宋端平元年	蒙宋联军攻破蔡州，哀宗自缢，金亡
1235	宋端平二年	长子西征，窝阔台以拔都为统帅，七年之内进攻钦察、莫斯科、波兰、匈牙利
1251	宋淳祐十一年	蒙哥汗即位
1253	宋宝祐元年	忽必烈灭大理 旭烈兀西征
1258	宋宝祐六年	旭烈兀攻陷巴格达，灭阿拔斯王朝
1259	宋开庆元年	钓鱼城之战，蒙哥崩
1260	蒙古中统元年 宋景定元年	忽必烈即位称汗，阿里不哥在和林亦即位，双方内战
1264	蒙古至元元年 宋景定五年	阿里不哥投降，忽必烈成为唯一的大蒙古国大汗
1271	元至元八年 宋咸淳七年	忽必烈定国号为大元，推行汉法
1276	元至元十三年 宋德祐二年	元军攻临安，南宋太皇太后谢道清出城投降
1279	元至元十六年 宋祥兴二年	陆秀夫抱着皇帝赵昺投海自尽
1323	元至治三年	南坡之变
1329	元天历二年	天历之变
1351	元至正十一年	韩山童、刘福通起事
1355	元至正十五年	刘福通拥立韩林儿为帝，称小明王，国号宋
1368	元至正二十八年 明洪武元年	朱元璋称帝于应天，国号大明 明军攻入大都，元亡

世系表

一、辽世系表

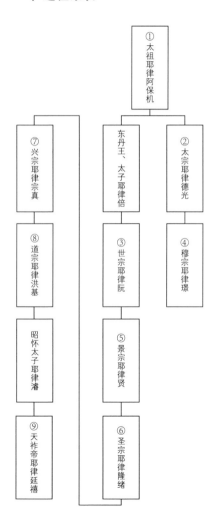

二、西夏世系表

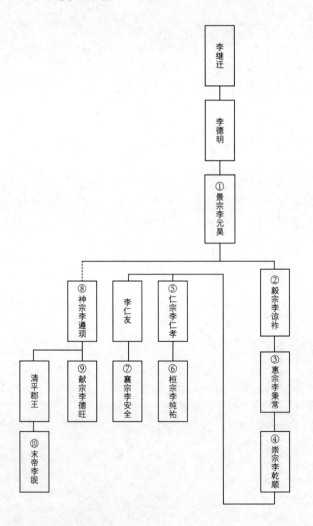

三、金世系表

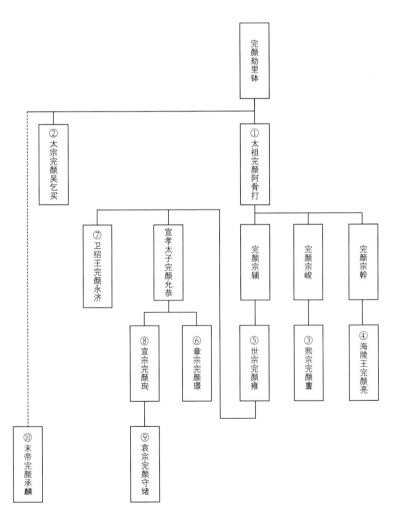

四、大蒙古国世系表

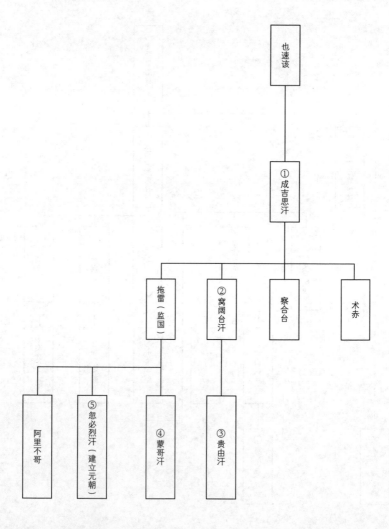

五、元世系表

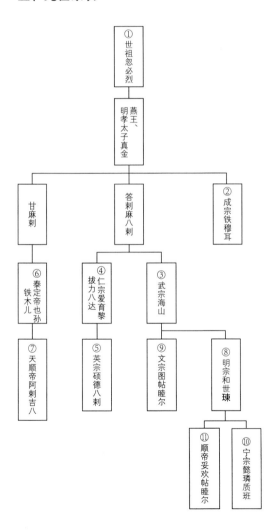

参考书目

一、文献史料

《元朝秘史》，收入《四部丛刊三编》，上海：商务印书馆，1936年。

元司农司撰，缪启愉校释：《农桑辑要》，北京：农业出版社，1988年。

元好问：《遗山先生文集》，收入《四部丛刊初编》，上海：商务印书馆，1922年。

孔齐：《至正直记》，上海：上海古籍出版社，1987年。

王恽：《秋涧先生大全文集》，收入《四部丛刊初编》，上海：商务印书馆，1922年。

王毓贤：《绘事备考》，收入《景印文渊阁四库全书》，台北：台湾商务印书馆，1986年。

王祯：《农书》，北京：农业出版社，1981年。

王祎：《王忠文公集》，收入《金华丛书》，同治九年永康胡氏退斋刊民国补刊本。

王鹗：《汝南遗事》，收入王灏编：《畿辅丛书》，光绪五年刊本。

史金波等译注：《天盛改旧新定律令》，北京：法律出版社，2000年。

司马光：《资治通鉴》，北京：中华书局，2018年。

田况：《儒林公议》，收入朱易安、傅璇琮主编：《全宋笔记》，郑州：大象出版社，2003年。

任士林：《松乡集》，光绪十六年刊本。

危素：《元海运志》，收入《丛书集成初编》，上海：商务印书馆，1936年。

危素：《危太朴集》，收入《元人文集珍本丛刊》，台北：新文丰出版股份有限公司，1985年。

宇文懋昭著，崔文印校证：《大金国志校证》，北京：中华书局，2011年。

朱思本：《贞一斋诗文稿》，收入《宛委别藏》，南京：江苏古籍出版社，1988年。

朱德润：《存复斋集》，收入《四部丛刊续编》，上海：商务印书馆，1934年。

何乔远：《闽书》，福州：福建人民出版社，1995年。

余阙：《青阳集》，收入《四部丛刊续编》，上海：商务印书馆，1934年。

佚名：《道山清话》，郑州：大象出版社，2019 年。

佚名编：《续编两朝纲目备要》，北京：中华书局，1995 年。

吴师道：《礼部集》，收入《续金华丛书》，扬州：江苏广陵古籍刻印社，1983 年。

吴广成：《西夏书事》，上海：上海古籍出版社，2021 年。

吴澄：《草庐吴文正公集》，收入《元人文集珍本丛刊》，台北：新文丰出版股份有限公司，1985 年。

宋濂：《宋文宪公全集》，收入《四部备要》，上海：中华书局，1936 年。

宋濂等：《元史》，北京：中华书局，1983 年。

志费尼著，何高济译：《世界征服者史》，呼和浩特：内蒙古人民出版社，1980 年。

李心传：《建炎以来朝野杂记》，北京：中华书局，2006 年。

李心传：《建炎以来系年要录》，北京：中华书局，2013 年。

李存：《鄱阳仲公李先生文集》，收入《北京图书馆古籍珍本丛刊》，北京：书目文献出版社，1988 年。

李景隆、解缙等：《明太祖实录》，台北："中央研究院"历史语言研究所，1962 年。

李纲：《梁溪集》，收入《景印文渊阁四库全书》，台北：台湾商务印书馆，1986 年。

李焘：《续资治通鉴长编》，北京：中华书局，2004 年。

周密：《癸辛杂识》，北京：中华书局，1988 年。

周密：《齐东野语》，北京：中华书局，1983 年。

房玄龄等：《晋书》，北京：中华书局，1974 年。

拉施特著，余大钧、周建奇译：《史集》，北京：商务印书馆，1983 年。

长谷真逸：《农田余话》，收入《丛书集成初编》，上海：商务印书馆，1936 年。

姚燧：《牧庵集》，收入《四部丛刊初编》，上海：商务印书馆，1929 年。

拜柱等纂修，方龄贵校注：《通制条格》，北京：中华书局，2001 年。

洪皓：《松漠记闻》，收入金毓黻主编：《辽海丛书》，沈阳：辽沈书社，1985 年。

纪昀等：《四库全书总目》，北京：中华书局，1965 年。

胡祗遹：《紫山大全集》，收入《景印文渊阁四库全书》，台北：台湾商务印书馆，1973 年。

范仲淹：《范文正公集》，收入范仲淹，《范仲淹全集》，北京：中华书局，2020 年。

夏文彦：《图绘宝鉴》，北京：北京师范大学出版社，2016 年。

徐一夔：《始丰稿》，收入丁丙编：《武林往哲遗著》，扬州：江苏广陵古籍刻印社，1985 年。

徐梦莘：《三朝北盟会编》，上海：上海古籍出版社，2019 年。

袁桷：《清容居士集》，收入《四部丛刊初编》，上海：商务印书馆，1929 年。

郝经：《郝文忠公陵川文集》，收入《北京图书馆古籍珍本丛刊》，北京：书目文献出版社，1998 年。

马可·波罗著，冯承钧译：《马可·波罗行纪》，上海：商务印书馆，1936 年。

马祖常：《马石田文集》，收入《元四大家集》，上海：上海古书流通处，1922 年。

骨勒茂才著，黄振华等整理：《番汉合时掌中珠》，宁夏：宁夏人民出版社，1989 年。

张之翰：《西岩集》，收入《景印文渊阁四库全书》，台北：台湾商务印书馆，1983 年。

张廷玉等：《明史》，北京：中华书局，1974 年。

张养浩：《归田类稿》，收入《景印文渊阁四库全书》，台北：台湾商务印书馆，1983 年。

脱脱等：《宋史》，北京：中华书局，1985 年。

脱脱等：《金史》，北京：中华书局，2020 年。

脱脱等：《辽史》，北京：中华书局，2016 年。

许有壬：《至正集》，收入《北京图书馆古籍珍本丛刊》，北京：书目文献出版社，1988 年。

陈子龙等编：《明经世文编》，北京：中华书局，1987 年。

陈旅：《安雅堂集》，收入《元代文集珍本汇刊》，台北："中央图书馆"，1970 年。

陈高华、张帆等点校：《元典章》，北京：中华书局，天津：天津古籍出版社，2011 年。

陈准：《北风扬沙录》，收入陶宗仪编：《说郛三种》，上海：上海古籍出版社，1988 年。

陶宗仪：《南村辍耕录》，北京：中华书局，1959 年。

黄淮、杨士奇等编：《历代名臣奏议》，上海：上海古籍出版社，1989 年。

彭大雅、徐霆：《黑鞑事略》，收入王国维：《王国维遗书》，上海：上海古籍书店，1983 年。

揭傒斯：《揭文安公全集》，收入《四部丛刊初编》，上海：商务印书馆，1929 年。

程钜夫：《雪楼集》，收入《元代文集珍本汇刊》，台北："中央图书馆"，1970 年。

程端礼：《畏斋集》，收入《四明丛书》，台北：新文丰出版股份有限公司，1988 年。

黄宗羲等：《宋元学案》，北京：中华书局，1986 年。

黄溍：《金华黄先生文集》，收入《四部丛刊初编》，上海：商务印书馆，1929 年。

杨弘道：《小亨集》，收入《景印文渊阁四库全书》，台北：台湾商务印书馆，1983 年。

杨瑀：《山居新语》，北京：中华书局，2006 年。

杨维桢：《东维子文集》，收入《四部丛刊初编》，上海：商务印书馆，1929 年。

叶子奇：《草木子》，北京：中华书局，1959 年。

叶隆礼：《契丹国志》，北京：中华书局，2014 年。

虞集：《道园学古录》，收入《四部丛刊初编》，上海：商务印书馆，1929 年。

路振：《乘轺录》，收入贾敬颜：《五代宋金元人边疆行记十三种疏证稿》，北京：中华书局，2004 年。

道森编，吕浦译：《出使蒙古记》，北京：中国社会科学出版社，1983 年。

蒲道源：《闲居丛稿》，收入《元代文集珍本汇刊》，台北："中央图书馆"，1970 年。

赵孟頫：《松雪斋文集》，收入《四部丛刊初编》，上海：商务印书馆，1929 年。

赵秉文：《闲闲老人滏水文集》，收入《四部丛刊初编》，上海：商务印书馆，1922 年。

赵珙：《蒙鞑备录》，收入王国维：《王国维遗书》，上海：上海古籍书店，1983 年。

赵翼著，王树民校证：《廿二史劄记校证（订补本）》，北京：中华书局，2010 年。

刘祁：《归潜志》，北京：中华书局，2007 年。

刘昫：《旧唐书》，北京：中华书局，1975 年。

刘埙：《隐居通议》，收入《景印文渊阁四库全书》，台北：台湾商务印书馆，1983 年。

欧阳玄：《圭斋文集》，收入《四部丛刊初编》，上海：商务印书馆，1929 年。

欧阳修：《新五代史》，北京：中华书局，2016 年。

欧阳修等：《新唐书》，北京：中华书局，1975 年。

郑元祐：《侨吴集》，收入《元代文集珍本汇刊》，台北："中央图书馆"，1970 年。

黎靖德编：《朱子语类》，北京：中华书局，1986 年。

戴表元：《剡源戴先生文集》，收入《四部丛刊初编》，上海：商务印书馆，1929 年。

戴锡章：《西夏纪》，银川：宁夏人民出版社，1988 年。

缪荃孙：《江苏金石志》，江苏：江苏通志局，1927 年。

薛居正等：《旧五代史》，北京：中华书局，1976 年。

萨都剌：《雁门集》，上海：上海古籍出版社，1982 年。

魏初：《青崖集》，收入《景印文渊阁四库全书》，台北：台湾商务印书馆，1983 年。

魏徵等：《隋书》，北京：中华书局，1973 年。

苏天爵：《元朝名臣事略》，北京：中华书局，1996 年。

苏天爵：《滋溪文稿》，北京：中华书局，1997 年。

苏天爵编：《元文类》，收入《国学基本丛书》，上海：商务印书馆，1937 年。

苏颂：《苏魏公集》，北京：中华书局，1988 年。

苏辙：《栾城集》，上海：上海古籍出版社，1987 年。

权衡：《庚申外史》，收入《丛书集成初编》，上海：商务印书馆，1936 年。

二、延伸阅读

三上次男:《金史研究》(三卷本),东京:中央公论美术出版,1970—1973 年。

王天顺:《西夏战史》,银川:宁夏人民出版社,1993 年。

王曾瑜:《辽金军制》,保定:河北大学出版社,2011 年。

史金波:《西夏社会》,上海:上海人民出版社,2007 年。

外山军治:《金朝史研究》,京都:同朋舍,1979 年。

白寿彝总主编,陈得芝主编:《中国通史·第八卷·元时期》,上海:上海人民出版社,1998 年。

何俊哲、张达昌、于国石:《金朝史》,北京:中国社会科学出版社,1992 年。

余蔚:《中国行政区划通史·辽金卷》,上海:复旦大学出版社,2012 年。

杉山正明著,周俊宇译:《忽必烈的挑战:蒙古与世界史的大转向》,台北:八旗文化出版社,2014 年。

杉山正明著,郭清华译:《疾驰的草原征服者:辽、西夏、金、元》,新北:台湾商务印书馆,2017 年。

李治安:《元代行省制度》,北京:中华书局,2011 年。

李桂芝:《辽金科举研究》,北京:中央民族大学出版社,2012 年。

李华瑞:《宋夏关系史》,石家庄:河北人民出版社,1998 年。

李蔚:《西夏研究》,银川:宁夏人民出版社,1989 年。

李锡厚:《中国历史·辽史》,北京:人民出版社,2006 年。

杜建录:《西夏与周边民族关系史》,兰州:甘肃文化出版社,1995 年。

周良霄、顾菊英:《元史》,上海:上海人民出版社,2003 年。

周思成:《大汗之怒:蒙古铁骑与日本武士的海上交锋,忽必烈东征的未竟之路》,台北:麦田出版社,2020 年。

林鹄:《南望:辽前期政治史》,北京:生活·读书·新知三联书店,2018 年。

林鹄:《忧患:边事、党争与北宋政治》,上海:上海人民出版社,2022 年。

武玉环、高福顺、都兴智、吴志坚:《中国科举制度通史·辽金元卷》,上海:上海人民出版社,2015 年。

邱靖嘉:《〈金史〉纂修考》,北京:中华书局,2017 年。

洪金富:《元代蒙古语文的教与学》,台北:蒙藏委员会,1990 年。

苗润博《〈辽史〉探源》,北京:中华书局,2020 年。

张博泉等:《金史论稿》第一卷,长春:吉林文史出版社,1986 年。

张博泉等:《金史论稿》第二卷,长春:吉林文史出版社,1992 年。

许守泯:《贞下起元:元代苏州士人的经世与转向》,台北:新文丰出版股份有限公司,2009 年。

陈昭扬:《金初汉族士人的政治参与》,新北:花木兰文化出版社,2011 年。

陈得芝:《蒙元史研究导论》,南京:南京大学出版社,2012 年。

陶晋生:《女真史论》,台北县:稻乡出版社,2010 年。

陶晋生:《中国近古史》,台北:东华书局,1995 年。

陶晋生:《宋辽金史论丛》,台北:联经出版事业股份有限公司,2013 年。

陶晋生:《宋辽关系史研究》,台北:联经出版事业股份有限公司,1984 年。

傅乐焕:《辽史丛考》,北京:中华书局,1984 年。

程妮娜:《金代政治制度研究》,长春:吉林大学出版社,1999 年。

杨若薇:《契丹王朝政治军事制度研究》,北京:社会科学文献出版社,2022 年。

蒙思明:《元代社会阶级制度》,北京:中华书局,1980 年。

赵永春：《金宋关系史》，北京：人民出版社，2005 年。

刘浦江：《松漠之间——辽金契丹女真史研究》，北京：中华书局，2008 年。

刘浦江：《辽金史论》，北京：中华书局，2019 年。

蔡美彪：《辽金元史十五讲》，北京：中华书局，2011 年。

蔡伟杰：《从马可波罗到马戛尔尼：蒙古时代以降的内亚与中国》，台北：八旗文化出版社，2020 年。

萧启庆：《九州岛四海风雅同：元代多族群士人圈的形成与发展》，台北：联经出版事业股份有限公司，2012 年。

萧启庆：《元代的族群文化与科举》，台北：联经出版事业股份有限公司，2008 年。

萧启庆：《内北国而外中国——蒙元史研究》，北京：中华书局，2007 年。

注　释

第一章　辽朝的兴衰

1.　脱脱等:《辽史》卷一《太祖纪上》。
2.　脱脱等:《辽史》卷七二《义宗倍传》。
3.　脱脱等:《辽史》卷二《太祖纪下》。
4.　脱脱等:《辽史》卷二《太祖纪下》。
5.　脱脱等:《辽史》卷二《太祖纪下》。
6.　脱脱等:《辽史》卷四《太宗纪下》。
7.　脱脱等:《辽史》卷四《太宗纪下》。
8.　司马光:《资治通鉴》卷二八六《后汉纪一》。
9.　欧阳修:《新五代史》卷七三《四夷附录第二》。
10.　脱脱等:《辽史》卷七一《景宗睿智皇后萧氏传》。
11.　脱脱等:《宋史》卷二七三《何承矩传》。
12.　李焘:《续资治通鉴长编》卷四九,真宗咸平四年十月辛酉。
13.　秋高马肥,是游牧民族南下的惯常时节,故汉地的防御称作"防秋"。
14.　李焘:《续资治通鉴长编》卷七〇,真宗大中祥符元年十一月癸未。
15.　李焘:《续资治通鉴长编》卷一三九,庆历三年二月乙卯、卷一三八,庆历二年十月戊辰。
16.　脱脱等:《辽史》卷一七《圣宗纪八》。
17.　脱脱等:《辽史》卷一三《圣宗纪四》。
18.　脱脱等:《辽史》卷一三《圣宗纪四》。
19.　脱脱等:《辽史》卷八〇《邢抱朴传》。
20.　脱脱等:《辽史》卷一五《圣宗纪六》。
21.　脱脱等:《辽史》卷一六《圣宗纪七》。
22.　李焘:《续资治通鉴长编》卷七五,真宗大中祥符四年三月甲戌。

23. 脱脱等：《辽史》卷一三《圣宗纪四》。

24. 脱脱等：《辽史》卷三二《营卫志中·行营》。

25. 佚名：《道山清话》。

26. 脱脱等：《辽史》卷七一《圣宗仁德皇后萧氏传》。

27. 叶隆礼：《契丹国志》卷八《兴宗文成皇帝纪》。

28. 脱脱等：《辽史》卷一〇九《罗衣轻传》。

29. 脱脱等：《辽史》卷一一一《萧讹都斡传》。

30. 脱脱等：《辽史》卷一一一《奸臣传下》传论。

31. 脱脱等：《辽史》卷三六《兵卫志下·属国军》。

32. 徐梦莘：《三朝北盟会编》卷三《政宣上帙三》。

33. 脱脱等：《辽史》卷二七《天祚纪一》。

第二章　辽朝制度、经济与文化

1. 脱脱等：《辽史》卷四五《百官志一》。

2. 脱脱等：《辽史》卷三一《营卫志上》。

3. 脱脱等：《辽史》卷三五《兵卫志中》。

4. 脱脱等：《辽史》卷三一《营卫志上》。

5. 欧阳修：《新五代史》卷七三《四夷附录第二》。

6. 脱脱等：《辽史》卷三二《营卫志中》。

7. 脱脱等：《辽史》卷一四《圣宗纪五》。

8. 脱脱等：《辽史》卷一七《圣宗纪八》。

9. 叶隆礼：《契丹国志》卷二三《试士科制》。

10. 脱脱等：《辽史》卷二一《道宗纪一》。

11. 脱脱等：《辽史》卷三四《兵卫志上》。

12. 脱脱等：《辽史》卷五九《食货志上》。

13. 苏颂：《苏魏公集》卷一三《后使辽诗·辽人牧》。

14. 苏颂：《苏魏公集》卷一三《后使辽诗·契丹马》。

15. 脱脱等：《辽史》卷一七《圣宗纪八》。

16. 脱脱等：《辽史》卷九七《耶律喜孙传》。

17. 脱脱等：《辽史》卷六二《刑法志下》。

18. 参见肖爱民：《辽朝契丹人牧养牲畜技术探析》，《河北大学学报》，2010 年第 2 期。

19. 魏徵：《隋书》卷八四《契丹传》。

20. 脱脱等：《辽史》卷三二《营卫志中》。

21. 脱脱等：《辽史》卷二《太祖纪下》。

22. 脱脱等：《辽史》卷五九《食货志上》。

23. 脱脱等：《辽史》卷五九《食货志上》。

24. 脱脱等：《辽史》卷五九《食货志上》。

25. 谵士：《跋黑龙江省泰来县塔子城出土的辽大安残刻》，《考古》，1960 年第 8 期。

26. 欧阳修：《新五代史》卷七四《四夷附录第三》。

27. 脱脱等：《辽史》卷二《太祖纪下》。

28. 内蒙古文物工作队、乌盟文物工作站编：《契丹女尸：豪欠营辽墓清理与研究》，呼和浩特：内蒙古人民出版社，1985，第 202 页。

29. 赵丰：《辽庆州白塔所出丝绸的织染绣技》，《文物》，2000 年第 4 期。

30. 脱脱等：《辽史》卷一《太祖纪上》。

31. 脱脱等：《辽史》卷三七《地理志一》。参见中国社会科学院考古研究所内蒙古第二工作队、内蒙古文物考古研究所：《内蒙古巴林左旗辽上京宫城城墙 2014 年发掘简报》，《考古》，2015 年第 12 期。

32. 脱脱等：《辽史》卷三九《地理志三》。

33. 参见内蒙古自治区昭乌达盟文物工作站：《辽中京遗址》，《文物》，1980 年第 5 期。

34. 欧阳修：《新五代史》卷七三《四夷附录第二》。

35. 脱脱等：《辽史》卷三七《地理志一》。

36. 脱脱等：《辽史》卷三八《地理志二》。

37. 脱脱等：《辽史》卷四〇《地理志四》。

38. 叶隆礼：《契丹国志》卷二二《四京本末·南京》。

39. 脱脱等：《辽史》卷二《太祖纪下》。

40. 脱脱等：《辽史》卷七五《突吕不传》。

41. 脱脱等：《辽史》卷七六《耶律鲁不古传》。

42. 脱脱等：《辽史》卷六四《皇子表》。

43. 参见清格尔泰、刘凤翥等：《契丹小字研究》，北京：中国社会科学出版社，1985 年，第 8—15 页。

44. 叶隆礼：《契丹国志》卷二四《余尚书北语诗》。

45. 参见刘凤翥：《契丹文字研究类编》第一册，北京：中华书局，2014 年，第 14 页。

46. 刘浦江、康鹏主编：《契丹小字词汇索引》，北京：中华书局，2014 年，第 1 页。

47. 宋濂等：《元史》卷一六三《张德辉传》。

48. 脱脱等：《辽史》卷一《太祖纪上》。

49. 薛居正等：《旧五代史》卷一三七《外国列传一》。

50. 脱脱等：《辽史》卷七二《宗室传》。

51. 苏辙：《栾城集》卷四二《北使还论北边事札子五道》。

52. 脱脱等：《辽史》卷七四《韩知古传》。

53. 脱脱等：《辽史》卷七四《韩延徽传》。

54. 脱脱等：《辽史》卷七一《后妃传》。

55. 内蒙古文物考古研究所、锡林郭勒盟文物保护管理站、多伦县文物局：《内蒙古多伦县小王力沟辽代墓葬》，《考古》，2016 年第 10 期。

56. 脱脱等：《辽史》卷一《太祖纪上》。

57. 脱脱等：《辽史》卷七二《宗室传》。

58. 脱脱等：《辽史》卷七二《宗室传》。

59. 脱脱等：《辽史》卷四七《百官志三》。

60. 脱脱等：《辽史》卷四《太宗纪下》。

61. 路振：《乘轺录》。

62. 苏辙：《栾城集》卷一六《出山》。

63. 苏颂：《苏魏公集》卷一三《后使辽诗·辽人牧》。

64. 王大方：《敖汉旗羊山一号辽墓"西瓜图"——兼论契丹引种西瓜及我国出土古代"西瓜籽"等问题》，《内蒙古文物考古》，1998 年第 1 期。

65. 游彪等：《中国民俗史·宋辽金元卷》，北京：人民出版社，2008 年，第 323—325 页。

66. 叶隆礼：《契丹国志》卷二七《岁时杂记·治盗》。

67. 脱脱等：《辽史》卷五三《礼志六》。

68. 叶隆礼：《契丹国志》卷二七《岁时杂记·佛诞日》。

第三章　西夏的兴衰

1.　吴广成:《西夏书事》卷四二。
2.　聂鸿音:《西夏文〈夏圣根赞歌〉考释》,《民族古籍》,1990 年第 1 期。
3.　魏徵等:《隋书》卷八三《党项传》。
4.　刘昫等:《旧唐书》卷一九八《党项传》。
5.　欧阳修等:《新唐书》卷四三《地理志七》。
6.　李焘:《续资治通鉴长编》卷二三,太宗太平兴国七年五月乙酉。
7.　吴广成:《西夏书事》卷三。
8.　吴广成:《西夏书事》卷七。
9.　吴广成:《西夏书事》卷八、卷九。
10.　吴广成:《西夏书事》卷八。
11.　李焘:《续资治通鉴长编》卷六三,真宗景德三年五月庚申。
12.　范仲淹:《范文正公集》卷九。
13.　脱脱等:《宋史》卷四八五《夏国传上》。
14.　吴广成:《西夏书事》卷九。
15.　田况:《儒林公议》卷上。
16.　脱脱等:《宋史》卷四八五《夏国传上》。
17.　吴广成:《西夏书事》卷十一。
18.　脱脱等:《金史》卷一三四《西夏传》。
19.　李焘:《续资治通鉴长编》卷一二三,仁宗宝元二年正月。
20.　李焘:《续资治通鉴长编》卷一二五,仁宗宝元二年十二月。
21.　吴广成:《西夏书事》卷一六。
22.　田况:《儒林公议》卷上。
23.　脱脱等:《宋史》卷四八五《夏国传上》。
24.　脱脱等:《宋史》卷四八五《夏国传上》。
25.　吴广成:《西夏书事》卷一八。
26.　吴广成:《西夏书事》卷二九。
27.　脱脱等:《宋史》卷四八六《夏国传下》。
28.　脱脱等:《宋史》卷四八六《夏国传下》。
29.　李纲:《梁溪集》卷一四四《御戎论》。
30.　田况:《儒林公议》卷下。
31.　吴广成:《西夏书事》卷一七。
32.　脱脱等:《金史》卷一三四《西夏传》。
33.　脱脱等:《金史》卷一三四《西夏传》。
34.　吴广成:《西夏书事》卷三八。
35.　脱脱等:《金史》卷一三四《西夏传》。
36.　吴广成:《西夏书事》卷四〇。
37.　吴广成:《西夏书事》卷四二。
38.　脱脱等:《金史》卷一三四《西夏传》。
39.　脱脱等:《金史》卷一三四《西夏传》。
40.　吴广成:《西夏书事》卷四二。
41.　戴锡章:《西夏纪》卷二八。

第四章　西夏制度、经济与文化

1.　《宋史》卷四八五《西夏传上》。
2.　史金波：《西夏的职官制度》，《历史研究》，1994 年第 2 期。
3.　脱脱等：《宋史》卷四九一《党项传》。
4.　脱脱等：《辽史》卷一一五《西夏传》。
5.　史金波等译注：《天盛改旧新定律令》，北京：法律出版社，2000 年，第 3—9 页。
6.　参见邵方：《西夏法制研究——以中华法系的传承与创新为视角》，西南政法大学 2008 年博士论文。
7.　骨勒茂才著，黄振华等整理：《番汉合时掌中珠》，宁夏：宁夏人民出版社，1989 年。
8.　史金波：《西夏社会》（上册），上海：上海人民出版社，2007 年，第 259—268 页。
9.　脱脱等：《宋史》卷四八五《夏国传上》。
10.　脱脱等：《宋史》卷四八六《夏国传下》。
11.　脱脱等：《宋史》卷四八六《夏国传下》。
12.　脱脱等：《宋史》卷四八五《夏国传上》。
13.　史金波：《西夏社会》（上册），第 104 页。
14.　史金波：《西夏文化》，吉林：吉林教育出版社，1986 年，第 17—29 页。
15.　史金波：《西夏社会》（下册），第 546—554 页。
16.　脱脱等：《宋史》卷四八六《夏国传下》。
17.　吴广成：《西夏书事》卷一二。
18.　吴广成：《西夏书事》卷一二。
19.　史金波：《西夏文化》，第 142—144 页。
20.　刘昫等：《旧唐书》卷一九八《党项传》。
21.　脱脱等：《辽史》卷一一五《西夏传》。
22.　史金波：《西夏社会》（下册），第 814—817 页。
23.　史金波：《西夏社会》（下册），第 817—819 页。

第五章　金朝的建立与入主中原

1.　房玄龄等：《晋书》卷九七《肃慎氏传》。
2.　参见金毓黻：《东北通史》上编，吉林：社会科学战线杂志社，1985 年；韩儒林：《女真译名考》，《穹庐集》，上海：上海人民出版社，1982 年。
3.　陈准：《北风扬沙录》。
4.　徐梦莘：《三朝北盟会编》卷三《政宣上帙三》。
5.　徐梦莘：《三朝北盟会编》卷三《政宣上帙三》。
6.　徐梦莘：《三朝北盟会编》卷三《政宣上帙三》。
7.　脱脱等：《金史》卷一《世纪》。
8.　洪皓：《松漠记闻》卷上。
9.　脱脱等：《金史》卷二《太祖纪》。
10.　洪皓：《松漠记闻》卷上。
11.　脱脱等：《辽史》卷一〇二《萧奉先传》。
12.　脱脱等：《金史》卷二《太祖纪》。
13.　徐梦莘：《三朝北盟会编》卷一八《政宣上帙一八》引。
14.　李心传：《建炎以来系年要录》卷一引。
15.　参见刘浦江：《关于金朝开国史的真实性质疑》，《辽金史论》，辽宁：辽宁大学出版社，

1999 年。

16. 脱脱等：《金史》卷一《世纪》。
17. 参见三上次男：《金史研究二——金代政治制度の研究》，东京：中央公论美术出版，1970 年。
18. 脱脱等：《金史》卷八〇《熙宗二子传》"赞曰"。
19. 脱脱等：《金史》卷三《太宗纪》。
20. 脱脱等：《金史》卷七六《完颜杲传》。
21. 脱脱等：《金史》卷四四《兵志》。
22. 脱脱等：《金史》卷八六《夹谷胡剌传》。
23. 脱脱等：《金史》卷四四《兵志》。
24. 脱脱等：《金史》卷四四《兵志》。
25. 徐梦莘：《三朝北盟会编》卷一《政宣上帙一》引封有功《编年》。
26. 脱脱等：《金史》卷七四《宗望传》。
27. 脱脱等：《金史》卷三《太宗纪》。
28. 李心传：《建炎以来系年要录》卷二三《建炎三年五月》。
29. 徐梦莘：《三朝北盟会编》卷一八九《炎兴下帙八九》。
30. 徐梦莘：《三朝北盟会编》卷二四《政宣上帙二四》引《金房节要》。
31. 赵翼：《廿二史劄记》卷二八 "金初父子兄弟同志" 条。
32. 脱脱等：《金史》卷四四《兵志》。
33. 脱脱等：《金史》卷四四《兵志》。
34. 脱脱等：《金史》卷七〇《撒改传》。
35. 徐梦莘：《三朝北盟会编》卷一六六《炎兴下帙六六》引《金房节要》。
36. 徐梦莘：《三朝北盟会编》卷一二《政宣上帙一二》引《北征纪实》。
37. 徐梦莘：《三朝北盟会编》卷一六五《炎兴下帙六五》引《燕云录》。
38. 宇文懋昭：《大金国志》卷八《纪年·太宗文烈皇帝》。
39. 宇文懋昭：《大金国志》卷二七《开国功臣传·粘罕》。
40. 徐梦莘：《三朝北盟会编》卷一六六《炎兴下帙六六》引《金房节要》。
41. 脱脱等：《金史》卷四《熙宗纪》。
42. 脱脱等：《金史》卷一二九《高怀贞传》。
43. 脱脱等：《金史》卷五五《百官志一》。
44. 徐梦莘：《三朝北盟会编》卷三《政宣上帙三》。
45. 脱脱等：《金史》卷四六《食货志一》。
46. 脱脱等：《金史》卷七六《萧玉传》。
47. 脱脱等：《金史》卷四五《刑志》。
48. 徐梦莘：《三朝北盟会编》卷二四四《炎兴下帙一四四》引张棣《金房图经》。
49. 脱脱等：《金史》卷二一《历志》。
50. 脱脱等：《金史》卷五《海陵纪》。
51. 脱脱等：《金史》卷五五《百官志一》。
52. 脱脱等：《金史》卷八九《移剌子敬传》"赞曰"。
53. 脱脱等：《金史》卷五五《百官志一》序言。
54. 脱脱等：《金史》卷五八《百官志四》。
55. 脱脱等：《金史》卷五《海陵纪》。
56. 李心传：《建炎以来系年要录》卷一六二《绍兴二十一年》"议都燕京诏"。
57. 脱脱等：《金史》卷一二九《张仲轲传》。
58. 脱脱等：《金史》卷五《海陵纪》。

第六章　金朝的鼎盛与衰亡

1. 脱脱等：《金史》卷六《世宗纪上》。
2. 脱脱等：《金史》卷七《世宗纪中》、卷八《世宗纪下》。
3. 脱脱等：《金史》卷六《世宗纪上》。
4. 脱脱等：《金史》卷六《世宗纪上》。
5. 赵秉文：《闲闲老人滏水文集》卷一二《祁忠毅公传》。
6. 刘祁：《归潜志》卷一二《辩亡》。
7. 脱脱等：《金史》卷八《世宗纪下》"赞曰"。
8. 黎靖德编：《朱子语类》卷一三三《本朝七·夷狄》。
9. 脱脱等：《金史》卷一二《章宗纪四》"赞曰"。
10. 脱脱等：《金史》卷一二五《文艺传上》序言。
11. 郝经：《郝文忠公陵川文集》卷三五《遗山先生墓铭》。
12. 参见刘浦江：《德运之争与辽金王朝的正统性问题》，《中国社会科学》，2004 年第 2 期。
13. 脱脱等：《金史》卷五四《选举志四》。
14. 脱脱等：《金史》卷九《章宗纪一》。
15. 脱脱等：《金史》卷五四《选举志四》。
16. 脱脱等：《金史》卷一〇《章宗纪二》。
17. 王恽：《秋涧先生大全文集》卷二四《游琼华岛》。
18. 刘祁：《归潜志》卷一二《辩亡》。
19. 脱脱等：《金史》卷一一〇《杨云翼传》。
20. 脱脱等：《金史》卷八七《仆散忠义传》。
21. 周密：《齐东野语》卷二"符离之师"条。
22. 黄淮、杨士奇等编：《历代名臣奏议》卷二三四《征伐》引王之望奏议。
23. 编者佚名：《续编两朝纲目备要》卷九《宁宗开禧二年五月》。
24. 黄淮、杨士奇：《历代名臣奏议》卷一八五《去邪》引卫泾奏议。
25. 李心传：《建炎以来朝野杂记》乙集卷一八《边防》"丙寅淮汉蜀口用兵事"条。
26. 脱脱等：《金史》卷一二《章宗纪四》。
27. 脱脱等：《金史》卷九三《仆散揆传》。
28. 宇文懋昭：《大金国志》卷八《纪年·太宗文烈皇帝六》。
29. 宇文懋昭：《大金国志》卷三六《屯田》。
30. 脱脱等：《金史》卷四六《食货志一》。
31. 脱脱等：《金史》卷四七《食货志二》。
32. 刘祁：《归潜志》卷六。
33. 脱脱等：《金史》卷八五《完颜璹传》。
34. 元好问：《遗山先生文集》卷二七《赠镇南军节度使良佐碑》。
35. 脱脱等：《金史》卷七《世宗纪中》。
36. 脱脱等：《金史》卷八《世宗纪下》。
37. 脱脱等：《金史》卷九《章宗纪一》。
38. 脱脱等：《金史》卷一二《章宗纪四》。
39. 陈述：《女真汉姓考》，《金史拾补五种》，北京：科学出版社，1960 年。
40. 脱脱等：《金史》卷八八《唐括安礼传》。
41. 脱脱等：《金史》卷四七《食货志二》。
42. 黄淮、杨士奇等：《历代名臣奏议》卷三五〇《四裔》引卫泾奏议。
43. 脱脱等：《金史》卷八九《孟浩传》。

44. 脱脱等：《金史》卷八九《移剌子敬传》。

45. 脱脱等：《金史》卷八《世宗纪下》。

46. 陶晋生：《金代中期的女真本土化运动》，《边疆史研究集·宋金时期》，台北：台湾商务印书馆，1971 年。

47. 脱脱等：《金史》卷七《世宗纪中》。

48. 脱脱等：《金史》卷七《世宗纪中》。

49. 脱脱等：《金史》卷七三《完颜宗尹传》。

50. 脱脱等：《金史》卷八《世宗纪下》。

51. 脱脱等：《金史》卷七〇《完颜思敬传》。

52. 脱脱等：《金史》卷八《世宗纪下》。

53. 脱脱等：《金史》卷九《章宗纪一》。

54. 脱脱等：《金史》卷五一《选举志一》。

55. 脱脱等：《金史》卷五一《选举志一》。

56. 脱脱等：《金史》卷八《世宗纪下》。

57. 徐梦莘：《三朝北盟会编》卷二三〇《炎兴下帙一三〇》引崔淮夫、梁叟《上两府劄子》。

58. 脱脱等：《金史》卷九六《梁襄传》。

59. 脱脱等：《金史》卷九《章宗纪一》。

60. 脱脱等：《金史》卷一二《章宗纪四》。

61. 脱脱等：《金史》卷五七《百官志三》。

62. 脱脱等：《金史》卷一一《章宗纪三》。

63. 脱脱等：《金史》卷五一《选举志一》。

64. 脱脱等：《金史》卷一二《章宗纪四》。

65. 以上参见刘浦江：《女真的汉化道路与大金帝国的覆亡》，《国学研究》第七卷，2000 年。

66. 脱脱等：《金史》卷四七《食货志二》。

67. "拘刷" 是古代固有词汇，为收禁、收缴、没收之意，《金史》之中即出现多次，例如卷四七《食货志二》大定十七年六月，"若不拘刷良田给之，久必贫乏"；二十七年，"命有司拘刷见数，以与贫难无地者"；卷九〇《张九思传》"及国初元帅府拘刷民间指射租田" 等。

68. 脱脱等：《金史》卷四七《食货志二》。

69. 脱脱等：《金史》卷四七《食货志二》。

70. 脱脱等：《金史》卷一一《章宗纪三》。

71. 脱脱等：《金史》卷四七《食货志二》。

72. 脱脱等：《金史》卷一二八《女奚烈守愚传》。

73. 脱脱等：《金史》卷一〇七《高汝砺传》。

74. 脱脱等：《金史》卷一〇六《张行简传》。

75. 元好问：《遗山先生文集》卷一六《平章政事寿国张文贞公神道碑》。

76. 脱脱等：《金史》卷九《章宗纪一》。

77. 脱脱等：《金史》卷一二《章宗纪四》。

78. 元好问：《遗山先生文集》卷二八《临淄县令完颜公神道碑》。

79. 以上参见刘浦江：《金代土地问题的一个侧面——女真人与汉人的土地争端》，《中国经济史研究》，1996 年第 4 期。

80. 赵珙：《蒙鞑备录·征伐》。

81. 脱脱等：《金史》卷一〇《章宗纪二》。

82. 元好问：《遗山先生文集》卷二一《雷希颜墓铭》。

83. 脱脱等：《金史》卷五一《移剌按达传》。

84. 脱脱等：《金史》卷六《世宗纪上》。

85. 脱脱等：《金史》卷二四《地理志上》。

86. 脱脱等：《金史》卷九四《内族襄传》。

87. 脱脱等：《金史》卷九三《独吉思忠传》《仆散揆传》。

88. 赵秉文：《闲闲老人滏水文集》卷一〇《上尊号表》。

89. 李心传：《建炎以来朝野杂记》乙集卷一九《边防》"鞑靼款塞"条。

90. 宋濂等：《元史》卷一《太祖纪》。

91. 脱脱等：《金史》卷一〇二《完颜弼传》。

92. 脱脱等：《金史》卷九九《徒单镒传》。

93. 脱脱等：《金史》卷一〇四《纳坦谋嘉传》。

94. 脱脱等：《金史》卷一四《宣宗纪上》。

95. 魏初：《青崖集》卷三《重修北岳露台记》。

96. 脱脱等：《金史》卷一七《哀宗纪上》。

97. 脱脱等：《金史》卷一一〇《杨云翼传》。

98. 脱脱等：《金史》卷一七《哀宗纪上》。

99. 脱脱等：《金史》卷一二三《完颜陈和尚传》。

100. 王鹗：《汝南遗事》卷二。

第七章　金朝经济与文化

1. 叶隆礼：《契丹国志》卷一〇《天祚皇帝上》。

2. 游彪等：《中国民俗史·宋辽金元卷》，第306—309页。

3. 韩茂莉：《金代东北地区的农业生产与地区开发》，《北京大学学报》，2001年第5期。

4. 脱脱等：《金史》卷五七《百官志三》。

5. 黑龙江省文物考古研究所：《黑龙江阿城巨源金代齐国王墓发掘简报》，《文物》，1989年第10期。

6. 武玉环：《金代商业述论》，《吉林大学社会科学学报》，1992年第4期。

7. 脱脱等：《金史》卷三《太宗纪》。

8. 李桂芝：《辽金简史》，福州：福建人民出版社，1996年，第252—253页。

9. 刘浦江：《论金代的物力与物力钱》，《中国社会经济史研究》，1995年第1期。

10. 刘浦江：《金代杂税论略》，《中国社会经济史研究》，1996年第3期。

11. 脱脱等：《金史》卷七三《完颜希尹传》。

12. 乌拉熙春：《女真小字金牌、银牌、木牌考》，《爱新觉罗乌拉熙春女真契丹学研究》，京都：松香堂书店，2009年，第27—39页。

13. 金启孮：《女真文字研究概况》，《中国民族古文字研究》，北京：中国社会科学出版社，1984年，第345—361页。

14. 宋德金：《金代宗教简述》，《社会科学战线》，1986年第1期。

15. 魏崇武：《金代儒学发展略谈》，《赣南师范学院学报》，1995年第5期。

16. 周惠泉：《金代文学论》，《社会科学战线》，2000年第2期。

17. 崔文印：《金代在史学上的成就》，《史学史研究》，1983年第3期。

18. 夏文彦：《图绘宝鉴》卷四《金朝》。

19. 王毓贤：《绘事备考》卷七《金朝》。

20. 李桂芝：《辽金简史》，福州：福建人民出版社，1996年，第358—360页。

第八章　大蒙古国（1206—1260）

1. 魏徵等，《隋书》卷八四《室韦传》。
2. 《元朝秘史》第二五四节。
3. 宋濂等：《元史》卷一二〇《札八儿火者传》。
4. 赵珙：《蒙鞑备录》。
5. 宋濂等：《元史》卷一二四《塔塔统阿传》。
6. 拉施特著，余大钧、周建奇译：《史集》第一卷第二分册，北京：商务印书馆，1983 年，第 15 页。
7. 道森编，吕浦译：《出使蒙古记》，北京：中国社会科学出版社，1983 年，第 26—28 页。
8. 李心传：《建炎以来朝野杂记》卷一九“鞑靼款塞”条。
9. 魏初：《青崖集》卷三《重修北岳露台记》。
10. 赵孟頫：《松雪斋文集》卷七《故荣禄大夫中书平章政事守司徒集贤院使领太史院事全公神道碑》。
11. 宋濂等：《元史》卷一四六《耶律楚材传》。
12. 志费尼著，何高济译：《世界征服者史》（上册），呼和浩特：内蒙古人民出版社，1980 年，第 24 页。
13. 姚燧：《牧庵集》卷四《序江汉先生事实》。
14. 苏天爵编：《元文类》卷五七，宋子贞《中书令耶律公神道碑》。
15. 姚燧：《牧庵集》卷一五《中书左丞姚文献公神道碑》。
16. 宋濂等：《元史》卷四《世祖纪一》。
17. 郝经：《陵川集》卷三二《河东罪言》。
18. 彭大雅、徐霆：《黑鞑事略》。
19. 彭大雅、徐霆：《黑鞑事略》。
20. 元好问：《遗山先生文集》卷二六《顺天万户张公勋德第二碑》。
21. 袁桷：《清容居士集》卷二五《华严寺碑》。
22. 苏天爵：《元文类》卷五七，宋子贞《中书令耶律公神道碑》。
23. 彭大雅、徐霆：《黑鞑事略》。
24. 苏天爵：《元文类》卷五七，宋子贞《中书令耶律公神道碑》。
25. 姚燧：《牧庵集》卷一五《中书左丞姚文献公神道碑》。

第九章　元朝的建立与大一统的完成（1260—1294）

1. 《元典章》卷九《吏部三·官制三·投下·改正投下达鲁花赤》。
2. 郝经：《陵川集》卷三八《复与宋国丞相论本朝兵乱书》。
3. 马可·波罗著，冯承钧译：《马可·波罗行纪》，上海：商务印书馆，1936 年，中册，第 188 页。
4. 苏天爵：《元文类》卷九，王鹗《即位诏》。
5. 郝经：《陵川集》卷三七《与宋国两淮制置使书》。
6. 宋濂等：《元史》卷一六〇《徐世隆传》。
7. 苏天爵：《元文类》卷九，王鹗《中统建元诏》。
8. 苏天爵：《元朝名臣事略》卷一〇《宣慰张公》。
9. 宋濂等：《元史》卷一二五《高智耀传》。
10. 宋濂等：《元史》卷一七《世祖纪十四》卷末赞语。
11. 胡祇遹：《紫山大全集》卷一二《寄张平章书》。
12. 宋濂等：《元史》卷八《世祖纪五·至元十年四月癸未朔》。

13. 宋濂等:《元史》卷八《世祖纪五·至元十二年二月戊申》《至元十二年五月辛未朔》。

14. 苏天爵:《元文类》卷九,王构《兴师征江南谕行省官军诏》。

15. 程钜夫:《雪楼集》卷一〇《吏治五事·取会江南仕籍》。

16. 宋濂:《宋文宪公全集》卷二三《史处士墓版文》。

17. 宋濂等:《元史》卷一二五《高智耀传》。

18. 宋濂等:《元史》卷五八《地理志一》。

19. 宋濂等:《元史》卷九一《百官志七》。

20. 虞集:《道园学古录》卷四一《江西行省平章政事巴咱尔公惠政碑》。

21. 许有壬:《至正集》卷三二《送蔡子华序》、卷四二《陕西行中书省题名记》。

22. 宋濂等:《元史》卷五八《地理志一》。

23. 宋濂等:《元史》卷五九《地理志二》。

24. 宋濂等:《元史》卷二〇二《释老传》。

25. 苏天爵:《元文类》卷九,王鹗《即位诏》《中统建元诏》。

26. 宋濂等:《元史》卷六《世祖纪三·至元二年二月甲子》。

27. 王恽:《秋涧先生大全文集》卷四六《儒用篇》。

28. 宋濂等:《元史》卷八一《选举志一·科目》。

29. 蒲道源:《闲居丛稿》卷一〇《跋环谷平章试院中所作诗》。

30. 苏天爵:《元文类》卷一三,许衡《时务五事》。

31. 苏天爵:《元文类》卷四〇《经世大典序录·赋典·宗亲岁赐》。

32. 宋濂等:《元史》卷四《世祖纪一·中统元年十二月乙巳》。

33. 王恽:《秋涧先生大全文集》卷五一《大元国故卫辉路监郡塔必公神道碑铭》。

34. 宋濂等:《元史》卷二〇五《阿合马传》。

35. 苏天爵:《元文类》卷五八,李谦《中书左丞张公神道碑》。

36. 胡祇遹:《紫山大全集》卷二二《宝钞法》。

37. 欧阳玄:《圭斋集》卷九《元翰林学士承旨魏国赵文敏公神道碑》。

38. 黄淮、杨士奇等:《历代名臣奏议》卷二三五《征伐》引赵天麟奏议。

39. 宋濂等:《元史》卷二〇九《安南传》。

40. 宋濂等:《元史》卷一七三《崔彧传》、卷一五《世祖纪十二·至元二十六年二月己巳》。

41. 王恽:《秋涧先生大全文集》卷九二《论草寇钟明亮事状》。

42. 刘埙:《隐居通议》卷三一"元贞陈言"条。

第十章 元朝的中衰与灭亡（1294—1368）

1. 宋濂等:《元史》卷一二八《床兀儿传》。

2. 苏天爵:《元文类》卷二五,刘敏中《丞相顺德忠献王碑》。

3. 宋濂等:《元史》卷一一五《裕宗传》。

4. 苏天爵:《元文类》卷二四,元明善《丞相淮安忠武王碑》。

5. 宋濂等:《元史》卷一三六《哈剌哈孙传》。

6. 元朝所立皇储,无论具体身份如何,一律称为皇太子,而无皇太弟、皇太孙等称。这可能是因为蒙古统治者不谙汉语,错误地将"皇太子"一词当作不可拆卸的皇储固定专用词。

7. 吴师道:《礼部集》卷一九《江西乡试策问》。

8. 宋濂等:《元史》卷一七五《张珪传》。

9. 宋濂等:《元史》卷一三八《燕铁木儿传》。

10. 宋濂等:《元史》卷三八《顺帝纪一》。

11. 宋濂等:《元史》卷一三八《伯颜传》。

12. 孔齐：《至正直记》卷三"势不可倚"条。
13. 宋濂等：《元史》卷三八《顺帝纪一》。
14. 宋濂等：《元史》卷二〇五《搠思监传》。
15. 黄淮、杨士奇等：《历代名臣奏议》卷六七《治道》引郑介夫奏议。
16. 危素：《危太朴集》卷六《送陈子嘉序》。
17. 宋濂等：《元史》卷八五《百官志一》。
18. 拉施特著，余大钧等译：《史集》第二卷，北京：商务印书馆，1985年，第387—388页。
19. 宋濂等：《元史》卷二〇五《铁木迭儿传》、卷一三八《燕铁木儿传》。
20. 吴澄：《草庐吴文正公集》卷一四《赠史敏中侍亲还家序》。
21. 叶子奇：《草木子》卷四下《杂俎篇》。
22. 陶宗仪：《南村辍耕录》卷一九"阑驾上书"条。
23. 宋濂等：《元史》卷一八《成宗纪一·至元三十一年七月壬戌》。
24. 苏天爵：《元文类》卷一九，阎复《曲阜孔子庙碑》。
25. 苏天爵：《元文类》卷一一，阎复《加封孔子制》。
26. 宋濂等：《元史》卷一三六《拜住传》。
27. 吴澄：《草庐吴文正公集》卷一九《大元通制条例纲目后序》。
28. 宋濂等：《元史》卷一三八《脱脱传》。
29. 权衡：《庚申外史》。
30. 宋濂等：《元史》卷二〇二《释老传》。
31. 宋濂等：《元史》卷二〇《成宗纪三·大德三年正月己丑》。
32. 权衡：《庚申外史》。
33. 宋濂等：《元史》卷一三八《脱脱传》。
34. 陶宗仪：《南村辍耕录》卷二"后德"条。
35. 宋濂等：《元史》卷一三九《阿鲁图传》。
36. 叶子奇：《草木子》卷四下《杂俎篇》。
37. 叶子奇：《草木子》卷三上《克谨篇》。
38. 马祖常：《石田集》卷一一《贡公神道碑》。
39. 徐一夔：《始丰稿》卷八《送赵乡贡序》。
40. 孔齐：《至正直记》卷三"世祖一统"条。
41. 王恽：《秋涧先生大全文集》卷五七《大元故关西军储大使吕公神道碑铭》。
42. 王祎：《王忠文公集》卷六《上京大宴诗序》。
43. 宋濂等：《元史》卷一七五《张珪传》。
44. 宋濂等：《元史》卷二〇二《释老传》。
45. 张养浩：《归田类稿》卷二《时政书》。
46. 宋濂等：《元史》卷一八《成宗纪一·至元三十一年四月庚子》《至元三十一年六月壬辰》。
47. 宋濂等：《元史》卷二二《武宗纪一·大德十一年八月甲午》。
48. 苏天爵：《滋溪文稿》卷二六《灾异建白十事》。
49. 虞集：《道园学古录》卷一七《宣徽院使贾公神道碑》。
50. 宋濂等：《元史》卷二〇《成宗纪三·大德四年正月壬辰》。
51. 宋濂等：《元史》卷九三《食货志一》、卷九四《食货志二》。
52. 宋濂等：《元史》卷二二《武宗纪一·至大元年二月乙未》。
53. 苏天爵：《滋溪文稿》卷一一《河南行省平章高公神道碑》。
54. 宋濂等：《元史》卷二四《仁宗纪一·至大四年正月壬午》。
55. 宋濂等：《元史》卷九三《食货志一·经理》。
56. 宋濂等：《元史》卷一二二《塔海传》。

57. 宋濂等：《元史》卷一八五《吕思诚传》。
58. 宋濂等：《元史》卷九七《食货志五·钞法》。
59. 苏天爵：《元文类》卷四一《经世大典序录·政典·招捕》。
60. 《元典章》卷四一《刑部三·诸恶·大逆·妖言虚说兵马》。
61. 张养浩：《归田类稿》卷二《时政书》。
62. 宋濂等：《元史》卷二九《泰定帝纪一·泰定二年六月丁酉》。
63. 宋濂等：《元史》卷三九《顺帝纪二·后至元三年五月戊申》。
64. 陶宗仪：《南村辍耕录》卷二八"花山贼"条。
65. 余阙：《青阳集》卷八《书合鲁颍川老翁歌后》。
66. 宋濂等：《元史》卷一八七《贾鲁传》。
67. 宋濂等：《元史》卷一八六《成遵传》。
68. 叶子奇：《草木子》卷三上《克谨篇》。
69. 陶宗仪：《南村辍耕录》卷二七"旗联"条。
70. 宋濂等：《元史》卷一三八《脱脱传》。
71. 宋濂等：《元史》卷二〇五《哈麻传》。
72. 宋濂等：《元史》卷一八六《张桢传》。
73. 宋濂等：《元史》卷二〇六《阿鲁辉帖木儿传》。
74. 张廷玉等：《明史》卷一三六《朱升传》。
75. 李景隆、解缙等：《明太祖实录》卷二四《吴元年十月丙寅》。

第十一章　元朝制度、经济与社会

1. 《元典章》卷二《圣政一·振朝纲》。
2. 叶子奇：《草木子》卷三下《杂制篇》。
3. 叶子奇：《草木子》卷三下《杂制篇》。
4. 宋濂等：《元史》卷五八《地理志一》。
5. 朱德润：《存复斋集》卷四《送强仲贤之京师序》。
6. 宋濂等：《元史》卷八二《选举志二·铨法上》。
7. 宋濂等：《元史》卷一〇二《刑法志一·职制上》。
8. 吴澄：《草庐吴文正公集》卷一四《赠何仲德序》。
9. 揭傒斯：《揭文安公全集》卷六《善余堂记》。
10. 《元典章》卷九《吏部三·官制·教官·正录教谕直学》。
11. 姚燧：《牧庵集》卷四《送李茂卿序》。
12. 黄淮、杨士奇等：《历代名臣奏议》卷一五二《用人》引赵天麟奏议。
13. 黄淮、杨士奇等：《历代名臣奏议》卷六七《治道》引郑介夫奏议。
14. 叶子奇：《草木子》卷三下《杂制篇》。
15. 宋濂等：《元史》卷一〇二《刑法志一》。
16. 黄淮、杨士奇等：《历代名臣奏议》卷六七《治道》引郑介夫奏议。
17. 苏天爵：《元文类》卷四一《经世大典序录·政典·军制》。
18. 宋濂等：《元史》卷九九《兵志二·宿卫》。
19. 宋濂等：《元史》卷九九《兵志二·镇戍》。
20. 苏天爵：《元文类》卷四一《经世大典序录·政典·屯戍》。
21. 姚燧：《牧庵集》卷一〇《延厘寺碑》。
22. 宋濂等：《元史》卷一三《世祖纪十·至元二十二年五月丁亥》。
23. 宋濂等：《元史》卷一五《世祖纪十二·至元二十六年六月己酉》；黄溍：《金华黄先生文集》

卷二六《陕西行台御史中丞董公神道碑》。

24. 宋濂等：《元史》卷一八四《王克敬传》。

25. 宋濂等：《元史》卷九八《兵志一》序言。

26. 宋濂等：《元史》卷一〇〇《兵志三·屯田》。

27. 宋濂等：《元史》卷六三《地理志六·河源附录》；解缙等编：《永乐大典》卷一九四一六引《经世大典·站赤》。

28. 苏天爵：《元文类》卷四一《经世大典序录·礼典·行幸》。

29. 黄溍：《金华黄先生文集》卷八《上都御史台殿中题名记》。

30. 马祖常：《马石田文集》卷八《上都翰林分院记》。

31. 许有壬：《至正集》卷三五《文过集序》。

32. 苏天爵：《元文类》卷四一《经世大典序录·礼典·朝会》。

33. 拜柱等：《通制条格》卷八《仪制·朝觐》。

34. 吴师道：《礼部集》卷八《次韵张仲举上京即事十首》。

35. 宋濂等：《元史》卷二五《仁宗纪二·延祐二年六月甲辰》。

36. 宋濂等：《元史》卷七七《祭祀志六·国俗旧礼》。

37. 拜柱等：《通制条格》卷一七《赋役·科差》。

38. 元司农司撰：《农桑辑要》卷首王盘《农桑辑要序》。

39. 王恽：《秋涧先生大全文集》卷三七《绛州正平县新开溥润渠记》。

40. 苏天爵：《滋溪文稿》卷一七《河南府总管韩公神道碑》。

41. 王恽：《秋涧先生大全文集》卷五四《淇州创建故江淮都转运使周府君祠堂碑铭》。

42. 宋濂等：《元史》卷一二五《赛典赤赡思丁传》。

43. 危素：《元海运志》。

44. 苏天爵：《元朝名臣事略》卷二《丞相淮安忠武王》。

45. 王祯：《农书》卷二一《农器图谱一九·矿絮门》。

46. 马祖常：《石田集》卷五《淮南田歌十首》。

47. 王祯：《农书》卷八《百谷谱三·西瓜》。

48. 王祯：《农书》卷二《农桑通诀二·耙耢篇》。

49. 胡祇遹：《紫山大全集》卷二二《宝钞法》。

50. 张之翰：《西岩集》卷一三《议盗》。

51. 程钜夫：《雪楼集》卷七《姚长者碑》。

52. 马可·波罗：《马可·波罗行纪》，中册，第 571 页。

53. 王恽：《秋涧先生大全文集》卷三五《上世祖皇帝论政事书》。

54. 宋濂等：《元史》卷一八五《吕思诚传》。

55. 吴澄：《草庐吴文正公集》卷三六《故逸士游君建叔墓表》，卷四一《故静乐逸士黄君墓志铭》。

56. 郑元祐：《侨吴集》卷八《鸿山杨氏族谱序》。

57. 宋濂等：《元史》卷一八《成宗纪一·至元三十一年十月辛巳》。

58. 长谷真逸：《农田余话》卷上；杨瑀：《山居新语》。

59. 《元典章》卷二四《户部十·租税·纳税·科添二分税粮》。

60. 《元典章》卷五七《刑部十九·诸禁·禁豪霸·札忽儿歹陈言二件》。

61. 萨都剌：《雁门集》卷八《芒鞋》。

62. 黄淮、杨士奇等：《历代名臣奏议》卷一一二《田制》引赵天麟奏议。

63. 宋濂等：《元史》卷六五《河渠志二·吴松江》。

64. 苏天爵：《滋溪文稿》卷九《太史院使齐文懿公神道碑铭》。

65. 黄淮、杨士奇等：《历代名臣奏议》卷六八《治道》引郑介夫奏议。

66. 缪荃孙：《江苏金石志》卷二三，薛元德《梅岩瞿先生作兴乡校记》。

67. 吴师道：《礼部集》卷一二《金华县慈济寺修造舍田记》。

68. 宋濂等：《元史》卷一七〇《雷膺传》。

69. 宋濂等：《元史》卷一六三《张雄飞传》。

70. 陶宗仪：《南村辍耕录》卷一七"奴婢"条。

71. 程端礼：《畏斋集》卷五《著存庵田记》。

72. 俞希鲁：《至顺镇江志》卷六《赋税》。

73. 黄溍：《金华黄先生文集》卷三七《屏山处士王君墓志铭》。

74. 宋濂等：《元史》卷四四《顺帝纪七·至正十五年正月辛未》。

75. 宋濂等：《元史》卷三三《文宗纪二·天历二年十二月乙未》。

76. 《元典章》卷一八《户部四·婚姻·官民婚·命妇夫死不许改嫁》。

77. 戴表元：《剡源戴先生文集》卷五《会稽唐氏墓记》。

78. 拜柱等：《通制条格》卷三《户令·收养同宗孤贫》。

79. 宋濂等：《元史》卷一九七《孝友传一》。

第十二章　元朝民族关系与对外关系

1. 宋濂等：《元史》卷八五《百官志一》。

2. 宋濂等：《元史》卷一八四《王克敬传》。

3. 宋濂等：《元史》卷一九《成宗纪二·大德元年四月丙申》。

4. 余阙：《青阳集》卷四《杨君显民诗集序》。

5. 叶子奇：《草木子》卷三上《克谨篇》。

6. 何乔远：《闽书》卷七，吴鉴《清净寺记》。

7. 俞希鲁：《至顺镇江志》卷三《户口》。

8. 陈子龙等：《明经世文编》卷七三，丘浚《议内夏外夷之限一》。

9. 宋濂等：《元史》卷八五《百官志一》。

10. 姚燧：《牧庵集》卷三《高丽沈王诗序》。

11. 宋濂等：《元史》卷二一〇《马八儿等国传》。

12. 朱思本：《贞一斋诗文稿》卷一《北海释》。

13. 宋濂等：《元史》卷四〇《顺帝纪·三至正二年七月》。

14. 张廷玉等：《明史》卷三二六《拂菻传》。

第十三章　元朝的文化

1. 杨弘道：《小亨集》卷六《送赵仁甫序》。

2. 苏天爵：《滋溪文稿》卷七《昭文馆大学士国子祭酒耶律文正公神道碑》。

3. 苏天爵：《元文类》卷三七，王旭《上许鲁斋先生书》。

4. 王恽：《秋涧先生大全文集》卷四三《义斋先生四书家训题辞》。

5. 欧阳玄：《圭斋集》卷五《赵忠简公祠堂记》。

6. 吴澄：《草庐吴文正公集》卷一〇《序象山语说》。

7. 黄宗羲等：《宋元学案》卷九二《草庐学案》。

8. 宋濂等：《元史》卷一七一《吴澄传》。

9. 李存：《鄱阳仲公李先生文集》卷二八《与陈苑二信》之一。

10. 宋濂等：《元史》卷七《世祖纪四》；苏天爵：《元朝名臣事略》卷八《左丞许文正公》。

11. 苏天爵：《元文类》卷一八，吴澄《贾侯修庙学颂》。

12. 黄溍：《金华黄先生文集》卷九《重修绍兴路儒学记》。
13. 苏天爵：《元文类》卷二九，元明善《武昌路学记》。
14. 黄淮、杨士奇等：《历代名臣奏议》卷六七《治道》引郑介夫奏议。
15. 《元典章》卷三一《礼部四·学校一·儒学·禁治搔扰文庙》。
16. 宋濂等：《元史》卷八一《选举志一·学校》。
17. 黄溍：《金华黄先生文集》卷一〇《文学书院田记》；王祎：《王忠文公集》卷一〇《明善书院记》；许有壬：《至正集》卷四三《猴山书院记》。
18. 苏天爵：《滋溪文稿》卷三《新乐县壁里书院记》；许有壬：《至正集》卷三六《庆州书院记》。
19. 任士林：《松乡集》卷一《重建文公书院记》；戴表元：《剡源戴先生文集》卷一《美化书院记》。
20. 虞集：《道园学古录》卷三六《重修张岩书院记》。
21. 俞希鲁：《至顺镇江志》卷一一《学校》。
22. 宋濂等：《元史》卷二〇二《释老传》。
23. 徐一夔：《始丰稿》卷一二《李君墓志铭》。
24. 陈旅：《安雅堂集》卷四《阎主簿孝行诗序》。
25. 元好问：《遗山先生文集》卷三五《清真观记》。
26. 宋濂等：《元史》卷二〇二《释老传》。
27. 宋濂：《宋文宪公全集》卷一七《汉天师世家序》。
28. 虞集：《道园学古录》卷五〇《真大道教第八代崇玄广化真人岳公之碑》。
29. 周密：《癸辛杂识》续集卷上"回回沙碛"条。
30. 许有壬：《至正集》卷五三《西域使者哈只哈孙碑》。
31. 纪昀等：《四库全书总目》卷四七《史部·编年类·资治通鉴》《资治通鉴释文辨误》。
32. 纪昀等：《四库全书总目》卷八一《史部·政书类一·文献通考》。
33. 脱脱等：《辽史》附录《三史凡例》。
34. 权衡：《庚申外史》。
35. 姚燧：《牧庵集》卷四《送畅纯甫序》。
36. 欧阳玄：《雍虞公文序》，《道园学古录》卷首。
37. 宋濂等：《元史》卷一七二《赵孟頫传》。
38. 胡祗遹：《紫山大全集》卷八《赠宋氏序》。
39. 杨维祯：《东维子文集》卷六《送朱女士桂英演史序》。
40. 苏天爵：《元文类》卷五〇，齐履谦《知太史院事郭公行状》。
41. 宋濂等：《元史》卷五八《地理志一》。
42. 宋濂等：《元史》卷四八《天文志一》。